| 光明社科文库 |

文化、旅游与地方文献

甘肃省图书馆
中国图书馆学会地方文献专业研究委员会 编

光明日报出版社

图书在版编目（CIP）数据

文化、旅游与地方文献 / 甘肃省图书馆，中国图书

馆学会地方文献专业研究委员会编 . -- 北京：光明日报

出版社，2019.11

ISBN 978 - 7 - 5194 - 5022 - 9

Ⅰ.①文… Ⅱ.①甘…②中… Ⅲ.①旅游文化—中

国—文集 Ⅳ.①F592 - 53

中国版本图书馆 CIP 数据核字（2019）第 248336 号

文化、旅游与地方文献
WENHUA、LVYOU YU DIFANG WENXIAN

编　　者：甘肃省图书馆　中国图书馆学会地方文献专业研究委员会

责任编辑：曹美娜　　　　　　　责任校对：赵鸣鸣

封面设计：中联学林　　　　　　责任印制：曹　净

出版发行：光明日报出版社

地　　址：北京市西城区永安路 106 号，100050

电　　话：010 - 63139890（咨询），010 - 63131930（邮购）

传　　真：010 - 63131930

网　　址：http：//book. gmw. cn

E - mail：caomeina@ gmw. cn

法律顾问：北京德恒律师事务所龚柳方律师

印　　刷：三河市华东印刷有限公司

装　　订：三河市华东印刷有限公司

本书如有破损、缺页、装订错误，请与本社联系调换，电话：010 - 63131930

开　　本：170mm×240mm

字　　数：439 千字　　　　　　印　　张：24.5

版　　次：2020 年 1 月第 1 版　　印　　次：2020 年 1 月第 1 次印刷

书　　号：ISBN 978 - 7 - 5194 - 5022 - 9

定　　价：99.00 元

前　言

2018年4月8日，文化和旅游部正式挂牌，标志着我国文化和旅游事业融合发展进入了一个新时代。自古以来，中华民族就把读书和旅游结合在一起，崇尚"读万卷书""行万里路"；"读万卷书"是人们提升自我的至高追求，"行万里路"是人们读书体验的实践活动，就是旅游。人们形象的把文化和旅游的挂牌称为是实现"诗与远方"的最佳途径，如果我们把"诗"比喻为文化，把"远方"比喻为旅游，那么文旅结合就是"诗"与"远方"的完美结合，就是让文化更好地走向"远方"，就是让旅游就更加富有"诗"意，就是让人们实现"世界很大，我想去看看"的美好愿望。

文化是一个民族的根脉，是一个国家和民族精神的延续。中华民族五千年历史发展长河中形成的中华优秀文化，内容丰富，博大精深，是中华民族文化的精华，如长城文化、运河文化、丝路文化、黄河文化等，还有众多的地方文化，组成丰富的中华文化，如八桂文化、八闽文化、巴蜀文化、草原文化、陈楚文化、滇云文化、关东文化、徽州文化、荆楚文化、两淮文化、岭南文化、陇右文化、齐鲁文化、黔贵文化、青藏文化、琼州文化、三晋文化、三秦文化、台湾文化、吴越文化、西域文化、燕赵文化、中州文化、湖湘文化、京师文化等。这些中华优秀文化在数千年的发展进程中的滋养着中华儿女，使中华儿女在新时期更加发挥出我国优秀文化的价值力量，增强了文化自信，为民族伟大复兴而奋斗前行。

随着我国经济的腾飞和人民生活水平的提高，人们对精神文化的追求日益增加，出行旅游人数不断增大，对国民经济的增长也作出了贡献。据国家旅游数据中心数据显示，2018年全国旅游业对GDP的综合贡献为9.94万亿元，占GDP总量的11.04%。不仅如此，人们对旅游的青睐还体现在对旅游目的地的文化内涵的渴求，这意味着文化正影响着旅游的发展，文化旅游行业的发展潜力巨大。

甘肃地处中国西北内陆，历史悠久、文化厚重，在数千年的发展中产生的黄河文化、丝路文化、始祖文化、农耕文化、敦煌文化、长城文化、石窟文化、简牍文化、五凉文化、西夏文化成为国内外知名文化品牌，使甘肃成为文化大省。2018 年 11 月 1 日，甘肃省文旅厅正式挂牌，标志着甘肃文化旅游事业发展步入新时代。甘肃省文旅厅借助文化和旅游携手的新契机，努力打造文化强省、旅游兴省的新态势。

甘肃省图书馆创建于 1916 年，在百年多的发展中，积累了丰富的馆藏，藏书总量 460 万册，古籍和地方文献藏量 38 万册，其中的《四库全书》和西北地方文献最为著名。西北地方文献在 1944 年国立西北图书馆馆长刘国钧执掌时期正式开启，在 70 多年的发展进程中经过历任馆长的重视和同仁的不懈努力，成为国内公共图书馆地方文献工作的佼佼者。甘肃省图书馆成为中国图书馆学会地方文献研究专业委员会的主任馆，在推动全国公共图书馆地方文献工作发展起到了重要作用。2013 年甘肃省图书馆学会成立了地方文献研究专业委员会，在全省开展了地方文献资源调查和地方文献资料交换工作，组织开展地方文献工作者业务培训和高级研修培训，出版了《甘肃地方文献工作述略》，举办全省地方文献工作学术研讨会，组织全省图书馆工作者参加国内重要的地方文献学术会议及征文活动，为全省各级各类图书馆地方文献工作建设与发展做出了努力。

地方文献作为反映一个地区历史文化发展、传承、交流、发扬、传播的重要媒介，具有丰富的地方文化内涵，是中华优秀文化发展传承的重要组成部分，在地方文化旅游中负有推动和引领地方文化旅游发展的重要使命。在文旅融合背景下，图书馆通过开发整理地方文献，拓展旅游的文化内涵，扩大地方文献工作的研究领域，实现文化与旅游融合发展，为图书馆参与文旅融合提供丰富的地方文化资源，实现多方共赢的发展格局。

公共图书馆是文旅机构合并后的重要下属机构，在新的文化管理体制环境下，做好文化与旅游的深度融合是现阶段的重要议题。2019 年 3 月，为了推进文旅融合，探讨地方文献在文旅融合中的作用，中国图书馆学会地方文献研究专业委员会与甘肃省图书馆学会地方文献研究专业委员会共同举办了"开发地方特色文献、开拓文化旅游新思路"征文活动，活动共收到来自全国 19 个省市县公共、高校及文化部门的征文 59 篇，经过专家的审稿，采用论文 50 篇，结集出版。

此次的征文活动，得到了全国图书馆同仁的大力支持，他们从文化旅游、地方文化建设、文化创意、红色旅游、非遗传承、文创产品等方面论述了地方文献助力地方文化旅游的优势，展示了优秀地方文化、地方名人、地方经济对旅游的影响力，提出了地方文献在文化旅游建设中应发挥的作用，并以实际案例叙述了各地文化和旅游部门融合中取得的成绩，以及各个图书馆在文化旅游融合形势下的新思考、新理念、新方法。

此次征文活动得到了馆领导和中国图书馆学会地方文献研究专业委员会的大力支持，馆领导对此项工作非常重视，对征稿、审稿及后期出版关心备至，使论文集得以顺利出版。

湖南省图书馆副馆长雷树德、江西省图书馆副馆长何振作、河南大学校史馆馆长王学春、云南省图书馆地方文献部主任杨梅、西北师范大学图书馆副馆长许萍担任了此次征文的审稿工作，甘肃省图书馆学会地方文献专业委员会李芬林、刘瑛、曾雪梅、张丽玲参与了文稿复审工作，李芬林、刘瑛、张丽玲对文稿进行了最后修改审定和校对工作。张丽玲还负责征文的接收、函复往来及后期与作者的联系等事务工作，为此次征稿的出版付出了心血。对于未采用的文章作者，我们也表示衷心的感谢，感谢你们对此次征稿的支持和厚爱，但由于你们所投的文章与此次征文主题不符，因此没有被采用。

图书馆作为承担着地方文化资源保护和传承的职能部门，在文旅融合时代，被赋予新的责任和使命。努力满足人们对美好生活的向往和期待就是我们图书馆人的初心，努力增强中华全民族的文化自信和力量就是我们的使命，为了这份责任和使命，广大文旅行业的同仁们，共同携手，在实现"诗与远方"的美好旅途中，奋勇拼搏，努力前行！

2019 年 9 月

目 录
CONTENTS

地方文献与
文化旅游

图书馆融入文化旅游高质量
发展的精义与策略研究

吕东霞*

中国特色社会主义进入新时代，意味着我国生态文化旅游开始步入一个高质量发展的新时代，而图书馆作为承担着地方文化资源保护和传承的职能部门，迫切需要融入文化旅游高质量发展的全过程。为了使图书馆更好地融入文化旅游高质量发展，就要善于处理好"经济发展需要与文旅品质需求""乡村文化振兴与图书文化服务""生态旅游和文化旅游融合"等若干重要关系。针对这些问题，需要从落实新发展理念、拓宽图书文化旅游载体、促进阅读旅游融合和提升阅读旅游质量等方面进一步促进图书馆融入文化旅游的高质量发展。

一、新时代呼唤图书馆融入文化旅游高质量发展

党的十九大报告做出了"中国特色社会主义进入新时代"的重大判断，报告还进一步指出，"我国经济已由高速增长阶段转向高质量发展阶段"。这意味着我国经济正在开启新的时代，同样也意味着我国生态文化旅游开始步入了一个高质量发展的新时代。而图书馆作为承担着地方文化资源保护和传承的职能部门，是深入贯彻落实生态文化旅游融合政策的一个重要平台。

（一）推进图书馆融入文化旅游发展是贯彻习近平新时代中国特色社会主义思想的必然要求

习近平新时代中国特色社会主义思想内涵丰富、博大精深、覆盖全面，涵盖了政治、经济、社会、文化、生态、外交、党的建设等各个方面。其中，作为重要组成部分之一的习近平文化与旅游融合发展重要论述，系统地回答了文旅建设的历史规律、根本动力、发展道路、目标任务等重大理论课题，为新时代的文化和经济发展提供了科学的理论指导和行动指南。在这一思想中，明确

---

* 吕东霞，中共江西省委党校。

了"宜融则融，能融尽融，以文促旅，以旅彰文"的工作思路，注重围绕文化和旅游融合发展这一重点，推动文化和旅游在各领域深度融合，以人民美好生活引导文化建设和旅游发展。为文化建设和旅游发展提供新动力，突显新优势。无疑，图书馆要走好和文化旅游融合这条路，必须深入领会习近平新时代中国特色社会主义思想中关于文化旅游发展的重要论述，为新时代中国特色社会主义发展做出新贡献。围绕文化旅游发展、乡村振兴战略等，切实提升图书馆切入文化旅游的品质，加快文化旅游产品供给，开展"图书馆＋民宿""图书馆＋旅游景区""博物馆＋图书馆"等各种发展方式，培育形式多样、各具特色的文化旅游产品体系，走出一条多方并进的文化旅游发展之路。

（二）推动图书馆融入文化旅游发展是践行新发展理念的必然途径

习近平总书记提出，绿色生态是最大财富、最大优势、最大品牌，一定要保护好，做好治山理水、显山露水的文章。[1]文化和旅游融合是实现"绿水青山"到"诗和远方"的新发展跨越。近年来，图书馆协同助力公共文化服务和生态旅游服务，为读者服务和为游客研学服务，发挥好文化传播作用，是深化文化和旅游融合发展的重要内容。新时代条件下，旅游不仅仅只是单纯的欣赏风景、品味风土人情，而是更加追求小众个性的量身定制和品质情怀。近年来，住宿行业越来越重视特色文化主题酒店产品的培育，不断运用当地文化、自然、风土人情等深度融合的思路，曾经与美术馆、咖啡馆、电影院、婚纱影楼等进行了跨界合作，现出现了图书馆和民宿之间的合作。[2]例如，浙江的桐庐县就构建了"图书馆＋民宿"这一主客共享的文化和旅游新空间，打造一批"石舍香樟""木舍""树屋"等各具特色的民宿，与县图书馆合作引入第一座乡村生活书吧，清茶一杯、书卷在手，是研学、寻根、品读和展示本地文化的窗口，丰富了当地专题文化旅游线路和项目，图书馆所典藏的古物，也顺势助力当地旅游的一种特色资源，图书馆馆员也由管理者变成了服务者，是图书馆接轨新时代、新要求、创新提高服务品质、大力推进全民阅读的集中表现，实现了图书馆公共文化服务范围的延伸。

（三）推进图书馆融入文化旅游发展是适应人民美好生活需要的现实要求

党的十九大报告指出，我国社会主要矛盾已经转化为人民日益增长的美好生活需要和不平衡不充分的发展之间的矛盾。人民美好生活需要日益广泛，对物质文化生活提出了更高要求。一方面，发展文化旅游是顺应社会主要矛盾变化的需要。文化旅游在保护的前提下进行适度开发，既能提升生态环境质量，让生态环境美起来；又能增加百姓的经济收入，并满足其日益增长的美好生活需要。另一方面，推进高质量文化旅游的目的就是为了让人民的生活更加幸福，通过提供更多丰富多样的文化产品以满足人民日益增长的旅游需要。随着社会经济的发展，人们越来越注重追求高品质的美好生活需要，旅游的需求层次出现新的变化和特点，那种以单一形态的传统旅游的吸引力日趋下降。人们对文化的诉求强烈，通过观光、休闲、度假等方式结合"图书馆文化大讲堂"、移动图书馆、微信图书馆数字平台来辅以展示当地的传统文化和地方文献，使游客体验感提升，实现开阔视野、增长见识、陶冶情操，寻求旅游过程的真正乐趣。依托文化和生态的旅游是满足人们更高层次旅游需求的最佳方式。简言之，文化旅游高质量发展正当时，高质量的文化旅游可以带来高品质的幸福。

二、善处图书馆融入文化旅游高质量发展的若干关系

（一）处理好"经济发展需要"和"文旅品质需求"的关系

2018年3月13日，国务院机构改革方案将文化部、国家旅游局的职责整合，组建文化和旅游部。这次机构改革不仅是给"旅游"添砖加瓦，也是给"文化"加码升级。文化旅游相互融合，文化的价值性优势与旅游的综合性优势、产业性优势相得益彰，是推动两个产业提质增效的重要途径。旅游正逐步成为推动文化传播、社会文明建设的重要途径。国家旅游数据中心数据显示，2017年全国旅游业对GDP的综合贡献为9.13万亿元，占GDP总量的11.04%，而全年餐饮收入为3.96万亿元，通过这一组数据对比，就可以看出随着人们收入的增长，"吃、喝"已经满足不了人们的需求，"玩、乐"的市场要更加广阔。[3]当前，文化和旅游进行供给侧改革，以人民美好生活引导文化建设和旅游发展，用旅游传播文化，彰显文化自信。古人云：读万卷书，行万里路，图书馆实现职能转变升级要抓住机遇，拓展思路，延伸服务内容和手段，将图书馆的公共文化服务和旅游文化传播相结合，深入挖掘馆藏资源，做好产品的有效供给；依托智能化的服务和互动作为图书馆社会文化教育、全民阅读推广的重要组成部分，坚持"均衡发展、全域覆盖、融合共享"，推动行走阅读和休闲阅读，提升游客的出游品质，给图书馆的服务注入新活力。

（二）处理好"生态旅游"和"文化旅游"的融合问题

在属性上看，文化旅游本身是广义旅游的一个重要组成部分，两者价值目标是一致的。在地域分布上，生态旅游与文化旅游具有很强的共存性，自然生态资源与文化历史资源经常共存于同一山水地之中。在功能发挥上，通过生态旅游与文化旅游的交互辉映、相得益彰，提高旅游的品质与品味，既能以"景色"吸引游客，也能用"文化"留住游人。例如湖南长沙的岳麓书院，位于风

景秀丽的岳麓山脚下，又是中国历史上著名的四大书院之一，集弘扬传统文化和观赏风景名胜于一体。江西的井冈山既有"千里罗霄之腹"的自然景观，也被载入中国革命的史册，被誉为"中国革命的摇篮"和"中华人民共和国的奠基石"，是爱国主义教育和革命传统教育的基地。图书馆也可以在名胜景点设立图书站或数字图书馆，实现 Wi-fi 全覆盖，围绕着国学、红色文化、传统文化故事开展宣传活动，根据当地需求开展采访工作，进行有针对性的数字资源推送，深挖地方自然和人文特色，大力倡导数字观光阅读，有助于提高游客的文化素养，促进知识传播，带动各地的经济文化发展。

（三）处理好"乡村文化振兴"与"图书文化服务"的关系

乡村振兴离不开众多因素，而文化振兴是乡村振兴的灵魂。因此，乡村振兴与文化旅游的建设和发展是密切相关的，乡村振兴要依赖文化旅游的建设和发展。在文化旅游融合的过程中，图书馆从某种意义上有参与文化旅游融合的责任，是新时代的重大制度安排，也是实现乡村振兴的文化发展，为乡村振兴做出应有的贡献。乡村发展是图书馆公共服务的真空地带，图书馆助力乡村振兴，特别是助力农村文化旅游振兴不仅是图书馆履行职责、延伸服务范围、承担社会责任的外在表现，也是开拓图书馆文化传播功能、优化公共配置、升级服务效能的内在表现。新时期随着国家政治、经济、文化的发展，图书馆已经具备了参与乡村振兴和文化旅游发展的政策支持和制度保障，积极参与文化和旅游融合发展，不仅可以繁荣旅游文化，丰富旅游生活，而且可以提高文化活力，推动乡村振兴。图书馆在这一过程中必须更加主动作为，积极加强科学规划，夯实自身建设，合理优化配置公共基础设施，提供符合需求和发展的文献信息服务，激发乡村文化旅游融合内生动力，提升文化造血功能，用担当实干助力乡村文化振兴。

三、助推图书馆融入文化旅游高质量发展的策略选择

（一）贯彻落实新发展理念是根本

习近平总书记强调，新发展理念就是指挥棒、红绿灯。全党同志要把思想和行动统一到新的发展理念上来，崇尚创新、注重协调、倡导绿色、厚植开放、推进共享，努力提高统筹贯彻新的发展理念能力和水平。图书馆是文化精神的集结地，新发展理念是图书馆发展行动的先导。首先，要将新发展理念内化为图书馆创新发展方式。面对我国经济文化高质量发展的要求和人们需求层次的升级，如果思维方式还停留在原有的水平上，那图书馆助力文化旅游就无从谈起，甚至可能坐失良机。其次，要把新发展理念融入生产方式和消费方式中去。

一方面，坚持共享发展，在发展的过程中共享资源、共享成果，提高图书馆工作的获得感。不能简单地一味追求生态文化旅游的经济效益，努力走出一条生态效益、经济效益、文化效益相得益彰的发展路径；另一方面，借助网络化环境实现跨界交流，加大与生态景点、博物馆、游乐景点等机构的联系，博采众长来发展自身，发挥图书馆的本位价值功用，增强公共服务水平。在全社会形成强大的共享发展环境。

（二）拓宽图书文化旅游载体是关键

载体是文化旅游的生命线，它之所以如此关键，就在于形式多样的载体能够体现较好的认知特征，能够给消费者带来心理上的满足感和认同感。当前，各地文化旅游如火如荼，但文化旅游资源的开发利用尚处于粗放阶段，不够重视文化旅游载体的建设。然而，随着人民美好生活需要的提升和高质量文化旅游的推进，载体建设日益成为生态文化旅游业的重中之重。首先，构建图书馆旅游数据库。因此，各地旅游地区的图书馆要积极发挥馆藏资源的作用，查找本地历史文献，积极搜集本地旅游资源，并建立本地旅游资源数据库，利用互联网方便快捷的优势，使本地旅游资源快速传递给所有读者，让读者及时地了解和把握本地的旅游景观和旅游文化，促进本地旅游产业的发展。[5] 其次，筹建旅游景区图书馆。图书馆是文化旅游资源的重要要素。图书馆作为地方文化的重要组成部分和文献资料典藏地，无疑更好地揭示了文化旅游产品的背景要素、烘托了文化旅游的意境，激发了游客的旅游动机。

（三）促进阅读旅游融合是动力

牢固树立融合发展理念，抓好资源整合、转化、开发，推动旅游与图书馆、博物馆、档案馆等机构和领域的深度融合，推出更多带动全域、延伸周边、多样化的旅游产品。一是要推进生态文化旅游与文化深度融合。按照"文化为魂，旅游为体；魂体融合，相得益彰"的总体要求和"宜融则融、能融尽融"的原则，找准文化与旅游的结合点，利用图书馆的文化遗产为旅游服务，挖掘文化底蕴，整合独特的地域文化，讲好旅游故事，这既是文化普及宣传活动，又是培育人们的图书馆意识，提升旅游产品的文化内涵品位，积极发展文化体验式的生态文化旅游。二是要推进生态文化旅游与旅游深度融合，针对生态文化旅游很多都是地域较偏僻的地方，可以使用图书馆的文献资源无形中拉近知识界限和文化界限之间的距离，设置虚拟路线，让游客能从图书馆馆藏系统中提前做好相关攻略。充分挖掘观光资源，红色经典、传统文化等生态文化旅游的游玩模式。

（四）提升阅读旅游质量是保障

随着我国文化旅游的快速发展，旅游的内容也变得越来越丰富多样。图书馆作为一本"知识大百科"，有利于满足人们的出行文化需求，适应了时代的发展，也壮大了图书馆事业。一是丰富"基础设施"服务。要加大旅游服务设施的配套建设，更新完善游览服务设施，增加旅游文化品位的引导、咖啡＋书吧，满足游客静谧阅读的需要。同时，也可以增加现代化的服务手段，如景区相关电子书下载、手机图书馆导游、无线讲解机等。二是提供"惠民便民"服务。建立旅游公共信息和咨询平台，向旅游者提供旅游景区简介、线路交通指引、气象、住宿、安全、医疗急救等必要信息和咨询服务，满足游客行前、行中、行后的各类需求，为游客提供全程个性化、便利化的智慧旅游服务。三是开展"图书馆联盟"服务。充分发挥图书馆行业的联盟衔接作用，建立图书馆服务的大数据平台，开辟图书馆虚拟文化旅游窗口，注重国情文化和地方特色文化，使游客在旅行开展之前充分透过虚拟旅游实现旅行障碍初步解决的功能。

参考文献：

［1］在省部级主要领导干部学习贯彻党的十八届五中全会精神专题研讨班上的讲话［M］. 单行本. 北京：人民出版社，2016：20.

［2］张学福. 文化旅游背景下的图书馆＋民宿的跨界合作研究［J］. 公共图书馆，2018（4）：53-56.

［3］2017 年全国旅游业对 GDP 的综合贡献为 9.13 万亿元［N］. 经济日报，2018-02-06（3）.

［4］习近平总书记关于新发展理念系列重要讲话［N］. 人民日报，2016-04-29（9）.

［5］王勇. 图书馆服务文化旅游、建设旅游文化的实践［J］. 传媒论坛，2018（1）：153.

地方文献与文化旅游的实践探索

——以云南省图书馆为例

曹　雯 *

2018 年文化和旅游部的成立，意味着公共图书馆在文旅融合方面将面临新的机遇和挑战。本文通过分析公共图书馆在文化旅游中的三个优势，再以云南省图书馆为例，阐述了基于地方文献开发的两个实践设想：一是打造新型文化特色的图书馆吸引国内外游客，扩大本地特色文化的宣传；二是在文化与旅游的融合上，充分发挥地方文献作用，开发文化旅游线路及文创产品，促进地方文化和旅游事业的双向发展。

2018 年 4 月 8 日，文化和旅游部正式挂牌，标志着我国文化与旅游事业融合发展的新时代已经到来。公共图书馆作为文旅系统下属的重要机构，在全新的文化管理体制环境下，如何做好文化与旅游的深度融合成了现阶段的重要议题。笔者认为，在图书馆众多馆藏中，地方文献是最能突出自身文化特色的资源，也是提升本地区旅游景点内涵的文化支撑。

众所周知，地方文献是内容或形式上具有地域特征和地域价值，是地方文化的重要承载形式；是人们认识一个地方不可或缺的途径，也是其展示自身特色文化和开发文化旅游必不可少的工具。

云南省图书馆作为云南省的地标性文化单位，更是应把握时机，在地方文献的开发利用上下功夫。一方面要打造充满地域文化特色的新型图书馆来吸引游客；另一方面是以地方文献为基础开发云南特色文化创意旅游线路及文创产品，在创建图书馆文化品牌的同时也能扩大公共图书馆在文化旅游事业中的文化影响力。

---

* 曹雯，云南省图书馆。

一、公共图书馆在文旅融合中的优势

(一) 文化优势

图书馆是人类文化保存、整合及传播的媒介,具有不可替代的文化属性,特别是公共图书馆,其特有的公益性及开放性在文化传播方面优势更为明显。[1]图书馆的文旅融合要着眼于公共图书馆作为地标景点的这个文化休闲旅游的功能上。放眼国内外,每个国家的公共图书馆都是著名的文化性地标建筑,是游客们文化之旅的必选景点。如:著名的大英图书馆、美国西雅图中央图书馆、埃及亚历山大图书馆等,以及 2018 年 4 月正式对外开放的卡塔尔国家图书馆,其别具一格的设计成为全球大都市图书馆建筑之林中颇具魅力的新景观。[2]

眼光回到国内,随着我国人民物质生活愈加的丰富,对于文化的需求也更加凸显,从广州图书馆、深圳图书馆、苏州图书馆、云南省图书馆等众多公共图书馆每天开馆前的排队长龙,就可以看到,社会公众通过图书馆这个公共文化机构来满足自身文化需求的愿望很强烈;再从时下刷屏社交媒体的"网红图书馆"如:天津滨海图书馆、国家图书馆新馆、秦皇岛三联书店海边公益图书馆、扬州钟书阁、北京怀柔"篱苑书屋"、高晓松的杂书馆等[3]能发现时下图书馆在文化传播中的地位及影响力正在逐步提高。这些图书馆,建筑规模宏大,设计独特,藏书丰富有特色,再加上新颖的服务理念,一出现就吸引了大量国内外游客,成为他们文化旅游的必经之地。图书馆在文化旅游融合中的优势作用可见一斑。

(二) 旅游优势

国家旅游局公布的《中国旅游业统计公报》数据显示,近年我国旅游收入总体呈稳步增长态势,旅游群体不断扩大,旅游产值不断上升,又因具有绿色、生态、环保的特点而日益成为衡量现代生活水平的重要指标。[4]然而,一方面是人们对旅游的需求不断升级,另一方面却也突出了旅游行业发展中的问题,如:旅游市场不够宽泛;旅游产品缺少特色;旅游产业结构比较单一。[5]此时,公共图书馆以文旅融合为契机参与到旅游业的发展中,无疑能扩展当下旅游市场的范畴、开发特色文化旅游产品,有效打破旅游市场结构单一的局面。而旅游六要素即"住、食、行、游、购、娱",则为公共图书馆文旅融合的创新发展提供了线索。

当前,我国公共图书馆遍布全国,国家、省、市、县四级公共图书馆系统已基本建成,县级以上政府设立的公共图书馆达 3153 个[6]。公共图书馆大多处于城市的中心,地理位置优越,交通便利,便于集合旅游者。若每一个图书馆都发挥文化旅游功能，就相当于在全国各个地区都建立了旅游地接中心，这个地接中心不是单纯的游客接待点，不仅有馆藏文献作为文化支撑还是以传播地方文化为目的公益大众平台，社会公信度高。再则，一直在本地居住的图书馆员，本身就是地方文献资料的收集者，对于当地旅游中的基本要素如食、住、行、购有着较为准确、专业的判断。可向旅游者推荐当地特色美食，实地考察住宿价格，公布机场、火车站、高铁站的位置和机场大巴往返的时刻及地点，以及交通管制、高峰期拥堵等实地情况，减少旅游者自己搜集信息的成本，提高信息的透明度和准确率，提升旅游者的旅游体验等，这些都充分展示了公共图书馆在旅游方面的优势。

（三）地方文献馆藏优势

随着我国经济的腾飞及文化事业的持续发展，人们出行的需求不断增大，不仅体现在旅游目的地范围的扩展，对旅游目的地的文化内涵的渴求也在不断加大，文化旅游行业的发展潜力仍然巨大。虽然我国历史悠久、地大物博，但以发展文化特色旅游作为推动旅游业的手段在实际操作上仍有很大的空间。公共图书馆一直是保护和开发地方文化遗产的重要力量。国际图联与联合国教科文组织联合发布的《公共图书馆宣言》指出公共图书馆应加强文化遗产意识，促进文化间的对话，并增强文化多样性[4]。

在当下文旅融合的机遇下，图书馆利用特色馆藏，梳理、挖掘地方特色文化资源，一方面发掘可塑性较强的文化元素（如：地方文献馆藏中的文人墨客的游记、舆图、名家手稿、经文、字画等）进行再开发，嵌入到旅游线路中，达到知行合一，既凸显了文化内涵，又适应了市场对深度旅游的需求。另一方面把图书馆地方文献数据库，整合资源升级成地方文化旅游数据库，在原有基础上实时更新相关景点的旅游小提示，如气候变化、交通情况、不可错过的旅游产品及美食等，并向大众开放该电子查询平台，实现渠道及资源共享。

二、云南省图书馆文旅融合的实践方向

（一）开发云南特色文化

云南省地处中国西南边陲，与老挝、缅甸、越南相邻。不仅地理风貌独特、山川秀美，旅游资源丰富，加之本土文化（包括各少数民族的原生文化）和邻国文化的交融，形成了多元文化并存的格局。主要从历史文化（如：古滇文化、爨文化、南诏大理国文化、抗战文化等）、民族文化（如原始宗教文化、毕摩文化、贝叶文化、东巴文化等）、地域文化（如普洱茶文化、烟草文化、饮食文化等）[7]三个方面概括。

随着中国改革开放不断深入推进，图书馆的国内外馆际交流也日益增多，图书馆自身的地域特色、文化展览也成了文化交流中的重要一环，打造具有地方文化特色的图书馆的想法，不仅是公共图书馆社会文化职能的体现，也是弘扬地方文化，吸引国内外游客的一种手段。

（二）打造特色文化图书馆

作为云南省最大的公共图书馆，云南省图书馆在地方文献的开发上，选取代表性强的部分，打造特色文化图书馆。这里所说的特色图书馆打破了传统图书馆的概念，不仅是地方文献的数据库或地方文献图书影音资料单纯的集中呈现，而是赋予文化休闲功能的体验空间，也是以地方文献作为文化支撑的旅游推介中心。以云南省图书馆的"普洱茶文化图书馆"为例，自2015年11月成立以来，普洱茶文化图书馆以其独具一格的茶文化风格，丰富多彩的培训品鉴活动，再加上云南民族茶艺展示等显著的地域文化特色吸引了数以千计的国内外同行及读者前来参观学习，在一定程度上体现了公共图书馆利用地方文献资源弘扬地方特色文化及推动文化旅游的可行性。

从普洱茶文化图书馆的创建经验来看，云南省图书馆可以利用的地方文献资源还有很多，如：打造"云南少数民族文化体验馆"，揭开少数民族神秘的面纱；跟随中国第一部中医理论与少数民族医药经验相结合的地方性本草专著《滇南本草》的脚步，在"云南中医药圃"特色图书馆里了解历史悠久、颇具特色的地方中医药及地道中药材；还原文献中记录的特色菜品、了解多元云南饮食文化的"美食坊"；和国境线上的少数民族一起体验"边民文化之旅"等等。在特色文化图书馆的建设上，空间布局要有设计感，突出特色文化的特征，辅助以"声、光、电"等视听多媒体，让社会大众以亲身体验的方式参与其中，充分感受云南多元文化的魅力。

把传统的图书馆阅览室，打造成大众喜闻乐见的休闲文旅空间，让游客以图书馆作为旅游目的地的接驳点，把相对抽象的文化元素注入旅游地图中，具象化地呈现在游客眼前，这即是文旅融合的成果，也是图书馆的社会文化职能和娱乐文化职能的一个展现形式。

（三）设计特色旅游路线

历史上的云南，一向被认为是蛮荒之地，这给它披上一层神秘的色彩，其真实面目则鲜为人知。如今的云南，虽已经是誉满全球的旅游胜地，但人们对云南的认识，也多半还只停留在"四季如春""植物王国""动物王国"一类笼统的概念上。云南的魅力，不仅在于其自然风光秀丽，气候宜人，民族众多，更重要的还在于其历史文化底蕴的深厚，民族文化的多姿多彩，而那些秀丽神奇的自然风光，也被赋予丰富的文化内涵。人与自然的融合，多元文化的共存，历史与现实的链接，构成云南文化与众不同的特色。

以云南省图书馆为例，把特色文化图书馆作为旅游地图的起点向外辐射，衍生出特色文化旅游线路，如："云南特色图书馆（网红图书馆：如腾冲和顺图书馆）之旅""古镇之旅""探索少数民族文化之旅""茶源地之旅""翡翠探秘之旅"等等。正所谓"没有故事的景点是苍白的景点"，此时，从地方文献资源中提炼出来的二三次文献即是文化旅游线路中的导游词。这种馆内特色图书馆与馆外文旅路线形成的"一进一出"双向配套服务模式，二者相辅相成相互补充，在提升地区旅游文化内涵的同时，也促进了旅游地文化价值向经济价值的转变。

（四）加强文化旅游创意产品的开发

2016 年 5 月，国务院办公厅转发文化部等四部委《关于推动文化文物单位文化创意产品开发的若干意见》[8]（国办发〔2016〕36 号，以下简称《意见》），要求各级各类图书馆、美术馆、博物馆等掌握各种形式文化资源的单位依托文化文物单位馆藏文化资源，开发各类文化创意产品。[9]从《意见》可以看出，在当前文旅融合的阶段，加强公共图书馆的文创开发不仅能加快文化和旅游行业的融合，在增强旅游特色、提升旅游纪念商品的文化品味的同时，也让地方文化以更丰富多元的形式展现和推广，有效促进地区文化软实力的增强。

云南省有 51 部传世珍本入选国务院公布的首批《国家珍贵古籍名录》。其中云南省图书馆有 40 部，数量位列全国公共图书馆系统第 11 位，居全国前列。如：大理国写本《仁王护国般若波罗蜜多经抄》《钱氏族谱言行纪略》《肇域志》等，如把这些镇馆之宝复刻再造于具有云南地方特色的石刻、木雕、造纸、陶艺、漆器等手工制品之上，就成为了精美的文旅创意产品，让游客在旅游过程中欣赏到自然景观的同时也能在旅游过程中感受文化、品位文化。

三、结语

公共图书馆的地方文献资源集中体现了所在区域各个时期的地理状况及社会风貌，这些资料品种多样、主题广泛，是文化旅游开发取之不尽用之不竭的宝贵素材。在当前文旅融合的大环境下，图书馆深度挖掘地方特色文化参与发展旅游业是提升地方文化的吸引力、竞争力和文化旅游服务能力的有效尝试，与传统旅游相比，具有较高的层次和发展潜力。

云南省图书馆挖掘整理地方文献中的特色文化，打开特色图书馆及文化旅游路线这个双向通道，是文旅融合环境下的积极尝试，不仅对弘扬地方文化裨益良多，为新时代图书馆事业的发展提供了新思路，同时也开拓了云南文化旅游事业的新局面。

图1　云南省图书馆"茶艺师"培训班

图2　学习茶道

参考文献

[1] 曹雯．新时期公共图书馆服务创新探索 [J]．公共图书馆，2018 (3)：24 - 27.

[2] 王世伟．关于公共图书馆文旅深度融合的思考 [J]．图书馆，2019 (2)：1 - 6.

[3] 鄢莹．公共图书馆文旅融合的典型实践与分析 [J]．图书与情报，

2019（1）：111－114.

[4] 孙红强.图书馆文化创意旅游项目开发探究［J］.图书馆工作与研究，2018（8）：96－99.

[5] 张明珠，薛献伟.新时期中国旅游业的发展新路径研究［J］.黑河学院学报，2019，10（2）：72－73.

[6] 郑海鸥.推动公共图书馆事业新发展［N］.人民日报，2017－11－06（8）.

[7] 杨寿川.云南特色文化［M］.北京：社会科学文献出版社，2006.

[8] 国务院办公厅转发文化部等部门关于推动文化文物单位文化创意产品开发若干意见的通知［EB/OL］.中国政府网，2016－05－16.

[9] 郑钧.试论省级公共图书馆文创产品开发工作［J］.图书馆工作与研究，2017（8）：84－90.

文旅融合背景下的公共图书馆创新服务初探
——以上海市长宁区图书馆为例

刘　瑾*

本文从公共图书馆的角度，结合文旅融合的时代背景，阐述了基层图书馆是落实文旅融合的重要载体。并以长宁区图书馆为例，介绍了文旅深度融合的创新服务案例，提出了公共图书馆的未来发展之路。

2018 年 3 月 17 日，第十三届全国人民代表大会第一次会议通过了关于国务院机构改革方案的决定[1]。4 月 8 日，国家文化和旅游部正式挂牌成立，标志着我国文化建设与旅游发展将进入了一个新的发展时期。翌年 3 月，长宁区正式组建区文化和旅游局，原来在公共图书馆领域相对隐性的文化和旅游整合的命题日益显性化。图书馆作为文化和旅游合并后的重要机构，在推动文化和旅游深度融合发展的今天，如何以此次机构改革为契机，为新时代图书馆事业进一步的创新发展和提质增效提供新动能，是每个图书馆人值得思考的新命题。本文以上海市长宁区图书馆为例，试图对此做一些初步的探究与思考。

一、基层图书馆是落实国家文旅融合政策的重要平台

首先，文旅融合是国际基层图书馆建设的大趋势。美国纽约公共图书馆利用自身平台优势，发起各社区图书馆对本社区口述史资源挖掘与开发。其开发过程，使得基层图书馆成为社区文化旅游融合的重要母平台。众所周知，公共图书馆是一个国家、民族或地区历史文化和现代文明的窗口，也是一个国家和地区形象的代表，同时还是人们了解历史文化、启迪智慧的教育场所[2]。笔者曾在美国新泽西州的列文斯顿社区图书馆发现，该馆不仅陈列着该地区的史料

---

* 刘瑾，上海市长宁区图书馆。

图片，还收藏相关的老物件；就连当地警署举办的警民联欢展示活动，也是与当地社区图书馆融合在一起的。

其次，文旅融合是基层图书馆事业发展的大趋势。基层图书馆作为公共图书馆系统在基层的延伸和发展，它位于社会服务的最基层，对地区科学、文化、教育的发展，推动地方经济发展都起到很大的作用。同时，还承担着地方文化资源保护者与开发者的职能。被誉为"中国民间文化艺术之乡"的长宁区新泾镇图书馆，通过承接当地文化特色保护项目——"西郊农民画"，广泛收集西郊农民画有关资料，成功挖掘西郊农民画新传人，逐步形成西郊农民画为特色的地方文献，开启了以"西郊农民画"为馆藏特色的地方特色文献。使"西郊农民画"成为新泾镇独有的（上海）市级非物质文化遗产，更是长宁区重要的文化名片。因此，基层图书馆通过拓宽服务功能，主动迎合文旅融合的发展趋势，让基层图书馆迎来重要的转型发展机遇，进而促进基层图书馆事业的健康发展。

二、长宁区图书馆文旅融合的探索与实践

任何国家或民族的传统文化、本土文化都有其相对独立性[3]，图书馆作为各种文化的积淀地，要创造各种文化氛围来满足不同层次、不同需求读者的阅读需求。作为长宁区重要的公共文化阵地，长宁区图书馆自 2007 年新馆落成以来，积极发挥自身的优势和长处，勇于创新服务模式，在文旅深度融合方面开展了诸多探索，提供了各具特点的实践案例。

（一）打造文旅融合阅读品牌

长宁区图书馆作为地区重要公共文化设施，担负着传承长宁、上海乃至长三角地区的海派文化、红色文化、江南文化的社会重任。在文旅融合的新形势下，积极探索公共图书馆创新发展的路径，坚持以传统阅读推广服务为基点，结合读者的阅读、绘画、摄影、赏乐等兴趣爱好，开展丰富多彩的文化讲座，让不同主题的文化进入人们的视野。如结合长宁区读书节的"阅读·城市"主题，围绕着城市更新与文化传承，举办"读城记"系列阅读推广活动；依托非遗传承人，弘扬传统文化，开展海派撕纸和西郊农民画体验活动；携手出版社，举行"江河万古，人心恒远——长江边的古镇系列丛书分享会"、海派作家朱惜珍"永不拓宽的上海马路"新书分享会等等，让现场读者享受到多重内涵的文化旅游产品带来的视听享受，为读者提供别样的学习、感受与领悟旅游文化的渠道，激发读者阅读热情和潜在旅游愿望，发挥图书馆阅读引领和旅游宣传的服务功效。

（二）创新文旅融合阅读手段

长宁，地处上海中心城区的西部，人文荟萃。拥有4个市级历史文化风貌保护区，900多栋具有百年历史的花园洋房，不同国家的建筑风格和文化风貌在这里交融。凭借丰富的历史优秀建筑资源，长宁区图书馆自2012年起，积极引入社会力量，创新文旅融合阅读手段，每年开展城市文化微旅行系列活动，从"寻找邬达克（图1）"到"遇见张爱玲"（图2）再到"鲁迅与今天"（图3），其中"行走中的读书人——长宁区图书馆4D阅读推广活动"被评为"2015年度上海公共文化建设创新项目"。全新的文旅融合切入方式，让读者通过实地寻访，触摸那些曾在书中出现的城市建筑和人物，亲身领略历史、人文和典故的文化魅力。此举不仅推进地方文化资源和旅游的结合，实现了载体的创新、功能的拓展，更使"读万卷书，行万里路"的美好愿景成为现实。

图1 寻找邬达克

图2 遇见张爱玲

图 3　鲁迅与今天

（三）拓展文旅融合展示平台

　　进入新时代，图书馆的休闲功能日渐凸显，越来越成为读者"精神乐园"。以读者工作实践而论，读者利用图书馆的目的各不相同：既可以利用学术文献从事科学研究，也可以利用专业书刊，系统学习科学文化，还可以欣赏艺术作品提高审美情趣和艺术修养。长宁区图书馆顺势而为，围绕"文旅融合"，拓展和创新阅读服务的形式与平台，依托图书馆的展厅，将阅读展示与旅游推广结合起来，适时举办"中国梦·高原情——西部绘画作品展""走近白俄罗斯人文景观——现代白俄罗斯画展"（图 4）"与时代同行——2019 长三角当代水墨作品展"……让人们在领略异域、异地风情民俗的同时点燃阅读的激情，通过自身的服务吸引更多的读者参与进来，转变以往以"藏"为主的被动服务模式为以

图 4　走进白俄罗斯人文景观展

"用"为主的主动服务模式，最大效益地挖掘和利用公共图书馆的现有资源，回馈社会，造福于民，成为文旅融合的最佳载体。

（四）推出文旅融合实践项目

地方公共图书馆必须为地方经济、文化和教育发展服务。长宁区图书馆作为长宁文化的一个重要窗口，打破空间界限，将阅读服务延伸至学校，创造性地将阅读推广与旅游参观结合起来，利用本馆丰富馆藏和资源优势，联合地区教育单位、旅行社，推出集研学线路、课外实践与小课题研究于一体的特色研学主题活动。在4.23世界读书日来临之际，携手棒棒龙旅行社，为北新泾第二小学特别定制了一场主题为"畅享书香——书韵墨香润贝儿"特别活动，针对不同年级学生的认知与目标，精心设计并开展了爱书、绘书、知书、品书、享书五个系列的主题读书日活动。实现从内容到形式的创新，让青少年学生在融入神秘感和惊喜感的参与环节中享受遨游书海的乐趣，培养阅读的兴趣。丰富新颖的研学主题活动，也让公共图书馆在新时代的高质量发展和创新发展的路途中，为打造新型文化旅游品牌注入新的内涵和动力。

三、长宁区图书馆在文旅深度融合背景下的思考与展望

文化是旅游的灵魂，旅游是文化的载体，文化和旅游融合发展是大势所趋，也大有可为[4]。长宁区图书馆关于文旅融合的探索与实践仅仅是初级形态，其未来的发展空间极富想象力。今后应结合本馆实际需求、经费能力和文化特色、环境条件等因素，有针对性地确定文旅深度融合的切入点，将文旅深度融合的各项新举措真正付诸实践。

（一）整合资源，加强本土文化宣传

图书馆被誉为人类知识的宝库。既是一个地方和城市文明进步的标志，也是传播知识、交流人文信息的场所和重要的文化阵地。向广大读者传播文明，宣传旅游文化，是当前文旅深度融合背景下图书馆的重要任务。针对当前不少市民特别是青少年虽然生为本地人，却未能真正了解本地历史文化的现状，图书馆应当重点宣传本地的历史文化、旅游文化，加深广大读者、广大市民对本地历史文化的认识，以提高民众的地域自豪感和文化素质，为文化旅游兴市奠定全民基础[5]。长宁区图书馆作为长宁重要的文献信息集散中心，应深度挖掘和整合本地旅游信息资源，主动为文旅融合发展服务。如将虹桥街道探寻虹桥文化基因的"1901记·忆虹桥展"，江苏街道与市民共同回忆百年愚园路的"愚园路·征集令"以及新华街道领略海派建筑文化精华魅力的"走进海派文化，感受人文新华"——老洋房巡游活动（图5）……加以整合；与此同时，

向社会公众征集长宁的各类地方文献、非遗名录、名人典故等，利用大众媒体、网络平台、微信微博等宣传途径，推广和普及地方文化和旅游资源，并定期更新内容，让更多的读者，包括青少年读者了解长宁的昨天、今天，展望长宁的明天，使图书馆成为人们了解本土文化的窗口，以促进地区文化旅游的持续发展。

图 5　光阴武夷路

（二）二次开发，构建本地旅游资源数据库

当代图书馆发展的两大主流是特色化和数字化，特色信息资源数字化足以把图书馆特色馆藏信息服务推向新的高度。根据《第四批国家公共文化服务体系示范区（项目）创建标准（东部）》中"市级公共图书馆建设 3 个以上地方特色数字资源库"的要求，长宁区图书馆应积极发挥馆藏资源的作用，查找本地历史文献，积极搜集本地旅游资源，并建立本地旅游资源数据库[6]，可以根据地区旅游经济的需要，开发馆藏信息资源，按照不同的主题将长宁地方的名人、名胜、名景、民俗等运用现代技术手段，制作出集文字、图片、视频、音频于一体的多媒体旅游特色数据库，形成富有长宁地方特色的旅游信息二次文献。各种专题、不同类型的数据库，让长宁的红色文化、海派特色更全面、更立体地予以展示，使读者更多地熟悉长宁、了解上海，从而推进地方经济、文化的不断进步和发展。

（三）设立主题馆，加快文旅信息服务体系建设

集群化管理是当下公共图书馆管理发展的科学模式[7]。目前，上海市公共图书馆集群化发展的基础和条件已经形成，以市、区为基础，向社区和乡镇延伸的公共服务基本格局逐步完善，为有效开展文化旅游信息服务创造了有利条

件。因此，笔者建议可以先在长宁区域范围内，试点建设以区图书馆为中心，各街道（镇）馆为节点的全区性服务网络，根据各馆的优势，对全区旅游文献资源建设的目标进行准确清晰定位，着力建设文化旅游信息资源门户网站，将整合后的长宁区域的地方旅游文献信息资源嵌入用户使用环境。同时，在"特藏文献阅览区"内专门设置了一个特色主题阅读分馆——"人文地理馆"。该馆应契合长宁、上海城市旅游之窗的整体主题，收藏有世界地理、中外文学、风土人情、游记散文等人文地理主题的特色书刊，为市民和读者提供公共图书馆的"一卡通"通借通还服务。

（四）多元合作，探索长三角区域图书馆文旅融合合作机制

以上海为龙头的"长三角"地区具有丰厚的人文积淀。丰富的名胜古迹、自然景观和存量巨大的人文资源，高度集中在这9万多平方千米的土地上。随着长三角一体化上升为国家战略，探索长三角地区图书馆联动发展、信息共享显得尤为迫切。2018年，长宁区图书馆以项目合作联动模式为契机，成功举办了"长三角读书会长微论坛"，共同探讨提升长三角地区的阅读氛围。未来，此种合作模式也可用于长三角地区人文资源的整合，丰富地方特色文化。因为，长三角地区是我国人口最稠密、文化最繁荣、群众文化生活最丰富的区域之一．人们对新知识、新信息的需求量呈现出几何级增长。单单靠一个图书馆来支撑本地区或以外的人们对其知识信息的需求．就如同孤掌难鸣。而只有通过联合、走发展联盟的道路，整合资源，建立合作机制，实现资源共建共享，提高文献资源的利用效率，才能解决长三角图书馆发展合作中存在的问题和满足人们对图书馆信息的需求[8]，才能促进上海及周边地区文旅融合，形成以上海为中心，带动周边地区文化和旅游圈共同发展，助推长三角文旅一体化进程。

四、结语

综上所述，图书馆通过拓宽服务功能，主动迎合文旅融合的发展趋势，符合其自身发展的需求。随着文旅深度融合时代的到来，公共图书馆应主动出击，打好"文化牌"。改变传统的图书馆形象，树立图书馆作为社会教育中心、信息中心、文化中心的崭新形象，充分发挥作为信息集散地的作用，加深市民对本土文化的认识，做大、做强社会公益性文化事业，将公共图书馆文旅深度融合不断向前推进，以满足人民群众对美好文化生活的新向往、新期盼和新需要。实现传统图书馆向休闲型、娱乐型、服务型、综合型现代图书馆的根本转变。

参考文献

［1］第十三届全国人民代表大会第一次会议关于国务院机构改革方案的决定［EB/OL］．中国政府网，2018 – 03 – 17.

［2］杨炳辉，左培远．构建图书馆文化旅游产业平台的理念探索［J］．图书馆学刊，2012（4）．80 – 83.

［3］桑琰云．图书馆与旅游结合点探究［J］．湘潭师范学院学报（社会科学版），2006（9）：62 – 65.

［4］文化和旅游专题论坛在甘肃敦煌举办［EB/OL］．人民网，2018 – 09 – 27.

［5］黄雁湘．地方公共图书馆开发利用旅游信息资源初探［J］．图书馆论坛，2009（4）：115 – 117.

［6］王勇．图书馆服务文化旅游、建设旅游文化的实践［J］．传媒论坛，2018（18）：153.

［7］何松．公共图书馆开展文化旅游信息服务的策略思考——以贵州公共图书馆为例［J］．贵图学刊，2012（3）：6 – 8.

［8］陈叶萍．基于世博机遇下长三角图书馆文化圈发展研究［J］．中国集体经济·文化产业，2006（6）：135 – 137.

加强图书馆在文化旅游中的影响力

拓万娟*

文化旅游作为一种全新的旅游消费观，越来越成为当今旅游的时尚，随着人们物质文化生活水平的提高，对旅游品种和旅游品位的要求越来越高，在享受大自然之美的同时，更希望获得精神的享受和文化的熏陶。而文化是旅游的内核，图书馆与文化旅游有着密切的关系，这一关系的基础源于二者都具有的文化特性，图书馆和文化旅游其实质都是以"文化产品"为读者或旅游者提供服务，将二者有机结合起来，不仅有利于推动文化旅游的发展，也是图书馆自身建设的需要。因此，应对图书馆在文化中的作用予以充分重视，并采取积极措施，开发图书馆的文化旅游功能，推进文化旅游活动向纵深发展。

旅游的发展和人们对文化的日益追求，文化旅游作为一种全新的旅游消费观，越来越成为当今旅游的时尚，随着人们物质文化生活水平的提高，对旅游品种和旅游品位的要求越来越高，在享受大自然的青山秀水之美的同时，更希望获得精神的享受和文化的熏陶。毫不夸张地说，文化是旅游的内核，文化消费是旅游消费的本质，一个城市的旅游产品，必须要有深厚的历史文化内涵和较高的文化品位，才能有旺盛的竞争力、生命力。所以，文化旅游是人们对异地或异质文化的求知和憧憬引发的，离开自己惯常的生活环境，观察、感受、体验异地或异质文化，满足文化介入或参与需求冲动的过程，其核心是文化。图书馆因其文化的特性，而与文化旅游有着必然的联系：它不仅是一种重要的文化旅游资源，而且是深化文化旅游不可缺少的重要内容，将二者有机结合起来，不仅有利于推动文化旅游的发展，也是图书馆自身建设的需要。因此，应对图书馆在文化中的作用予以充分重视，并采取积极措施，促进文化旅游向更深层次发展。

---

* 拓万娟，甘肃省白银市图书馆。

一、图书馆在文化旅游中的作用与意义

图书馆与文化旅游有着密切的关系，这一关系的基础源于二者都具有的文化特性，图书馆和文化旅游其实质都是在以"文化产品"为读者或旅游者提供服务，基于这一观点，图书馆在文化旅游中的作用予以至少包括以下几点：

（一）图书馆可以构成重要的文化旅游资源

文化旅游具有很强的环境依赖性，文化旅游环境直接影响文化旅游供给的成效，目的地的图书馆作为地方的文化中心和代表，无疑是目的地文化环境的重要组成部分和单元，继而成为文化旅游线路产品的背景要素，更好地衬托出文化旅游的意境，能够满足文化旅游者较宽的审美视野。

一些著名的图书馆会因历史悠久、藏书丰富，或因建筑特色、管理科学而成为当地名胜的重要组成部分，是吸引文化旅游者的重要资源和他们直接的文化旅游目标。如在《世界名胜词典》里就收录有凡尔赛市立图书馆、马克思纪念图书馆、巴黎歌剧院图书馆等十几个世界著名的具有历史文物价值的图书馆。在《中国名胜词典》中，也包括了王荆公书堂、天一阁、文津阁、文澜阁、文溯阁、北京图书馆等著名公私图书馆。其中，天一阁是世界上最古老的藏书楼，不仅收录了中国古代文化典籍中大量的孤本、善本、珍本、抄本、稿本书，而且以其古朴典雅，设计精巧的园林式建筑吸引了大量的中外游客。北京图书馆（现国家图书馆）则是作为政治、经济、文化等综合发展的标志成为游客的重要旅游目标地。

（二）图书馆从多方面影响和推动着文化旅游的发展

图书馆影响和促进了旅游者的文化旅游动机，文化旅游动机的形成，受内外两方面因素的影响和制约，目的地异质文化及其景观配套是其中的外在因素，内因则主要源自旅游者日常生活中对文化和旅游知识的积累。图书馆是人类文化和知识的宝库，它所汇集的知识和信息，为旅游者提供了大量的文化和旅游形象知识，也是旅游者去目的地旅游之前了解目的地异质文化的主要途径。有关目的地的名胜古迹、风光特色、民俗风情、风物特产，以至旅游须知、游览路线及方案等旅游者都可以从中获得。文化与旅游的关系，其一体现在文化资源本身就是吸引人眼球的重要旅游资源。有特色的区域文化（如湖湘文化、古越文化等）、风格各异的民俗文化、名人文化、古建筑遗址无一不是可供开发的旅游资源。其二则是自然之景与人文之赏融为一体。名诗名文给自然之景增辉，自然之景给名诗名文润色，两者相得益彰。对目的地的文化与名胜了解越多，到目的地实际去旅游体验的动机就越强烈，比如读鲁迅小说时，想品尝孔乙己吃过的咸亨酒店的茴香豆的情感冲动，可能导致一次"绍兴文化之旅"，诵读唐代诗人张继的《枫桥夜泊》，为诗里的意境所打动，许多旅游者尝试了一次"苏州文化之旅。"于是我们看到：山还是那座山，水还是那道水，但随着人文的介入，山水也像有了灵魂，顿时鲜活起来。岳阳楼因"天下之忧而忧，后天下之乐而乐"而名垂千古，滕王阁以"落霞与孤鹜齐飞，秋水共长天一色"而名倾天下，谢晋的《芙蓉镇》使名不见经传的湘西永顺王村声名远播，沈从文的《边城》则让人对湘西凤凰小城无限神往。在甘肃省白银市，为了更好地服务于"白银文化大发展大繁荣"这一中心工作，为市委、市政府进一步推进"文化强市"战略的实施提供智力支持和信息服务，白银市图书馆于2011年2月开始，挖掘和整合白银文化旅游相关信息资源，启动建设"白银文化旅游特色专题数据库"。该数据库的主要内容分为五大部分：1. 白银特色文化资源；2. 白银产业研究；3. 白银旅游资源；4. 旅游产业研究；5. 旅游市场管理。白银市图书馆从多方面影响和推动着当地文化旅游的发展，这些例证都充分说明文化与旅游是相互交融、相互促进的关系。

（三）图书馆有助于文化旅游开发经营水平的提高

首先，文化旅游景区的开发经营不同于普通的自然观光风景区，他需要经营者从业人员具备较高的文化素质，能够熟练而专业地向旅游者展示和传播景区的历史文化和风光、风物。图书馆丰富的专业文化旅游文献，可以帮助文化旅游经营者从业人员学习和掌握必要的知识与技能，提高文化旅游的开发经营水平。其次，旅行社作为文化旅游线路的设计者和活动的组织者，也可以借助图书馆有关文化旅游的专业性文献，挖掘和提炼文化旅游吸引物的文化蕴涵和主题、文化旅游设施的文化内涵与风格，以及文化旅游服务与管理的文化指向，提供更能满足文化旅游者需求的文化旅游产品。而对于图书馆而已，文化旅游活动可以为其带来一定的收入，弥补大部分图书馆经费的不足，同时也有利于扩大图书馆的文化教育传播功能。

二、图书馆服务当地旅游应注意培养的意识

（一）有利于引起上级领导及相关单位对地方文献建设的重视

一项地方旅游资源项目的开发，一般情况下，总是有领导亲自挂帅，特别是一些重大景区建设，更是由市里领导直接指挥，且每项开发中均列有资料征集费。图书馆如果能直接为该景区的提供跟踪服务，一方面可以彰显图书馆地方文献在挖掘地方文化、凸显地文特色、促进地方旅游中所起的重要作用，使他们深刻体会搜集地方文献是一件功在当代、利在千秋的事情。另一方面也可趁机向领导反映图书馆在地方文献搜集中存在的具体困难，如地方文献搜集经费紧张、渠道狭窄、信息不灵等等，这些都会导致地方文献收藏不够全面系统。尤其是对本地区的古方志和重大历史事件资料，如果没有专门人员、专项经费通过各种方式（包括复印、征集、购买等）将它们收集齐全，就不能完整、客观、真实地还原本地区的历史状况和重大事件，这对于一个城市要通过挖掘地方文化来促进旅游，无疑会增加不少难度、浪费不少的人力资源、财产资源、时间资源。同时为了使地方文献工作做到有组织有计划地进行，有计划地到有关单位上门征集，宣传征集的意义，取得社会和各部门的支持和帮助。图书馆这些服务和诉求如果得到领导的认可，对于地方文献的建设无疑大有裨益。

（二）有利于与合作单位共享共建地方文献资源

图书馆藏有大量的地方文献，旅游景区在挖掘文化内涵时，责任单位首先想到的就是要得到图书馆的帮助，但由于种种原因，图书馆所藏地方文献又不能完全满足对方的需要，对方还必须到国家图书馆、国家档案馆、省图书馆、省档案馆等单位去收集资料，图书馆如果能将这些资料引为己用，既可充实本馆的地方文献库，又可大大节约人力、经费和时间。而与对方达成共建共享协议，绝对不是一件容易的事。首先，要有意识。意识是合作的前提，没有与对方合作的意识，就不可能获得对方手中拥有的资料，到图书馆查找地方文献的研究人员，一般都承担某项课题，他们必须搜集大量的相关资料，其中肯定有图书馆没有收藏的，地方文献库的一线工作人员如果有意与对方交流沟通，既可以掌握相关地方文献的信息，又有可能与对方进行合作。其次，要有诚意。诚意是合作的基础，要求对方与你共建共享地方文献资源，不仅服务上要主动热情，更主要的是要为对方着想，能节约对方的时间、经费，如可以为对方编辑相关专题资料集。最后，要有实力。实力是合作的关键，实力包括图书馆的藏书要比较全面，从事地方文献开发与研究的人员要有一定层次的研究成果，拿出来的东西要令人信服。

（三）有利于从民间获取地方文献资源信息

在民间，有一批热心地方文化建设的人士，他们专门收藏有关本地的史料、图片，其中不少是图书馆缺藏的。图书馆参与旅游项目的资料收集整理工作，可以征集到相关信息，还可通过参加专家论证会、座谈会的方式结识这方面的专家，了解他们的收藏，并通过复印、扫描等手段，将资料尽可能地收进。

（四）有利于锻炼一批高素质开发地方文献的人才队伍

图书馆为发展地方旅游，特别是为争创全国优秀旅游城市提供专题资料服务，具有针对性强，检验标准高的特点，它对开发地方文献人员的素质提出了更高的要求。要成为一个优秀的地方文献开发人员，首先必须具有丰富的地方文史知识，对本地方历史文化知识要有一定的积累，熟知本地的重要名人、重大历史事件和主要风景名胜。其次，必须要有相当的古汉语水平和古文鉴赏水平，能准确句读、解读、翻译相关的历史文献，从众多的古诗文中精选出反映本地优秀历史文化的代表作。再次，必须熟悉各种地方文献的内容及编撰方法，能迅速检索到相关资料，同时还要对这些地方文献的优劣心中有数。特别是今人所编的各种艺文集，因为其编辑符合现代人的阅读习惯，流传范围广，极易被广泛引用，但这些艺文集普遍存在着一个问题，就是校勘不完全准确，笔者在使用它们的过程中，就发现其中不少诗文存在错误。图书馆在提供资料时，要引起高度注意，不可完全照录，而应该多查找一些资料，力求做到准确无误。最后，要有精益求精的工作态度，这将直接决定资料的质量。

三、以图书馆推进文化旅游发展的对策

（一）注重对知名图书馆的旅游开发

知名图书馆的功能绝不应仅限于图书、报刊的借阅服务，"知名"本身就意味着一种很强的吸引力，应充分挖掘其知名的要素，如历史、建筑、藏书、规模、管理与名人的重大事件的关系等。吸引文化旅游爱好者参观、考察。这类图书馆往往在社会上具有足够的影响力，可以作为主导产品来开发。比如前文提到的凡尔赛市立图书馆、马克思纪念图书馆、北京图书馆等均属此类。

（二）充分利用图书馆的文化旅游环境和背景要素功能

对于风景名胜所在地的图书馆，应尽可能将其纳入当地的文化旅游产品的营销体系中，利用这些图书馆的文化优势，在产品营销宣传中强化产品的文化内涵和市场形象，使其成为文化旅游产品的一个背景要素和衬托，或直接将其设计为文化旅游线路中的一个节点，成为产品的一部分，作为辅助型旅游产品来开发。

（三）积极开发图书馆专项文化旅游

针对图书馆工作人员、图书馆学研究者或图书文化爱好者，可以将不同层次或类型的图书馆的图书串联起来，设计成为图书馆专项文化旅游，旅游者可以在愉快的旅游过程中学习图书馆的管理经验，了解图书馆文化，收集图书馆学研究所必需的素材对图书馆和当地的旅游发展都大有裨益。

（四）在重要的风景名胜地设立旅游专业性图书馆或著名图书馆的分馆

风景名胜吸引的游客众多，游客的停留时间也较长，希望了解当地的信息也越多。在这类风景区设立旅游专业性图书馆或著名图书馆的分馆，重点收藏

当地历史文化、民俗风物、社会经济、名胜古迹及其他旅游专项文献资料、杂志图片、音像制品等，为游客提供资料借阅、旅游信息咨询和电子查询等服务，同时又能将优美的风景名胜与悠久的历史文化融为一体，提高文化旅游的品味。如在杭州西湖就设有文澜阁（浙江图书馆分馆），旅游胜地庐山也建有一座规模较大的庐山图书馆"欲识庐山真面目，不妨常读庐山书。"毛泽东曾三上庐山主持召开会议。第一次上山他就索看了庐山志书，这对了解庐山起了很大作用。后有借调了庐山图书馆的《昭明文选》《元人小令几集》及古籍《庐山》《水经注》等书并在会上多次引用。他在庐山利用图书馆藏书的佳话对提升庐山的旅游价值和文化品位无疑作用巨大。

（五）充分利用客源集中地图书馆的信息传播功能为文化旅游服务

在客源集中地图书馆设立旅游专业阅览室，并以此为基地成立由图书馆、文化旅游爱好者、风景名胜区和旅行社参与的类似旅游沙龙的组织，不定期开展活动，加强各方面交流与沟通，使其成为旅游企业市场调研、产品推荐和游客获取信息、主张意见的平台。图书馆作为信息的中心应利用自身的优势及时了解旅游行业发展的信息需要，为旅游决策提供最具时效的市场动态信息，为旅游决策提供参考。

参考文献

[1] 张国洪. 中国文化旅游 [M]. 天津：南开大学出版社，2001（11）：15 - 16.

[2] 颜素华. 市级公共图书馆地方文献工作实践与启示——以衡阳市图书馆为例 [J] 衡阳师范学院学报，2014（5）：163 - 166.

[3] 杨青. 旅游文化与图书馆 [J]. 科技信息（学术版），2006（2）：106

[4] 郭科文. 论图书馆精神和传统文化的融 [J] 图书馆. 2011（1）：20 - 21.

[5] 李春莲. 白银文化旅游特色专题数据库 [DB/OL]. 2011 - 02/2018 - 10 - 01.

文旅融合背景下的 IP 运营与
公共图书馆发展新模式

王亦淇*

本文介绍了文化部与国家旅游局两部合并的政策背景，分析了"文化旅游 IP"的研究现状，进而探讨公共图书馆与文化 IP、旅游 IP 等结合运营的可行性与具体方式，以期为公共图书馆创新运营模式、拓展业务领域、延伸服务范围提供新的思路。

一、文化 IP 与旅游 IP

IP 是 Intellectual Property 的缩写，字面译为"知识产权"，特指具有长期生命力和商业价值的跨媒介内容运营。IP 要有原创性内容和延展性空间，能够进行产业化运作。一个具有可开发价值的真正的 IP，至少包含价值观、普世元素、故事和呈现形式这四个层级。IP 的概念使用涵盖文化、教育、科研、旅游、服务等方方面面。

具体到本文中"文化旅游 IP"这一名词的概念与内涵，可以拆分成文化 IP 和旅游 IP 两个名词来分别进行解析。（1）文化 IP，特指一种文化产品之间的连接融合，是有着高辨识度、自带流量、强变现穿透能力、长变现周期的文化符号。文化 IP 有两个核心：一是它有很好的内容，二是有追随者，有流量有粉丝，可以被市场化、商业化。两者相得益彰，构成了文化 IP 的核心。[1]（2）旅游 IP，主要涉及景区、文化遗产等多个方面内容，具体包含旅游点设计、旅游串线调整、旅游片区打造、旅游目的地形成等一系列过程。[2]

二、"文化旅游 IP"研究现状

截至 2019 年 1 月 27 日，笔者利用 CNKI 进行文献检索，检索词：主题 = 文

---

* 王亦淇，江苏省金陵图书馆。

化＊旅游＊（文化＋旅游）＊IP，共检索出相关记录67条。从研究方向、研究重点上进行梳理和划分，现有的文献资料主要包括以下几种类型：

（一）以"区域特色＋IP"为研究重点

将地方传统文化特色与IP的结合作为重点研究方向的文章约占匹配文献的三分之一，在目前的文献总量中所占比重较大。其中，刘骏的《无锡传统文化在IP时代的继承与发展研究》一文，阐述了素有"太湖明珠"之称的无锡在IP时代如何利用好政策扶持、区域特色、技术优势等方式继承与发扬优秀的传统文化——"吴文化"。[3]王睿的《云南"旅游＋文化IP"蹚出特色产业之路》一文，通过介绍几个著名旅游点，例如《徐霞客游记》中被赋予"极边第一城"的腾冲、蕴藏600多年历史底蕴的郑和故里晋宁、已初步形成了刺绣文化产业链的文山州西畴县兴街镇等，深入分析了云南将"旅游＋文化IP"逐步打造成一条初有成效的产业之路的过程。[4]孙佳琪、汪雅婷、汤宏梅的《基于文化IP的井冈山红色旅游产品营销研究》，结合了井冈山革命老区的特色，探讨了基于文化IP的红色旅游产品的创新营销模式，包括文化IP体验式营销、文化IP影视化营销、文化IP智慧型营销等等。[5]郝君的《中国传统文化IP价值的挖掘与孵化研究——以洛阳白马寺为例》一文，则细化到以城市中的某一个特色文化景点作为研究对象进行分析。[6]

（二）以"文学艺术作品＋IP"为研究重点

近年来，将IP与文学作品、影视剧作品、音乐作品、漫画、游戏等相结合进行深度打造和开发，成为我国热门的新兴话题之一，围绕这一话题的研究文献也不断涌现。值得一提的是，除了大量宏观性的分析文章之外，还出现了不少以某部知名文学作品或影视剧作品为例、有针对性地剖析其IP相关点的文章。例如，徐习军的《〈西游记〉：一个超级文化IP》，邓丽媛、宫京成的《从青年亚文化视角分析仙侠IP剧"热"——以〈香蜜沉沉烬如霜〉为例》，王若扬的《IP热播剧文化全产业链开发——以〈琅琊榜〉为例》等文章，分别结合了某个文学作品或影视剧，从不同的切入点对其中的IP现象进行了分析阐述。

（三）以"文化场馆＋IP"为研究重点

该类型的文献主要探讨了如何运用IP来深入打造博物馆、图书馆、主题公园等固定文化场所的文化价值、维持后续运营管理等内容。相关文献有姜璐的《"IP"经营——博物馆提供公共文化产品与服务的新思路探索》，冯倩倩、林德祺的《博物馆IP授权与文化衍生品的开发》，胡一的《IP运营——公共图书馆文化创新与推广的新思路》，崔阳等撰写的《超级IP生态视角的高校图书馆场景优化》，周宁的《中国主题公园文化IP的应用与管理》等多篇文章。

从当前研究文献所提出的观点来看，大部分的文献都肯定了 IP 对于文化、旅游乃至未来社会各个领域所起到的积极、正面的重要影响。但也有个别文章中指出了当前 IP 热的背后存在着非原创性、缺乏深度、急功近利、潜伏危机等问题。IP 热的背后，更应当有冷静的思考。

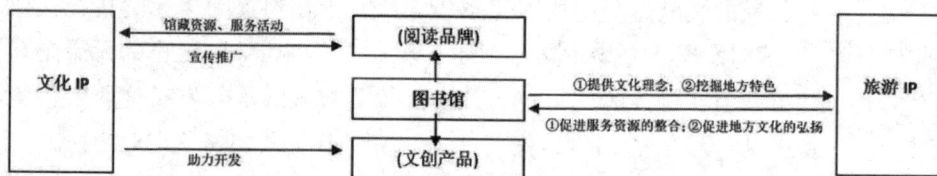

图1　图书馆与文化 IP、旅游 IP 相互作用示意图

三、文化旅游 IP 推动图书馆可持续发展

（一）文化 IP 强化图书馆打造阅读品牌

图书馆可以借助自身优势，进行阅读品牌的打造和建设，带动文化 IP 的形成。文化 IP 的形成和推广也将反向作用于图书馆，扩大图书馆的影响力和辐射面，为图书馆的事业发展增加动力。

1. 利用馆藏资源打造相关的阅读品牌

图书馆可以利用馆藏资源、专题数据库等公共图书馆自身必备的资源，挖掘并打造独具特色的阅读品牌。现如今，大多数图书馆的特色资源库都初具规模，一些地方文献馆藏、学科了馆藏都独具特色，承载着有价值的历史和文化内涵，是公共图书馆可供挖掘的资源 IP，公共图书馆在不侵犯版权的基础上可以充分发掘这些 IP 资源，在不侵犯版权的范围内加以利用，尤其是那些已进入公共版权的资源 IP，对公共图书馆来说既增强了品牌影响力，也使得自身的公共教育职能得到了更好的发挥。例如，国家图书馆藏有 3700 多万册典籍，其中研究京剧行头和脸谱的古籍《庆赏升平》中的图谱作为创意原型，将哪吒、悟空等经典 IP 创意出若干卡通形象。[7]

2. 利用服务和活动打造相关的阅读品牌

国外的一些发达国家，都十分重视通过阅读推广服务及活动等形式来进行阅读品牌的建设。例如美国曾经举办过著名的"一书一城"活动，倡导在一个城市里的人共同阅读并讨论同一本书，意在推动读书活动广泛深入地开展。该活动后来也被众多国家的城市和地区成功复制。树立一个好的品牌，对于图书馆开展阅读推广活动是至关重要的。品牌，是市民认知、了解并参与该项活动的关键。[8]

近年来，国内公共图书馆通过种种努力，开展各种服务和活动，向社会提供着普遍、均等的文化服务，图书馆对社会公众的吸引力、亲和力和接受程度也有所提高，这些良好的基础是图书馆 IP 运营的基础。例如深圳图书馆的"图书馆之城"、杭州图书馆的"史上最暖图书馆"的美誉，都是公共图书馆品牌IP 化的良好基础。

公共图书馆在建设与推广阅读品牌时，还应当重视引导社会各界力量的参与。首先，政府应当起到关键性的引领作用。政府需要制定相关政策，例如要求报纸、期刊、电视等传统媒体拿出一定的时间和版面给予公益性的宣传，相关文化机构则应合理利用微博、微信等新媒体配合宣传，迎合当代人群获取信息的习惯。其次，政府或其他文化机构应当为阅读品牌设计统一的标志、宣传单页或宣传手册、证书等，利于大众了解品牌情况和活动内容。同时，阅读品牌的推广形式应当多样化，例如邀请演员、歌手、主持人或其他社会公众人物担当公益性的阅读品牌推广人，让他们走进图书馆、走进校园、走进社区等，为社会大众推荐图书、介绍阅读活动、宣传阅读品牌，利用"名人效应"宣传造势，加深品牌的影响力与号召力。在这一方面，新加坡于 2010 年举办的"读吧！新加坡"活动就是一个典型的成功案例。活动邀请了著名歌手孙燕姿作为推广人，带动当地青少年的阅读，孙燕姿的号召力令活动的影响面不断扩大，受众人群持续增长，更多的人知晓并参与到了该项阅读活动中来。

（二）文化 IP 助力图书馆开发文创产品

除了打造阅读类的文化品牌，公共图书馆突破打破自身的行业局限，涉足文化创意产品等更多的文化领域。《"十三五"时期公共图书馆事业发展规划》中明确指出：把文化创意产品纳入公共图书馆评估定级标准。

近年来，故宫博物院借助文化 IP 的运营，上线了一系列游戏、网上商店、壁纸和表情包等产品，让故宫这个古老的博物馆以另一种新的面貌再度走入公众的视野。腾讯创始人马化腾说过："故宫，本身就是一个世界级的超级 IP。"相比博物馆而言，公共图书馆在文化创意领域还处于起步阶段。图书馆可以借鉴故宫博物院的 IP 运营思路，一方面通过开发文创产品的方式进一步打造文化IP，另一方面借助文化 IP 的宣传力和影响力使图书馆自身在文献开发和利用等方面得到提升。

（三）旅游 IP 促进图书馆整合服务资源

旅游产品能否成为 IP，在于能否提供具有人文情怀的产品、路线，并以这种文化为理念向人们提供喜闻乐见的休闲娱乐作品和服务。公共图书馆可以利用所在地区的区域特色，将图书馆的文化理念与旅游 IP 的打造相结合。

以南京为例，南京是中国的历史文化名城，有"六朝古都"的美称。利用这一得天独厚的优势，南京市政府可以部署公共图书馆，进一步整合阅读资源，策划并推广具有南京地方色彩的阅读品牌活动，例如政府与图书馆共同合作办好"市民学堂""书香南京讲堂"等系列品牌公益文化讲座；开展南京文化特色为主题的征文或摄影大赛等活动，对优秀作品进行编辑和出版；将每年的"4.23 读书节"办出南京的地方文化特色和水平，等等。一方面能够增强南京市民对阅读并了解本地历史文化的兴趣，另一方面能够利用各种机会和平台向全世界推广，宣扬地方文化、扩大城市影响力。

2015 年的米兰世博会"南京周"以"一条街、一个馆、一组盒、一场展、一幅锦、一场戏、一座门、一轮互动、一场秀"的主题形式，让南京的地方特色和历史文化闪耀登场。由此，我们也可在策划和推广具有阅读品牌活动时获得启发和灵感：一是地方文化特色资源非常丰富，例如名声在外的非物质文化遗产——云锦、昆曲等；二是文化资源的展现方式非常多样，例如打造一场市民参与度强、互动多、风格独特的"文化秀"，或是通过互动式 LED 屏幕、风格迥异的宝盒空间来进行文化展览等；三是文化资源可以合并打造成综合体，就受众群体而言，更喜欢一站式的体验、全方位的服务，政府、图书馆等可以与其他文化管理机构进行合作，共同策划一站式综合文化活动，强强联合带来更好的文化旅游体验。[9]通过不同的方式，不断扩大城市的影响力、号召力，从而大力发展以"城市"为单位的"旅游 IP"，将南京打造成文化旅游名城。

（四）旅游 IP 推动图书馆弘扬地方文化

图书馆可以挖掘和收集所在地区的特色文化、民间故事等，将文化创意赋予当地特色旅游之中，使其情怀化、新颖化、商品化，逐步达到形成相关主题 IP 的效果。

借由与景区举办主题阅读活动、在景区设立主题文献借阅点等方式，图书馆能够参与并助力景区的 IP 化运营。例如著名的革命圣地井冈山，近年来针对当地的红色旅游产品和服务进行了 IP 化体验改造，景区内茨坪及五大哨口改变了以往单调的橱窗式、陈列式的红色旅游教育方式，推出"六个一"的红色旅游项目：走一段红军征途、吃一顿红米饭配南瓜汤、看一场红色年代歌舞剧、听一堂红色党性教育课、唱一首《井冈山下种南瓜》、敬一束满怀敬佩与感激之情的鲜花于先烈[3]，以新颖的形式和丰富的内容收到了良好的社会反响。图书馆可以利用馆藏资源的先天优势，帮助所在地区景点的相关历史文化进行深度挖掘，与景区联手开展相关主题文化活动，或是在景区设立内容相关的主题文献借阅点，进而逐步完成 IP 的运营，让游客围绕某特殊文化符号完成旅行。

五、结语

2018 年文化部和旅游部的合并，即可看出我国未来对于文化和旅游两个方面的工作走向发生了变化，旅游和文化都不再是两个独立发展的个体而是将进行有机融合，形成"文化旅游"新合力。公共图书馆作为重要的文化公共场所，肩负着推进文旅融合进程的责任。一方面，图书馆应当充分发挥文献传递、阅读推广、社会教育等职能，助力文化 IP、旅游 IP 的打造。另一方面，在文旅融合的大背景下，图书馆也应进一步完善设施功能、拓展服务手段、提升服务水平，将自身打造成为有温度、有故事、有品位、有体验的城市文化客厅。

参考文献

［1］文化之窗．CCIP 展：首次！"文化 IP"被定义．［EB/OL］．搜狐网，2018 - 09 - 28．

［2］搜狐．旅游行业，IP + 旅游为什么有前途？［EB/OL］．搜狐网，2017 - 05 - 08．

［3］刘骏．无锡传统文化在 IP 时代的继承与发展研究［J］．大众文艺，2017（3）：250 - 251．

［4］王睿．云南"旅游 + 文化 IP"蹚出特色产业之路［J］．创造，2017（11）：63 - 64．

［5］孙佳琪，汪雅婷，汤宏梅．基于文化 IP 的井冈山红色旅游产品营销研究［J］．合作经济与科技，2018（9）：134 - 135．

［6］郝君．中国传统文化 IP 价值的挖掘与孵化研究——以洛阳白马寺为例［J］．文化传播与教育，2017（3）：159 - 160．

［7］胡一．IP 运营——公共图书馆文化创新与推广思路［J］．图书馆学刊，2018（7）：21 - 25．

［8］同［5］．

［9］张磊，周芸熠，陈凤娟，等．阅读立法保障下的全民阅读体系建设研究——以南京市建设"书香金陵"为例［J］．国家图书馆学刊，2016（4）：72 - 80．

闽南长泰天柱山茶旅发展研究

刘 涛*

通过运用历史人类学的研究方法对福建省长泰县天柱山及其天柱岩茶系统研究，发现见载地方特色文献的天柱岩茶具有较大价值，目前其茶旅文化开发存在一些问题，在探索茶文化与旅游业融合发展模式上发挥了历史文化名山价值，为新时期地方文献研究起到抛砖引玉的作用。

长泰天柱山开山于北宋崇宁三年（1104），至今已有近千年历史，是明清时期闽南华侨华人的信仰胜地。其位于戴云山东伸支脉沿海丘陵地带，与厦门天竺山森林公园接壤，产茶条件优越，具有丰富的历史名人文化资源，历史名优乌龙茶"天柱岩茶"闻名海外。天柱岩茶始见于明万历癸卯（1603）毕懋康题诗，历经清代、民国，至2005年仍以长泰县茶叶重要产地见载方志。是长泰县名优茶叶中唯一有历史文献记载，闽南历史文化名山中现存茶文化文物古迹最多之地，见证了世界大航海时代漳州月港的繁荣与发展。

目前，学术界针对漳州月港茶叶贸易研究取得了一些成果，如引用外文文献开展研究，提出1609年漳州月港已出口茶叶到日本。罗婵玉、孙云在《福建茶叶海上贸易的起源与发展》援引1607年荷属东印度公司从福建沿海进口茶叶的论述，刘军《明代海上贸易的出口商品》提出了出口茶叶较少的论述，对后学研究多有启示。但是，却普遍存在就海洋历史文献记载层面研究海洋，未能跳出海洋历史文献为海洋历史文化研究服务，也未深入挖掘史料，置身历史情境的解读等问题。

基于天柱山依托总投资60亿元的福建省重点旅游项目——福建天柱山欢乐大世界旅游度假区，提出了茶文化与旅游业融合发展互补渗透的发展模式，以茶禅文化研究与恢复茶园遗址并重、发展名胜古迹与禅茶文化展示相结合、从

---

* 刘涛，福建省长泰县政协文化、文史和学习委员会。

历史文化渊源出发选择产茶基地配套进行等形式推动茶旅文化精品开发，发挥历史文化名山的资源优势，探索历史文化名山与开发有机融合的可持续发展之路。

一、历史文化名山优越的自然环境与人文资源

（一）自然环境闻名遐迩，人文历史品位较高

长泰天柱山茶叶产地坐落在天柱山紫玉峰的山腰上，是福建天柱山国家森林公园核心景区，福建天柱山欢乐大世界旅游度假区文化中心。此处是山中文脉所在，南宋以来有"临漳第一胜处"之称，又以"奥""旷"超越武夷山九曲溪、仙游九鲤湖九漈瀑布闻名海内外，更有"灵秀""甲于闽南诸郡""东南之最胜""闽海之极观"的美誉。当下，与山中目前世界上最大的海洋公园交相辉映，再现了昔日历史名人所称"宇宙之巨观"的盛况。

天柱山历史上是儒、释、道、摩尼教四家竞相占地经营之地，是朱熹高足傅伯成、傅壅父子先后"过化"之地，先后成为明代郧阳巡抚戴时宗、清代名臣蔡新的族产，明代两广总督戴燿曾于此护法，并与《东西洋考》作者张燮唱和抒怀，是明代闽南大德高僧普辉禅师的出家地、卓锡地，民国三十二年（1943）曾获袁世凯颁发九等嘉禾勋章、福建暨南局末任局长张国宝发起重建，1999年已荣获中共中央原政治局委员、全国人大常委会副委员长、全国政协副主席彭冲同志为之题词"福建天柱山国家森林公园"。

（二）名胜古迹保存完整

天柱山名胜古迹星罗棋布紫玉峰及其周边，弘治庚戌（1490）就以天灯、石柱、石屏、观音岩、势至岩、弥陀岩等"二十奇"见载《八闽通志》，又有云旗、慈云岩、栖霞室等多处名胜。摩崖石刻丰富，保存完整，新编《长泰县志》特辟一节专述此处。上述宗教设施至今依然香火鼎盛，目前已铺砌石阶，辅以护栏，即将竣工。

天柱山古茶园遗址位于慈云岩遗址附近，紧邻山中茶文化名胜古迹、大量出土紫砂壶的清代侨乡古墓葬群。

（三）天柱岩茶文化独树一帜

1. 天柱山产茶历史

新编《长泰县志》记载："唐宋以来，境内盛产天竺岩茶、天柱岩茶和梁冈山茶等。"从漳州"茶，本州旧有天宝山茶…宋志谓土茶味永他州不及焉"，天柱山开山祖师杨虔诚"学道天宝山，忽夜见灯明天柱上，遂移住此山"，可知天柱岩茶应源于龙溪县天宝山（今属福建省漳州市芗城区天宝镇）所产茶叶，由

杨虔诚自学道地移栽而来。

杨虔诚实是道人身份，其所题诗作是清人附会，可知其时为道家茶。从田野访谈得知山中茶叶品种有铁观音、黄旦、黄金桂，以铁观音为主。

2. 天柱岩茶历史

万历癸卯（1603）谷雨，毕懋康做客戴燝栖霞室，赋诗《寓戴亨融石室弹棋有怀》，有"茶熟客成诗"之句。曹学佺所见栖霞室"其里祀佛"，此茶为禅茶。

万历甲辰（1604）三月，何乔远于此赋诗《天柱岩歌》有"茶臼丹井依然在"，"茶臼"位于一线泉石臼，至今尚存，正是曹学佺、何乔远山中游记所载"竹引"所在。

是年十月，广西御史林秉汉于观海楼品茗禅茶，赋《题天柱观海楼》，有"香茗啜僧供"之句。

万历三十九年（1611）早秋，张燮在改良漳州月港福船的戴城相伴下故地重游山中，于《游天柱山记》有三处记载品茗：

涧泉取道其间，以竹引之，为一线泉。游人甫息肩，仰卧石上，翁蔚成林，不见白日，酌泉烧茗，欲老是乡矣！……觅故路归，利藩迎我石屏下，啜茶一杯。…是游凡四日，利藩中酒不任登峰，主人属平头将茗支之，遂得穷幽道窈，窟穴虽多，兹游亦粗极其致矣！

从中可知，张燮先后在一线泉、石屏品茗，并由此走完全程。

戴城，字利藩，是戴燿的次子，其时是天柱岩的主缘；时任天柱岩住持普辉禅师，号勤事，早年出家天柱岩，曾任闽南最早古刹——泉州府同安县（今属漳州市台商投资区角美镇龙池开发区文圃山）龙池岩住持，何乔远有诗《赠勤上人》，可知山中所品禅茶由普辉禅师提供。

3. 天柱岩茶特色

天柱山"坐落在东经117°51′~117°54′，北纬24°38′~24°41′"，属南亚热带海洋性季风气候，气候宜人，雨量充沛，年平均气温21℃。年平均降雨量1474.5毫米。自古以"云旗"奇观著称，是山林云雾茶。

从"茶熟客成诗"的古诗句来看，此茶有益智的功效。"香茗供僧啜"，又可见此茶有增强体质的功效。从张燮的记载来看，又有醒酒、增强体力的功效。

栖霞室与观梅楼，是曹学佺在万历癸卯（1603）所见"游者所必资"的胜地，此"游者"包括到山中祈福的"海客"信众，即闽南华侨华人。从闽南以茶待客的习俗来看，"海客"信众曾于此品茗。何乔远、林秉汉、张燮均曾在此见证天柱岩茶由此蜚声侨乡传播海外。

图 1　石屏

二、天柱山茶旅发展的现状与发展问题

（一）客观因素所限

天柱山森林覆盖率 92.8%，森林蓄积量 14.0 万立方米，植被以马尾松、杉木为主，因此，在主峰紫玉峰大规模开发成片茶庄园有一定的难度。

以茶园遗址，面对每天 1 万人次的入园量，将产生供不应求的问题。为此，此前曾规划设置民俗风情种植园，将茶园位列其中。

茶园遗址原有茶树移植民俗风情种植园，但是，将出现茶树与古岩、古泉剥离，离开历史现场，严重影响天柱岩茶的历史文化价值。

虽然，天柱岩茶见载 2005 年新编《长泰县志》，但是，几经变迁，目前开发经营的旅游公司在 2011 年入驻，其时已斗转星移，物是人非，原来山中的僧人早已外迁，时下茶园遗址属于封山放任状态，从而造成公司经营管理者一度认为山中历史上无茶的现象。

（二）对市场优劣势认识不足

开发长泰天柱山的企业经营者未通过比较视野，结合文本背后的历史情境，对市场深度剖析。反而参考天竺岩茶的包装，未能考察新编《长泰县志》所载天竺岩茶、天柱岩茶、梁冈山茶，探讨该志为何会出现如此记载的原因。

天竺岩茶，目前号称是唐朝显庆四年（659）僧人所建天竺岩，然而查始载该岩史料"唐显庆四年，道人陈正友建"，万历癸酉《漳州府志》、万历癸丑《漳州府志》、康熙《长泰县志》、乾隆《长泰县志》均沿此说，可知天竺岩历史上应是道人所居，该岩若有产茶，其茶自然属于道教之茶。只是近年来，为了适应市场需要，方改称禅茶。实际上，与天柱岩茶相比，该茶既缺乏历史文献支持，又存在体量、茶园开垦面积有限等问题，由此导致了长泰县茶业协会发起组织五家茶企打造共同品牌之举。

梁冈山茶，即梁冈白茶，流传于良岗山的民间传说。从传说中"以前，漳州府有个官员"来看，按"漳州府"，在明代设置，可见该茶最早始于明代。又从故事主要人物的"官员"身份来看，实际上应与"梁岗山之神"的信众出于寻找合法身份避免遭到地方官府灭"淫祀"有关。虽然，该口述史料具有一定的价值，但是，却难以有效推动其品牌文化的建设。

与此同时，也未曾充分认识到近年刊登《中国茶叶》的新秀——东龙峰铁观音茶。从该茶所在茶园因与安溪接壤，由此获得安溪茶叶种植技术支持，使之较具规模，现阶段发展势头良好。但是，却存在于史、于传说无征的软肋，只能大打生态牌，从而将出现品牌效应有限等一系列问题。

（三）天柱岩茶应有的认识不够

近来，开发长泰天柱山的企业经营者由于侧重宗教文化设施建设，从佛教"禅茶一味"视角出发，先后出现了三个发展方向思路：（1）将从山外茶场选购大量茶叶，包装成天柱岩茶；（2）从长泰、安溪等地选购茶叶冲泡，再出售给客人；（3）将茶园外包给茶叶机构经营。至今，仍然有前往长泰天柱山主峰紫玉峰路途遥远，游客到访较少，组织禅茶活动意义不大的想法。

目前，长泰县地方文史部门提出智力支持建议，总的来说可喜可贺。但是，其所据新编《长泰县志》所载"明代，长泰所产的叶茶、芽茶被列为贡品，并销往东南亚"的这一论述，却存在问题。

查正德初年（1506—1510），"国朝本府领六县，每岁共办""叶茶三百七十八斤"，按其时漳州府六县进贡数量从多到少排序，依次是龙溪、漳浦、漳平、龙岩、南靖、长泰。其中，龙溪"叶茶一百七十三斤""芽茶二百三十二斤"，长泰"叶茶十五斤""芽茶一十七斤"，仅占龙溪的 7%～8%，从中可见，长泰茶叶并不具优势。从旧志未有"销往东南亚"的记载，且被列为"贡品"，并不能因此可以"销往东南亚"，所谓"列为贡品，并销往东南亚"的推论应出于"明代"是漳州月港对外贸易时期，长泰县既然时属漳州府，故而与之有关。实际上，存在立论不足。

天柱岩茶品牌文化建设，实则应重点围绕张燮品茗记载，从张燮在改良漳州月港"海客"所乘福船的戴城邀请下故地重游天柱山，挖掘海上茶路渊源，发挥古往今来的华侨资源优势，打造漳州月港文化圈节点，突出山中"海丝"，即山中月港的意境。

三、推动天柱山茶旅发展的建议

（一）打造茶文化品牌

1. 全面推进茶文化深度研究

发挥天柱山在漳州历史名山中文史资料丰富的特点，设置文史研究中心，围绕天柱岩茶，从历史人物、古诗文、摩崖石刻切入，撰写论文发表历史、区域文化、农史等核心学术期刊，积极参加相关学术研讨会、全国征文比赛。举办海峡两岸、国际学术研讨会，出版论文集，编纂《天柱岩茶志》。

参与省、市、县政协文史研究工作，掌握话语权，撰写天柱岩茶自然、人文史料。在省、市茶叶协会成立天柱岩茶分会，引进茶学人才，参与地方茶史、茶志的编纂。

2. 优选茶叶来源

根据南宋时期安溪县宗教领袖契嘉募缘重修天柱岩的史实，结合安溪茶乡优势、漳州市芗城区天宝山无茶现状，选择安溪茶园作为天柱岩茶茶源之一。

图2　合作意向的天柱岩茶体验园

3. 取得茶叶种植、生产科技支持

根据天柱山名胜古迹涉茶化特点，引进茶研所技术支持古茶园遗址保护、名胜古迹与茶园复建项目、民俗种植园茶体验区、组织培训，参加旅博会、茶博会。

（二）设计茶文化产品

1. 禅茶文化为主题

以禅茶旅游产品为主，突出明代八闽"禅林之冠"——漳州开元寺高僧无文禅师在洪熙乙巳（1425）劝念的摩崖石刻经文，展示漳州月港"海客"信众、《东西洋考》作者张燮、禅宗大德高僧憨山德清与天柱山的法缘。

将石屏作为包装盒造型，以"香茗供供僧啜""茶熟客成诗"分别作为包装盒左右两侧题词，背面突出天柱岩茶得天独厚的自然与人文环境，如天柱山天灯、云旗与观音岩、势至岩、弥陀岩奇景。

2. 研发组合特色商品

根据旧志记载的万历三十二年（1604）卢维祯做客天柱山所题两首诗作，结合卢维祯收藏的国宝紫砂壶，开发紫砂壶茶具。

选择一线泉作为山泉水，配以张燮的"酌泉烧茗"茶诗，取代缺乏地方历史文化底蕴的天柱山泉水。辅以天柱山神"天柱王"化身相——象鼻岩制作煮茶烧水壶。

图3　"天柱王"化身——象鼻岩

选择山中名胜迷樵径林木所制木炭，根据漳州月港"海客"于山中"刍莞"林木祈福，结合山中神秘"迷樵"，配以曹洞宗护法曹学佺相关考述"径中有声称者曰'迷樵'"。

3. 情景再现

推出张燮品茗路线，设计从天柱仙境——一线泉—石屏线路，沿途再现酌泉烧茗、"弹棋"煮茶情境。

拍摄天柱岩茶纪录片、微电影、抖音，讲好古今茶旅故事。针对政府闽南茶文化、海洋文化宣传，融入天柱岩茶元素，借力给力促进茶旅推广。

（三）组织特色茶事

1. 融入文化内涵

突出闽南侨乡村庙"请火"习俗，组织民俗会演，再现月港"海客"祈福山中品茗情境。

围绕朱熹高足傅伯成与傅壅父子"过化"山中、元代释褐状元黄思永的题诗、明太祖钦点应天府五经解元黄文史读书山中等史实，设计茶旅研学产品，成为朱熹研讨会田野考察点。

2. 创作茶史连环画

围绕品茗诗文唱和史实，结名胜古迹与名人资源开展主题茶食体验、诗文、书法、美术、摄影、武术、碑拓等赛事。运用茶文化研究成果，撰写茶史，绘制连环画、漫画。

3. 融入主题乐园

度假区入口茶壶小品撰写茶史解说牌内容，将卢维祯山中题诗、山中华侨古墓出土紫砂壶相结合，为天柱岩茶推广埋下伏笔。围绕海洋公园板块，突出山中历史"海客"信众品茗元素，打造山海茶文化品牌。突出观云山庄酒店，房内配制天柱岩茶，再现石室煮茶情境。

四、结语

综上所述，取得了以下四点结论：

首先，在地方文献整理中发现的天柱岩茶，除了具有较高的学术价值、社会意义外，又蕴含着潜在的经济价值。因此此方案一出，即获得了省、市领导的关注。

其次，应在地方历史文献研究的基础上，结合田野考察，深入挖掘，跳出长泰"地方"，置身闽南区域文化，立足全球史视阈，最终达到为长泰天柱山研究服务的目的。

再次，在新时期茶旅研究上，应回到历史现场，揭示文本背后历史情境，由此方能更好地发挥地方文献作用。

最后，在文旅融合策略上，应结合市场考察，扬长避短，传承与发展提出因地制宜的品牌文化战略。由此方能活化地方历史文献，发挥长泰乃至闽南文化影响力，为文化旅游发展研究提供新的路径。

参考文献：

[1] 罗婵玉，孙云. 福建茶叶海上贸易的起源与发展 [J]. 茶叶通讯，2016，43（1）：47－48.

[2] 刘军. 明代海上贸易的出口商品 [J]. 财经问题研究，2010（12）：29.

[3] 长泰县广电新闻中心. 长泰县茶业协会正式成立 [EB/OL]. 漳州政府网，2018－05－29.

浅谈地方文献与旅游产业的关系

肖　文*

　　图书馆蕴藏着丰富的旅游资源，是旅游部门开拓景点，充实旅游内容所依赖的支撑点之一。图书馆在支持旅游资源开发的同时，也丰富了特色馆藏，完善了服务体系，繁荣了图书馆事业。本文阐述了地方文献对于区域旅游产业的各种信息支持，包括史料支持、知识内涵支持等，论述了地方文献对于区域经济的拉动作用，同时也指出了地方文献工作中存在的问题及解决途径。

一、地方文献是旅游开发的重要依据

　　地方文献是一个地区文化发展的缩影，记载有大量的自然、社会和人文等文献资料，具有鲜明的地域特色。随着人民生活水平的改善和精神文明需求的提高，我国旅游事业迅猛发展，形势喜人。随着综合国力的提高，旅游业和其他国民经济部门一样，必将有一个大的发展。地方文献资源蕴藏着丰富的等待开发的旅游信息资源，在支持旅游资源开发方面有着独特的优势，在旅游资源开发中能够发挥重要作用。

（一）地方文献为旅游业发展提供史料支持

　　地方文献是对某一特定区域政治、经济、历史、文化、教育、自然、地理等的综合记录和反映，其最大的特点是文献内容所体现出的鲜明的地域性和独特的历史文化[1]。所谓地域性，实际指的就是区域间的文化差异，不同地域的自然形态和人文习俗构筑了不同特色的区域文化，有什么样的自然环境就可能产生与之相适应的文化，不同地域的社会群体和社会组织，会从多方面影响内部成员的生活方式，以至规定了该地域文化的特征，使文化在空间分布上的多样性、多元化进一步明显。而这种多元化的区域文化，正是靠着地方文献得以

---

　　* 肖文，甘肃省图书馆。

保留和延续的。

旅游资源是旅游者参观游览的目的，也是旅游业存在和发展的必备条件。地方文献中记载了丰富的旅游资源。如，记载了秀丽的风光。在《中国名胜词典》《天下名山胜概记》《洞庭湖志》等文献中既有全面的概况介绍，又有对各秀丽景点的具体描述[1]。如，记载了大量的历史遗迹。我国是文明古国之一，历史遗迹在地方文献中也有很多的撰述。《中国名胜记游》《中华揽胜》《大清统一志》《岭海异闻录》等地方文献对西安兵马俑、碑林、敦煌莫高窟、丝绸之路等都有记载。如，记载了历史上有重大影响的人物。记载了具有地方特色的民族风格的地方风味产品。可以通过文献资源开发地方风味产品，不仅能满足国内外游客购买名特产品、纪念品和品尝风味食品的需要，而且能够吸引更多潜在的游客，促进旅游事业发展。地方文献蕴藏着丰富的旅游资源，它可以使旅游部门开拓新景点，充实游览内容，突破传统旅游项目，开辟创新更多的旅游活动。

（二）地方文献为旅游业的开发提供了丰富的文化内涵

地方文献无论是文字的，还是实物的，均在传承着不同区域永恒不变的文化脉络，演绎着不同民族的沧桑岁月，诠释着自然景观化的过程。由于地理环境、社会规范、习惯定势、价值观念、审美情趣以及思维方式的不同，不同区域会形成各种不同的文化，大到物态文化、制度文化、行为文化、心态文化，小到民俗文化、烹饪文化、服饰文化、酒文化、茶文化、市井文化，这些不同区域的不同文化被记录和保留了下来，成为多元化、多形式的地方文献，从而构成了丰富而深厚的地方文化资源[2]。这些不同形式、不同内涵的主文化、亚文化均为区域旅游产业的开发提供了丰富的途径。

旅游项目和产品的开发并非凭空臆想的，需从地方文献中查找有关自然条件、民族风情、诗文典故等历史依据，需通过搜集相关信息，进行综合分析，才能开发出具有民俗特色、地方特色、文化内涵浓厚的高档次、高品位旅游产品。挖掘旅游资源文化内涵，打造文化品牌，通过对原有人文景观和自然景观进行再整合、开发，赋予文化内涵，形成综合旅游优势，打造自己的旅游文化品牌。游客在欣赏自然风光的同时又领略了当地风土人情、历史文化、满足游客旅游需求，推动旅游业的可持续发展。

总之，地方旅游资源的开发从不同层面提升了旅游的内涵，加速了地方旅游资源的传播，而地方旅游文献资源的开发、整理、完善也依托旅游业本省而获得生机和发展，两者之间是相互依存、相互促进的关系。

（三）旅游产品和旅游项目的支持

地方文献涵盖了区域名人传记、饮食习惯、建筑风格、遗风习俗甚至于民间艺人的艺术珍品、艺术藏品、民间仪式等等诸多文化。不同地域，文化名称虽然相同，但内涵却相异。翻开不同地域的文献史料，你会发现每一区域的历史、文学、文字、地理、宗教、科学、建筑、园林、书法、绘画、民俗、典故等都是那样的丰富、厚重，差异又是那样的巨大。正是由于这种差异的存在，美才蕴含其中，价值才得以体现，也才最具有吸引开发者的魅力。正是由于诸多独特的区域文化资源，打造出了独具特色的区域旅游品牌产品，才使旅游业发展日趋繁荣。

地方文献资源在旅游业开发利用中存在的问题

旅游资源丰富的地区，在开发旅游景区、项目中或多或少都开发和利用了地方文献中所蕴藏的有关旅游方面的资源，努力打造旅游品牌。尤其是旅游节的举办，这是对地方特色的、民族的、物质的、非物质文化展示，并融入现代文化气息，具有鲜明的时代特点，吸引了大批游客。但是地方文献资源开发、利用还是存在不可忽视的问题。

（一）地方文献资源分散

地方史料、地方志、地方报刊、地方人物资料、文学载体、政府规划等当中都有与开发旅游资源相关的文献记载，需要大量人力、物力采访、收集、记录，建立完善的收藏范围和体系，且有许多与旅游有关的口述历史文献资源、民间口头相传的习俗和技能都尚未纳入收藏范围[2]。

（二）地方文献资源出现藏而不用的现象

地方文献资源主要收藏在高校图书馆、公共图书馆、地方文献资料室、档案室等，文献资源没有进行系统整合开发、编目共享，查找困难，阅读不便，无法满足用户对旅游文献的需求，因此利用地方文献查阅旅游信息资源的人不多[2]。

（三）文化内涵挖掘不够深，流于表象和形式，缺乏自身特色

在少数民族众多的地区，不同民族、地域间都有自己的特色文化，不同的形式代表着不同的寓意。在旅游景区的民族风情表演中出现简单化、庸俗化、大众化，没有从历史、政治、教育、文化等方面，做多角度、深层次的提炼打造和包装宣传，旅游项目商业化气息浓厚，文化内涵还没来得及开发就已经搬上商业舞台。如，婚嫁习俗在各旅游景点的表演相似，所表达的无法诠释民族

风俗的特色，粗制滥造，容易让游客陷入乘兴而来、败兴而归的尴尬境地。有些旅游景点，其文化内涵没有持续挖掘，使之处于老化状态，新旅游项目开发跟不上，发展出现断层现象。

（四）与周边地区旅游资源开发相似，知名度不高竞争力不强，造成屏蔽形势

游客受经济、时间等各方面因素的影响，在选择旅游目的地上，考虑景点的知名度和便利度，造成弱势旅游资源的闲置。

（五）在网络环境下，越来越多的旅游者通过互联网获取旅游地的玩、住、行等相关信息

但旅游信息特色网站建设不完善，信息更新不及时，导致旅游信息、旅游资源宣传等建设远远落后于旅游业发展，阻碍旅游持续发展。

开发地方旅游文献资源的策略

地方文献是开发地方性旅游资源的载体，完善的地方旅游文献资源的收集为开发和建设地方旅游资源数据库创造了良好的条件和基础。

（一）调查研究，了解需要

针对性是我们服务的特点及重点。地方文献为旅游业服务之一就是满足资料需求者，调查研究旅游资料用户需要的特点，把握其规律，制定和采取相应的对策，是至关重要的[3]。掌握有关部门对信息服务的变化和要求，向他们提供适销对路的信息产品，争取更多的信息用户，促进图书馆实现以单一的借阅服务向全面的文献信息服务转型。

（二）深入挖掘地方旅游资源，建立特色、完善的收藏体系

应做好地方旅游文献收集工作。地方高校、公共图书馆、地方志办公室、档案室、旅游局等是旅游信息的集散地，通过相互合作，广泛征集旅游文献[3]。收集的范围包括：地方县志、丛书、工具书、家谱、族谱、地图、图录、碑志、笔记、日记、年鉴、资料汇编、名人字画、本地历史史实、地方名人生平著作、个人论文、风土人情、高校师生著作、论文、科研成果等。对于未形成书面文字的神话故事、传说、民族史诗、民间曲艺、民族教育及伦理教化等有价值的资源，在保护原生态的基础上，以调查、访问、征集等形式，记录、收集、整理下来。加强网络上旅游文献资源的收集工作。

（三）做好二、三次文献的深度开发

对搜集到的文献应认真地分析研究，考镜源流，辨析真伪，提供准确的史

料与数字。以目录、索引、题录、文摘等形式，选择地方旅游文献中最具代表性，且收藏有一定优势的旅游文献作为开发目标，进行专题资料汇编，以适应本地旅游业发展的需要[4]。

（四）构建地方旅游文献资源数据库

充足的地方文献资源是构建旅游数据库的重要保障。通过计算机把旅游信息资源和数据加工组织、蕴藏、标引、编目，把地方旅游文献资源变成高效、快速、易检索的信息数据库。地方旅游文献资源数据库可以是由多个专题资源数据库构成的数据库群。

（五）建立地方旅游资源信息特色网站

很多旅游者在前往旅游目的地之前都上网查询旅游目的地的情况，景点、交通、住宿等，这意味着旅游消费者趋向于以互联网作为信息收集的主要渠道。信息化成为旅游业可持续发展的选择之一，因此建设有特色的旅游资源信息网站是对地方旅游推陈出新，对对外宣传有积极作用。

（六）网站的建立要突出自然景观和人文景观，简约实用

目前大多数旅游信息网站都设置景区信息、管理服务机构、交通信息、宾馆饭店餐饮、气候医疗等模块的信息分类[3]。为更好地宣传地方旅游资源，还可以在网页上设置与地方旅游资源数据库的连接，为游客了解或者投资者了解地方旅游资源提供翔实的文献依据，对地方旅游资源进行再挖掘。

综上所述，旅游的过程是旅游者经历文化、体验文化、欣赏文化的过程。旅游持续发展的关键在对旅游资源文化内涵的挖掘，地方文献中所蕴藏的旅游文献资源在旅游业发展中的作用不可忽视。

参考文献：

［1］林衍经. 地方志旅游资料的价值及其利用［J］. 中国地方志，2006（1）：19 - 58

［2］刘莉. 对西北地区旅游文献开发的思考［J］. 甘肃高师学报，2002（3）：9 - 11.

［3］丁清英. 地方文献的利用与区域旅游产业的开发［J］. 图书馆工作与研究，2005（3）：23 - 72.

［4］曹诗图，袁本华. 论文化与旅游开发［J］. 经济地理. 2003（5）：31 - 42.

利用地方文献，服务当地文化旅游

——以云南建水古城为例

王　岚[*]

本文首先分析了地方文献对文化旅游的作用和意义，并针对云南建水古城文化旅游资源现状做出了相关分析。其次理清了在利用地方文献为文化旅游服务过程中存在的一些问题，最后以解决问题为目的提出了相关对策。

一、引言

旅游作为一种消费方式的同时，也是一种文化实践活动。某个地区依据自身所特有的文化渊源、历史背景、自然资源，将其组织起来并打造成具有观赏体验价值的旅游景点，打造一套完整的旅游服务设施，吸引各地的旅游者前来旅游，这个过程就叫作旅游体验。而文化作为一种民族或地区内在的向心力，对公众和社会的发展具有不可替代的作用，它在旅游资源开发中具有引领性的地位。在以文化旅游为主的地域，旅游资源的整合，实际上就是文化资源的整合。地方文献作为一种历史性的文化资源，是记载地域政治经济、文化历史、科教工业各领域发展沿革和成果的文字材料。而一个地区曾经发生过的重大历史事件、该地区所特有的自然景观、民族风情、传统习俗等，都以地方性史料的形式记录在册。所有这些都对整合开发文化旅游资源具有十分重大的作用。随着经济社会、文化社会的迅猛发展，公众的休闲生活日益丰富，我国旅游业也随之蓬勃发展，全国各地纷纷加入开发旅游业的行列之中。在这样的背景下，如何合理利用地方文献，为当地文化旅游业的开发提供更好的支持，是目前各大旅游城市所面临的重要课题。

　＊　王岚，云南省图书馆

二、建水古城文化旅游资源概览

建水县位于云南省中南部，红河中游北岸，滇东高原南缘，是云南省红河哈尼族彝族自治州所辖县，总面积3789平方千米，为"两迤锁钥"之地，"雄镇东南"之城。《临安府志》《建水州志》《续修建水县志》《民国建水县志稿》《建水县志》等志书都记录了建水悠久的历史，辉煌的文化。建水"古称步头，亦名巴甸"（《元史·地理志》）。汉时属益州郡毋掇县地，西晋属宁州兴古郡，唐代前期为南宁州都督府属东爨地，南诏政权时属通海都督府的封地，大理政权时为巴甸侯的封地，元代设建水千户，明代设建水州，清改建水州为建水县。3500多年前，这里就有先民生息繁衍；1263年前，这里就开通步头路，成为滇南的交通要冲；1202年前，这里就筑起惠历城，成为滇南经济贸易的中心；728年前，这里创办庙学，成为滇南文化教育的中心；626年前，这里设置临安府治及临安卫，成为滇南政治军事中心。这里经济繁荣，文化发达，英才辈出，被誉为"金临安""文献名邦""滇南邹鲁"。20世纪初，这里打响了推翻帝制的"辛亥枪声"；留下了朱德剿匪的"游击战术"；发出了"反清仇洋"的矿工怒吼；建成了滇南革命的"小抗大"——建民中学；发动了迎接解放的"乡会桥起义"。根据《中国名城》一书记载，建水作为滇南的政治、军事、经济和文化中心，长达7个世纪之久。

（一）早期文明代表：古人类遗址

经过考古学家的多番考证及充足的出土文物表明：建水县是早期人类文明的发祥地之一。县域东北方向出土的磨石器具，建水南部挖掘面世的铜质武器、动物骨头、陶钵、农具等，经历史学家鉴定分析，基本确认建水是几千年前战国到西汉年间的大型墓穴遗址；而于1989年发掘的燕子洞遗址，则被相关的考古学家初步鉴定为是3500多年前的早期古人类遗址。通过对相关地方志的查阅，结合对种种文物的考究，建水在无形之中构建起了一座悠久的历史丰碑，丰碑向人们传递的，乃是上下几千年的人类文明进程。

（二）深厚的文化底蕴，殷实的物质遗存

建水是祖国西南边疆之重镇，加之经济发达、文教昌盛，并以古迹众多，文物荟萃而著称，成为国家历史文化名城。据统计，截至2019年6月，全县有世界性建筑遗产1个（团山民居建筑群）[国家级重点文物保护单位7个（文庙、纳楼土司署、双龙桥、朝阳楼、指林寺、朱家花园、团山民居）；省级重点文物保护单位9个（文笔塔、学政考棚、碗窑古窑址、天缘桥、玉皇阁、崇文塔、土主庙等）[州级重点文物保护单位22个（东井、崇正书院、云龙山真武宫等）；县级重点文物保护单位97个（福东寺、诸葛庙白衣楼等），全县有不可移动文物 326 个；保存比较完好的古迹 1000 多个。

建水人文昌盛、文物璀璨，积淀了深厚的历史文化。元至元二十二年（1285）创设庙学，首开滇南文化之先河。自元明以来，随着大批汉族移民的到来，建水逐渐形成以汉文化为主体，并与彝、哈尼、苗、傣等少数民族文化相互交融而又各具特色，成为多元文化一体的边地文化。明朝知名文人王奎、韩宜可、杨升庵等曾在建水讲学，促进了中原文化在边疆的传播。明清时期先后设崇正书院、焕文书院、崇文书院和曲江书院，并设学政考棚一所，临安、元江、普洱、开化四府生员在此举行院试，文风大兴，儒家思想在边地广为传播。明清两代，建水共出文武进士 110 名，仅次于昆明、大理。云南的一榜举人，有时临安学士竟占半榜，故有"临半榜"之称。出现了被誉为"南滇一代名臣"的明代包见捷、清代贤臣傅为泞、"三迤人士仰若泰斗"的五华书院山长陈世烈等。因而建水古有"诗书郡、礼乐邦""文献名邦"之美誉。

因建水拥有众多的古建筑，曾被国内专家冠以"古建筑博物馆"之美誉。《指林寺》是古时滇南佛教古刹，正殿建于元朝，是宋式做法的大型木结构建筑，气势磅礴，造型宏大，屋檐飞天，属于云南十分稀有的古建筑。建成于元代的《文庙》，建筑规模仅次于山东曲阜孔庙，其历史悠久，规模庞大，建造一丝不苟，宏伟肃穆，是国家重点保护的文化景观。坐落在城东的《朝阳楼》（图1），初建于明洪武二十二（1285）年间，比北京天安门早建 28 年，是一座历经七百多年沧桑岁月依然宏伟矗立的古建筑，其气势不输岳阳楼和黄鹤楼。是祖国边陲古老军事重镇的象征。位于城西五里处的《双龙桥》俗称"十七孔桥"（图2），乃清代乾隆时期建造，因横跨泸江塌冲两条河交汇之水面上而得名。

图1　建水朝阳楼孔子文化节

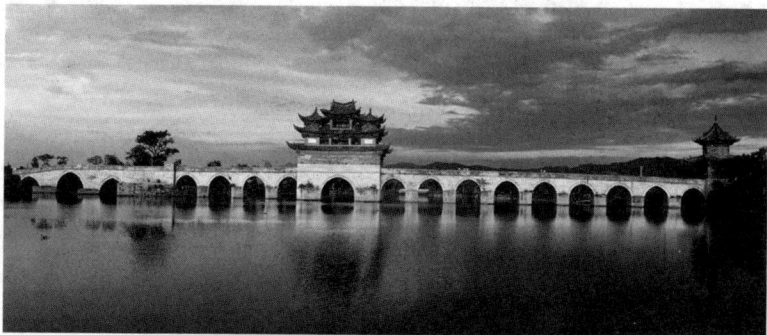

图2　建水17孔桥

桥身用巨石砌成，桥宽三米，全长近一百五十米，共有十七个桥洞，桥中建有三层楼阁，桥两端各有亭阁一座，它气势宏伟，造型奇巧，已被列入中国造桥史册。

除了以上所述，还有被联合国命名的"世界性建筑遗产"《团山民居建筑群》；被称为"西南边陲大观园"的大型民居《朱家花园》；被誉为"中华宝塔古今无"的《文笔塔》；还有《学政考棚》《纳楼土司署》《玉皇阁》等或宏伟壮观或瑰丽优美的古代建筑，都具有极厚重的历史价值和极高的艺术品位。

（三）民族杂居，文化交融

建水有五十多万人口，除汉族外还有彝族、哈尼族、苗族、回族、傣族等民族兄弟。不同的民族具有不同的文化，不同的文化在这里碰撞、交融，产生了一种别样的文化特色。这些不同的民族文化表现为建筑风格、饮食习惯、婚丧嫁娶、日常服饰、节日习俗等方面的不同。在民族节日方面，彝族有"火把节"，哈尼族有"昂玛奥"节等，而不同的节日又有不同的习俗，彝族跳的是烟盒舞、响竿舞，而哈尼族跳的是芒鼓舞，摆的是长街宴。总之，各民族的文化异彩纷呈，呈现出别样的文化氛围。

综上所述，建水县容纳了各种类型的历史文化资源，几乎能够满足不同范畴旅游者对文化旅游的全部要求：考古旅游、观光旅游、文化生态旅游、民族风情旅游等各种类型。从旅游的审美需求和文化体验两个方面来说，建水无疑是具有开拓并繁荣文化旅游的巨大优势和潜力的。

二、建水古城文化旅游发展简况

建水开发文化旅游已有三十多年的历史，早在1988年，建水被国务院批准为允许"对外开放的风景名胜区"后，县委、县政府就带领全县人民吹响了创建"文化旅游名城"的进军号。

（一）地方文献为旅游景点充实了内涵，提升了文化品位

建水《文庙》始建于元朝元二十二年，占地达114亩，面积7.6万平方米，在全国大型文庙中名列前茅。总体布局采用中轴对称宫殿式，仿照曲阜孔庙的格局建造。有一池（泮池），一坛（杏坛），一圃（射圃），二殿（大成殿、崇圣殿），二庑（东庑、西庑），二堂（东明伦堂、西明伦堂），三部长（尊经阁、文星阁、柱香阁），四门（棂星门、大成门、金声门、玉振门），五亭（敬一亭、思乐亭、斋宿亭、东碑亭、西碑亭），六祠（寄贤祠、仓圣祠、名宦祠、乡贤祠、节教祠、忠义孝悌祠），八坊（太和元气坊、洙泗渊源坊、礼门坊、义路坊、道冠古今坊、德配天地坊、圣域由兹坊、贤关近仰坊），是一组规模宏大的建筑群。因已有700多年的历史，虽经50多次扩建增修，仍有部分建筑未能原样恢复。特别因为历史的原因，孔子被列为批判的对象，有关的史料被焚烧、销毁，致使文庙的历史风貌很难全方位展示。好在《临安府志》《建水州志》《续修建水县志》等志书中都有详细的记载，这对《文庙》景区中文化内容的充实，祭孔大典的场景再现等多方面提供了有力的史料支撑。

每年的农历八月二十七日是孔子的诞辰日，届时《文庙》都要举行一年一度的祭孔大典（图3），亦称"丁祭乐舞"或"大成乐舞"，是集乐、歌、舞、礼为一体的综合性艺术表演形式。地方文献中对祭孔时用的各种乐器及工尺谱，舞蹈时采用的道具及各个舞蹈动作，整个祭孔大典仪式的先后都有详尽的记载。除此而外，《文庙》还依据史料不定期举办"开笔礼""拜师礼"，带着小孩来建水的游客都会积极参与其中，很受大家的欢迎。

图3　文庙祭孔

被誉为"西南边陲大观园"的《朱家花园》，是清末乡绅朱渭卿兄弟建造的家宅和宗祠。占地二千多平方米，主体建筑呈"纵四横三"布局。房舍格局井然有序，院落层出迭进，计有大小天井 42 个。整组建筑陡脊飞檐，雕梁画栋，精美高雅。当地文化旅游工作者为展示建水多姿多彩的民族民间文化艺术，根据地方志、名人轶事、人文景观、民间故事等创作出一批批音乐、舞蹈、曲艺节目，就在《朱家花园》的"吊脚楼"和"水上戏台"为游客进行文艺演出，因地方特色鲜明，民族风情浓郁，深受游客的喜爱。

（二）文化旅游取得了长足的进步，地方文献功不可没

旅游业的开发前提是具有与之相应的旅游资源，而拓展文化旅游的前提是有迹可循的历史文化背景。地方文献在这里就发挥了它作为文化载体所具有的独特作用——体现并增强旅游资源的内涵。

多年来，建水的文化旅游取得了长足的进步，开发了多个兼具观赏价值和文化价值的旅游景点，拥有"千年临安古城"和"千年建水紫陶"两张名片，还拥有国家级的特色小镇——临安古城和西庄紫陶小镇。这些成绩的取得，地方文献功不可没。

三、地方文献在服务文化旅游过程中的问题

首先，我们有必要先理清在利用地方文献为文化旅游服务过程中所产生的一些问题。只有认真解决好这些问题，才能最大限度地发挥其效用。

（一）地方文献材料不集中

地方文献材料的形式多种多样，有装订成册的古籍，有储存在图书馆的地方志，有影视资料，也有民众口耳相传的民间故事。因为形式的庞杂，导致文献材料的收集整理变得十分困难，需要耗费大量的人力物力去完成这一项浩大的工程。就目前来看，我国的地方文献收集工作还有待进一步深化。想要利用这些地方文献来为文化旅游服务，还需要政府与文化管理人员的共同努力。

（二）地方文献材料利用率过低

一般情况下，地方志、名人传记、地方性古籍等地方文献大多收藏在公共图书馆、各大高校图书馆、地方文化研究所、档案室等场所，供读者借阅。可实际上，一方面由于缺乏便捷的借阅途径，读者难以得到第一手资料；另一方面因为文献资料保管者对资料的不妥善保管或是不妥善整理，没有加以编码或是排序，导致资料零散分布，很难全面获得。这对研究者和各类读者来说是一个很棘手的问题。

（三）地方文献材料文化价值挖掘不深

利用地方文献来为当地文化旅游业的发展服务是当下旅游业的一大趋势，我国各个地区纷纷着手这一工作。但是在很大程度上，很多地区的地方文献研究利用仅仅流于表面，没有结合当地特色做到因地制宜、因时制宜，存在着严重的泛化、雷同化问题。建水县是一个多民族杂居的地区，因此在整合地方文献资料的时候，一定要注意各民族不同的文化习俗，从民族的独特性出发，注重深挖其蕴含的文化价值。现在很多标"民族特色"的旅游城市，往往只是主打庸俗、单一的民族表演，提供一些缺乏特色的民族小吃，旅游者无法从中领略到有关这个民族所独具的政治、经济、文化、习俗的特点，无从获得完美的旅游体验。

（四）地方文献服务落后于文化旅游服务

我们期待能够从地方文献中挖掘出一些珍贵的地方性历史资料，来辅助、支撑地方文化旅游业的发展。但是随着互联网的发展，旅游者能从网络上获取的有关旅游地区的信息越来越多，导致有时候，地方文献所能够提供给文化旅游的服务，已经远远落后于网络所能够带来的文化信息服务。这就需要当地文化研究者、高校人员、旅游管理部门进一步加快地方文献研究进程，从文献中提取出独一无二的信息，使文化旅游的发展更有个性、更具特色。

四、地方文献服务文化旅游的相关策略

地方文献是各地区、各民族地方性文化的集中表现，对发展地方性文化旅游有着重要的辅助作用。收集门类齐全、内容翔实的地方文献体系，为文化旅游提供坚实的史料支撑，是打造文化旅游品牌的重要基础。如何利用地方性文献为旅游业服务，本文做出以下几点思考建议。

（一）做好地方文献收集整合工作

上文提到，目前地方文献存在的问题就是资料过于分散、资料的内涵挖掘不深，解决这些问题的对策就是应当发挥高校图书馆、公共图书馆、社会文化机构、地方性文化研究所、旅游部门等单位的合力作用，做好地方文献的收集整理工作，推进独特、完备、科学的地方文献管理体系。注重工作的细分细化，不但要重视文献典籍的归类收整，也要重视散落于民间口耳相传的地方民间故事；不但要做好文献保护工作，也要做好文献内涵的深入挖掘工作；不但要各机构单位为文化出力，也要带动整个地区形成良好的文化传承氛围。

（二）着力推进数字文献建设

随着网络科技的发展，建立一个地方文献资源数据库是非常有必要的。纸

质书籍容易遭受磨损、散佚等问题，而数字资源则不存在这样的风险。在做好地方文献的收集工作之后，对这些收集来的材料予以规范整理进行数字化保存。一方面保证了资源的永久性，一方面也能使普通民众更容易地获取、阅读，也有助于各地的游客对当地文化的熟悉、了解。

（三）建设地方特色文化旅游信息门户网站

随着新一代网络技术的发展，旅游者倾向于在出行之前通过网络对旅游地做一个大致的了解，以增强旅游的良好体验。因此建设一个全面展示当地文化、生态环境的门户网站显得尤为必要。网站的建立依赖地方文献但又不仅限于地方文化的展示，在对地方文化精确展示的基础上，加之良好的生态环境介绍、人文景观介绍、旅游交通信息、城市旅游住宿、饮食文化介绍等旅游所需的各类信息。建设一个针对性强、信息全面、更新及时的旅游门户网站，对扩大当地旅游宣传、吸引各类游客有极大的作用。

结语

地方文献是一种历史性的文化资源，它对发展地区文化旅游业有着重要的作用，不但为其提供了史料支撑，也提高了旅游城市的文化内涵。但是在利用地方文献为文化旅游服务的过程中存在的诸多问题需要认真解决好。建水作为一个历史悠久、文化独特、文化内涵丰富的地区，拥有发展文化旅游独特的文化资源优势，应充分利用自身的条件，积极整合各类地方文献资源，着力推进数字文献建设，搭建地方特色浓郁的文化旅游信息门户网站，更好地服务于文化旅游产业，谱写出更加辉煌的文化旅游新篇章。

参考文献：

［1］汪致敏，尹仲生．建水历史文化与旅游开发［J］．红河州党校学报（哲学社学），1994（2）：35－39.

［2］王效梅．建水县旅游资源的开发利用［J］．玉溪师专学报，1993（3）：72－76.

［3］周李哲．地方文献资源与旅游持续发展［J］．合作经济与科技，2011（14）：16－17.

［4］杨丰，汪海清．中国历史文化名城建水［M］．北京：民族出版社，1994：1－5.

［5］建水县地方志编纂委员会编纂．建水县志（1978—2005）［M］．昆明：云南人民出版社，2010：序1－2.

利用地方文献旅游资源，助力地方文化旅游

赵爱勤*

图书馆地方文献蕴藏着丰富的旅游资源，是旅游部门开拓景点，充实旅游内容所依赖的支撑点之一。图书馆应加强地方文献资源建设，充分挖掘地方文献资源的价值，为地方经济文化建设，特别是文化旅游服务。让地方文献工作与地区旅游开发相结合，实现互惠双赢，以开启图书馆地方文献工作的新思路，促进地区文化旅游的新发展。

地方文献系统地记载了一个地区的历史传承，是一个地区的文化记忆，对它的开发利用和深入研究，能为地区的建设与发展带来重要意义。就图书馆而言，地方文献资源建设是其加强特色馆藏资源建设的必然要求。图书馆作为文化和旅游合并后的重要机构，如何以此次机构改革为契机，以弘扬地方文化、推动旅游发展为创新点，扩大图书馆在文化旅游事业中的文化影响力，是图书馆人面临的新课题。本文拟以南阳市图书馆开发利用地方文献资源，服务地方文化旅游为例，探讨如何让地方文献工作与地区旅游开发相结合，寻求文旅融合后图书馆地方文献工作与文化旅游开发的契合点，实现互惠双赢，以开启图书馆地方文献工作的新思路，促进文化旅游的新发展。

一、南阳地方文献的征集和开发利用

地方文献是一种有别于普通文献的特殊资源，它表现出强烈的地域文化特色，是在漫长的岁月中经过无数代人的积累中而逐渐形成的地方特色资源。南阳位于河南西南部，是中国历史文化名城，中国优秀旅游城市。南阳悠久的历史、厚重的文化，为我们留下了珍贵的遗存；有国家级文物保护单位13处，省级文物保护单位94处，国家级非物质文化遗产8处。但凡关乎历史的都须借助

* 赵爱勤，河南省南阳市图书馆。

于文献，无论纸质文献还是口头文献，只有在文献中去找到当地文化的发展史，才能更好地提炼出当地的特色文化要素，进而使之发扬光大。地方文献的搜集对地方特色文化的建设有着十分重要的作用。因此，征集、开发地方文献，是一个关乎地方经济文化整体发展的现实问题。[1]而作为南阳重要的地方文献保存机构的图书馆，有义务、有责任将南阳的宝贵文化遗产好好地保存并使之传承。

南阳市图书馆始终秉承"传承文明，服务社会"的宗旨，把收集、整理和开发利用地方文献列为重点业务工作之一，努力建设独具特色的地方文献资源体系，为子孙后代保留珍贵的文化遗产，为本市经济社会发展提供参考信息。尤其是近些年随着国家对中华优秀传统文化的重视，图书馆地方文献征集工作得到市委市政府重视，收藏量逐年增加，目前已经征集有关地方文献资料近两万余册（件）。建有"南阳历代名人资料""南阳地方史志""楚汉文化""南阳旅游""南阳作家群作品""谱牒"等特色专藏。这些文献的收藏和保存，为南阳留下了珍贵的史料，对南阳政治、经济、文化等各领域研究有重要的参考价值。

我馆在广泛征集收藏地方文献的同时，积极着手地方文献的开发利用。为读者提供课题服务，一方面根据读者提出的问题，有针对性地为读者提供文献、文献知识、文献检索途径的服务，同时也接受单位或个人寻求课题帮助，取得了良好的社会效益。《南阳晚报》"阅读古宛城"专栏开栏以来，我们从馆藏文献《光绪新修南阳县志》《老南阳古事》《杨保国钢笔画–南阳名胜古迹》等十几种馆藏文献中分别整理老街道、古城河等资料及图片供他们参考，《南阳晚报》记者李萍撰写的"阅读古宛城"系列已刊发40多篇，文章从不同角度、不同方面书写古宛城的历史与现状，把岁月留在这座城市身上的那些或深或浅的痕迹一一呈现，唤醒了城市共同的记忆，引起了众多读者的共鸣。2018年3月南阳白河国家湿地公园为迎接国家验收，需要收集整理南阳白河沿线历史文化资料，我们一共查阅了40多种图书，在其中找到了有关白河的古航运盛况、故事传说、图片资料等，为白河国家湿地公园验收提供历史文献支撑。

二、地方文献对文化旅游开发的重要性

1. 地方文献具有重要的史料价值，为文化旅游开发提供了丰富详实的史料。

地方文献以文字或图籍形式留住了地方历史，真实地反映了地区从古至今的政治、经济、文化、自然、军事、人物、艺术等一切自然和人文情况，其最大的特点是文献内容所体现出的鲜明的地域性和独特的历史文化。各地的旅游开发，除自然景观，其他旅游项目的开发必须从地方文献中寻找史事依据，南

阳政府打造出"名人文化""衙署文化""楚汉文化"等文化旅游品牌，无不依托详实的文献记载。

2. 地方文献包含的丰富知识信息，为地方文化特色旅游项目开发提供文化内涵支持。地方文献与旅游开发具有内在的价值联系，随着旅游业的发展，游客的层次和品位也在不断提高，他们已不再满足于单纯的游览观光，而是渴望在旅游中获得知识，特别是历史文化方面的知识。走有特色的历史文化旅游之路是发展旅游业的必然抉择。图书馆丰富的地方文献资源，是旅游部门开发景点，充实旅游内涵所依赖的支撑点之一。南阳文化旅游正是不断汲取历史文化的营养，丰富了特色文化内涵，向世人展示了自己的神韵和魅力。如以南阳汉画馆为核心的独具特色的"汉文化旅游"，其最有代表性的就数有"汉文化三绝"之称的汉代画像石、画像砖和汉代陶狗。对这些汉代遗存，如果不利用丰富的文献知识去阐释其文化内涵，揭示其体现的汉代文学艺术、书法艺术和建筑艺术的非凡建树及反映的汉代社会意识和思想观念，赋予它们独有的历史风味和文化性格，它们就是一堆没有灵魂的砖头和石块，不能构成地区独特的旅游核心吸引力。正是《石上春秋：南阳汉画与汉文化》《南阳汉画像与汉代经济研究》《南阳汉画装饰艺术》《南阳天文神话汉画像研究》等文献解读让人们在欣赏汉画像石中体会汉文化的博大精深。

三、开发利用地方文献，服务南阳文化旅游事业

（一）建立较为完善的旅游文献保障体系

南阳文化旅游资源不仅种类丰富，包含有楚文化资源、汉文化资源、三国文化资源、衙署文化资源、淮源文化资源、玉文化资源、地方曲艺文化资源、医药文化资源、红色文化资源等文化旅游资源，而且部分文化旅游资源特色明显，在国内首屈一指，具有不可替代性，这是南阳发展文化旅游的一个优势。图书馆在信息服务方面首先应从加强挖掘利用馆藏地方文献入手，建立较为完善的旅游文献保障体系，做好文化遗产、文献古籍的保护与利用，探寻历史信息。通过对地方文献的解读，为旅游管理部门提供旅游业规划的决策依据；有的放矢地对相关文献进行归类整理，为发展南阳文化旅游奠定理论基础，广泛征集地方文献，充实与旅游业相关的文献资料，使馆藏文献资源更具特色性、地方性。我馆现有涉及楚汉文化、三国文化、历代名人、红色文献、自然景观等和旅游相关文献一千多种，为方便读者查阅，分别设立专架，集中收藏，同时整合馆内文献资源，编制了多种地方文献专题目录和资料汇编，为南阳地区旅游业提供文献参考信息。如编辑有《南阳历代名人》《南阳风情》《南阳红色

文献目录》《南阳旅游文献目录》等。

（二）为南阳历史文化名人资源开发建言献策

南阳是一个人杰地灵的地方，从古至今，孕育出了"科圣"张衡、"医圣"张仲景、"智圣"诸葛亮、"商圣"范蠡等举世称誉的历史名人，滋养了哲学家冯友兰、文学家姚雪垠、作家二月河等当代名人。他们不仅以其伟大的人格为人们所敬仰，而且以丰富的知识和深邃的思维，创制了一大批经典著作，成为中华文化发展史上的不朽丰碑。[2]诸多历史文化名人在南阳留下了许多珍贵的文化遗产，如武侯祠、张衡墓、医圣祠等，为南阳人文旅游业的发展提供了丰厚的历史文化资源。名人故里是现今旅游业十分青睐的文化品牌。地方文献是名人成长历程、琐闻轶事的主要承载体，我馆积极整理馆藏历史文化名人资料，深入挖掘地方文献蕴藏的名人文化元素，为历史文化名人资源的旅游开发建言献策，提升名人故里旅游文化品质。[3]著名作家二月河生前是南阳作家群的领军人物，南阳是二月河长期生活和工作的地方，也是长篇巨著落霞三部曲的产生地。二月河先生的著作和生前的生活用品、手稿、信函、照片、影像视频等珍贵实物及资料。为保护这部分珍贵的文化资源，充分发挥它们的功能和效用，为市民提供公益性的文学素养教育和文学活动参与的机会。我馆积极征集二月河著作、书信、手稿、照片、生活用品等，并于 2019 年 2 月向市委市政府提交《关于建立二月河文学馆的提议》。

卧龙岗武侯祠是三国时期著名政治家、军事家诸葛亮躬耕南阳的故址，为了弘扬和传承诸葛亮精神，推动南阳文化旅游事业的快速发展，卧龙岗将实施整体性历史风貌修复，2010 年南阳市通过《南阳市卧龙岗文化旅游产业集聚区总体规划》，根据规划，卧龙岗文化旅游产业集聚区是文化强市与旅游立市战略发展的动力源，将成为南阳文化旅游产业发展的吸引地、各类生产要素的集聚地、核心品牌的体现地、文化旅游消费的集中地和"休闲南阳"的游客集散地和文化旅游产业的核心增长极。[4]在南阳这一重大项目中，图书馆围绕武侯祠与汉画馆两大独特文化元素的提升提供文献支撑。

（三）为南阳衙署文化旅游开发提供服务

南阳府衙和内乡县衙是南阳厚重的文化符号。它们为南阳衙署文化旅游提供了得天独厚的优势。南阳府衙在 1948 年南阳新中国成立后成为南阳地区专员公署所在地，20 世纪初，市政府决定以故址实体为基础，按文献资料的描述，对古迹遗存进行精准地修复再造，恢复其本真原貌，对游客展示其文化底蕴。在南阳府衙的修复开放过程中，在内乡县衙文化的挖掘中，都有南阳地方文献资源开发利用的实践。尤其是近年来，内乡县衙文化的成功运作，已成为南阳文化旅游产业的"金字招牌"。内乡县衙多年来不断从《民国内乡县志》《礼制与风俗》《内乡县衙与衙门文化》的文献中挖掘衙署文化，丰富县衙展览，精心编排互动节目，本着"让历史活过来，让文化动起来"的发展理念紧贴古代传统文化和官署职责先后推出《古乐迎宾》《宣讲圣谕》《知县出巡》《打春牛》《"古代廉政文化展"群体泥塑》等节目演艺，把文化元素植入旅游景点，文化品牌转化为旅游产业的亮点和名片，使旅游产业朝着规模化、产业化、品牌化方向发展。

参考文献

［1］张仕荣．论地方文献搜集在特色文化建设中的作用［J］．四川戏剧，2016（3）：132－134.

［2］姚进忠．经典南阳［M］．开封：河南大学出版社，2010：1－2.

［3］杨曦．地方文献对地方旅游品质提升的价值研［J］．四川图书馆学报，2014（3）：78.

［4］南阳市委、市政府．南阳市卧龙岗文化旅游产业集聚区总体规划［EB/OL］．河南省人民政府网，2010－01－25.

镇原县图书馆地方文献资源建设
与地方旅游发展思路

刘卉雯*

本文论述了镇原县地方文献概述、特点及现状，探讨了开发过程中存在的问题的，提出对镇原县地方文献开发利用的建议，以及积极开发利用镇原地方文献资源以更好地服务镇原地方旅游发展的思考。

早在20世纪50年代杜定友先生在《地方文献的搜集整理与使用》一文中指出："地方文献是指有关本地方的一切资料，表现于各种记载形式的，如：图书、杂志、报纸、图片、照片、影片、画片、唱片、拓本、表格、传单、票据、文告、手稿、印模、薄籍等等。"他进一步指出地方文献包括地方史料、地方人物与著述及地方出版物三个方面。之后，通过数十年的研究实践，图书馆学界把杜定友先生对地方文献的定义认作是广义的地方文献。相对而言，还有狭义的地方文献。

本文根据镇原县图书馆实际情况仅从广义地方文献的概念作为切入，研究如何开发镇原地方文献资源建设以更好地促进镇原地方旅游业的发展。

一、镇原地方文献概述

镇原古属雍州，秦朝属北地郡，汉为安定郡，唐为原州，明改州为县延承至今，位于黄河中游，泾水之北的黄土高原，为华夏故土[1]，历史悠久，物华天宝，人杰地灵，历史上名人辈出，东汉王符在潜夫山著书立说，所著《潜夫论》名传千古，武将有李恂为镇守西域视死如归，北魏时期挽救朝纲的魏灵太后胡充华，明代又有给事许理弹劾奸佞奋不顾身。[2]

镇原独特的人文，自然优势成就了历史悠久，种类繁多的特色地方文献，丰富多样，别具一格的镇原文化。

---

* 作者：刘卉雯，甘肃省镇原县图书馆。

镇原地方文献种类齐全，如方志、年鉴、族谱、手稿、乐谱、拓片、影像CD、照片等。

近年来镇原县图书馆通过刊登公告，上门请索、函电征集等方式广泛征集了民间藏书和镇原籍名人学者及有关部门编著的图书。共征集普通图书 630 种，《潜夫论》各种版本 12 部，慕寿祺书稿 35 部 121 卷，照片 180 多张，各种证件、契约 48 幅等较为珍贵的文献。其中，《镇原县志》（清康熙版）被鉴定为国家二级古籍，日本天明年间刊印的《潜夫论》是目前国内唯一一部《潜夫论》海外版本，载录入《国家图书馆善本志初稿》。另外，还有陕甘宁边区土地证、民国镇原县政府职员录、教员录等。

在国家大力发展文化产业的大环境下，镇原县图书馆把工作重心转移到地方文献的开发利用上，先后影印出版了《甘宁青史略》，校点出版了康熙年间篆修的《镇原县志》，编撰了《镇原县地方文献概略》等。

二、镇原县地方文献特点及发展现状

（一）历史文化源远流长

镇原县是"华夏文明的源头区"，文化资源丰富，同时，镇原县还是古代丝绸之路北线的途径地。此外，佛教文化在这里广为流传，北石窟寺石窟作为陇东地区规模最大、内容最丰富、延续时间较长的典型佛教寺院遗存。[3]

（二）深厚丰富的黄土文化

镇原县地处黄土高原腹地，孕育了典型的黄土文化，于此相伴而生的民俗文化更加丰富多彩，并极具地域特色。传统民居，黄土窑洞体现着黄土高原的自然风貌；造型独特、逼真的刺绣工艺品造就了独具特色的"陇绣"资源；镇原唢呐演奏 历史悠久、用途广泛；镇原的饮食简单而又讲究，形成了独具特色的镇原饮食文化，如闻名全国的镇原十三花[4]。

（三）革命文化

镇原县是革命老区，曾是陕甘宁边区的重要组成部分。现有红军长征三岔纪念馆、三岔革命烈士陵园、屯字烈士陵园、柏山革命烈士陵园，被命名为是传播红色文化、传承革命精神的"中共党史教育基地"

三、镇原地方文献开发存在的问题

（一）有关政府部门重视不够，资金短缺、开发利用率不高

近年来虽然县图书馆的工作重心转移到了地方文献的开发利用上，但是还

是没有得到县委县镇府的重视，仅靠图书馆工作人员一头热，很多问题得不到实质性的解决。比如，开发资金不足导致开发进入瓶颈期，很多特色资源得不到更好地二次开发，利用率不高。

（二）缺乏开发利用的高素质人才

目前，地方文献的开发利用还处于初级阶段，地方文献部门人数不多，岗位流动性大，缺乏专业知识，服务工作只停留在为读者提供检索书目信息等简单服务，没有重视对读者及其信息需求的深入分析，更谈不上深层次开发利用地方文献。

（三）宣传力度不够，理解认识不足

由于缺失对地方文献收藏的宣传，广大民众对开发利用地方文献的必要性及重要性认识不足，有些民众家里存有重要文献或者资料，但是不愿意有偿提供给图书馆。

四、对镇原地方文献开发利用的建议

（一）破除"唯官""唯上""重藏轻用"等观念，树立服务当代、适应市场经济的需要、服务区域文化和经济发展的新观念。

图书馆要在收藏的基础上深挖文献内容，使地方文献读者服务工作向纵深发展，为经济建设的发展所做出的决策、规划、招商引资、制定政策提供县情资料和历史借鉴资料，如，深挖镇原红色文化、剪纸文化、族谱文化。

（二）开发利用一次文献、二次文献、三次文献

1. 一次文献服务

就是搜集文献、进行加工整理并提供利用。这是地方文献工作的核心。

2. 二次文献

针对读者需要，编辑地方文献文摘、目录、索引。目前已经编辑出版了《镇原县地方文献概略》一书，为广大读者更好更快获取所需资料提供了便利。

3. 三次文献服务

三次文献是对地方资料深层次加工后产生的文献，主要指综述、专题资料汇编、述评等文献，它具有综合性强，参考价值大的特点。读者不必阅读大量的一次文献，就可了解某一专题的研究内容。目前我馆在三次文献的开发利用上的投入还比较欠缺。今后我馆着重进行红色文化专题资料、北石窟寺石窟相关资料进行整理汇编，为镇原的红色旅游及北石窟寺旅游注入文化灵魂，为景区宣传提供更详细丰富有价值的资料。

（三）征集和深挖民国文献

镇原县图书馆现存有较为丰富的民国文献，现阶段可以利用民国文献普查的机会，进一步挖掘整理民国文献，尤其是地域文化明显的民国版本的慕寿祺编纂的《镇原县志》《甘宁青史略》《甘肃省通志》，还有为数不多的山水志等。在深层次挖掘馆藏资源的同时，通过各种渠道征集散落民间的民国文献。

（四）加强馆际协作

长期坚持与国图、省图及兄弟馆、民间藏书机构、藏书个人协同合作，实现资源共享。近年来我馆先后从国图影印了明嘉靖版本的《镇原县志》和省图交换了镇原籍史学泰斗慕寿祺的多部著作。密切与镇原籍学者、文人联系，获得多种镇原籍作者图书。我馆近来搜集的日本天明年间的《潜夫论》被四川、湖南等图书馆影印，进而提升了我馆的知名度和文献资源共享。

（五）深化文献内容，突出特色服务

突出特色服务，是提高地方文献利用率的核心。特色服务要深化文献内容，尤其是知识经济时代，地方文献的特色性更为突出，由被动的利用文献渐渐进入有计划按步骤开发利用，就是根据主题要求把分散、低质、凌乱的资料加工集成，如馆藏的镇原民歌、唢呐乐曲、手稿、短篇诗文等。文献，按读者需求进行综合提炼，深度分析编辑成册，使他们迅速获得所需要的有效资料。如深入研究《潜夫论》、收集相关资料。

（六）利用互联网技术，建立优质网站，微信公众号

利用互联网技术多途径展示弘扬镇原乡土文化。目前我馆建有独立网站，定期推送好书，利用微信公众号征集乡土文化气息浓厚的诗文并进行配乐朗诵，更进一步宣传了镇原的乡土文化，推动区域文化地发展。

（七）加强地方文献人才建设

开发利用地方文献，最需要人才，需要具有专业知识的地方文献工作者，目前我馆地方文献工作者掌握的专业知识严重欠缺，需要加大这方面人力资源建设，增加培训学习机会，同时也要求文献工作者自学相关知识，提高古汉语语言水平，提升自身素质。

五、结束语

镇原县是文化大县，地方文献是镇原特色文化的载体和灵魂，文化又是旅游的灵魂，独特的地域文化是发展镇原地方旅游的核心竞争力。，为了促进镇原地方旅游的进一步发展，带动镇原经济发展，着力开发镇原地方文献刻不容缓。

参考文献

［1］镇原县县志编委会．镇原县县志（内部资料）．镇原：镇原县地志办，1988.

［2］王研．镇原文化产业发展路径研究［D］．兰州：兰州大学，2017.

开发地方文献　助力甘南旅游发展

尕藏吉*

　　甘南地方文献的挖掘、整理和开发对于甘南旅游业发展有着举足轻重的作用；甘南地方文献从多方面记载着悠久的甘南历史文化，是了解甘南历史文化的百科性文献，是开展甘南旅游业的物质基础，也是甘南旅游业发展的前提条件，对甘南区域旅游业事业发展起到积极的推动作用。

　　甘南藏族自治州是以藏族为主体的少数民族自治州，也是一个旅游资源丰富而独特的地方。全州自然景观优美，民族风情多彩，历史文化悠久，宗教文化浓郁已成为甘南旅游业发展的重要依托。甘肃省委、省政府明确提出"旅游兴州"发展战略，甘南以独特的自然资源、历史文化、人文景观和风土人情将使甘南地区旅游建设迈向新的历程，使旅游产业成为甘南区域经济发展的主力产业，为建设富裕文明和谐甘南提供有力支撑；地方文献作为区域重要的文化资源，要充分认识地方文献的开发与旅游发展互动关系，加快制定地方文献资源保护与利用，开发地区文献资源，促进甘南旅游发展趋势。

一、开发地方文献为区域旅游发展的意义

　　地方文献是区域历史文化研究的重要资料，它全面客观地反映着本区域政治、经济、文化、教育、风土人情等各种活动内容。旅游业是以旅游资源为凭借，以旅游设施为条件，向旅游者提供旅行游览服务的行业。那么区域旅游业的开发和发展就必须依靠丰富的有价值的地方文化资源来实现它的价值；区域旅游资源的开发是旅游业发展的前提，区域旅游业发展要依靠区域的历史文化来注入新鲜血液，只有丰富的历史文化内涵，旅游业才能有旺盛生命力。旅游不仅是一种文化现象，同时也是文化传播的一种途径；旅游资源与区域历史文

---

　　* 尕藏吉，甘肃民族师范学院图书馆。

化有着相辅相成，密不可分的关系；旅游资源的开发从根本上讲就是区域历史文化资源的开发，它可以通过旅游业来传播区域历史文化，并将其转化为旅游文化产品，服务于旅游业。地方文献作为区域文化的载体，它记载着本区域丰富的历史文化资料，这些文化遗产将为区域旅游业发展提供翔实的信息支持。旅游部门要结合地方文献资源探索开发新的旅游景点，丰富旅游内容。丰富的地方文献资源是旅游业发展的物质基础，它能供应区域旅游业的发展，又能促进区域优秀传统文化传播和发展，提高本区域的知名度。因此要充分挖掘地方文献中的文化资源，并将它们整合到旅游文化产业中，使旅游业重获吸引力和生命力，为区域经济发展推波助澜。

二、开发地方文献对区域旅游业的支持

（一）自然资源的支持

甘南藏族自治州位于长江和黄河上游，甘肃省南部，东与定西和陇南市毗邻，南与四川省阿坝藏族自治州接壤，西与青海省果洛藏族自治州和黄南藏族自治州相连，北靠临夏回族自治州。它位于青藏高原和黄土高原、陇南山地的过渡区，南部为重峦叠嶂的迭岷山脉，东部为连绵起伏的丘陵山区，西部为广袤无垠的平坦草原。甘南复杂的地形构造和独特的气候条件，造就了丰富的自然资源。辽阔的草原，茂密的森林，充足的水力，丰富的矿产资源，多姿多彩的旅游景观构成了自治州的五大优势资源。拥有世界上最大的绿色峡谷群，亚洲最大的天然草原，中国最美的湿地；2004 年甘南被中国社会科学院西部发展研究中心评为"西部最具魅力的旅游景区"；2005 年甘南被美国最权威的旅游杂志《视野》《探险》评为"让生命感受自由"的世界 50 个户外天堂。[1]《甘南地名志》《甘南风物志》《甘南藏族自治州水利志》《甘南名胜》《洮州厅志》

图1　甘南夏河桑科草原景区

等地方文献记载了甘南自然资源，如青藏高原上小桂林之称的则岔石林、灵幻神奇的大力加翠湖、美丽的高原湖泊尕海湖、辽阔无边的桑科草原、冶力关风景区、天下黄河第一湾之玛曲草原、神秘的白石头崖溶洞以及道家仙境莲花山等风景名胜，为甘南发展旅游提供了丰富的信息支持。

图 2　甘南碌曲则岔石林景区

图 3　甘南夏河神秘的白石头崖溶洞

（二）人文资源的支持

1. 为旅游业提供了丰富的史料

甘南藏族自治州自古以来就是一个多民族聚居的地方，它是以游牧文明和农耕文明的交流融合之地，是唐蕃古道和丝绸之路南线非常重要的一条通道和纽带。在甘南这片古老的土地上曾发现古人类活动的遗迹，如上世纪80年代考古学家在甘南夏河县甘加盆地白石崖溶洞发现距今16万年前的丹尼索瓦人化石，这也是目前青藏高原的最早人类活动证据，也是将青藏高原人类活动的历史由4万年前推向16万年前。[2]

图4　在甘南夏河县发现的丹尼索瓦人下颌骨化石

这一发现为这片土地上有古人类活动的踪迹提供历史线索。在甘南的临潭、卓尼、舟曲和迭部四县的洮河及白龙江两岸发现有新石器和金石并用时期的马家窑文化、齐家文化以及辛甸、寺洼等文化类型的遗址分布；[3]

图5　甘南临潭陈旗磨沟齐家文化墓地

以及清代河州派兵驻守的重要关口土门关、历史上汉羌、唐吐蕃时的八角古城、洮州卫城、明代边墙、羊巴古城遗址、洮阳戎古地牛头城、噶·伊西达吉遗城、叠州古城遗址、西固城、峰迭古城遗址、大族坪遗址和石家山、井坪墓群及唐李将军碑、丈地均粮碑等古城址、墓群和碑碣百余处；有红军走向胜利的天险腊子口及著名的中央政治局俄界会议遗址、茨日那毛主席旧居、临潭新城苏维埃政府旧址、甘南农牧民起义纪念地—泉滩、卓尼杨土司纪念馆、卓尼肋巴佛烈士革命纪念亭等红色文化胜地；[4]

图6 甘南夏河八角古城

图7 甘南临潭新城苏维埃政府旧址

图8　甘南临潭洮州卫城

甘南地区现存各类宗教寺院 300 多座，有藏传佛教格鲁派六大寺庙之一的拉卜楞寺、米拉日吧佛阁、郎木寺等。在甘南历史发展过程涌现出许多传奇人物，为甘南社会发展做出了重大的贡献，有唐朝时期（今迭部）一带的首领拓跋赤辞率领建起的西夏王朝；在宋朝时期吐蕃后裔唃厮啰崛起于今夏河县境内，在甘青地区间建立了自己的地方政权；在明朝初期，临潭籍的斑丹嘉措，是为名望藏区的学者，他与当时藏传佛教各教派均有联系，曾被永乐皇帝召见并留居京城，为推进明廷的民族政策建树颇多，被列为促进藏汉民族友好的"洮岷三杰"之首。在清代夏河籍宗教学者阿旺宗智因在夏河创建藏传佛教格鲁派六大名寺之一拉卜楞寺而被尊为第一嘉木样活佛。另外在清代甘南地区就有佛学造诣高深者十余人，他们曾分别登上了格鲁派祖师宗喀巴的金座（噶丹赤巴），其中卓尼籍的阿旺楚乘等三人曾任噶夏政府的摄政。有以诗名显于世的贡唐丹贝仲美；有以创立安多藏戏而享盛名的琅仓·嘎布藏勒赫喜嘉措以及《安多政教史》一书而享誉域内的智贡巴·贡曲丹巴饶杰等等。此外卓尼土司杨复兴，他是安多藏区卓尼的第二十代土司，也是中国封建土司制下的最后一代土司，卓尼因二十代土司的荣辱兴衰和汉藏文化之丰富而享誉整个藏区和内地，又以卓尼版大藏经《甘珠尔》和《丹珠尔》的品位之高将卓尼和杨土司推上东洋、美利坚、英吉利、德意志、列宁格勒等东方学或藏学的学术论坛。原任政协全国委员会常委、甘肃省政协副主席、甘肃省副省长黄正清曾率领甘南草原上的人同反动的马家军进行了殊死搏斗，拯救了处于水深火热之中的甘南人民。[5] 这一系列历史文化资源只有通过地方文献资源中得以发现和证实。地方文献资源作为旅游业发展的物质基础，如实反映了本区域有关的政治、经济、军事、文化、人物传记等文化内涵，因此要深入挖掘、考证、整理具有史料价值的地方文献为区域旅游文化产品注入新的内涵；如反映甘南全貌的《甘南州志》《甘南州年鉴》《甘南文史资料》《清代藏事辑要》等地方文献，如实再现了区域社会发展历史全过程，为旅游业制定规划，开发利用资源，建设旅游景点提供翔实的历史文献资料。

2. 地方文献为旅游业提供了丰富的文化内涵

甘南地处黄河上游，是中国古代文明发祥地之一。在甘南长期社会历史发展过程中形成了它特有的人文内涵；甘南工艺开发有着悠久历史，在 20 世纪考古学家在甘南的卓尼和临潭考古发掘中发现了许多属国宝级珍贵文物如甘南卓尼县出土的新时期时代的石器如石磨盘、石磨棒、石杵等；在甘南临潭、迭部两县出土的马家窑文化彩陶罐；卓尼、临潭出土的齐家文化、寺洼文化的陶器。[6]

图 9　甘南临潭出土的齐家石器

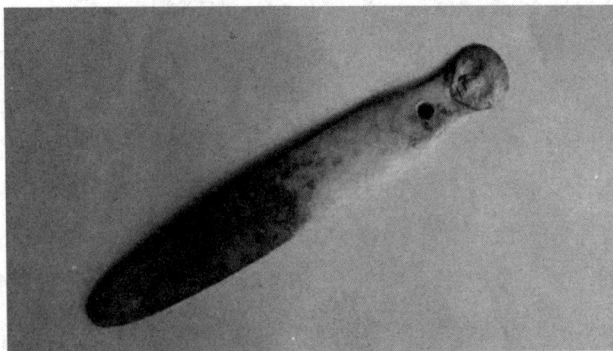

图 10　甘南临潭出土的齐家玉器

这些远古文明在甘南这块土地上共建共享，共同创造了古代灿烂文明，为人类社会发展史上留下深刻的一笔。在地方文献中记载着丰富多彩的甘南民间文化、民俗、艺术、文学等。如属世界级非物质文化遗产甘南藏戏、临潭洮州花儿；属国家级非物质文化遗产宋朝时期与端砚和歙砚并名的为我国三大名砚之一的卓尼洮砚、甘南唐卡、拉卜楞佛教音乐、舟曲多地舞、卓尼巴郎鼓舞、拉卜楞油塑、甘南藏族民歌、甘南锅庄、甘南南木特、玛曲藏族民间弹唱等被列入世界级和国家级、省级非物质文化遗产名录。

此外甘南因独特的地域造就了丰富多彩的民间文化，甘南藏族自治州省是有藏、汉、回为居住种族的区域，总人口为58.2余万人，其中藏族占27.23%，占46.76%，汉族268142人，占46.04%，回族39968人，占6.86%，其他民族1943人，占0.33%。[7]各民族在长期相互交融中形成了独具特色的民间民俗文化，如甘南各民族在居住、饮食、生产、生活、婚姻、家庭、节日、丧葬、礼仪、禁忌等方面形成特有的民间风俗习惯，如有每年举办的全州最大的综合性旅游节庆活动——香巴拉旅游艺术节，农牧民群众一年一度的传统郊游节日——香浪节、临潭万人拔河赛（万人扯绳）、舟曲博峪菜花节、舟曲巴寨朝水节、舟曲松棚灯会、莲花山花儿会、中国·玛曲赛马大会、夏河桑科香巴拉赛马会等等，这些文化资源为甘南旅游业发展提供丰富多彩的文化内涵，具有不可多得的开发利用价值。

图11　甘南临潭洮州花儿会

图 12　甘南藏戏

图 13　三大名砚之一的甘南卓尼洮砚

图 14　甘南香巴拉旅游艺术节—千人锅庄舞

三、加快地方文献的挖掘，促进区域旅游业发展

（一）摸清地方文献家底，加强地方文献收集

民族地区图书馆服务区域社会经济繁荣是它所肩负的重任，因此要围绕甘南旅游业的发展，重点加强地方文献的收集、考证、整理，建立完整的甘南地方文献收藏体系。作为民族地区图书馆要根据地方文献的收藏现状进行摸底调查，对重要的国家重点文物保护单位，国家级非物质文化遗产相关的信息进行摸底调查；另外还需要深入民间做好社会调研工作，加快对还未列入国家文化遗产的地方相关文化资源进行调查收集，同时也要收集政府机关单位所编纂的地方史志、文史资料等相关资源的收集，开拓地方文献的收集渠道，建立专业队伍组织开展地方文献的二次开发和利用；地方文献资源不管是什么载体形式、文种、内容均需要加以收集，特别是对流传在民间的濒临失传的口传文本更应积极抢救整理、申报，同时对地方文献相关的电子版文献也应收集归类，建立一个科学有效的收藏体系，为区域旅游发展提供有效的文献资源保障。

（二）加强地方文献保护，加快地方文献工作规范化

地方文献是区域长期历史发展进程中的文化产物，是区域历史文化的百科全书，对区域经济发展有着重大的作用；因此，作为民族地区图书馆，全方位挖掘收集、开发地方文献，并将收集到的地方文献得到科学有效的管理和保护措施；并且要建立专门的收藏机构和专业的管理者，将地方文献资源规范化收集、保存、整理，形成特有的藏书体系，从而能够为满足区域旅游文化发展提供信息支撑。

（三）开发地方文献资源，转化旅游文化产品

地方文献资源通过多方面、多角度记载着区域自然景观和风土人情、历史文化，是查阅区域历史文化资源的有效的工具；民族地区图书馆要充分挖掘和开发有价值的、具有地域性、史料性、多样性、系统性的地方文献资源；通过旅游部门使这些优秀的地域文化转化为区域旅游文化产品，使更多的游客通过这一窗口来了解本区域丰富多彩的历史文化；此外，应充分利用各界媒体，扩大对开发文化旅游宣传，争取国家政策和地方政府的支持，为地方文献实质性的开发提供保障，带动区域经济社会的发展。

总之，地方文献是区域旅游业发展的文献基础，是助力旅游业发展的前提；发展旅游文化也是地方文献价值的真实体现。作为民族地区高校图书馆必须充分发挥图书馆在区域文化事业建设中的主导作用，在扶持地方旅游业发展中，应发挥自己独特的优势。民族地区图书馆在支持和参与区域旅游业开发的同时，

又能丰富自身的馆藏内容，立足特色馆藏的建设，助力甘南文化旅游业的发展，打造甘南经济可持续发展。

参考文献：

［1］甘南藏族自治州人民政府官网.

［2］兰州大学新闻网.

［3］李振翼. 甘南简史——甘南文史资料第五辑（内部资料）. 甘南：甘南藏族自治州委员会文史资料研究委员会，1986：1－11.

［4］石为怀. 甘南名胜［M］. 兰州：甘肃人民美术出版社，2008：130－151.

［5］甘南藏族自治州地方史志编纂委员会. 甘南州志（上）［M］. 北京：民族出版社，1999：3－5.

［6］李振翼. 甘南简史——甘南文史资料第五辑（内部资料）. 甘南：甘南藏族自治州委员会文史资料研究委员会1986：1－16

［7］甘南藏族自治州地方史志编纂委员会. 甘南州志（上）［M］. 北京：民族出版社，1999：1－2.

文旅结合背景下对鄂尔多斯市东胜区文化旅游资源开发的思考

苏铁英　金亦珂*

国内旅游市场保持高速增长的态势，但目前存在同质化严重、文化内涵缺失等问题，无法满足游客的游览需求。本文重点从文化与旅游之间的关系，鄂尔多斯市东胜区旅游发展现状、文旅结合方面存在的问题以及图书馆地方文献促进文化旅游发展等方面进行思考，提出推动旅游文化产业发展，实现旅游产业特色化的建议。

根据国家旅游局提供的数据，2017 年国内旅游市场保持高速增长的态势，国内旅游总人数超过 50 亿，同比增长 12.5%，全国实现旅游收入 5.4 万亿。体量巨大的国内市场以及旺盛的旅游消费需求，受到多种因素的影响，目前我国旅游产业普遍呈现出同质化严重、文化内涵缺失等问题，导致旅游服务能力有限，无法满足游客的游览需求。

一、文化和旅游的关系分析

（一）文化与旅游的内涵

文化是相对于政治、经济而言的，是人类全部精神活动的总和，文化具有一定的娱乐审美功能，可以满足不同人群的精神需求。世界旅游组织将旅游定义为人们自主离开长期所处的环境，为了休闲或者其他目的，进入到其他地区，并逗留一定的时间。文化和旅游的内涵不难看出两者都能有效地满足人们的精神消费需求，因此文化旅游是不可分割的。文化是旅游的灵魂，旅游是文化的支撑。文化与旅游的有机结合，可以促进旅游文化产业的发展，满足公众的消费需求。

---

* 苏铁英，金亦珂，内蒙古自治区鄂尔多斯市东胜区图书馆。

（二）文化与旅游的关系

文化与旅游之间相互促进。一方面，旅游作为一个平台，使文化的范围和影响进一步深化。另一方面，文化是旅游业的核心，可以促进旅游资源进一步开发利用。除了旅游硬件设施的升级和管理外，旅游景区经营者更注重挖掘、整理和展示当地文化元素，突出当地文化特色，吸引游客。当地文化特色越深厚，对游客的吸引力就越大。

文化与旅游之间相互影响。作为人类意识的产物，文化的产生受到外部环境的影响很大。随着旅游业的发展，其在经济领域的地位越来越高，对文化发展的需求和依赖也越来越明显。在旅游业的发展中，文化可以作为文化与旅游相结合的切入点，在相互融合的基础上促进旅游业的发展。所有的旅游业都必须有一种适合自身生存的文化形式，以满足不同层次的旅游者的需求，从而建立一种新的旅游文化产业模式。

二、东胜区旅游资源建设

东胜区旅游资源丰富，拥有 A 级景区和全国工农业旅游示范点 10 家，其中 4A 景区有九城宫旅游度假区、鄂尔多斯野生动物园、万家惠欢乐世界、鄂尔多斯现代羊绒产业园、东联动漫城；星级饭店 12 家，酒店餐饮企业 580 多家，特色旅游购物点 10 余家，3A 级城市旅游集散中心 1 家；旅游信息咨询中心（点）5 处。东胜区城市旅游体验季四季畅玩，春有以花为媒约会城市赏花季，夏有草原音乐狂欢节、塞外篝火文化节，秋有城市休闲那达慕大会，冬有鄂尔多斯冰雪旅游文化节、冰雪嘉年华。

东胜区是鄂尔多斯市建成区面积最大、功能配套最完善、经济活跃度最高的城市核心区之一，总面积 2160 平方千米，总人口近 60 万，是区域性体验式休闲旅游先行区和全域旅游目的地，是全国文明城市、中国优秀旅游城市、自治区首个全国旅游标准化示范区、最美中国·人文休闲旅游目的地城市。主要有以下旅游景区：

（一）九城宫旅游度假区

九城宫旅游度假区是国家 4A 级旅游景区，全国休闲农业示范点，位于内蒙古自治区鄂尔多斯市东胜区罕台镇，主体建筑以蒙古包、窑洞、四合院为主，有 9 大区域和 50 多个项目，充分体现了鄂尔多斯蒙汉人民的历史居住习惯。主要打造风筝旅游节、游牧篝火文化节、鄂尔多斯九城宫音乐节、旅游啤酒文化节、鄂尔多斯冰雪旅游文化节、鄂尔多斯冰雪那达慕、鄂尔多斯多斯冰雪嘉年华、杀猪菜美食节、灯游圣会元宵文化节等文化活动，是一个集休闲避暑、养

生度假、游牧生活、冰雪运动、民俗体验、研学拓展、生态农业、绿色餐饮、
会议住宿、文化演艺于一体的四季度假休闲旅游目的地。

（二）东联动漫城景区（原大秦直道文化旅游区）

东联动漫城景区位于鄂尔多斯市东胜区罕台镇，景区现有联龙堡（名家巨
制——东联书画博物馆）、联凤堡（中华德育动漫博物馆）、南联营、北联营、
东联大道等，打造集动漫娱乐、中华传统文化德育教育、青少年研学旅行、户
外拓展训练、红色文化教育为一体的国家4A级旅游景区、内蒙古自治区文化产
业示范基地、内蒙古自治区"十二五"规划重点文化产业园区、全国优秀体验
教育培训机构，是内蒙古黄金旅游线路上最具北方风情的旅游胜地。

图1　东胜动漫城

图2　东联大道全景

（三）大秦避暑山庄

大秦避暑山庄位于鄂尔多斯市东胜区罕台镇撖家塔村，占地1719亩，紧邻
鄂尔多斯大秦直道文化旅游区，依托于当地特有的农业文化，融有自然美景、

农业养殖、农家文化和民族文化，既体现农家乐的旅游区本色，又反映观光农业旅游的地域特点。已建成仿清代四合院、仿古园林、藏族风情建筑、陕北窑洞、山西民居院落，保持了淳朴的民风和具有地域特色的生产生活方式，乡村旅游资源原汁原味，乡土气息浓郁，再加上景区已开发现代养殖基地，更使景区内增添了新农村的现代化气息，加之与著名的秦直道为邻，为这片土地带来了许多传奇的色彩。

（四）塞外农耕文化体验园

塞外农耕文化体验园位于内蒙古自治区鄂尔多斯市东胜区泊江海子镇，是一座全面展示农耕文化历史及实物的主题博物馆，管内所收藏物品的使用范围基本上涵盖了中国长江以北广大农村地区，占地面积 1.9 万平方米，建筑面积 4100 平方米。共有农耕厅、生活用具厅、农村手工作坊展厅、农村生活娱乐展厅等 28 个展厅，并从民间征集馆藏文物 2332 余件，展出 2000 余件，馆内收藏和展出的物品大部分为木器，辅之有石器、铁器、铜器、瓷器、陶器，时间上至汉代，下至 20 世纪 70 年代末。

（五）万家惠欢乐世界

万家惠欢乐世界位于东胜区城区，是由原铁西万家惠市场转型改造而成的大型室内游乐园，总建筑面积 33 万平方米，是鄂尔多斯地区首个集休闲、度假、娱乐、旅游、文化、商业于一体的城市综合休闲体，可服务于周边 300 千米范围内涵盖的 2000 万广大人群。项目主要包含：四季恒温水上乐园、欧洲风情主题乐园、主题酒店、大型商业等。一层四季恒温水上乐园，建筑面积约为 9 万平方米，可同时容纳 1 万人游玩，是目前中国西北地区最大的室内水上游乐项目。三层欧洲风情主题乐园，建筑面积 4 万平方米，以欧洲风情为主线，分为科学探索乐园、科技炫酷乐园、儿童梦幻乐园。配套主题酒店拥有 1000 余套主题、商务客房，依托异域风情、沙漠、海洋、森林、草原、情侣、儿童、星空、田园、运动、星座、商务等 12 个主题，形成"一房一景，一景一情"的独特风格。

三、鄂尔多斯市东胜区图书馆发展现状

东胜区图书馆前身是东胜市少年儿童图书馆，成立于 1987 年 6 月。2012 年 5 月，东胜区图书馆正式成立，2016 年 6 月，铁西新馆正式启动运营，原少年儿童图书馆设为铁东分馆。铁西总馆面积 3.3 万平方米，设中文阅览区、绘本阅览区、报纸期刊阅览区、地方文献阅览区等 22 个功能区。铁东分馆馆舍面积 2520 平方米，内设成人借阅室、儿童外借室、儿童阅览室、公共电子阅览室、

自习阅览室、亲子互动室。

馆内地方旅游文献较为集中的收藏在地方文献、灰色文献及企业书韵三个功能区。地方旅游文献主要包含本地区各级各类旅游企业、旅游景区、旅行社等宣传册、旅游产品等各类出版与非出版文献。旅游资源的开发并非凭空臆想而为，需要通过搜集相关的信息，进行综合分析，才能开发出具有高档次、高品位的旅游产品。图书馆承担着"保存文化遗产，传递科学知识"的职能，图书馆通过丰富的信息资源和深厚的文化积淀，支持旅游资源开发，在旅游资源开发中发挥者重要的作用。

四、地方文献对文化旅游开发的重要作用

图书馆具有保护人类文化遗产、传递科学文化知识的功能，图书馆的地方文献资源丰富，文化底蕴深厚，传承着地方的发展历史，地方文献中的文化资源的发掘对开发旅游资源具有独特内涵和吸引力。在开发地方旅游资源和支持地方旅游发展方面具有独特的优势，可以发挥重要作用。图书馆通过收集地方文献中相关信息，充分挖掘考证，进行综合分析，开发出优质旅游产品。旅游业搭建了向外展示区域风情、资源配置和经济建设现状的平台，通过向游客流展示区域整体形象，从而促进地区经济发展。当前对精神文化享受的追求已成为人们的潮流，人们对传统文化、历史文化和革命文化的追寻和喜爱促进者旅游业的发展，对于具有旅游资源优势的地区，旅游开发的关键是旅游资源的开发利用。

五、文旅结合促进文化旅游发展存在的问题

（一）保护措施不到位

文化与旅游相结合是旅游业可持续发展的必要保障。在文化旅游相结合的背景下，文化旅游资源开发过程中，相关人员存在对文化遗产保护措施不到位的问题。为了开发突出特色的旅游项目，一些旅游企业在开发文化古城和历史遗迹时，并没有制定完善的管理制度，对游客破坏名胜古迹的行为惩罚相对较轻，使这种现象比比皆是，不仅造成许多文化古迹被毁，而且极不利于我国文化旅游业的发展。

（二）忽视文化理念传承

为了获得更大的经济效益，一些旅游景区着手打造文化名城，宣传一些历史文化，但不考虑这些文化的真实理念是否与景区相一致；另一部分旅游景区为了吸引更多的旅游者，甚至任意杜撰历史背景，或是对原有文化进行改编，

严重忽视文化理念的传承和对历史的尊重，严重影响文化旅游业的健康发展。

六、发展图书馆地方文献，推动地方文化旅游资源开发

（一）图书馆地方文献为旅游景点建设提供依据

旅游资源开发的重要组成部分是旅游景点的建设，只有建设好旅游景点，才能聚集人气，开拓市场，获得经济效益。旅游景区的建设必须经过规划、设计、实施三个步骤，利用相关资料进行调查评价，建设具有文化内涵的风景名胜区，再现景点、历史和文化风貌。图书馆要利用信息资源和人才，积极参与景区建设，为景区规划设计提供相关图片、资料等相关信息，帮助建设具有吸引力的旅游景区。

（二）图书馆地方文献为旅游景点的建设提供丰富的文化内涵

缺乏文化内涵的旅游景点只能暂时吸引游客的注意力，而不能打动游客的心灵。旅游景点的文化内涵是旅游资源开发的重中之重。图书馆丰富的文献记载了历史的痕迹和各种文化的沉积。游客可以去图书馆查看他们已经参观过或将要参观的地方的信息，包括这些地方的历史、现状、传说、典故等。图书馆可以成为游客和景点的中间驿站。图书馆地方文献提供的相关信息为游客注入了无穷的动力，为旅游景点注入了文化内涵，增强了景区的文化魅力。

（三）图书馆地方文献为旅游景点的升级提供民族和民间文化

旅游景点吸引游客的不仅仅是风景和文化内涵，地方民俗和民俗文化也是旅游文化的重要组成部分。丰富多样的民族文化，尤其是民间故事、神话传说、各族歌曲和谚语等，奇丽多彩，如著名的"鄂尔多斯婚礼"，演员阵容强大、艺术性强、欣赏性强。图书馆可以充分利用这类文献资料，结合旅游市场，在原有的基础上，为旅游景区创造出新的、独特的旅游产品。

总之，一个地区的旅游业发展离不开历史文化内涵的支撑。历史文化内涵是旅游品牌的灵魂，是旅游者的根本吸引力。图书馆应更新观念，充分认识利用地方文献的重要性和必要性，发挥自身优势，在促进区域旅游经济发展中发挥应有的作用。

参考文献

[1] 樊颜丽. 从文化与旅游关系谈旅游文化产业的发展——以甘肃省为例[J]. 文化创新比较研究, 2019, 3（8）: 149-150.

[2] 张月婷. 谈潍坊民俗文化与旅游产业开发的关系[J]. 科技展望, 2016, 26（31）: 298.

［3］马银丽. 文旅结合背景下文化旅游发展的瓶颈与突破分析［J］. 旅游纵览（下半月），2019（5）：30.

［4］和惠仙. 地方文献对旅游经济的推动作用——以迪庆州图书馆为例［J］. 图书情报工作，2011，55（S1）：114－115，149.

［5］陈高潮. 地方文献与旅游资源开发的互动［J］. 图书馆建设，2004（3）：101.

白银市图书馆文化旅游数据库开发及思考

白仲淑[*]

文旅融合时代，馆藏特色资源与旅游相融合，将活化历史，丰富旅游，让文化更生动，旅游更精彩。本文围绕白银市图书馆文化旅游及相关特色数据库建设的现状，介绍分析了特色数据库的开发利用实践及存在问题，最后提出特色数据库建设对推动白银当地文化旅游发展的几点思考。

一、引言

文化旅游主要以文化资源为支撑，是旅游者为实现特殊的文化感受，对旅游资源内涵深入体验，从而得到精神和文化享受的旅游类型[1]。中国旅游研究院近年来对节假日旅游市场的监测结果显示，90%以上的游客会参与各类文化活动，40%的游客会进入文博场所。文化展演、图书馆、博物馆以及主打文化IP（知识产权）的景区逐渐赢得游客喜爱，文化旅游已成为当今社会生活的新时尚[2]。

白银市历史底蕴深厚，文化资源丰富，旅游产业基础良好，但是旅游产业与地方文化的结合力度、特色文献资源对旅游产业的推动力度还存在很大潜力，需要进一步挖掘。建设开发白银文化旅游特色数据库，深层次挖掘具有地域特色的文化，为开展文化旅游提供多样化的信息服务是白银市图书馆的工作重点之一。

二、白银市图书馆文化旅游及相关特色数据库建设现状

公共图书馆的特色数据库是指能够体现公共图书馆文献和数据资源特色的信息总汇，是公共图书馆根据本馆的馆藏特色、地方特色、集中收集专题文献

---

* 白仲淑，甘肃省白银市图书馆。

建立起来的独具特色的、可共享的文献信息资源库[3]。白银市图书馆自建馆以来就十分注重特色数据库的建设，在立足时局发展、馆藏特色、地方产业需求的同时，找准优势，突出重点，现已初步建成 4 个具有浓郁地方特色的专题数据库。

（一）白银文化旅游专题数据库

为更好地促进白银文化资源与旅游产业的融合发展，白银市图书馆于 2011 年启动建设"白银文化旅游特色专题数据库"。该数据库全面、系统地介绍了白银丰富的文化资源及自然资源，挖掘整合了白银文化旅游的相关信息资源，其中所包含的珍贵图片、音频、视频资料，不仅具有重要的观赏价值，还为科研、文化旅游提供了丰富的考证依据。

白银文化旅游专题数据库

白银文化旅游专题数据库共分为六个栏目：1. 华夏文明传承；2. 白银文化；3. 文化研究；4. 白银旅游；5. 旅游研究；6. 旅游管理。每个栏目又下设相关的二级栏目，具体如下图：

1. 华夏文明传承

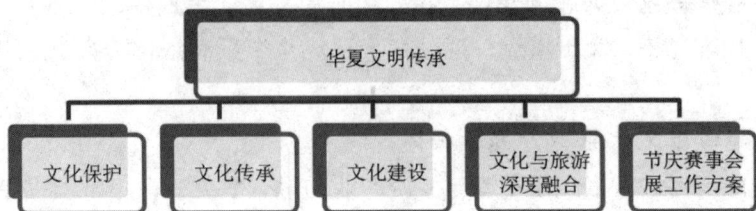

2. 白银文化

3. 文化研究

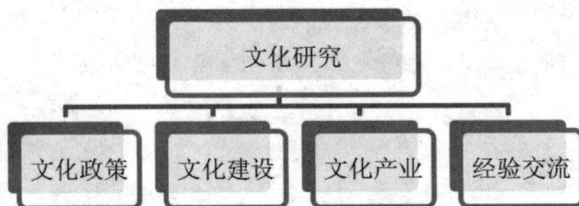

4. 白银旅游

5. 旅游研究

6. 旅游管理

```
              ┌──────────┐
              │ 旅游管理 │
              └──────────┘
    ┌───────────┬────────┴──────┬───────────┐
┌────────┐ ┌────────┐   ┌────────┐   ┌────────┐
│政策法规│ │战略规划│   │宣传营销│   │体制机制│
└────────┘ └────────┘   └────────┘   └────────┘
```

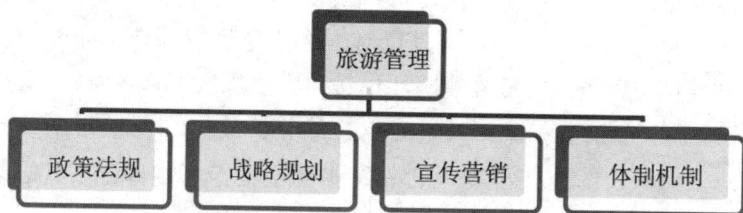

（二）红军长征及三军会师特色专题库

三军会师文化是白银市的特色文化，2006 年白银市图书馆以红军长征胜利七十周年为契机，组织地方文献工作人员建立了"红军长征及三军会师特色专题库"，对红军长征及三军会宁会师的历史资料进行了全面、系统地收集整理。目前，该专题库已具相当规模，在全国公共图书馆专门研究会宁会师这段历史的专题库中，白银市图书馆在资源量上占有一定的优势，为白银市发展红色旅游，传承红色文化奠定了坚实的基础。

红军长征及三军会师特色专题库包括七方面的内容，具体如下图：

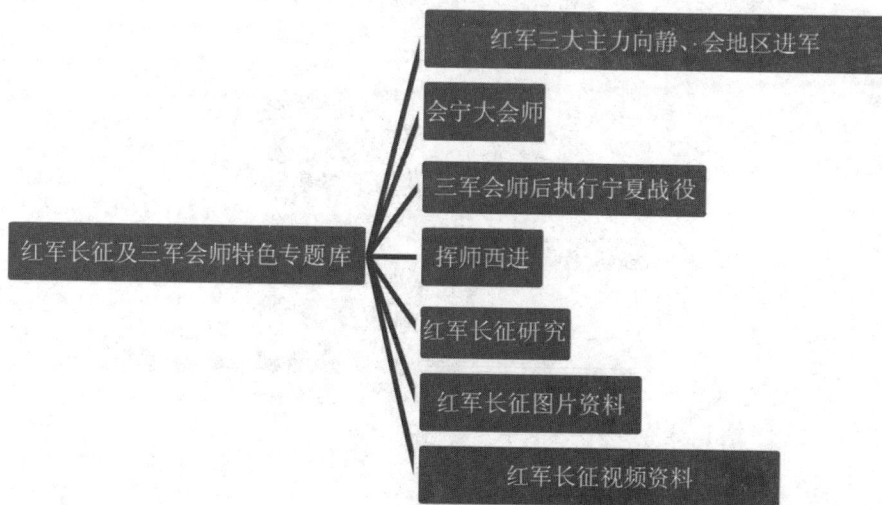

```
                              ┌────────────────────────┐
                          ┌───│红军三大主力向静、会地区进军│
                          │   └────────────────────────┘
                          │   ┌──────────┐
                          ├───│会宁大会师 │
                          │   └──────────┘
                          │   ┌──────────────┐
                          ├───│三军会师后执行宁夏战役│
┌────────────────────────┐│   └──────────────┘
│红军长征及三军会师特色专题库│├───┌────────┐
└────────────────────────┘│   │挥师西进│
                          │   └────────┘
                          │   ┌──────────┐
                          ├───│红军长征研究│
                          │   └──────────┘
                          │   ┌────────────┐
                          ├───│红军长征图片资料│
                          │   └────────────┘
                          │   ┌────────────┐
                          └───│红军长征视频资料│
                              └────────────┘
```

这七个方面的内容涵盖了红军会宁会师的方方面面，较为完整地记录了三军大会师过程中红军的军事、政治活动，红军发生在会宁的感人故事以及三军会师后红军部队在白银境内的多项活动。

（三）白银地方史志数字资源库

图书馆特色馆藏的数字化，在方便大众利用计算机网络检索、浏览、存取所需信息资源的同时，因为网络的便捷性和共享性，也成为宣传特色馆藏和当地文化的重要举措。白银市图书馆自2007年至2008年，利用两年时间对馆藏的所有方志类文献进行了数字化，同时也对网络信息进行筛选、加工，使之成为有序可用的虚拟馆藏资源，最终建成"白银地方史志数字资源库"。

"白银地方史志数字资源库"主要由三部分组成：1. 白银市志、市属各县区的综合志及辖区内的地方志共16部；2. 甘肃省志及省内部分市县志共28部；3. 中国部分省志及地方志、府志、通志共260部。

（四）城市转型专题数据库

白银是新中国有色金属工业的发祥地，曾创造了铜硫产量、产值、利税连续18年全国第一的辉煌业绩，被誉为中国"铜城"，矿业文化是白银文化的重要组成部分。2008年白银市被确定为全国首批典型资源枯竭转型城市。面对白银市经济发展的严峻现实和需求，为落实白银市委市政府关于资源型城市转型的战略部署，白银市图书馆开始系统的收集、整理各类文献资料，建立了"城市转型专题数据库"。该数据库在当时一定程度上填补了省内同类服务项目的空白。

"城市转型专题数据库"收集了世界各国和我国多个资源枯竭城市转型的做法及经验，主要分为七大部分：

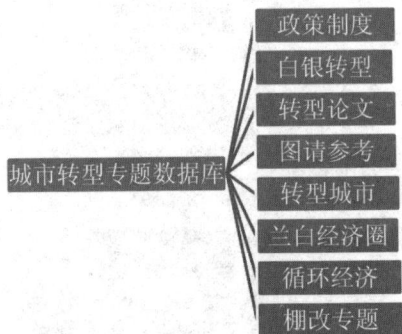

三、白银市图书馆特色数据库开发利用实践及存在问题

特色数据库的建设，重在开发利用。数据库如果只建不用，价值得不到体现，就失去了建设的意义。白银市图书馆始终本着"边建设边利用"的原则，及时准确地为白银文化旅游发展提供有效服务。

（一）为媒体提供专题信息服务

白银市图书馆时刻关注白银发展需求，积极向各公众媒体宣传推荐有历史和现实意义的专题文献资料。2018年白银市参加了中央电视台举办的城市文化旅游品牌竞演节目《魅力中国城》，节目中的"钻石线路""城市精绝"和"城市故事"三个竞演环节不仅需要有白银旅游线路、精彩绝活和动人故事的展示，还需要有白银厚重的历史文化作为内涵支撑。白银市图书馆依托自建的专题数据库，尤其是"白银文化旅游专题数据库"，其中丰富的信息资源，为节目组提供了针对性的高质量信息服务。使白银市在中央电视台的舞台上战辉南、拼榆林，最终获得"优秀魅力城市"的奖项，为白银的经济发展和文化旅游开创了新局面。

（二）为政府开发红色旅游提供情报信息服务

激活红色文化，传承红色基因已成为当前全国范围内开展革命传统教育的主旋律。中国工农红军长征途经白银，足迹遍及白银全境，在白银留下了红军抛头颅洒热血的革命牺牲精神，留下了革命大会合全党大团结的时代精神。"红军长征及三军会师特色专题库"所收集的大量第一手红军会师资料，为以红军会宁会师遗址为代表的大批红色遗址提供了丰富的人文内涵，为白银市委市政府开发红色旅游提供了丰富的情报信息，为各地开展革命历史和革命传统教育提供了有用素材。会宁的著名旅游景点：红军长征胜利景园、红军长征胜利纪念馆以及红军会师塔会师楼等的开发建设都得益于特色专题库的利用宣传。

（三）为文化遗址开发注入文化内涵、提供考证依据

地方史志记录着某一地域的政治、经济、文化、军事、以及人物风俗等一切自然和人文状况，有着重要的科研价值，可以为文化遗址提供考证依据，为文化旅游丰富人文内涵。白银市图书馆通过对"白银地方史志数字资源库"的深度开发利用，成功复兴了白银市古村落大庙村。大庙村之前是以香水梨而闻名，村内有以明代大庙城为代表的各类文物遗存。近年来，通过对地方史志资料的整理研究，发现大庙村不仅是古丝绸之路的北线驿站，而且是靖远历史文化发祥地之一、黄河古渡之要隘，贸易繁荣，古文化发达。这些浓厚的历史文化内涵注入大庙村，再加上大庙村得天独厚的自然景观，2018年大庙村荣获"全国生态文化村"称号，成为甘肃省获此殊荣的三个村之一[4]。大庙村很快全国闻名，一度成为人们休闲观光旅游的首选之地，带动了当地旅游经济的发展。

（四）为城市转型发展提供高层次个性化服务

白银市图书馆在开发建设"城市转型专题数据库"的基础上，深度发掘文献信息内涵，开发出具有浓缩型、汇集性、系统性的二、三次文献。先后创办了《城市转型参考》和《图情信息参考》，同时编印书籍《资源型城市转型资料汇编》。白银市委市政府参考这些文献信息所提供的转型经验，通过实地考察

调研，在保护和抢救现存的重要矿业遗迹的前提下，科学利用矿业遗迹资源，加强矿山环境的保护和恢复治理，改善矿山周边的生态环境，发展特色旅游，建立了"白银火焰山国家矿山公园"。悠久的矿业文化、丰富的矿业遗址以及独特的民俗风情，常年吸引着大批游客来白银参观旅游。

（五）特色数据库开发在助力文化旅游中存在的问题

开发利用馆藏资源，推动文化旅游繁荣发展，白银市图书馆在这方面做了很大努力，取得了一定的成果，但还是存在着不少问题。

一是在特色资源数据库建设时，没有充分发挥群体优势。例如，红军长征经过白银全境，所遗留的重要的文物和文化资源品种多、范围广，并且分散在各县区，分别被各图书馆、档案馆、博物馆及革命纪念馆所收藏，各单位只是自行整理开发，没有充分发挥群体优势，造成数据库内容冗余复杂，共建性低，共享度差；二是缺乏行之有效的特色资源建设规划。拥有充足的特色文献资源是特色数据库建设的基础和关键，这就需要大量的资金投入和相应政策法规的支持。白银市图书馆因为没有制定完善的馆藏建设规划，导致资金紧张，专业人员缺乏，特色数据库的建设处于时断时建的状态；三是特色馆藏资源缺乏深度挖掘，开发利用思路单一。

四、加强特色数据库建设对推动白银当地文化旅游发展的几点思考

（一）创新服务理念，共建共享特色数据库

设立一套适合特色数据库建设的统一标准和规范，是共建数据库的前提，而建设数据库的最终目的是实现信息资源的共享。目前，就白银地区各级图书馆而言，特色数据库建设没有统一标准或标准化程度很低，这为馆际间的数据互换、联网带来很多障碍，数据库的利用也大打折扣。因此，根据各级图书馆馆藏资源的特点，建立一套适合特色数据库建设的统一标准和规范非常必要。

白银市图书馆相比于各县区图书馆，在设备、技术、资金、人才等方面占有一定优势，充分发挥白银市图书馆的龙头作用，由政府牵头，联合各县区图书馆，在调查研究论证的基础上，制定统一标准，并按照此标准建立数据库。将各馆分散的、独立的服务开发模式转变为系统的、有组织有规划的开发共建模式，共同承担起本地区文献资源开发服务的责任，使各级图书馆的数据库相互兼容，实现资源共建共享，更好地发挥馆藏文献的作用，为白银发展文化旅游提供高效服务。

（二）制定切实可行的馆藏建设规划，保障特色数据库可持续发展

在文化与旅游深度融合发展的今天，图书馆界应该加强自身建设，加大特

色数据库建设的宣传力度，使决策层看到特色数据库在经济和文化旅游发展中的重要性，将特色数据库建设纳入国家信息基础设施建设之中。争取政府主导，馆际联合，制定相应的政策和法规，加大对特色资源开发的人力、物力、财力投入，保障特色数据库的可持续发展。

白银市图书馆已充分认识到特色数据库建设在发展文化旅游中的重要性和前瞻性，全力推进特色数据库的建设。尝试打破之前图书馆与各级政府、高等院校、科研单位之间的隔阂，逐步实现各单位人、财、物的优势互补，走联合共建之路。

（三）创新思路，深度开发利用特色文献资源

图书馆的馆藏特色文献包含丰富的知识信息，在与旅游产业相结合中需要开阔眼界，创新思路。白银市地处西北内陆，黄河沿线，是丝绸之路的枢纽要地，磅礴壮美的黄河风情、独树一帜的革命历史、独具魅力的工矿遗产、充满活力的现代工业使白银市在全省乃至全国具有独特性和不可替代性。依据这些独有的资源，白银市图书馆可以联合相关机构进行专题整理和挖掘，对文献资源进行再创作，形成具有民族特色、地方特色的旅游项目和旅游商品。例如，多机构联合对白银特色文化进行深度挖掘整理，成功打造出的情景歌舞剧《黄河之上·多彩白银》这一旅游项目。该剧以其独特的创意、巧妙的构思、丰富的内涵全面展现了白银的多元文化要素，深受社会各界青睐。这既是让白银"走出去"的一次具体实践，也是提高白银文化旅游层次、展现白银时代风采的得力举措[5]。

文献信息与现代工艺的深度融合也是做大做强文化旅游的必要选择。白银市图书馆在立足当地实际的同时，也要借鉴不同地区不同领域发展文化旅游的先进理念来做好文献开发工作。例如，近年来，文化创意产业已经在博物馆等各类文化单位发展得如火如荼，图书馆可以借鉴博物馆的发展经验，深度挖掘特色文献，开发出具有地方特色的生活小物、服装首饰、家居用品等旅游创意产品。

五、结语

文旅融合时代，人们的核心诉求已经从"看山看水看风景"转向"观文品史享生活"，只有让越来越多的特色文献"走出"图书馆，"走进"普通群众的旅行生活，图书馆的馆藏建设才有意义，历史传承的特色文化才能薪火相传。

参考文献

[1] 许鑫，霍佳婧.面向文化旅游开发的非遗信息资源组织 [J].图书馆论坛，2019 (1)：33 – 39.

[2] 王珂，靖伟.赏美景，还要品文化 [N].人民日报，2019 – 05 – 29 (19).

[3] 樊晶晶.西北地区公共图书馆特色数据库建设调查 [J].价值工程，2015 (6)：229 – 231.

[4] 乔斌.靖远县大庙村获评"全国生态文化村" [N].白银日报，2018 – 12 – 12 (4).

[5] 李玉霞，谢承德.把文化旅游产业打造成白银转型发展的支柱产业 [N].甘肃日报，2019 – 05 – 27 (4).

开发地方特色文献　提升地方文化影响力　开拓文化旅游新思路

——以陕西地方戏曲文献、地方舞台戏曲和地方文化景观融合发展为例

王东明　何美珍*

陕西享有"秦中自古帝王都"的盛名，尤其是汉唐时期的长安城，曾名列世界名城之列，称为中国文化艺术的主要发源地和中西文化荟萃的中心。戏曲是一种历史悠久的综合舞台艺术样式，无论是过去还是现在，戏曲对传播中国文化（旅游）都起到过十分重要的作用。作为中国汉族最古老的戏剧之一和陕西地方戏曲剧种代表的秦腔，剧目文献资源十分丰富。文化景观是指在特定文化背景下和具体的自然环境基础上，在人的作用下形成的地表文化形态的地理复合体，它反映文化体系的特征和一个地区的地理特征。本文以陕西地方戏曲文献、地方舞台戏曲和地方文化景观的融合发展为例，为开发地方特色文献，提升地方文化影响力和开拓文化旅游提供新思路。

一、引言

我国民族众多，有五千年历史的文明古国，我们的祖先劳动生活在这块美丽的大地上，用双手和智慧创造了光辉灿烂的文化，遗留下一大批文物古迹和名胜。所谓名胜古迹，是指著名的风景地区和文物古迹而言的。陕西享有"秦中自古帝王都"的盛名，尤其是周秦汉唐时期的长安城，曾名列世界名城之列，称为中国文化艺术的主要发源地和中西（西域）文化荟萃的中心。

文化是人类活动的产物，是人类在社会实践中所创造的物质财富和精神财富的总和。文化景观、历史遗迹、文化遗产、旅游资源等是指在特定文化背景下和具体的自然环境基础上，在人的作用下形成的地表文化形态的地理复合体。它是历史时期以来人类活动所塑造并具有特殊文化价值的景观。它们是人类活动所造成的，它反映文化体系的特征和一个地区的地理特征。地理环境是人类赖以生存的物质基础，在文化的形成和发展过程中，地理环境通过影响人类活

* 王东明、何美珍，西安电子科技大学图书馆。

动，进而对文化加以影响。

二、挖掘地方戏曲文献，提升陕西文化影响力和旅游景点差异化

作为最能代表中国传统文化的戏曲艺术，有着以自己独特的传播方式吸引观众的特殊魅力，它以活灵活现的舞台人物形象争取观众。戏曲艺术经历了漫长的孕育过程，历经上千年生生不息。在相当长的社会时期，戏曲有着传播着知识，教化人民的特点。历代古迹，名人轶事，引经据典，介绍其功业成就，陈述其始末，给人增添文史知识，使人热爱民族文化和伟大的祖国。

陕西作为中国戏曲艺术的发源地之一，有着许多堪称"中国戏曲活化石"的地方戏曲剧种，这些剧种千百年来生生不息，辉煌而璀璨。陕西地方戏曲剧种不仅众多，而且大都拥有丰富的剧目。为了保存和继承这份宝贵的艺术遗产，供给各地演出单位和剧作者、戏曲爱好者的工作需要，从1953年到1963年十年期间，陕西省文化局编印了《陕西传统剧目汇编》七十集。其中主要剧种有秦腔二十三集、同州梆子一集、西府秦腔二集、汉调桄桄十一集、汉调二簧八集、华剧九集、阿宫腔一集、陕南道情五集、眉户三集、线戏三集、弦子戏一集、弦板腔一集、老腔一集、跳戏一集。《陕西传统剧目汇编》各剧种的剧目一般都比较古老，具有极其宝贵的文献价值。深入研究和发挥陕西戏曲文化景观的作用，对陕西的旅游发展会起到文化先行的作用。比如论起《千古一帝》不由人自豪的赞叹起骊山脚下的秦始皇兵马俑坑，秦始皇一统天下，实行的改革和建制在中国历史上至今还闪耀着光芒。谈起《杨贵妃》就使人联想到兴平市马嵬坡杨氏贵妃之墓，唐代美女杨玉环的故事和神奇般的传闻牵动着千万人们的心魄。提起《法门寺》就引起人们对扶风法门寺释迦牟尼佛指舍利的关注，女皇武则天法门寺迎佛，承贞观之伟业，治国有方，四海臣服，国泰民安。提起《文王访贤》人们就会想周文王求贤若渴，姜太公稳坐钓鱼台的故事。说起《五丈原》就会使人们想起诸葛亮秋风五丈原，出师未捷身先死的故事……

这些从历史古迹和文物入手进行创作的剧目都是具有典型性和代表性的剧作。第一，与这些剧目相关的名胜古迹晶莹透亮，加之地下珍宝奇迹的现世以及新的传说，给这些人物故事再一次增添了新的光辉和异彩，使久存古迹的名胜倍加增高，闻名世界。第二，和名胜古迹有关的古代历史文化典籍丰富，文艺作品也较多，这些都为历史剧的创作提供了方便的条件，着手一本历史剧的创作，作者一是浏览名胜古迹，听看简要的介绍，获得一些初步的知识和感性认识。二是翻阅史料，阅读前人的作品，从感性认识向理性认识升华，经过鉴别，提炼，概括，增添及艺术处理，写成供人们喜悦心欣赏的史剧。

戏曲艺术和名胜古迹各有其自己独特的价值和吸引观众的特殊魅力，一个是以活灵活现的舞台人物形象争取观众，一个是以静止的文物遗迹招来游客，这是两者的区别点。共同点是：第一，地方性的特点。第二，都有着传播知识，教化人民的特点。第三，都给人以美的艺术享受。这些共同点，若进一步结合，发挥其各自的优势和功能，就能把陕西地方戏曲文献、地方舞台戏曲和地方文化景观有机融合，为开发地方特色文献，提升地方文化影响力，开拓文化旅游提供新思路。使人们既阅读了地方文献，又参观了地方景观，还欣赏了地方艺术。

（一）关中西府戏曲文化与舞台剧

相传当时有凤凰飞至岐山之巅，声鸣清丽，栖居高冈，被看作是周人将要兴盛的预兆，因而"凤鸣岐山"变成了天赐祥瑞的象征。就在这方宜于繁衍生息、发展经济的土地上，周人演了一出出惊天动地的历史活剧。作为中华民族文化的一种传承，后世从这里写出的艺术素材颇为多见。

陕西省艺术研究院收藏着一本刘大利秦腔口述抄录本《渭水河》。《渭水河》别名《夜梦飞熊》《姜子牙钓鱼》《飞熊扑帐》《文王访贤》《文王拉车》《八百八年》。其中有折戏《访贤》单独演出。其故事情节为：周文王夜梦飞熊，遂率文武访贤。途遇武吉，询知子牙，访于渭水之滨。子牙乘辇，文王拉之。文王拉了八百零八步，子牙保周朝八百零八年天下。

直接表现武王伐纣的秦腔戏，当数孙仁玉先生编写的《武王革命》。

孙仁玉（1872—1934）是一位教育家、剧作家，他出身清贫，凭自学成为贡生，后毕业于法政学堂。早期为同盟会员，奔走革命。以后致力于教育与秦腔戏剧艺术事业，一生以启迪民智，除旧布新为己任。

陕西省文化局1959年12月编印的《陕西传统剧目汇编·秦腔》第二十集收有孙仁玉先生的《武王革命》，共十八回：

第一回　文王设朝

第二回　纣王伐苏

第三回　文王访贤

第四回　苏侯献女

第五回　西伯之治

第六回　二妃争论

第七回　众妃采葛

第八回　杀诸侯囚文王

第九回　著易出狱

孙仁玉在剧目"说明"中这样写道：

　　纣王闻苏侯之女妲己甚美，命其入宫，苏侯不许。纣王亲自率兵征讨，妲己不得已遂随纣王入宫。途中并取来九侯之女，一并入宫。二女入宫，苏妲己存心迷惑纣王，使其淫乱自败。九妃正直淑静，不悦苏妲，并违纣王之意。纣王因而杀九妃并杀九侯、鄂侯。当时西伯侯姬昌来朝，崇侯有意陷害，遂奏西伯侯腹诽纣王，纣遂囚姬昌。在此以前，姬昌施行仁政，访来太公望姜尚治国治兵，行者让路，耕者让畔，感动邻邦。此次入狱，更深自修德，著作易经。其子姬发（武王）又向权宦费仲行贿，姬昌得出狱回国。纣王此时更为暴虐，杀叔父比干，剖婶母之胎，囚叔父箕子，兄长微子。筑鹿台，行炮烙，终日淫乐。姬昌即死，姬发起兵伐纣，牧野一战而胜，进入朝歌，纣王聚宝自焚而死，诸侯公推姬发为武王。捉住妲己审问，妲己巧言折辩，武王几不能服，经太公望以理压服，追杀妲己。

　　孙仁玉所编剧目本事见《史记·周本记》及《封神演义》第三、十一、十五、二十二回和八十九回。

　　为了撰写此文，我们又一次认真地阅读了孙仁玉的秦腔《武王革命》。孙仁玉把历史真实与艺术真实有机地结合起来，注重通过历史事件和历史人物，客观地总结古代历史教训，阐发了"得道多助，失道寡助"，得民心、顺潮流者得天下的主题，给观众以积极的思想启迪。戏中文王渭水访太公的描写不乏精彩之笔。艺术化地揭示了仁人志士、敬老崇贤、尊重人才、图强创业的鲜明立意，以熔古铸今的大手笔反映出新的时代精神，实在是难能可贵。

　　钓鱼台位于陕西宝鸡市东南40千米蟠溪河上，南依秦岭，北望渭水，山清水秀，古柏叠翠，景色绮丽，历史久远，是古今中外颇享盛名的游览胜地，是省级风景名胜区和省级重点文物保护单位。钓鱼台因西周名士姜子牙在此隐居十载，滋泉钓干遇文王而闻名于世，史料典籍均有记载。唐贞观年间："太公兵家者流，始令蟠溪立庙。"并植柏四株，至今犹存。至清乾隆年间有庙宇17处，著名的有太公庙、文王庙、山门口、三清庙等，河东岸的钓台遗迹，河道中央的"璜石"，河西的望贤台以及飞瀑流霞，浪声莫测。钓鱼台建筑风格典雅、自然景色迷人。近年来，各级政府的大力支持下，钓鱼台风景区的开发建设步伐进一步加快，新规划的景点为钓鱼台将再添新姿。

陕西省艺术研究院收藏有闫泰芳口述抄录本秦腔《五丈原》（又叫《诸葛观星》。其中折戏《观星》《祭灯》《揭墓》，各地剧团经常上演）。写的是：

> 曹将司马懿修书诸葛亮改期交兵，诸葛亮要司马懿男扮女装以辱之，司马懿从之。诸葛亮夜间于五丈原观星，见命星不久将坠落，设七星台祭奠。魏延欲谋汉室，打坏七星灯，诸葛亮死后命马岱斩之。司马懿揭诸葛亮墓。见一医嘱，读之，书内有毒，乃中毒而死。

在岐山县以南约20千米处，有一道比较平坦和方整的台原，坐落在南倚秦岭、北临渭水的地方，那就是众所周知的五丈原。说是五丈原，实际高度达40多丈，面积约12平方千米。台原东西皆为深沟，地理形势极为险要，是诸葛亮六出祁山最后决战的阵地。秦腔《祭灯》和《五丈原》

诸葛亮病逝于五丈原，年仅54岁。诸葛亮"鞠躬尽瘁，死而后已"的献身精神，深为后世所感动，为了表达崇敬与缅怀之情，后世在五丈原修建了武侯祠。

五丈原风景名胜区位于宝鸡市岐山县境内，东距西安130千米，西距宝鸡56千米，北距岐山县城25千米。历代文人墨客，官宦庶民，题词立碑，建祠修庙，凭吊千古，这里流下许多珍贵的古文化、古遗迹，特别是气宇轩昂的诸葛亮庙文化内涵丰富，人文景观荟萃。诸葛亮庙始建于唐代，庙宇坐南朝北，耸峙　原头，雄伟壮观，进入金碧辉煌的山门，依次是高大的献殿、正殿、八卦亭、屋檐脊兽，千姿百态，墙壁彩绘，绚丽夺目。

献殿两侧的墙壁上，镶嵌着岳飞手书的前、后《出师表》碑刻，由40块二尺见方的青石连缀而成，表文语出肺。

《陕西传统剧目汇编·同州梆子》[1]第一集收有秦腔《法门寺》（别名《宋巧姣告状》《拾玉镯》《双姣奇缘》《眉邬县》《朱砂井》，其中《拾玉镯》《宋巧姣告状》为著名折戏，流行演出）。

从旧有传统本戏来说，剧情盘根错节，故事双线交叉，属于公案戏，而且是案中案。由于县令赵琏的草率误判，酿成了冤假错案。后因皇太后与刘瑾的干预，责令眉邬县查明真凶，才平了冤狱。但结局让孙玉娇、宋巧姣同嫁傅鹏，却又陷入了封建婚姻一夫多妻的窠臼。秦腔老本就是这个路子：

> 明武宗时，陕西眉邬县傅鹏，偶游孙家庄遇孙玉娇，互生爱慕，遂遗玉镯一只，图订终生。玉娇拾镯时被刘媒婆窥见。刘媒婆向玉娇索绣鞋一只，允为撮合。其子刘彪诓鞋行奸，误杀玉娇舅夫妇，掷女头于刘公道家。刘命雇工宋兴儿将人头投入枯井内，为灭口，又将兴儿打死，投尸井中，反诬告兴儿盗物逃去。县官赵琏审案株连其父宋国石，其姐宋巧姣。巧姣、玉娇、傅鹏相继下狱，在狱中相遇。巧姣问明其事，慨允鸣冤，傅鹏感其义，赎巧姣出狱。巧姣从刘媒婆处套出真情，借刘瑾在法门寺降香时，前往告状，刘瑾命赵琏捕刘彪、刘公道，搜鞋探井，全案冤情始明。

由于《法门寺》等戏曲的演唱，使法门寺的名声更加远播。

法门寺，位于陕西省扶风县城北 10 千米处的法门镇，东距西安市 110 千米，西距宝鸡市 90 千米，始建于东汉末年恒灵年间，距今约有 1700 多年历史，有"关中塔庙始祖"之称。佛寺院的大门，由于佛寺院多居山林，故名"山门"，一般是三门而立，中间大两边小，象征"三解脱门"，即"空门""无相门""无作门"，故"山门"也称"三门"，也以山门做寺院的别称。寺院是持戒修道求至涅槃人居地，故由三门入。三门俱开，从信门入。凡夫圣贤人，平等无高下，只在心垢后，取证如反掌。前殿始建于民国二十八年（1939 年），为仿效明清建筑，内塑华严三圣，韦驮天将及十八罗汉像。

1981 年 8 月 24 日，宝塔半边倒塌。1986 年政府决定重建，1987 年 2 月底重修宝塔。适逢四月初八佛诞日，"从地涌出多宝龛，照古腾今无与并"，在沉寂了 1113 年之后，2499 件大唐国宝重器，簇拥着佛祖真身指骨舍利重回人间！地宫内出土的稀世珍宝，不论在中国社会政治史、文化史、科技史、中外交流史、美术史等方面的研究上，都具有极其重要的价值。法门寺地宫的发现是继半坡、秦兵马俑之后我国又一次重大考古新发现，是世界文化史上一件幸事 2001 年博物馆又新建成四大陈列"法门寺历史文化陈列""法门寺佛教文化陈列""法门寺唐密曼荼罗文化陈列""法门寺大唐珍宝陈列"和"法门寺唐代茶文化陈列"。目前，法门寺文化景区已成为陕西西线旅游的龙头单位和世界佛教朝拜中心、佛教文化研究中心和海内外人士向往的旅游胜地。

《陕西传统剧目汇编·秦腔》第十九集收有孙仁玉编写的秦腔《马嵬坡》：唐天宝年间，安禄山反，玄宗西奔。兵至马嵬驿。三军鼓噪，以祸由杨国忠兄妹而起，遂杀杨国忠。诛其姊妹秦、韩二夫人。又逼帝赐玉环自缢方休。由于戏曲的演出和诗歌《长恨歌》的流传，所以杨贵妃的死与葬身之地马嵬坡亦特别有名。

马嵬历史文化源远流长。这里既有道教始祖老子传经布道北依莽山的黄山宫，"古柏参天，泉水哗哗，果林遍野，山川秀丽，风景郁然"。公元前 193 年，汉孝惠帝来这里观光狩猎，再次拨款兴建黄山宫，道教称为"洞天福地"；又有1200 年前，唐明皇幸蜀曾祈灵于黄山宫，手植一槐，后称"太上槐"，如今仍枝叶葱茂，苍劲古朴，曲曲拐拐，半立半卧，状如龙蛇伏于院内；还有在唐王朝重大历史事件"马嵬兵变"中，唐玄宗的宠妃杨玉环作替罪羊被缢死草葬这里，使马嵬从此成为举世闻名的旅游胜地。

杨贵妃墓其实只是杨贵妃的衣冠冢，位于兴平市马嵬镇西。杨贵妃墓为一陵园，大门顶额横书"唐杨氏贵妃之墓"七字。进门正面是一座三间仿古式献殿，穿过献殿，就是墓冢。墓高约 3 米，封土周围砌以青砖。围绕墓的周围有三面回廊，上嵌大小不等的石碑，刻有历代名人游后的题咏。近年来，当地政府对贵妃墓进行了修葺。现经重新修建的贵妃墓陵园享殿，青灰色模印莲花纹瓦构件，图案规则，雕式有序，颇具唐代稳重、端庄、雄浑、流畅的建筑风格。亭亭玉立，低头愁思的汉白玉杨贵妃播花雕像及仿古亭阁，在明媚的阳光下，花团锦簇，丛绿掩映，蔚为壮观，已成为马嵬别致的景点。

杨贵妃墓以其"古冢留香，诗碑放彩"的独特魅力而驰名海内外，现为省级重点文物保护单位，国家 AA 级旅游景区。

（二）王宝钏"寒窑"舞台剧及旅游文化

王宝钏和"寒窑"的故事，数百年来不但在我国的民间广为流传，而且还传播到苏联、美国、日本、朝鲜以及东南亚各国。

《陕西传统剧目汇编·秦腔》[2]第二集收有秦腔传统剧目《五家坡》。又名《五家坡》《彩楼配》《大登殿》。事见古代民间传说及明无名氏《宝钏》曲词，无名氏《彩楼配》传奇，《龙凤金钗传》弹词。叙后唐时，相国王允之三女王宝钏游园，见门外起火，近看之，系乞儿薛平贵。因知平贵有王相，欲嫁之，遂告其抛彩事，望其来日接彩。是年二月二日，王宝钏抛彩择婿，薛平贵得彩，王允嫌贫逐之。王宝钏怒，与父三击掌，断父女之情，赶奔寒窑，与薛平贵成亲。适西凉国反唐，王允、魏虎奏本，命魏虎带薛平贵征讨，欲害之。魏虎战败被困，平贵救之。魏不记其功，反陷平贵于敌阵。西凉国代战公主慕平贵英勇，招为驸马。王宝钏苦守寒窑一十八载，托鸿雁捎书，寻找平贵。薛平贵得宝钏血书，回至五家坡，夫妻团聚。次日，王宝钏登殿算粮，魏虎不予，王允劝其改嫁。王宝钏邀来平贵，王允使高士纪杀之。高刺薛平贵于马下，见龙护其身，乃降平贵。代战公主又领西凉兵马打入长安，薛平贵登基，王宝钏遂为皇后。

这个故事尽管史料上并没有记载，但王宝钏忠于爱情不向封建势力低头，含辛茹苦十八载而冰心不变，在她身上充分显示了中国古代妇女勤劳、勇敢、正直、忠贞的高尚情操，因而收到广大劳动人民的同情和喜爱，并代代传送。

寒窑遗址位于西安市南郊曲江池东隅，相传曾是王宝钏居住过的地方，因而驰名中外。人们将相传她居住过的窑洞称为"寒窑"，并在寒窑遗址上建了公园——寒窑遗址公园，这是中国第一个大型婚俗婚礼婚仪体验式主题公园。

寒窑遗址位于西安曲江新区东南隅，紧临曲江遗址公园，与大雁塔、大唐芙蓉园和大唐不夜城隔水相望。是曲江新区的六大遗址公园项目之一。总规划面积 188.75 亩。其中公园占地 60 亩，周边功能用地 120 余亩。曲江寒窑爱情主题文化公园将以寒窑遗址和在此发生的爱情故事为线索，以曲江寒窑遗址为核心建设中国第一个爱情主题文化公园，使之成为定情婚礼纪念的圣地，以爱情旅游、爱情消费、爱情纪念、爱情教育为主要产业方向，集遗址保护、旅游开发、文化产业建设的爱情主题公园和幸福产业基地。

二、地方戏曲文献与地方景观融合发展的立体文化旅游建设

文化艺术具有普遍价值和恒久品格，不同国家、不同信仰的人们可以在交流中沟通。了解一个国家、一个民族，文化艺术是重要的途径，它是各国人民交往的桥梁、友谊的纽带，而地方戏曲文献与地方景观的融合可以大有作为。

（一）加大对地方戏曲文献开发政策的力度

在陕西现有戏曲文化发展政策的基础上，进一步明确陕西地方戏曲文献、地方舞台戏曲和地方文化景观融合建设的发展目标、重点工程、运作机制、政策体制等。在地方戏曲扶持、保护、奖励办法，创新戏曲文化艺术产业投融资、戏曲文化艺术企业发展优惠办法等方面形成系统性的指导政策。从而形成陕西地方戏曲文献、地方舞台戏曲和地方文化景观融合建设开发政策体系。同时进行专题性研讨、开发和政策培育，同时拓展国际化交流平台、国际文化产业发展平台，建设陕西地方戏曲文献资源展览馆及传承人、戏曲生态保护区等。

（二）挖掘地方戏曲宝藏，建立多元化的地方戏曲文献数据资源系统

地方戏曲文献是图书馆地方文献馆藏建设的重要组成部分，具有独特的收藏

价值，通过对地方戏曲文献的收集、整理、传播、分析与研究，可了解当地的历史文化和人文景观。从传承的角度而言，地方戏曲文献对传承与发扬优良的文化传统也有着积极意义。因此开发地方戏曲文献已经成为很多图书馆的特色馆藏，把地方文献、地方戏曲和地方景观结合起来使其融合发展，不但使人们既阅读了地方文献，观看了地方戏曲，又参观了地方文物，建设立体的文化旅游。基于地方文献、地方戏曲和地方景观的融合发展，会使文化旅游更加丰富多彩，这好比是一座富矿金矿，急需我们去研究和挖掘。所以我们建议尽快综合运用文化学、戏剧学、历史地理学、地图学计算机科学以及地理信息系统技术与方法，对地方文献、地方戏曲和地方文化景观进行多媒体数据库建设。通过建设数据库的方法，多媒体收集、保存、分类、管理和检索地方文献、地方戏曲和地方景观文化旅游文化信息资源极其研究成果。

（三）用影视传媒传播地方戏曲文献

影视传媒已成为当下文化艺术（包括地方文献）传播的主要媒介之一，它所带动的视觉文化已成为大众消费的主要方式。影视媒介可以对各种形态的文化资源进行"全方位、历史再现"式表征，它对文化资本进行转化过程时，只要对文化具备资本增资潜能和可资本化的各种资源符号，都可以被影视文媒介进行选择和再生产，以秦腔为主的陕西地方戏曲文献也不例外。同时影视技术传媒的技术又与计算机、互联网、数字化等信息技术紧密依赖，这样形成了更易于推广和接受的传播新特征。

文化产业的实践证明，影视媒介和文化产业的发展紧密相关。在新媒介的推动和更新下旧的文化产业模式也相应地发生变化。陕西地方戏曲文献、地方舞台戏曲和地方文化景观与影视携手，别有洞天。

（四）建立地方戏曲文化景观，提升地方文化影响力

戏剧艺术历经百年风雨，政权更迭，是历史的见证者，也是文化的传承者，在老百姓的心中留下了深深的烙印。戏剧本身也是一门综合性的艺术，它包含着种类繁多的艺术元素，对这些元素进行充分的研究，并将其与景观设计手法相结合，构建具有地方特色的戏剧景观，用文化驱动旅游，提升旅游景点的文化内涵。

在现有陕西旅游景观景点的基础上，细化景观的文化内涵，把戏曲文献戏曲表演和数字化技术相结合，体现陕西旅游景观的差异性和独特性。比如，陕西岐山蔡家坡开发的三国水城，已初具规模，下一步应加大文化内涵建设，在现有景观的基础上，挖掘与三国及三国人物相关的戏曲故事，以表演、雕塑及VR 等多种方式丰富景点的文化含义。

（五）开发地方戏曲文创产品，提升文化旅游附加值

所谓文化创意产品是指蕴藏着深厚的文化底蕴且具备实用价值具有创新性的产品，也就是说这种产品在设计时要具有其应当蕴含的文化底蕴，还要有着产品本身所有的实用价值，当然创新依然必不可少。所谓创新，就必须有可持续发展的新型价值，就是说不仅仅只有眼前的可观价值，还要在未来有一定的衍生价值，这样才能满足消费者对过去、现在和未来生活品质的追求。

陕西是文化大省，省会西安更是以历史文化著称的古城，国内外游客众多，在饱览兵马俑、大小雁塔、钟鼓楼，城墙等名胜古迹后，旅游纪念品就成了游客喜爱的文化产品。现今的旅游纪念品远远不能满足大众的审美需求，如果能开发与旅游景点有关联的戏曲故事、人物脸谱，戏曲音乐等戏曲文创产品，采用传统民间手工艺与戏曲文化结合的设计方法，开发出具有陕西地方特色的戏曲文创产品，使陕西地方戏曲文献以多元化的形式走向全世界。

以旅游为依托，与科技相结合，对地方戏曲文献资源进行重新配置，还有许多工作要做。

参考文献：

［1］陕西省文化局. 陕西传统剧目汇编·同州梆子（内部资料）. 西安：陕西省文化局，1981.

［2］陕西省艺术研究所. 陕西传统剧目汇编·秦腔［M］. 西安：陕西人民出版社，2017.

西北地方文献中的文化旅游
资源及其整理开发策略

樊雅琼[*]

本文从地方文献促进旅游业发展就要从收藏好体现西北文化的文献、汇编西北的综合文献等几方面入手，认为西北文献中的文化旅游资源既表现为与文献中的文物遗址，也表现为文献中的湖光山色与民族风情。提出充分的发掘文献、发挥其为西北地区旅游业助力的功效，让西北地区的旅游业因文献所蕴含的浓浓的中华魂而大放异彩，这是振兴西北经济、繁荣西北旅游业的明智选择。

改革开放以来，我国社会主义市场经济得到了高速的飞跃式的发展，人们的生活水平提高了，地方经济繁荣了，使得在改革开放前很多并不景气的行业逐渐发展起来，旅游业正是在这样的背景下蓬勃发展起来了。旅游业对于地方经济的促进作用毋庸赘言，正因为如此，很多地方千方百计开发本地的旅游项目，目的是为了发展地方经济。在这方面，具备先天优势的地区已经走在了前面，尝到了甜头，比如，有先天的资源的杭州、厦门、海南、青岛、大连、泰山，等等。西北地区跟这些地区比，没有明显的资源上的优势，交通又相对不发达，也正因为如此，旅游业发展的并不理想。这样说是不是西北地区的旅游业就要甘心落于人后呢？任何问题都有解决的办法，只是看有没有人能找到解决问题的办法了。笔者认为，西北地区要发展旅游业就要打文化牌，四川省为了发展本地区的旅游业，开发了"李白故里"，甚至有些地区还出现了争夺开发"西门庆故里"的现象。这些都说明了从文化发掘的角度发展地区旅游事业的重要性。那么，西北地区有什么可以发掘的文化吗？试看敦煌莫高窟壁画，不论是狩猎，还是军事，亦或是祭祀与舞蹈、壁画，都在无声地向人们展示悠悠民族风！西北地区的独居大漠特色的诗歌激荡着生生不息的中华魂！

如果我们可以把这些宝贵的文化资源发掘，使之成为一种宝贵的旅游资源，

---

* 樊雅琼，甘肃民族师范学院。

那必将会促进西北旅游业的的大发展。如何发掘这样的文化资源呢？我们的很多文化资源深藏于厚重的文献资料中，需要我们去发掘、整理，使之大放异彩，成为促进旅游业发展的重要推动力。在西北的文献档案中，既有对丰富的自然资源的记录，也有对人文旅游资源的记录，亦或是建设风貌与政治、经济资源的记录，这些都蕴含着西北地方的独有文化，彰显着西北风中的中华魂。

一、西北文献中的文化旅游资源

在西北文献中，有着大量的蕴含绵延不息的中华魂的旅游文化资源，这是可资利用的开发文化旅游的宝贵财富。对于西北地区而言，如果我们对旅游资源进行分类，那么就可以看到，西北地区有自然风光的旅游资源，西北也有名山大川、也有奇岩异洞或是温泉等自然风光。当然西北更有人文旅游资源，例如佛教文化的古寺名刹，体现西北悠久历史的文物遗址与艺术宝库，还有蕴含民族精神的民族风俗。这些，作为西北地区独有的精神文明与物质文明的存在，正是西北风中的中华魂，其具有鲜明的民族性、厚重的历史性与独具民族特色的艺术性。而这些，都存在于西北浩瀚的地方文献中，西北文献中的文化旅游资源主要表现在如下几方面：

（一）西北文献中的文化旅游资源

很多承载着一定文化、彰显中华魂的历史人物往往会带来意想不到的旅游价值，例如，黄鹤楼、泰山、杭州西湖等，"故人已乘黄鹤去，此地空余黄鹤楼"，著名诗人的诗句往往会成为人们游览黄鹤楼的一个重要理由。踏着苏东坡走过的"苏堤"，仿佛让人走进了遥远的宋代，与伟大的诗人、书画家、哲学家苏轼来个"不期而遇"。这是一个非常普遍的现象，即便不是为了某个历史人物去游览某地，当人们到某地游览的时候，在观赏自然风光之余，也总是很乐于关注当地的传奇事迹或有一定影响的人物。而在西北的文献中，那些能充分地体现中华精神的仁人志士以及他们的传说真是太多了。在历史上，既有很多到过西北的历史人物，也有对西北产生过重要影响的历史人物。例如，文成公主及其传说，还有张骞出使西域，等等。这些对西北有重要影响的而在青史留名的文化人物及其动人的事迹，以档案、文献等形式存在于各人的年谱中、年表中，或者是地方志、乡土志之中，需要我们去搜寻、整理，使之具有当代文化价值、旅游价值，形成旅游景点的主题特色。例如，在《敦煌市志》中，其中的人物志卷41就专门为敦煌籍的有一定历史影响力的人物、为敦煌的社会建设做出突出贡献的历史人物专门立传。例如，在其中有西汉的农学家氾胜之的人物传记，还有东汉的书法家张芝的人物传记，用这种方式纪念他们，弘扬他们的伟大的民族精神。

（二）文献中的文物遗址

在我国的西北地区，虽然比较偏远，但是却有着悠久历史，在广袤的大西北遍布着诸多的文物古迹。例如，西安有秦代的兵马俑，有碑林，还有黄帝陵。在甘肃，有敦煌的莫高窟，有古长城。在青海，有著名的塔尔寺。在宁夏，有影响深远的西夏王陵（见图1）。在新疆，有古代的丝绸之路，等等。对于西北地区的这些文物遗址，可以在很多地方文献中找到详细的记录。为了发展好旅游事业，可以对这些记录与文献进行加工整理，使之变成富有文化气息的旅游项目。例如，有一本文献叫作《沙州回鹘及其文献》据该文献记载，沙洲回鹘有这十分辉煌的壁画艺术，其壁画艺术存在相当长的时间，前、后、期之分。壁画艺术的前期基本基本上是对五代、北宋时期艺术风格的沿袭。像敦煌莫高窟306、307等，还有榆林的第39窟等都属于前期的艺术作品。其后期艺术成就斐然，形成了富有地方特色蕴含中华文明的独特风格，笔法简洁、造型新颖、色调明快是其最基本的特征，在装饰方面有一定的趣味性。这方面的典型代表有莫高窟245与207，以及西千佛洞的第4洞窟，等等。在开发旅游资源的时候，如果游客在面对这些古迹的时候，头脑中有如前所述的这些历史文化知识背景，那么这些古迹就会炯炯生辉了，其在彰显我们博大的中华魂的时候，也使古迹焕发了迷人的旅游魅力。

图1 西夏王陵

（三）文献中的湖光山色

在西北的一些文献中，有专门的对这个地区湖光山色的记载。例如，宁夏的沙湖，湖面浩渺，芦苇葱葱。沙头角的大漠让你感受远古的豪情与沧桑，甘肃峻峒山的空灵、麦积山的多变让你感叹造物主的神功！华山的巍峨气势、青海湖的柔情傲骨、新疆天池的神秘（见图2）、吐鲁番的甜美，如此之多的湖光山色尽在西北的地方文献中，我们的任务就是让这些文献重新焕发出活力，为山水增色，为地方旅游业的发展助力。

图 2　新疆天池

（四）文献中的风味产品

独具特色的风味产品是西北地区的一个魅力所在，在西北的文献中，对于这类产品的介绍也很多。在西北的每个地区都有属于自己地区的土特品、工艺品，这些也是旅游必不可少的一部分，旅游者在游览之余，在体验西北地区独到的文化过程中，也会关注相应地区的土特品与工艺品，这也是文化的一部分。例如，新疆有美味的水果，无核葡萄、哈密瓜、伊犁的苹果，还有库尔勒的香梨，等等。甘肃有白兰瓜，还有黑瓜子。此外，临泽的小枣，兰州的百合也是名扬四方。陇南有好吃的木耳，张掖有神奇的夜光杯。银川有大米与枸杞。青海有名贵的冬虫夏草。利用地方文献，把文献中这些远近闻名的产品其渊源、文化属性等资源充分的发掘出来，就会使风味产品附着了文化的魅力，国内外旅客在购买产品的时候，就不仅是经济上的消费，也是为文化消费了，这会有利于地方旅游事业的发展。

（五）文献中的民族风情

民族特色是大西北的明显的特征，我国的回族等少数民族聚居在西北这个区域，对于旅游业而言，这是一个资源优势。例如，宁夏是回族自治区（见图3），回族风情是这个地区的显著特色。而藏族风情是甘青川地区有独特的特点（见图4）。异域风情的哈萨克民族文化（见图5）是新疆的特色。这些民族特色以其风俗、饮食习惯等文化外显为独特的民族特色。而一些深层次的内涵性的文化则隐藏在地方文献中，在文献中，会深层次的描写民族的外在表现里蕴含的习俗的由来、信仰等民族文化。把这些文化挖掘整理出来有利于提升民族风情的品味与内涵。旅游者到了民族地区，通过交流、参加活动、观看表演、购买特产，再加上对我们有意渲染的文化氛围，游客们就能充分的体验、理解了当地的风土人情，并在此过程中得到精神上的洗礼。

图3　中华回乡文化园

图4　米拉日巴九层佛阁

图 5　哈萨克族妇女手工艺品现场

二、西北地方文献的旅游开发价值

旅游绝不仅仅是对一个地方景色的参观，而是涉及一个地方的自然人文景观与历史民俗等诸多因素的一个重要的项目，其有丰富的内涵与极广泛的外延，很值得我们认真的研究。西北的地方文献把西北的历史文化、风土人情作为中心进行记载，令人信服地反映了西北在历史上的经济、政治、历史、科技与文教等方面的状况，可以全面地看到西北的发展脉络。开发、利用好西北的地方文献，可以为西北旅游业助力。

（一）西北地方文献的旅游发展规划价值

西北地方文献在西北地区进行旅游发展规划方面具有重要的提供决策依据的价值，在西北地方文献当中有一些地方志，这些地方志对特定的区域有专门的记载，其中既有详尽的关于当地经济、历史与旅游资源的介绍，也有历史状况与地方商务等方面的记载，还有对未来区域发展的展望与规划类的研究。甚至该地区的宾馆与餐饮业、风景区与娱乐场所等都有涉及，这些可以为决策者进行旅游开发的规划提供有益的参考，可以极大地提高决策的客观性与科学性。例如，在地方志中有这样一份资料：《甘肃格桑花草原度假娱乐城项目旅游开发可行性研究》，这份资料对于甘肃省甘南藏族自治州在经济与历史及旅游等方面的状况有详细的说明，具有很高的在提供旅游开发决策方面的参考价值。

（二）西北地方文献的原始资料与设计依据价值

凡是地方文献一般都是真实的、客观的，其科学性毋庸置疑。而且，这种文献一般都是最原始的，是采集人建立在现场考察的基础上的第一手资料，这样的资料既可靠又具有很好的应用价值。对于西北的地方文献更是如此，西北地方文献一般都是编写人亲眼所见亲身经历的记载，或者是实地调查研究后形成的原始资料，在这些资料里，既有对该地区优势的分析，也有对其不足的论述。在内容上更是无所不含，既有对地区内总面积、形状的说明，也有对公共交通的介绍；既有对民风民俗的描述，也有对当地社会特征的论述；更有对其未来发展方向的预判等信息，这些，都对西北地区旅游发展与建设限制，旅馆的建设风格、规模等方面的设计提供原始材料，让西北的旅游发展高速快捷、科学有效，彰显西北地方文献的原始资料与提供设计依据方面的价值。

（三）西北地方文献的调查与评价依据价值

在西北地方文献中，有一类资料是调研的成果，这些资料都是官方组织的经过调查研究形成的系统资料。比如，省志、市志、县志等，还有围绕一定主题所做的调查研究资料，比如有关西北地区的文化研究、文物研究、园林研究以及农林水利等等的调研资料和规划统计资料。此外，还有一些个人研究的论文与著作等。这些资料对于开发旅游的再调查与对现有旅游发展的评价具有重要的价值，其可以提供评价的依据。

三、以地方文献促进旅游业发展的策略

如果我们对西北地方文献进行认真的研究，就会发现其数量简直可以用浩如烟海来形容，在如此多的文献中如何通过我们的开发整理，使之为我所用，发挥出促进本地旅游业发展的作用呢？笔者认为，应主要从如下几方面入手：

（一）收藏好体现西北文化的文献

为了尽可能的收藏越来越多的体现西北文化的文献，可以采取互通有无的方式，地方图书馆可以与旅游业的信息中心或者资料室共享图书文献资料，也可以开展免费赠送等活动扩大文献的存储量。与此同时，可以和当地的高校、各地区的文联等组织联系，发动他们进行文献的编辑、整理、创作等工作。通过对一定地区的风俗习惯的深入挖掘，对文化资源的采集、补充与再创作，产生越来越多的能够体现、弘扬当地文化的文献资料。对当地民间存在的与人文景观以及自然景观有关的著作进行收集整理，完善反映地方文化的藏书体系，促进旅游事业的发展。例如，在甘肃，天水市的伏羲文化旅游节，就很有代表性，这个城市每年都要举办这样的节日，其产生了一定的社会效应。但是，这个节日缺乏一定节日文化的烘托与渲染，如果当地的图书馆能从文献收藏这个角度进行呼应，会有意想不到的效果：伏羲氏族是如何起源的？其经历了怎样的迁徙与演变？伏羲文化是如何形成的？发展现状如何？其对于我们的民族精神有怎样的价值与意义？这些，都是需要文献收藏做出的应答。唯有如此，才能在

弘扬魏巍中华魂的过程中有力的促进地方旅游业的发展。

（二）汇编西北的综合文献

对于散在于一些旅游风景区、旅行社，甚至民间的一些旅游资料汇编、反映西北地区民间文化的文献，地方图书馆要肩负起整理、加工、汇编的重任。例如，可以这样分门别类的汇编：湖光山色卷、古迹探幽卷、乡土文化卷、民族情趣卷、宗教文化卷、风味特色卷，等等。以此为基础进行专题索引编制工作，同时做好二三次文献服务工作，还可以把加工整理、分门别类地文献资料出版发行，这项工作可以联合图书馆、旅游局、旅游景点等协同完成。遥想昔日的丝路，那是何等的繁荣与辉煌，如今已成回忆，留下了繁华过后的文化遗迹。古城犹在，古墓犹存，还有那长城、寺院与石窟。更为珍贵的是，在敦煌石窟与吐鲁番的坟墓中，数万件文献被发现，文献既记载了中国的文化历史，也涉及了中亚、南亚与西亚的文明，这是震惊世界学坛的大事，对于来自各国各地的旅游者而言，更是关注的焦点。为了充分的发挥文献的作用，甘肃省图书馆出版了专门的文献汇编《丝绸之路文献叙录》，汇集了建国以前与丝路文化有关的研究成果，具有促进旅游业发展的价值。

（三）提供专业服务

从以地方文献促进旅游业发展的角度，通过弘扬地方文化、传播中华精神，为旅游景点、为游客提供专业的服务。从文献的角度对旅游景点的历史、文化与特点进行总结与提升，既会为景点的开发提供指引与依据，还可以提高景点的关注度、吸引游客的目光。要对等题资料进行细致的系统的收集、加工与整理，充分的利用好文化宣传的优势，多方联系，对反映西北地区特有文化的文献资料全面收集，有力的促进旅游事业的发展。例如，甘肃所举办的天祝三峡旅游节，还有夏河拉卜楞的旅游文化艺术节（见图6），诸如此类的促进旅游的活动，如果能有文献资料所产生的弘扬民族文化特色的效果就会更有影响力与传播力。作为文献收集与管理部门，可以积极捕捉各种旅游节的信息，提前做好文献的宣传工作，积极提供专业的服务。还可以在地方志中、乡土志中的提供有关节日的反映民族文化等的资料，为这样的活动助力。

图 6　夏河拉卜楞香巴拉旅游艺术节

参考文献

[1] 敦煌市志编辑委员会. 敦煌市志 [M]. 北京：新华出版社. 1994 - 06.

[2] 杨富学. 沙州回鹘及其文献 [M]. 兰州：甘肃文化出版社. 1996 - 06.

[3] 甘肃省社会科学学会联合会，甘肃省图书馆. 丝绸之路文献叙录 [M]. 兰州：兰州大学出版社，1989 - 09 - 01.

[4] 邓明. 兰州市志：地方文献志 [M]. 兰州：兰州大学出版社，2011：21 - 50.

[5] 张国常. 重修皋兰县志：卷 23 人物 [M]. 兰州：乐善书局，1917 （民国六年）：5.

阿勒泰冰雪旅游背景下地方文献的发展思考

马莉虹*

本文以新疆阿勒泰地区冬季冰雪旅游为背景，以该地区冬季冰雪旅游发展优势、现状、未来目标为前提，探索思考该地区相关地方文献发展的可能与必然。

一、前言

阿勒泰地区包括阿勒泰市，布尔津县、哈巴河县、吉木乃县、福海县、富蕴县、青河县。阿勒泰地区位于新疆最北部，与俄罗斯、哈萨克、蒙古等国接壤。在突厥语与蒙古语里，阿勒泰即"黄金"之意。阿勒泰地区富藏矿产、自然与人文景观，作为古代草原丝绸之路的重要通道，围绕资源优势，阿勒泰地区全面打造冰雪圣城、童话边城、草原石城等不同概念的特色旅游体系及"净土喀纳斯·雪都阿勒泰""冰雪阿勒泰，滑雪起源地"等核心旅游品牌。尤其是作为全国十佳冰雪旅游目的地，阿勒泰地区的冰雪旅游呈现出新兴的核心增长态势[1]，在此前提下相关地方文献的发展成为可能与必然。

二、阿勒泰地区的冰雪旅游

（一）自然环境

阿勒泰地区山峰连绵起伏，丘原开阔无际，水肥地沃，草木茂盛，动物繁息，物产丰富。这里冬季漫长，降雪频繁，雪量丰沛，甚至一次降雪可达一米以上。阿勒泰山区年平均降雪天数为 92 天，年平均降雪量为 260 毫米左右，占全年降水总量的40%。冬季成雪的阿勒泰，一派素山银岭、林海雪原的景象[2]。

---

* 马莉虹，新疆阿勒泰地区图书馆。

雪量大，雪期长，雪质优，国内外滑雪专家公认这里是开展滑雪运动雪质最好的区域。这是阿勒泰地区冰雪旅游优厚的自然条件。

（二）冰雪传统

关于人类滑雪起源的年代，一般认定距今约 5000 年左右。俄罗斯认定其境内距今 8000 年前滑雪板残片的发现。在中国，在新疆，在阿勒泰，墩德布拉克洞穴彩绘滑雪岩画的产生年代被考证为距今至少 10000 年[3]。在那时，阿勒泰的先民就已经发明了滑雪板。中外学者的论述《山海经》《世界史》等，可以有理有据地说，中国新疆阿尔泰山脉一带的丁零族是中国开展滑雪活动最早的民族，也是人类滑雪活动最早的地区之一[4]。2007 年 1 月，新疆阿勒泰是人类最早的滑雪起源地通过上海大世界吉尼斯之最认证[5]。20 世纪 50 年代，阿勒泰地区就已开始组织冰雪运动的训练和比赛。1981 年，阿勒泰地区滑雪协会成立。阿勒泰先后涌现出众多优秀冰雪运动员，多次获得了全国滑雪、滑冰邀请赛、冬运会、锦标赛等赛事冠军。这是阿勒泰地区冰雪旅游深厚传统的承袭。

（三）冰雪设施

目前，阿勒泰市已建成具有一定规模的滑雪场三个，地区六县一市均建有两块以上的滑冰场，诸如 5S 级阿勒泰市将军山滑雪场、阿勒泰市西域滑雪场、富蕴县新天地滑雪场、可可托海国际滑雪场等。正在建设中冰雪项目有阿尔泰野雪公园、阿勒泰市阿依海国际滑雪场、阿勒泰市拉斯特乡冰雪小镇。规划筹备的冰雪项目有阿尔泰山乌齐里克禾木沿线也卡峡多勒根区域滑雪集群及中国滑雪大区等。这是阿勒泰地区冰雪旅游必不可少的硬件设施。

（四）冰雪旅游发展现状

近年来，阿勒泰地区以冰雪风情活动为载体，强势推进冬季冰雪旅游，先后举办人类滑雪起源地纪念日庆典系列活动、阿勒泰国际古老滑雪比赛、中国西部冰雪旅游节暨新疆冬博会等冰雪活动，通过开展冰雪体育活动、冰雪民俗文化，冰雪古老冬捕，冰雪观光休闲度假、中国"寒极"体验等各种冬季旅游项目。尤其农牧民通过刺绣、马拉爬犁、赛马等传统的生产生活场景参与旅游，传承民俗文化，发展冰雪旅游，带动相关产业发展，共同打造"净土喀纳斯·雪都阿勒泰""冰雪阿勒泰，滑雪起源地"核心品牌，实现全国一流乃至世界一流冬季冰雪旅游目的地、冰雪体育项目训练基地和比赛基地的既定目标。数据显示，阿勒泰地区 2015—2016 雪季接待游客共计 156.8 万人次，实现收入 9.46 亿元，同比分别增长 32.3% 和 50%[6]。2018 年 9 月，阿勒泰市被授予"中国雪都"国家气候标志，这是国家气候中心颁发的首个国家气候标志。阿勒泰市冰雪旅游热度排名全国前三，在中国文化和旅游大数据研究院"2018 年政府最给力旅游目的地城市"中同样名列第三，同时入选中国旅游研究院"2018 十佳冰雪旅游城市名单"。

三、阿勒泰地区冰雪生活的经典记载

（一）墩德布拉克洞穴彩绘滑雪岩画

阿勒泰市汗德尕特乡墩德布拉克河谷山涧洞穴中发现的滑雪岩画，岩画画面上有 7 个人，4 个人尾随牛马等动物，3 个人弯腰撅臀，手里拿着一根棍子（专家学者们称它为单杆），脚下踩着一个长条形物件（滑雪板），像是做着滑雪动作。这幅岩画描述了古代阿勒泰先民将动物毛皮绑在长长的木板上，借助惯性力量，在雪山中滑行，猎捕野兔、野山羊等，记录了古代阿勒泰先民在险恶的自然环境中从事生产活动的场景。这处岩画被称为墩德布拉克洞穴彩绘岩画（墩德布拉克岩棚画）。2015 年中国阿勒泰国际古老滑雪文化交流研讨会召开，来自挪威、瑞典、芬兰等 18 个国家和地区的 30 余位滑雪历史研究专家、学者从考古、草原文化和岩画角度，与法国、西班牙的岩画比较后推断，墩德布拉克洞穴彩绘岩画应属于旧石器时代晚期的岩棚画，距今 1 万至 2 万年。换句话说，1 万至 2 万年前，阿勒泰先民就已经发明了滑雪板[7]。

（二）滑雪狩猎民谣与传说故事

同样在阿勒泰市汗德尕特乡挖掘整理出口传民谣——"滑雪狩猎民谣"，"滑雪狩猎民谣"是以蒙古长调形式在乌梁海蒙古族和蒙古族图瓦人中世代口传下来的民间诗歌。"滑雪狩猎民谣"至今在阿勒泰地区蒙古族中仍有年长者传唱，歌词多反映蒙古族滑雪狩猎的生活背景，被列入认定阿勒泰为人类滑雪起源地的一项重要史证[8]。至今阿勒泰农牧民不仅广泛保留着的古老滑雪器具，古老传统滑雪活动，而且也保留着极富内涵蕴涵的有关滑雪的"传说故事"等，这些传承古老、上溯久远"传说故事"，都是认定阿勒泰为人类滑雪起源地的第一手佐证。

（三）中外学者的记述

我国多部史书中，对北方丁零等民族不同历史时期的滑雪从不同视角做过描述和记载，国内外多位学者对这些描述和记载进行过注释与研究。公元前五世纪希腊史学家希罗多德对古代阿勒泰先民冬季滑雪的记载是至今为止记述人类滑雪最早的文献资料。希罗多德在《世界史》第四卷中对滑雪有这样的记述：住在阿勒泰地区的人们拥有山羊角（当时的滑雪板或雪踏），冬季在雪中奔跑。这是世界上迄今有关滑雪、有关古代阿勒泰先民滑雪最早的文字记载。希罗多德的记述与中国史书《山海经》对古阿勒泰丁零族滑雪的描述是吻合的。

20 世纪 20 年代，挪威极地探险家南森就在他的书中说明，滑雪运动起源于阿尔泰山的某个部落。挪威奥斯陆滑雪博物馆馆长卡琳伯格通过对阿勒泰地区的实地考察，也认同了这个观点。美国滑雪文化与历史研究学者尼尔·拉尔森先生多年来对阿勒泰地区滑雪文化进行了深入的考察研究，撰有《永远的阿勒泰滑雪人》等作品。

四、冰雪旅游背景下阿勒泰地方文献的发展思考

（一）广泛共识

地方文献是指记录某一地方知识的一切载体，内容包括某一地方的历史、地理、政治、经济、军事、文化、风俗、特产、人物、名胜古迹等，其载体形式包括图书、期刊、地图、图画、照片和其他介质或新介质等等。地方文献是了解与研究地方状况的重要文献依据。地方文献的集中收藏地通常是所在地公共图书馆，所以一般而言的地方文献是指图书馆地方文献，而地方文献工作即列入所在地公共图书馆工作范畴。早在 1982 年文化部颁布的《关于省（自治区、市）图书馆工作条例》，就对地方文献的收集、整理和利用做了明确的规定，为地方文献工作的开展奠定了良好基础。而各省、市、县行政领导部门，也相应发了文件和通知，如广东省人民政府、广州市人民政府、湖北省随州市人民政府、荆门市人民政府等就颁发了关于做好地方文献资料征集工作的通知，规定了征集的范围、对象和方式，进一步实施呈缴本制度。呈缴本制度是根据国家和地方有关法律、法令，规定出版单位向指定的文献收藏机构缴送一定数量正式出版物的制度，以利于完整收藏本国或本地区出版物、保存文化遗产、编制国家书目、保护著作权益及出版物管理。2017 年 11 月 4 日第十二届全国人民代表大会常务委员会第三十次会议通过的《中华人民共和国公共图书馆法》六章五十五条自 2018 年 1 月 1 日起施行。《公共图书馆法》对涉及公共图书馆"地方文献工作"的一些方面，给予了国家法律层面的支撑与保障，比如"地方文献"资源收集、"呈缴本"制度等。所以对冰雪旅游背景下阿勒泰地方文献和其相关工作必须获得社会各个层面包括政府和收藏单位的共识，才能形成合力打造依托冰雪旅游的阿勒泰相关地方文献专藏。我们已经有《阿勒泰宣言》和《阿勒泰地区 2018—2019 年冬季旅游优惠办法》，我们还应该有《阿勒泰地方文献呈缴本制度》和"阿勒泰冰雪文献专藏"。

（二）突出特点

收集、保存地方文献是历史赋予各级公共图书馆神圣而义不容辞的责任。做好地方文献工作，是地方经济建设和社会发展对公共图书馆的基本要求，也

是公共图书馆文献资源特色建设和文献信息特色服务的主要内容，地方文献工作开展如何，往往能反映一个图书馆的办馆方针、藏书质量和服务意识。实事求是地说，地方文献工作在公共图书馆的地位举足轻重。各级公共图书馆都在以地方文献资源建设立馆、强馆，凸现出公共图书馆在图书馆界的地位和影响。全国绝大多数公共图书馆都在不同层面上开展了地方文献工作，而各地、各馆在工作进行的深度和广度上存在较大的差异，突出特点成为必然。依托冰雪旅游打造"阿勒泰冰雪文献专藏"，不仅内容独特，而且在介质形式具有丰富性，或者说是有拓展空间的。通常公共图书馆地方文献专藏的介质形式拘泥于传统介质，这显然是由于其历史积淀而形成，所谓早建造成。但近年来地方文献的另类介质形式被认可，比如"口述历史"，口述历史是一种搜集历史资料的途径，该类历史资料源自人的记忆，由历史学家、学者、记者、学生等，访问曾经亲身活于历史现场的见证人，让学者文字笔录、有声录音、影像录影等。在学术分析中，抽取有关的史料，与其他历史文献比对，让历史更加全面补充、更加接近具体真实的历史事件。如果以此为起点，"阿勒泰冰雪文献专藏"与其他区域地方文献是同一起跑线的。我们有墩德布拉克洞穴彩绘滑雪岩画、滑雪狩猎民谣与传说故事的积淀，"阿勒泰冰雪文献专藏"的民族性等是可以在"口述历史"中得以蓄容的。

（三）形成品牌

所谓"品牌"的概念是用以彰显差异性，使其在人们的意识当中占据一定位置。毫无疑问"品牌"是特有的，具有经济价值的无形资产。而地方文献的内容则来自实际，来自自然、社会、基层，是时代的产物，反映某个地域的历史和现状，而现状的变化即为历史[9]。阿勒泰地区独特的自然环境和冰雪传统及社会各界的叠加努力已经打造出"净土喀纳斯·雪都阿勒泰""冰雪阿勒泰，滑雪起源地"等传统与现代互动，民俗与时尚交融的冰雪旅游核心品牌。如果说，绿水青山就是金山银山，冰天雪地也是金山银山是阿勒泰地区冰雪旅游的发展理念，那么，依托阿勒泰地区冰雪旅游打造"阿勒泰冰雪文献专藏"的发展理念就应该是，资源条件、开发能力、服务水平三者并重。需要强调的是"阿勒泰冰雪文献专藏"文化传播渠道的职能，借助社会力量，加快大数据、云计算、物联网、移动互联等信息技术，大力宣传、传承阿勒泰地域文化和资源，扩大阿勒泰地区冰雪文化的社会影响力，利用地理位置和地缘优势，积极服务和融入国家"一带一路"发展倡议，搭建冰雪文献交流平台，推进冰雪文献交流合作。通过跨地区、跨国境"阿勒泰冰雪文献专藏"建设品牌，提升阿勒泰地区冰雪文化软实力，提高阿勒泰地区在全疆、全国乃至全世界的地位。必须明确，由于地方文献既表现出内容的连续性，又反映了地域发展的阶段性，所以，如同"阿勒泰冰雪文献专藏"赖以依托的"净土喀纳斯·雪都阿勒泰""冰雪阿勒泰，滑雪起源地"等冰雪旅游核心品牌，"阿勒泰冰雪文献专藏"品牌建设具有长期性。

五、结语

墩德布拉克洞穴彩绘滑雪岩画，证实古阿勒泰先民早在距今1万至2万年前就已发明了滑雪板并开始了滑雪。"中国新疆阿勒泰地区是世界滑雪最早的起源地"之说，得到国内外普遍认同并广为传播。独特的自然环境和冰雪传统及社会各界的叠加努力打造出阿勒泰地区蔚为壮观的冰雪旅游，在此前提下"阿勒泰冰雪文献专藏"的建设发展成为可能与必然并将在更广泛的领域中进行深入的研究与利用。

参考文献：

[1] 中国旅游研究院.中国冰雪旅游发展报告（2018）[R].长春：第三届吉林冰雪产业博览会，2018.

[2] 阿勒泰地区地方志编纂委员会.阿勒泰地区志[M].乌鲁木齐：新疆人民出版社，2004：100-107.

[3] 王博，郑颉.阿尔泰山敦德布拉克的旧石器时代晚期岩棚画（J）.吐鲁番学研究，2005（1）：120-121.

[4][5] 单兆鉴，王博.人类滑雪起源地：中国·新疆·阿勒泰[M].北京：人民体育出版社，2011：22，47，67，130-131.

[6] 中国旅游研究院.中国冰雪旅游发展报告（2017）[R].长春：中国冰雪旅游盛典，2017.

[7] 中国、挪威、瑞典、芬兰18国滑雪历史研究专家.阿勒泰宣言[Z].阿勒泰：2015阿勒泰国际古老滑雪文化研讨会，2015.

[8] 单兆鉴，王博.人类滑雪起源地：中国·新疆·阿勒泰[M].北京：人民体育出版社，2011：38-39.

[9] 刘瑛，张丽玲.甘肃省图书馆西北地方文献述略[M].兰州：敦煌文艺出版社，2010：93-95.

论民族地方文献与民族文化旅游的耦合互动

刘双燕*

民族地方文献与民族文化旅游之间存在着密切的耦合互动关系：一方面，通过对民族地方文献进行收集、整理和开发，可将其中蕴含的丰富民族文化旅游信息资源转化为民族文化旅游产品，成为推动民族地区民族文化旅游发展的重要抓手；另一方面，在民族文化旅游发展的推动下，民族地方文献的传承和保护、开发与服务等工作均取得了巨大进展。

在全域旅游背景下，民族地区的民族文化旅游迎来了重要发展机遇，进入发展黄金期。许多民族地区紧紧抓住民族文化旅游发展契机，积极地将本民族独特的民族文化旅游资源投入到旅游市场之中，转化为独具地方和民族特色的民族文化旅游产品。目前，在民族文化旅游发展过程中出现了民族文化"原真性"衰减、同质化严重、社区认同与参与不足、旅游产品文化内涵单调以及旅游产品类型单一、重复建设严重等诸多问题，其重要原因就在于民族文化旅游缺乏足够的文献和信息支撑。民族地方文献作为民族地域文化的承载体，蕴藏了该地区地方经济发展、文化交流、风土人情、自然和人文资源等多方面的信息，表现出鲜明的地域性和独特的历史文化性特征，能够为旅游业的发展提供有力的信息支持与服务。同时随着民族文化旅游的快速发展，民族地方文献也找到自己存在的价值，实现了自身的传承和发展。理清民族地方文献与民族文化旅游之间的耦合互动关系，对进一步推动民族文化旅游深入发展和提高民族地方文献工作水平都具有重要意义。

一、民族地方文献中蕴含了丰富的民族文化旅游信息

民族地方文献是一套民族地方的"百科全书"，记录了地方的自然和文化现

---

* 刘双燕，湖北民族大学图书馆。

象，蕴含了地理、气象、生物、名胜古迹、民俗风情、节日习俗、民间工艺、土特产、服饰、饮食等多方面的民族文化旅游信息。

（一）秀丽的自然风光

少数民族地区疆域辽阔，山川秀美，动植物资源丰富，是旅游者向往的"世外桃源"。地方文献中记载了大量秀丽风光的旅游信息。地方文献中有大量关于山川的记载，如据《永定县志》和《万历慈利县志》等文献记载，东汉以前，天门山被称为嵩梁山。三国张勃在《吴录》中云"嵩梁山，山石开处数十丈"，北魏郦道元《水经注》云"其山洞开、玄朗如门"，成为天下罕见奇观，吴王孙休认为是吉祥兆物，遂命为天门山。湖南省根据这些文献提供的线索，将天门山打造成全国著名的旅游景点。除了关于名山的记载外，民族地方文献中关于河流的记载也有很多。如在《黄平县志》中有关于野洞河的记载："乌梅河之下流。从山内穿过。约有里余，中不透光，放木者联三四树成筏，由内行驶。"据此记载，黄平被打造成为能够进行洞中漂流的旅游景区，至今游览野洞河的游客仍络绎不绝。历代诗人的诗歌也是记载了秀美山川信息的重要载体，如在中共荆州地委宣传部编印的《历代诗人咏荆州》中，清代诗人黄佐良就用"游渔宿鹭翻浓影，田田荷叶舞霓裳"来描写"鱼米之乡"荆州的美景。从诗人的诗词中我们也可以挖掘出大量的旅游信息。

（二）遗址与遗迹

文化遗址、遗迹指的是古代人类的建筑废墟以及古代人类在改造自然环境后遗留下来的痕迹，如都城、村落、宫殿、陵寝、寺庙、作坊等。由于受到自然或人为因素的影响，这些遗址和遗迹大多深埋地下，其中只有少数一些还能够见到残存的建筑地基，更多则在时间的长河中化为废墟。不过从这些残垣断壁中，我们还是依稀可见其辉煌的过去。民族地方文献中关于遗址与遗迹的记载较多，下面主要就几种重要形式进行介绍：（1）关于历史文化名城的记载。如《沙市志略校注》中记载了沙市作为楚都外埠商港发展的历史："公元前660年，沙市其为楚都外港，并随之而兴"；（2）关于陵寝类的记载。如在内蒙古自治区文物考古研究所发表的《内蒙古林西县刘家大院辽墓发掘简报》一文中，就记载了大量手法专业的考古照片和实地分所，不仅填补了考古界的许多研究空白，也为当地的旅游景点开发和建设提供了重要依据和发展思路；（3）关于亭台楼阁的记载。文献中出现亭台楼阁的身影非常早。早在先秦时期的《诗经》中就出现《大雅·灵台》《邶风·新台》等诗篇。至此之后，亭台楼阁便不断出现在各个时代的各类文献之中。如在东汉王粲的《登楼赋》以及堪称古代建筑行业"圣经"的《营造法式》中都有大量关于亭台楼阁的记载；（4）关于寺庙的记载。如在《恩施县志》（清同治七年版）中就详细地记载了许多关于恩施州寺庙、塔坛修筑地点、时间和具体修建过程的信息，是研究、扩建或重建恩施州寺庙、塔坛的重要文献依据。《恩施县志》（清同治七年版）第十二卷《地理》中就记载道："连珠塔在城东南隅五峰山之前龙首山……建石坊于塔前，修屋数楹于塔之左偏。知府王公协梦有序载《艺文志》"。目前恩施州政府正在基于地方志的文献基础上进行连珠塔的建筑扩建和内涵丰富工程（图1）［（5）关于生产遗址的记载。如《水经注》《巴郡图经》《文选·蜀都赋》《入蜀记》《元丰九域志》《舆地纪胜》等地方史料中有许多关于盐井、盐官、煮盐器具、制盐工艺、盐业贸易等盐业生产情况的详细记录；（6）关于红色革命遗迹、遗址的记载。如在《临沂地区志》中就详细记录了沂蒙革命根据地的领导机关设置、沂蒙革命根据地创建与发展综述以及老一辈无产阶级革命家在沂蒙战斗的事迹。又如在《本溪地方党史资料汇编》中详细记录了本溪县地方政府的革命历史。该汇编的主要内容包括党的活动历史资料、文件、革命回忆录等。

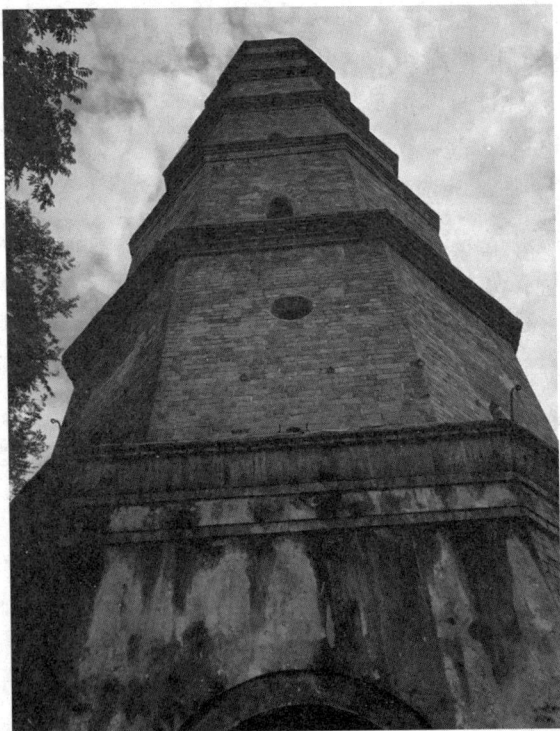

图1 恩施连珠塔

（三）历史上有重大影响的人物

历史上有重大影响的人物一般我们称之为名人。民族地方文献是名人成长历程与琐闻轶事的主要载体，如在云南的地方文献《白族杰出的历史人物》《回民起义杰出领袖杜文秀》《白族著名的学者、思想家李元阳》等地方文献中，我们不仅能从侧面了解到云南的发展历史，更能从中感受到云南人民经受的苦难以及他们不屈不挠的抗争精神。又如在青海地方文献中记载了许多历史名人，其中对本地区和全国都产生过巨大影响的历史名人就有600多人，如西汉名将霍去病、清末平弦艺人李汉卿、藏传佛教格鲁派创始人、著名宗教改革家宗喀巴·罗桑扎巴等，他们都是青海开展名人文化旅游的宝贵资源。这些在历史上产生过重大影响的历史人物的事迹可以被开发成重要的民族文化旅游项目。

（四）独具地方特色的民俗民风

所谓的民风民俗是在特定的社会文化区域内历代人们共同遵守的行为模式。人们一般将由自然条件差异造成的行为规范差异称作"风"；将社会文化差异造成的行为规则差异称作"俗"。"十里不同风，百里不同俗"正是我国民风民俗多样性的体现。我国各个民族都有自己独特的民风民俗。各个民族地方文献中关于地方特色的民风民俗记载内容十分丰富，主要有以下几类：（1）关于庙会的记载。如在《东京梦华录》中就有对北宋开封大相国寺庙会的记载："相国寺每月五次开放，万姓交易。"（2）关于节庆的记载。如明代万历辛巳年（公元1581年）晋朝臣写的一篇《帝舜二圣母神祠记》中就详细地记载了"接姑姑迎娘娘"大型游神性庙会活动细节："汾水之西越二十里许……每岁五月端午日，"羊獬土人以祝节为名，处备祭品往祠而祀之，相传以来亦不知几千年矣。又如《营口县志》也对营口的耀州碧霞元君庙会盛况进行了记载："四月十八日为耀州碧霞元君庙会，妇人无子者多于次日往祷之。百物杂陈，游人如织，亘四五里。由十七日起，至二十日始闭会。"（3）关于岁时节令的记载。晋代葛洪在《抱朴子》中写道："南阳郦县菊花坠水中，居民饮之咸寿，上寿者百四、五十岁，下寿者八、九十岁。"（4）关于民间游艺的记载。如北魏杨炫之在《洛阳伽蓝记》中记载了舞狮的盛况："作六牙白象负释迦（佛像……四月四日，此像常巧，辟邪（兽名）、师（狮）子导引其前"。

（五）多姿多彩的民族民间艺术

民间艺术直接来源于生活，是最贴近人们生活实际的艺术形式。民间艺术的产生是人与自然融合的结果，是人们为了满足生活和审美需要而创造出来的。民族民间艺术形式多种多样，民族地方文献中关于它们的记载颇丰：（1）关于民族民间服饰的记载。如《广西龙胜厅志》中亦有："狗头瑶衣带皆锦，耳挂银环，顶前作髻，女未嫁者发结双辫"；《客家风情志》介绍"一般客家人衣服式样，平日男女无多大区别。上衣是大襟衫，右边斜下开襟……男装另一式是长衫……讲究的外加穿马褂"；（2）关于民族民间饮食艺术的记载。西晋张华的《博物志》中有关于食材的记载："食水者，龟蛤螺蚌以为珍味，不觉腥臊也；食陆畜者，狸兔鼠雀以为珍品，不觉其膻其也。"《周易·鼎卦》中有有关烹饪的记载："鼎，象也；以木巽火，亨饪也。"《淮南子·修务训》中有关于调味品的记载："在伏羲氏与神农氏中间，诸侯中有夙沙氏煮海作盐"；（3）关于民族民间建筑艺术的记载。如《干阑：西南中国原始住宅的研究》就是一本涉及贵州民族建筑的重要建筑学论著；（4）关于民间音乐、舞蹈和戏曲艺术的记载。如在《隆回县志》《那溪瑶族乡志》《恩施县志》《鹤峰州志》等地方志就大量关于民间音乐、民间舞蹈和民间戏曲的记载；（5）关于民间手工艺艺术的记载。姚金龙和刘洋的《中国民间工艺·砖雕》、张苔雯的《贵州印江油纸伞工艺技术研究》、王佳的《淄博花灯工艺调查研究》、杨倩倩的《山西皮影工艺技术初探》、徐昕的《壮族传统纺织工艺及其文化研究》、殷航的《鲁绣的工艺、艺术及文化研究》都是重要的民间手工艺艺术著作，记载了大量的民间手工艺艺术信息。

二、挖掘民族地方文献旅游资源发展民族文化旅游

民族地方文献作为地域文化的承载体，记载了一个地方经济发展、文化交流、风土人情、自然和人文资源等方面的资料信息，体现出鲜明的地域性、民族性和独特的历史文化性特征。挖掘民族地方文献中蕴含的民族文化信息为民族文化旅游服务，是民族文化旅游发展不可逾越的环节。整体而言，民族地方文献对民族文化旅游发展的意义主要体现在以下几个方面。

（一）为政府决策提供依据

为了保证旅游的合理、健康发展，政府必须要在旅游开发之前对其可行性和合理性进行评估，在基础上做出合理的决策、制定长远的发展规划。民族地方文献就是地方政府评估的基础性参考资料，是政府决策的重要依据。是否发展地区旅游，主要取决于三点。（1）地区地理。地区是否具有发展民族文化旅游的地理条件，是否有足够的自然风光景点。（2）地区人文积淀。一个地区的悠久民族文化历史是否厚重，是否独具特色，直接决定了民族文化旅游吸引力的大小。（3）现代人文景观。现代人文景观是民族文化旅游者的主要欣赏对象。民族地区的人文旅游景观的数量和文化内涵的丰富程度会直接影响游客对旅游地点的选择。民族地方文献中包含了民族地区的自然地理、人文积淀和历史渊源等背景性信息。政府在进行旅游决策前，必然会查阅大量的民族地方文献，

以此作为是否发展、如何发展旅游的依据。

民族地方文献管理部门为了更高效率地为政府决策做好服务工作,他们一般会先对民族地方文献进行分析、整理,编撰出相应的报告供政府参考。如,衢州市图书馆为了帮助衢州政府做好发展区域旅游的决策,从2002年起每年都会定期为当地政府提供编辑好的《决策信息》和《文澜信息》;衡阳市图书馆和衢州市文物处联合起草了《挖掘利用湖湘文化,打造衡阳抗战名城》"旅游旺市"的策划书,为当地人文景观的修复、新旅游景点的建设、景点文化内涵的充实以及旅游品牌的打造等都提供了大量参考性资料。

(二)为旅游景点开发提供线索

旅游景点的打造、旅游线路的开发不是凭空捏造的,多是从地方文献中寻找到线索的。各种史籍、档案、年鉴、手稿、石刻碑文等地方文献都蕴含着地方丰富的民俗风情、地理、气候、物产等方面的信息,这些信息可以为旅游产品的开发提供开发线索,如广东惠州市有关部门在卷帙浩繁、撰述宏富的地方文献里寻找到了北宋文豪苏东坡在当地的相关信息,确定了苏东坡当前垂钓的地址,并在石头上做记以记之,将该处开发成当地重要的旅游景点。

(三)为旅游景点的修复提供文献参考

许多曾经著名的旅游景点在历史发展过程中,受到自然或人为等因素的影响,有些本身或部分曾经历过多次的改建、损毁、重建,现存的遗址仅仅只是某个时期的历史原貌或部分原貌。要想让这些部分消失或面貌全非的历史遗址遗迹重现往日风采,必须借助地方文献对旅游探索和开发提供指引,使我们能够关注并挖掘出它独特的历史风味与文化内涵,形成具有旅游吸引力的旅游景点。如四川地方政府组织专家学者查阅《隋书》《史通》《旧唐书》《宋史》《明史》《周地图记》《元和郡县图志》《舆地纪胜》《蜀中广记》等大量地方文献,从中寻找到了司马相如生活故宅、相如故墅碑、相如坪、相如井、相如琴台,长卿祠、长卿里、文君里、慕蔺山、洗笔池、卓剑水、舞剑台等多处重要文化遗存。以这些文化遗存为基础,按照文献资料的描述,对有关司马相如的遗址遗迹进行修复、再造,恢复其历史原貌,向游客进行展示,成为具有特色的文化旅游精品。

(四)增加旅游产品的可信度和说服力

地方文献是地方信息的原始记录,信息相对可靠,史料价值突出。民族地方文献中记录了某一特定区域内政治、经济、历史和文化等各个方面信息,反映出独特的地域性和历史性,常被人们称为"一方文化之全史",可以文化旅游产品的开发提供文献考证依据,提高旅游产品的可信度,增强旅游产品的说服力。如宜昌夷陵区聂家河古兵寨在开发过程中，它的断代时间一直难有定论。后来通过根据《湖北通志》提示，在《宋史·地理史》找到重要佐证，将其年代由原定始建于明清推到至少宋代以前。此外，还在清同治三年《宜昌府志》中查找到了该区 15 处古兵寨的准确地名记载。由于这些地方文献的清晰记载，古兵寨的历史价值得到充分的证实，将其开发成旅游景点便有了足够的说服力和吸引力。

（五）丰富旅游产品的文化内涵

所谓的文化内涵是指的是文化的载体所反映出的人类精神和思想方面的内容。旅游产品的文化内涵指的就是旅游产品中所包含的人类精神和思想方面的内容。如果旅游产品没有文化内涵支撑，那么我们看到的山仅仅是山，水也仅仅是水，一切都是僵硬的、毫无活力与生机的，旅游产品的魅力和吸引力都会大打折扣。以民族地方文献中涵盖的民族文化来"装点"毫无特色的地方事物，使转变为独具吸引力的特色旅游产品。通过对民族地方文献的整理挖掘，可以赋予旅游产品以深厚的文化背景，使一棵树、一块石头、一口井、一间房等没有生命力的事物在旅游者面前变得生动起来。从某种意义上说，民族地方文献就是民族文化旅游产品生命力的源泉，是地方旅游赖以持续发展的文化资源。如广州荔湾有一口五眼井（图 2），据清《番禺县志》中记载，相传五眼古井是由菩提达摩带领人开挖的，因为有五个泉眼，后人通称为"五眼井"，也称为"达摩井"。如果没有地方文献的记载，那么游客看见的井仅仅就是一口井，并没有什么特别之处，游览的兴趣很难被激发出来。现在因为地方文献的记载，使五眼井的形象瞬间生动了起来，对游客产生了巨大的吸引力。广州荔湾还有条叫驷马涌的古老的河道，因为地方文献赋予的文化内涵，被开发成休闲旅游景点。

图二　番禺五眼井

三、民族文化旅游促进了民族地方文献的发展

随着民族文化旅游发展过程中民族地方文献作用的凸显，人们逐渐认识到民族地方文献对于民族地区发展的重要意义，开始以更加主动和积极的姿态投入到民族地方文献的保护和发展工作之中，推动了民族地方文献的迅速发展。

（一）民族地方文献得到保护和传承

民族文化旅游飞速发展，一方面使人们认识到民族地方文献的价值，唤起了人们的"文化自觉"，民族地方文献的拥有者开始有意识地对自己拥有的民族地方文献进行收集和保护，使那些散落在民间的各种民族地方文献能够进入公众的视野，得到更多人的重视和保护；同时，出于民族文化旅游可持续发展的需要，人们积极地对民族地方文献进行缩微化和数字化处理，使民族地方文献获得了永久的生命力；此外，民族文化旅游促使民族地方文献的信息内容传播到更广泛的区域，让更多的人群了解并认同民族地方文献及其信息的价值，从而达到了传播民族地方文献及其文献信息的效果。无论是对民族地方文献的积极收集、保护，还是对民族地方文献信息内容的广泛传播，最终客观的结果都是实现了民族地方文献的有效传承。

（二）民族地方文献开发服务工作发展迅速

民族地方文献具有数量多、分布广、种类繁多等特点。民族文化旅游需要更加有针对性、更系统的民族地方文献信息服务，对民族地方文献开发服务工作提出了更高要求。民族地方文献开发服务工作在民族文化旅游的推动下发展迅速：（1）二次文献开发服务工作发展迅速。为了提高民族地方文献的使用率，区域内的民族文献管理部门，尤其是民族地区的各类图书馆更是有针对性地编制各种目录、专题索引、题录、摘要等二次文献，为地方民族文化旅游发展提供了坚实的文化信息基础。如吉首大学图书馆顺应民族文化旅游发展需要，编制了《湘西文化研究索引》《土家族研究目录》《苗族文献目录》《沈从文研究目录》等有关民族文化旅游信息的索引类资料；（2）定题服务工作发展迅速。民族地方文献管理部门为了服务民族文化旅游，对本地区的民族地方文献按照一定的主题汇编各种类型的旅游资料，在此基础上开展定题服务。具体而言，就是在有关部门的配合下，按照某一主题，如"山水风光""名胜古迹""民间传说""风味特产"等不同主题，从地方志、地方年鉴、地方档案等民族地方文献中寻找到相关文献信息，并将这些信息汇集在一起，进行专题资料汇编。（3）特色数据库工作发展迅速。为了更好地服务地方民族文化旅游，民族地方的各个民族文献管理部门积极组织人力、物力和财力投入到地方特色文献数据的建

设之中。如阿勒泰地区图书馆还积极联合档案馆、民宗委、民研机构、文博机构、史志机构以及区内外相关部门，创建了"少数民族特色文化研究信息资源数据库"；（4）网络化服务工作发展迅速。利用互联网，建立特色网站，实现民族地方文献资源联网。将拥有的音频、视频、图像、文字等资料进行数字化转换，转换成多媒体数据并传输上网，方便各类使用者和各地使用者通过登录互联网就能够远程检索和查阅所需信息。特色网站的建立在实现网络资源共享的同时，还能减少阅读民族地方文献原件阅读带来的损害，有利于民族地方文献的保护。为了提高民族地方文献服务民族文化旅游的效率，各个民族地区都尝试建立了自己的特色网站。如荔湾有关部门就建立了"数字荔湾""荔湾信息网""十三行网站"和"玉器街网站"等特色网站，他们利用这些特色网站提供本地区统一的文献远程共享服务。

（三）新的民族地方文献不断产生

在民族文化旅游行政管理、旅游建设、旅游经营过程中产生了大量民族地方文献（图3）。具体而言，这些文献主要有以下几类：（1）旅游管理机构形成的文献，主要包括各种政策法规类材料、旅游考评材料、规划发展材料、宣传材料等；（2）旅游景区（景点）形成的文献，主要是指各种资源开发文献、环

图三 旅游活动中产生的各类民族地方文献

境保护文献、景区管理文献、行政管理类文献等；（3）旅行社形成的文献，主要是指各种关于旅游者常规信息的文献、关于旅游活动分析总结类文献；（4）

旅游研究机构和研究者形成的文献，包括各种论著、专利和课题类文献；（5）游客形成的文献，主要是指游客拍摄的照片、录制的影像还有在微博、微信等公众平台发表对旅游活动的评价和感受等。

在民族文化旅游发展过程中产生的这些文献包含了文字、图片、表格、声音、动画等多种形式，他们既是民族文化旅游发展的结果，更是原有民族地方文献再生产的成果。民族文化旅游促进了民族地方文献的再生产，为民族地方文献工作的进一步发展打下了坚实的文献基础。

四、结语

全域旅游背景下，民族地区的各个行业、各个部门、社区居民都被卷入到民族文化旅游的发展之中。在这样的发展背景之下，民族地方文献管理部门获取自己的发展空间和存在价值就必然要积极地投入到民族文化旅游的发展之中。从目前民族地方文献工作发展现状来看，情况不太乐观，主要存在着资金短缺、技术和人才匮乏、收集的范围狭窄且不成体系、开发的层次较低、现代化建设落后等诸多问题。这些问题存在最根本原因在于人们对于民族地方文献对民族文化旅游发展以及对民族地区社会的发展的意义还没有足够清醒的认识。只有随着民族文化旅游的深入发展，民族地方文献对民族文化旅游发展的重要作用进一步得到凸显，人们才会正视民族地方文献的重要作用，才会以更加积极和主动地姿态参与到民族地方文献的收集、整理和挖掘工作中去，才能最终实现民族地方文献与民族文化旅游的良性互动。

参考文献：

［1］包和平，等．中国少数民族文献学概论［M］．北京：民族出版社，2004：45－49．

［2］林衍经．地方志与旅游［M］．北京：方志出版社，2005：2－5．

［3］黄火兴等．客家风情志［M］．北京：中华书局，1991：49．

［4］马慧．地方文献的开发与红河州旅游业发展的思考［J］．楚雄师范学院学报，2007（6）：72－74．

［5］和惠仙．地方文献对旅游经济的推动作用——以迪庆州图书馆为例［J］．图书情报工作，2011年增刊（1）：114－115．

［6］王伟章．地方文献资源开发与高原旅游名省建设互动性研究［J］．青海社会科学，2009（4）：179－180．

［7］袁继竹．宾川地方文献为旅游服务的构想［J］．云南图书馆（季

刊），2009（1）：70－71.

[8] 任庆芳. 地方文献与红色旅游资源开发 [J]. 图书馆建设，2006 (5)：109－110.

[9] 项晓静. 安康地方文献的利用与旅游业的开发刍议 [J]. 安康学院学报，2012（1）：17.

[10] 李兰. 地方文献与城市旅游建设之探讨——以历史文化名城荆州为例 [J]. 图书馆论坛，2007（1）：57－59.

用地方文献资源助力骊靬城旅游资源开发

蔡　榕[*]

骊靬城旅游资源开发具有鲜明的异域特色，在建设上同时具有民族融合、东西方文化碰撞、宗教杂糅等特色，具有发展旅游业的潜力，但同时又有文献证据不足、文化内涵缺失等弱点。地方文献资源的开发利用可帮助骊靬城发挥自身优势，促进当地旅游业发展。

骊靬城是新近开发的一处旅游景点，促进了当地旅游业和经济的发展，它独特的历史地理条件使其呈现出独特的异域特色，这里是丝绸之路上民族融合的重要场所，同时蕴含着古代两种高度文明的文化交流与碰撞的可能性，这些特点使其具有发展旅游业的内在价值。

一、骊靬城旅游资源开发现状

骊靬城位于永昌县城西南方向 10 千米处的骊靬村，原名者来寨，此处被认定为汉代骊靬城遗址。独特的历史地理条件，使这里具有鲜明的异域特色：作为古代陆上丝绸之路的必经之地和游牧文明与农耕文明的相互边界，这里是民族融合的重要场所；美国史学家的大胆假设和当地媒体的报道将骊靬村包装为古罗马兵团的流落地，又让这个地方潜藏了古代东西方文明接触的可能性，为其增加了几分神秘色彩。不论是有迹可循的民族融合风貌，还是真假难辨的东西方文明交流留下的隐约痕迹，都为骊靬城旅游业的发展提供了不同寻常的文化资源禀赋和机遇，在这种条件下进行的骊靬文化旅游资源开发也因此呈现出鲜明的特色。永昌县政府在骊靬村附近规划出约 21.6 平方千米建设骊靬文化产业园区，包括骊靬城、华夏骊靬影视城、骊靬大道罗马柱观景台、骊靬古城遗址等项目，近年来这些子项目逐渐落成，形成了一定规

---

* 蔡榕，甘肃省图书馆。

模，吸引着来自周边地区的旅客，骊靬城正变为永昌县旅游业的一张独特名片。

二、骊靬城旅游资源开发的潜在优势

（一）丝绸之路上的民族融合地

骊靬之名历史悠久，早在西汉时已作为张掖郡十县之一记录于《汉书·地理志》中，"骊靬，莽曰揭虏"六字是关于骊靬县的最早记载。西汉时期，今永昌县境内设置番和、骊靬、显美三县，分属张掖、武威两郡，后经朝代更迭，骊靬县在行政区划，区域命名上多次改变。[1]直到隋朝结束南北分裂，建立统一政权，河西地区作为维系东西方贸易的丝绸之路上的要地，而今武威、张掖地带曾经是边界贸易最为活跃的地带，骊靬城所在地也不可避免地成为民族融合的重要场所。唐朝盛世时期，陆上丝绸之路是西域诸国进入中原的重要通道，王朝的繁荣吸引了大量域外国民涌入。作为当时武威郡和张掖郡的部分属地，永昌县在贸易往来和民族融合上发挥的用不言而喻，直到今天。这里仍然是少数民族汇聚的重要区域，境内有汉、回、蒙、藏等多个民族[2]。

（二）亦真亦幻的东西方文化接触地

骊靬之名的由来一直是引起史学家争论的要点，唐颜师古在《汉书·张骞传》文下注："犛靬即大秦国也。张掖骊靬县盖取此国为名耳。"颜师古认为，骊靬县名与西域犛靬国名有关；此说在提出后的千余年无人提出意见。直到清代考据学兴盛，骊靬之名再次引起史地学家注意。清张澍《凉州府志备考》"祥异古迹卷一"言："骊靬故县，按，盖犛靬国人降，置此县以处之也"。张澍认为骊靬是为安置犛靬，当时称为大秦国的降人设置的[3]。这几种说法对骊靬县名的由来提出不同的看法，但他们共同表明了这个淹没在历史洪流中的地名，与西域诸国有着不可分割的联系。

骊靬城会成为永昌县这样一个西北偏远县城的旅游业发展重点，实际上很大程度上是依赖着国外史学家的大胆假设和当地媒体的热烈报道带来的机遇进行发展的。1957 年英国人德效骞发表名为《古代中国的一座罗马城》的文章，文中提到公元前 57 年，一支罗马军队在战争中大败，一万多名被俘罗马士兵下落不明，他从匈奴郅支单于所著城防与和汉军作战时所用鱼鳞阵中推断其中有罗马军人参与。后甘延寿、陈汤所帅汉军俘虏约 145 名罗马军人，汉朝廷将他们迁至河西安置。公元前 79 年至公元前 5 年，汉帝国出现了一个意为罗马的"骊靬"县，这就是骊靬县为来自罗马帝国的臣民聚居之所的有力证据。1989 年，一位名叫戴维·哈里斯的澳大利亚教师来到改名前的骊靬村——者来寨进行考察。哈里斯认为他发现了现存于中国戈壁滩边缘的古"罗马城市"的遗迹。12 月，《人民日报》发表了《永昌县有座西汉安置罗马战俘城》为题的报道，发表了多国学者的联合发现，西汉元帝时期设置的骊靬县是用作安置罗马战俘的，遗址在永昌县境内。之后关于古罗马军团和骊靬古城的报道沸沸扬扬，正是这种媒体效应，让永昌县政府发现了发展旅游的机会。永昌县城现在所存"骊靬怀古"雕像，骊靬城附近的骊靬亭，就是在当时建成。

实际上骊靬城名的由来和神秘失踪的罗马军团的传说，在史学界引起很大争议，至今仍无定论，但来自远方的东西方文明的接触、这种不能确定的神秘性，确实吸引了来自各地的游客前来。

（三）多种宗教文化交汇的糅合地

骊靬城建设完成后，建筑风格呈现出明显的东西方文化元素杂糅并且宗教氛围浓厚的整体风格。整个骊靬古城的主体建筑是一座佛教寺庙，寺庙的中心是一座有着五个金色穹顶的罗马神庙，并以罗马石柱作为装饰，但建筑的外墙则又呈现出天主教建筑的特征，比如以彩色玻璃拼接而成的十字架图案。在建筑内部，供奉有巨大的佛像，寺内梵音不断，香火不绝。骊靬城金山寺由浙江东天目山居士齐素萍投资建设，于 2011 年在位于骊靬古城遗址黄毛寺旧址上重建，主要建筑有大雄宝殿、钟鼓楼、天王殿、地藏殿等建筑，2012 年由金昌市民族宗教事务委员会批复同意，定名为"金山寺"。

骊靬城除接待游客外，来往的更多是来自各地的善男信女。骊靬城呈现出如此鲜明的多宗教糅合的特色，原因应是投资者和当地政府对骊靬城规划的相互协商的结果。骊靬城以罗马军团的流落地得以出名，为发展旅游业提供了机会，所以在骊靬城建设永恒的过程中，自然考虑到多方面因素，将其建设成为多种宗教元素相融合的宗教场所。

三、骊靬城旅游资源开发存在的问题

与其他旅游景区相比，骊靬城旅游业发展缓慢，竞争力不足，原因在于对自身文化资源开发不足，缺乏丰富的文献资料支持，所以无法充分表现自身特色和优势。笔者认为骊靬城旅游资源开发存在以下问题：

（一）文献资料支持不足

骊靬城可以说是借助着对于一个历史谜案的争论获得了开发与重建的机遇，但同时逐渐发现的历史真相也决定了它未来的发展命运。一方面是罗马军团遗址的存在吸引了一部分游客的好奇而前来，另一方面则是随着对这段历史的深入研究，骊靬城最初开发的依据被怀疑是人为制造的噱头，原因在于它赖以重建的历史文献资料不足以支撑其继续靠罗马军团遗址这一卖点继续发展。笔者认为地方文献真实反映了一个地区从古至今的自然和人文状况、再现了地方社会发展的全貌，放弃了对地方文献中信息资源的开发，将使旅游景点的设立缺少基本依据，骊靬城的发展正是局限于缺乏充足的历史证据证明其开发价值，所以急需在地方文献史料中找到其历史证据，并从中梳理出骊靬城演化发展的真正历史脉络，充实其文化内涵。

（二）文化内涵不足

对地方文献史料研究和利用不足造成了文化内涵缺失。骊靬城的建设风格总体来说是对西式罗马建筑风格的生搬硬套，表现出开发者对于骊靬文化的理解仍流于表面，不能将异域风格与当地的风土人情融洽地结合为一个和谐自然的整体。骊靬城的主体建筑采用了以西方罗马建筑风格为主，糅合东方佛教建筑的建筑方式。这种建筑风格虽然独特，但是在实际建成后呈现出一种不够协调的结果。主要体现在景点的雕塑、建筑大都简陋粗糙，布局经不起推敲，没有经过严格的历史考证，异域风格流于表面；东西方建筑风格过度生硬，缺乏内在统一性，整体上缺乏美感，文化历史感淡薄。

骊靬城在建设规划上本意是建成西北地区一个风格独特的异域文化符号，但实际建成后成了一个风格杂糅的宗教场所。虽然骊靬古城复建因文化内涵不足等原因遭到相关学者批评，但其作为当地一个重要人文景观之一，仍有发展旅游业的独特价值。根据地方文献记载永昌县有悠久的宗教信仰历史，尤其是佛教文化的传播和发展，在形成了十大名寺这样的宗教文化景观群，如敕造于公元561年，因隋炀帝亲临礼佛而声名大噪的圣容寺；建于唐代，称为永昌第一禅院的金川寺；充满神秘传说的孩母寺等，这些寺庙不仅在地方文献中收藏了众多民间传说和历史信息，而且在周边地区已经有一定的知名度，是当地旅游业的重要开发项目。

四、利用地方文献开发骊靬城文化旅游资源的措施

骊靬城文化旅游发展存在着地方文献利用不足造成的文化性缺失，历史证据不足等问题，这些问题的解决亟须地方文献以其丰厚的历史文化内涵与信息资源作为支持，让文化与旅游结合更紧密，打造文化底蕴深厚的旅游景区，以求对骊靬城旅游资源开发起到促进作用。

（一）为文化旅游建设提供资料支持

地方文献就是指地区各类文献的总称，真实地反映了该地区从古至今的政治、经济、文化。自然、军事、艺术等一切自然和人文情况，再现了地方社会发展的全过程，既体现了地方特色，又体现了民族特色。[4]地方文献形式上可分为资料性文献和实物性文献。前者以文字或图像形式留住了当地的历史，后者则以实物形式直观形象地将当地文化艺术展现于人们眼前。骊靬城作为一个旅游景点，其亮点在于它本身是一个历史悠久的区域，陆上丝绸之路最繁华的地区的一部分，是民族融合和东西方文化交流的印记为其带来经过历史积淀留存下来的神秘气息，正是这种厚重的历史感和独特的人文景观吸引着旅客来往。文化旅游业的发展离不开历史文化资源的支持，而地方文献则是深埋历史文化资源的土壤，骊靬城旅游资源的开发离不开对其相关地方文献中蕴含的历史文献资源进行深入发掘和研究。

具体来说，对骊靬城旅游景区的历史文化进行研究，可利用的文献资源和开展工作如下：

一是充分发挥地方志的资料作用。关于骊靬城最早的记载可追溯到西汉《汉书·地理志》，之后经历多次变迁"骊靬"之名渐渐湮灭，地方志中往往记录了当地在历史上的行政区域、自然、经济、文化等方面的变化情况，搜集并整理当地方志中关于骊靬城的信息，一方面有助于理清骊靬城的历史文化脉络，用古籍文献作为开发旅游文献资源的强力佐证，另一方面，地方志中对于风俗、人物等人文景观方面的记载，如果充分发掘其中具有鲜明地方特色的部分，并加以加工，可以转化为当地旅游文化资源中"人无我有"的特色资源。

二是对当地历史文化资料进行发掘、整理、研究。例如当地文史资料汇编，往往结合当地的历史、文化特点，以丰富而生动地资料浓缩了当地社会生活的方方面面，以《永昌县文史资料汇编》为例，其中对于骊靬城的历史文化渊源史料查证的研究文章收录在内，可为当地旅游资源的开发提供依据和材料。

三是利用可作为宣传手段的音像制品。公共图书馆作为一个地区的地方文献收藏和保护机构，不仅重视保存纸本地方文献，同时也注意搜集当地的影像、电子等文献资源。以骊靬城旅游资源开发为例，当地图书馆搜集的关于介绍骊靬文化的纪录片、旅游景点的宣传片，甚至于以骊靬文化为背景拍摄的电影，都是让旅游者接触到旅游信息的有利媒介，华夏骊靬影视城的建设也为骊靬城旅游文化资源开发提供了扩大宣传渠道的可能性。

（二）为文化旅游建设充实文化内涵

文化是旅游业的灵魂，其本质是以文化为主体的经济活动，离开文化搞旅游业则丧失了旅游业的文化内涵。开发地方文献是发掘旅游景点文化内涵的前提。地方文献保存、揭示和传递了地区的地理、政治、经济、文化、社会等信息，其中涉及到历史文化、风俗民情、历史人物、民间艺术等众多方面，从不同的角度体现着地方特色，传递着地方历史文化信息，蕴含着无限生机，是发展当地文化旅游的重要资料。一个地区要发展旅游，要善于从地方文献中捕获文化信息，抓住亮点，深入开发，打造具有民俗特色、文化特色和地方特色的旅游项目。

借助学术讨论和媒体炒作的热潮，永昌县政府抓住了机会将骊靬城打造成为当地旅游业的重点项目，但一个地区旅游业的长期可持续发展不可能仅靠单一的人造景观支撑，旅游景点的开发必须扎根于当地的文化土壤，与广泛体现在当地历史文化信息中的独特精神气息相联系，形成和协同统一的文化氛围，唤起游览者的文化共鸣，如此旅游文化景观才能拥有长久的生命力。

以骊靬城这一旅游景点的开发为例来看，地方文献中蕴含的知识信息不仅仅是佐证其历史真实性的证据，更为值得发掘的是其中记载的关于当地文化遗址、古城、宗教状况和风俗等信息，这些信息共同呈现了一个地区的独特风貌。

骊靬城旅游资源的开发应当注意到，金山寺虽是新建，但其前身黄毛寺与当地浓厚的佛教文化发展土壤有着深刻的联系。在旅游资源开发的过程中，应当注意在地方文献中发掘骊靬城金山寺与当地其他佛教文化景观的内在联系，以文化内涵为纽带，将单一的旅游景点相互联系，形成内在和谐的宗教文化旅游产业链，利用骊靬城较高的宣传效应，由骊靬城金山寺为龙头带动当地宗教文化旅游景观的发展。相对地，其他景点悠久的历史文化积淀又可以为骊靬城文化旅游资源开发充实文化内涵，由此形成优势互补的良性循环，促进当地旅游文化资源的整体可持续发展。

总之，地方文献是一个地区风俗民情、历史事件、重要人物的全面且真实的记载，其中蕴含着丰富的历史信息和文化资源，是一个地区发展旅游业，打造有竞争力的文化旅游品牌的信息资源库。合理并充分地利用地方文献有助于当地文化旅游事业的发展。骊靬城这一景点的长期可持续发展，必须从当地地方文献中深入挖掘用以支持自身开发的历史资料和充实自身文化内涵的信息资源。

参考文献：

［1］赵向东．骊靬文化之历史钩沉及再认识［J］．哈尔滨工业大学学报，2012，14（4）：89－94．

［2］闫晓东．骊靬城的再现——现代异域文化旅游中的戏剧效应［D］．兰州：兰州大学，2016：8－11．

［3］汪受宽．骊靬县名由来与设置年代检论［J］．敦煌学辑刊，2000（1）：114－119．

［4］唐爱莲．谈地方文献与地方旅游业的开发——以梅州客家文化资源的开发利用为例［J］．科技情报开发与经济，2008，18（10）：23－24．

以地方文献为支撑的公共图书馆
文旅深度融合思路

刘伟华*

在文化和旅游融合发展的新时代，公共图书馆依托地方文献，可以为旅游提供文化内涵支持、地方史料支持、开发策略支持、文化输出支持及文创素材支持等，把"文化力"的内核真正注入旅游中。全面加强地方文献基础业务建设是公共图书馆参与文旅深入融合的重要基础和保障。

一、地方文献是公共图书馆参与文旅融合的基础和保障

文旅融合是顺应新时代发展的国家战略，给文化和旅游同时带来了新机遇，注入了新动能。作为公共文化服务体系重要组成部分的各级公共图书馆，获得机遇的同时，新的挑战也与之并存。如何在"文旅新时代"背景下准确定位和深入发展图书馆事业，并切实有效地助推当地旅游发展，真正实现"诗与远方"的并肩前行，是公共图书馆面临的重要课题。在公共图书馆用于推动文旅融合的各要素中，文献既是基础，更是图书馆区别于其他文化单位的独特优势；而承载本地区优秀文化的地方文献，正是图书馆实现"以文彰旅"工作思路的最深厚基础和最有力保障。无论是文化还是旅游，"区域性"所带来的独特性和差异性才是成就其特色和魅力的决定性因素。可以说，任何一个旅游品牌，都植根于区域文化，依托于区域文化，小到一个村镇，大到一个国家。因此，地方文献作为公共图书馆的核心和特色资源，作为记录本地区优秀文化的重要载体，应该也必然会成为公共图书馆参与文旅融合的最丰富的文化源泉和最有力的资源保障。

---

* 刘伟华，黑龙江省图书馆。

二、地方文献服务文旅融合路径

所谓"以文促旅"，实际上指的就是对于本地区文化的开发，使其转化为能被旅游者接受的旅游产品或商品。而地方文献恰好是区域文化的承载体，其丰厚的历史文化底蕴，丰富的地方史料，丰硕的地方文化研究成果，都可以为旅游业的发展提供各种直接的、间接的文化支持。所以，图书馆从地方文献的利用和研究出发，丰富本地区的旅游文化内涵，才能真正促进本地区旅游的长盛不衰，长青不败。具体来说，地方文献可以为地方旅游提供以下几方面的支持。

（一）文化内涵支持——地方文献是本地区旅游文化内涵的价值源泉和注脚

文化是一个群体在一定时期内形成的思想、理念、行为、风俗、习惯、代表人物，以及由这个群体整体意识所辐射出来的一切活动。不同地域，文化名称虽然相同，但内涵却相异，且差异巨大。所谓地域性，实际指的就是区域间的文化差异。正是由于这种区域差异的存在，美才蕴含其中，价值才得以体现，也才最具有独一无二的魅力。正是由于独特的区域文化，才能打造出独具特色的区域旅游品牌产品，才使每一个地区的旅游业发展都有自己的一片天地和无可取代的吸引力。文化与旅游融合，不是说纯粹的自然风光魅力不再，而是说随着视野的日渐开阔，游客对旅游品质的要求越来越高，在领略一地的奇观胜景之后，更希望了解当地独特的风俗文化、饮食文化、节庆文化、甚至想和当地居民原汁原味的生活状态做一次亲密的接触。表象上暂时吸引游客目光，却无法真正震撼游客心灵的猎奇式旅游，已经越来越没有长久生命力和竞争力，终将会在旅游市场中被淘汰。旅游真正博弈的是一定是文化内涵，文化内涵决定着旅游产品的价值和品位，是支撑旅游业可持续发展的核心资源。只有紧紧抓住文化的精髓，才能打造真正的有生命力的旅游产品。地方文献是地区文化的积淀和传承，是图书馆传播地方文化的载体。各级公共图书馆要充分利用馆藏丰富的地方文献，深入发掘本地区自古以来积淀下来的优秀文化，揭示其丰富内涵，并在旅游项目和旅游产品中注入区域文化元素，通过旅游来展现本地区文化所代表的包容性、开放性、进取性等文化特征，这些特征所体现出来的文化内涵才是旅游的价值源泉和灵魂所在。

（二）地方史料支持——地方文献是衔接景点和游客之间的文化驿站

地方文献是对某一特定区域政治、经济、历史、文化、教育、自然、地理等的综合记录和反映，其最大的特点是其丰富的资料性，因而被誉为"一方文化之全史"。学者傅斯年说"史学即史料学"。清代史学家章学诚论史料如"有璞而后施雕，有质而后运斤"。地方文献无论是文字的，还是实物的，都在记录和传承着不同区域的历史和文化，演义着不同民族的岁月变迁，诠释着自然景观化的过程。翻开一个地区的地方史料，就打开一部部区域文化史。以黑龙江为例，黑龙江省图书馆藏丰富的地方史料保留下来了悠久的龙江史前文化，渤海文化、鲜卑文化、金元文化（图1），记载着闻名中外的中东铁路，"东方小巴黎"的过往，记载着"冰雪之冠"、生态屏障，记载着祖国粮仓、老工业基地，记载着抗联精神、大庆精神、北大荒精神，记载着神奇的鄂伦春、童话般的北极村，记载着有东北虎的森林、有丹顶鹤的湿地，也记载着屈辱的伪满历史、731部队、海参崴的前世今生。此前被广为流传的"黑龙江八分钟"，可以说每一秒的背后，都有一份地方文献统计资料的印证，每一句话的背后，都有一部龙江史料的支撑。可以说，离开了史料支撑，地方旅游便没有了故事和内容。如果说，文化内涵是旅游的灵魂，那么地方史料就是旅游的血肉，有血有肉的旅游项目才能生机勃勃，风光旖旎。因此，各级公共图书馆应深入挖掘地方文献资源，为地方旅游提供丰富且翔实的史料，为地方旅游讲好历史故事，成为衔接景点和游客之间的文化驿站。

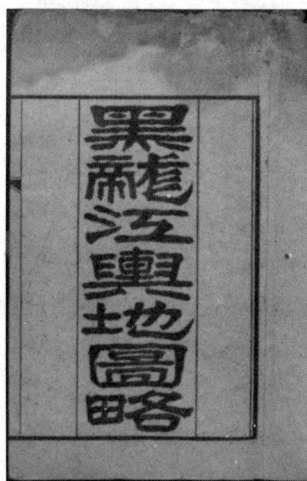

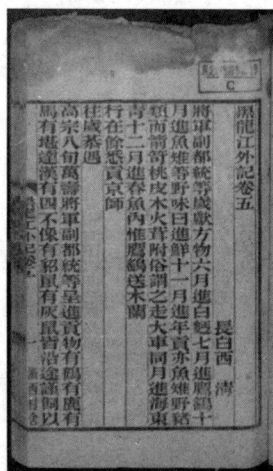

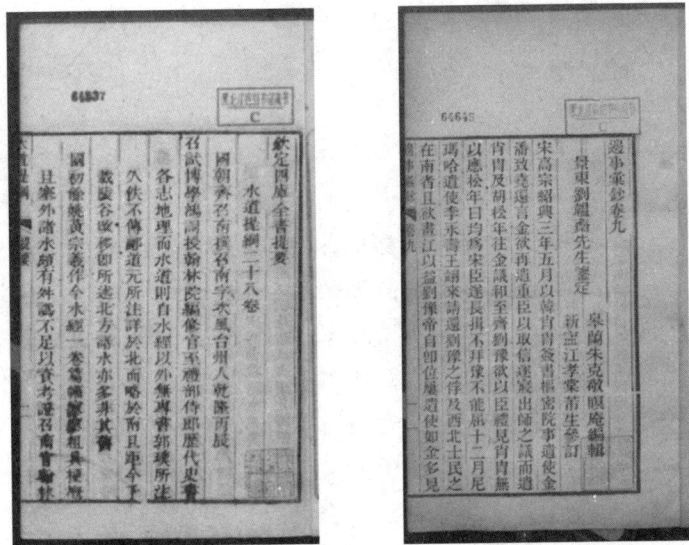

图 1　馆藏历史文献书影

（三）开发策略支持——地方文献是当地旅游品牌开发的核心竞争力

旅游景点不同于商品零售、体育运动、影视欣赏等临时聚集地，高品质的景点是一个永久性的游览目的地，能长期吸引旅游者和当地居民来访，并为他们提供一系列的愉悦体验机会。而那些肤浅的、快餐式的、复制式的景点是不会有持久生命力的。所以说，旅游品牌是无形的旅游资本，是影响旅游者行为决策的重要影响因素。一个地区在其旅游业发展中如果能推出本地区的旅游品牌，构筑完善的旅游品牌体系，它就能在国内外的旅游市场上获得较强的旅游竞争力。因此，地方旅游品牌的开发，无论是文物遗址的重建修复，还是历史事件和地方名人的场馆规划，即便是自然景观和主题公园的开发，都必须进行准确定位和深入论证。景点规划的准确定位关系到地方旅游品牌开发的成败，是旅游品牌中最重要的组成部分。景点开发所强调的新颖性、独特性和异质体验性，客观上要求与记录和传承这些特征的地方文献紧密结合。设计者需从地域、人物、历史、甚至一些小范围、边缘化、远离主流的，久远时代的角度去思考本地区的旅游景点规划，地方文献资源所包含的内容恰好是这些特征和因素的集合体。所以公共图书馆应该准确捕捉地方文献中的有效信息，合理地参考和运用地方文献的研究成果，为景点的开发提供积极的文化介入和文化指引。同时，公共图书馆还应该积极参与本地区旅游品牌的规划建设，为品牌创建提供开发策略，并赋予这个品牌以独有的历史风味和文化性格，帮助旅游部门策划出有文化吸引力的旅游品牌。总之，图书馆要做的就是参与景区规划，把"文化力"的内核真正注入旅游品牌当中去。

（四）文化输出支持——地方文献是地方旅游文化输出的持久动力

文化输出的本质是传递真实、全面的地区文化。文化输出的强大与否是展现一个国家、一个地区软实力强盛的重要指标。越是发达的地区，越是重视文化输出，那么其他地区的人才会越来越多地接触到该地区的文化。文化输出不仅能增强文化自尊和文化自信，而且能获得更多的文化认同。因此，将本地区文化的核心价值传递出去，让富有魅力的地方文化走出本省，甚至走出国门，是各级公共图书馆人作为地方文化传播者的历史使命。随着文化多元化的发展，不同文化、不同价值观相互交织，这时，如何让地域文化中先进的思维模式、价值观、习俗、语言在社会上产生认同感，久而久之，催生价值认同，是对地方旅游文化中的深层次、高级别的要求。图书馆可通过其强大的传播能力，以地方文献资源为依托，全面加强地方旅游文化、传统文化和先进文化传播，做强地方文化输出，并借以催生这种价值认同，为地方旅游事业的发展营造良好的品牌文化环境和文化自豪感。图书馆作为地方文化的输出平台，一方面可以广泛开展乡土教育，包括对普通读者、大中小学生、政府机构和企事业单位人员、老年群体等，增强人们对家乡文化的了解和传播，对本地文化产生归属感和自豪感；另一方面，图书馆还应该加强对文化和旅游单位人员、对外服务窗口单位人员、各类志愿者队伍等的准专业级地域文化培训，重点提高此群体的地方文化素质和修养。此外，图书馆还可以积极开展地域文化传播和交流活动，通过会议、讲座、展览展示、阅读推广、学术交流等方式全面输出区域旅游文化和地方文化，切实增强本地文化的社会认同感和旅游文化的品牌美誉度。

（五）产品创意和素材支持——地方文献是旅游文创产品的创意源和素材库

大众旅游时代具有娱乐性、世俗性、功利性的特征，在旅游开发过程中也应该正确把握地方文化的市场化问题。文旅融合的成果可以是一个大的旅游项目，也可以是一个小的旅游文化符号，一件充满文化内涵的文创产品。"故宫文创"成功的案例表明，一方面，传统文化的回归给文创产业带来了商机，另一方面，大众对优秀文创的饥饿，也给文化和旅游工作者带来的思考。借助文创，旅游商品已经成为旅游营销中的重要载体。开发适合大众旅游需求的创意产品，不仅能起到旅游品牌营销的作用，更是极大地提升了景区文化内涵，扩大本地区整体的旅游吸引力。那么，如何让地方文化与现代生活无缝对接，如何能让地方特色的文创产品贴近生活，兼具文化内涵和实用价值，是文化事业、文化产业和旅游业共同思考的问题。作为图书馆，应该重点开发地方文献中的历史资源和文学艺术资源，对具有地域历史文化代表性的照片、手稿、日记、信函、传记、回忆录等，以及反映当地文学艺术较高水平的诗歌、戏曲、小说、故事、绘画、雕塑、剪纸资料等进行系统的整理和开发。图书馆通过搜寻古籍、地方志、地方史料等，发掘和整理这些资源，并与旅游部门沟通，提供文创产品创意思路、合作开发文创产品，并通过对史料的追根溯源，提高旅游文创产品的科学性、知识性、历史性、真实性和娱乐性，供旅客购买和观赏。[1]同时也使地方旅游的自然风光、历史文化、配合具有文化元素的创意产品，共同推动旅游经济的发展。文旅融合既是一种客观存在，也是一种现实需求，图书馆参与文创产品能否取得较大的成效，关键在于遵循规律、大胆探索、积极实践，并能够经受得起市场的检验（图2）。

图2　以馆藏历史文献为基础制作的文创产品

三、旅游是以地方文献为载体的地方文化的彰显

图书馆以地方文献为依托，对当地旅游发展可以提供诸多支持，"以文促旅"确实大有可为。那么，既然是融合发展，利益就必然是双向的，地方旅游对图书馆地方文献工作的促进作用也是十分重要的。地方文化要实现价值、传之久远，必须借助于一定的渠道，而旅游正是为公众分享文化价值、体验文化价值提供了最佳载体。因此，文旅融合既是推动图书馆地方特色馆藏建设的助力，也是实现地方文化高效能传播的必然要求。据统计，2018 年全国文博游超过 10 亿人次，如此庞大的旅游群体，赋予了文化传播更大的能量。图书馆除了要助推旅游发展以外，更要借助文旅融合的东风，通过旅游更好地传承和传播地方优秀文化，彰显地方文化的独特魅力，让人们在旅游中体验到更多的文化获得感。[2]总之，文化和旅游部门都应该把文旅融合发展作为一种观念去强化，作为一种理念去贯彻，作为一项原则去坚持，而不要仅仅是把它作为口号去宣传，或作为阶段性工作去完成。文旅要并肩而立，真正实现互惠双赢，共同发展。

四、全面加强地方文献基础业务建设，让地方旅游文化传承不再乏力。

2018 年，《中华人民共和国公共图书馆法》（以下简称《图书馆法》）的出台，不仅为公共图书馆事业提供了最有力的法律保障，同时也对地方文献工作提出了明确要求。《图书馆法》第三章第二十四条明确规定，"政府设立的公共图书馆应当系统收集地方文献信息，保存和传承地方文化"。这也是继文化部1982 年颁发的《省（自治区、市）图书馆工作条例》指出，"搜集、整理与保存地方文献是省市公共图书馆的主要任务之一"之后，时隔三十多年，以法律法规的形式，重新对公共图书馆地方文献工作提出要求，特别是对县区级图书馆提出了地方文献工作要求。也就是说，今后县区馆除了提供"免费的公众文化服务"以外，"保存和传承本地区的地方文化"也成为其业务工作的重要内容。《图书馆法》对地方文献工作的明确要求表明，地方文献是各级公共图书馆最核心、最具特色的馆藏之一。从业务工作来看，一个图书馆地方文献工作开展的如何，往往能反映出这个馆的办馆方针、藏书质量和服务意识的总体水平；从长远发展的角度来看，地方文献绝对是公共图书馆的立馆之本和兴馆之基。

公共图书馆以地方文献为基础，在文旅融合的大环境下确实大有可为；然而，建设体系完善、特色鲜明的地方文献馆藏，并以此为依托全面加强地方文化传承和服务才是图书馆能够更好地促进旅游事业发展的基础和保障。各级公

共图书馆应该切实贯彻落实《图书馆法》"保存和传承本地区的地方文化"的相关要求，结合"第六次全国县级以上公共图书馆评估定级工作"标准，从硬件设施、馆藏建设、服务水平、人员队伍、经费保障等方面进一步确立地方文献工作的重要地位，并踏踏实实地做好地方文献基础业务工作。总之，公共图书馆应以地方文化为魂，以地方文献中蕴藏的深厚文化对本地区的历史延续力、文化凝聚力、科技创新力、道德感召力、语言覆盖力以及形象亲和力等给予强有力的智力支撑，给予地区旅游事业以持续的文化滋养，进而催生地区文化旅游事业的新业态，激发文化旅游的新活力，促进文旅融合的新发展。

参考文献：

[1] 任庆芳. 地方文献与红色旅游资源开发 [J]. 图书馆建设，2006 (5)：108 – 110.

[2] 杨志纯. 推动文旅融合发展从理念走向行动 [N]. 中国文化报，2019 – 01 – 24.

文旅融合下的图书馆地方文献发展研究

张振慧*

　　本文分析了地方文献是图书馆参与文旅融合的突破点，总结了前人对图书馆以地方文献参与文旅融合的理论研究与实践探索，提出了加大地方文献的重视程度、加深地方文献的开发利用和加强地方文献的宣传推广，提出了文旅融合下图书馆地方文献工作的发展策略。

一、地方文献是图书馆参与文旅融合的切入点

　　随着国家文化和旅游部以及各省、市、县（区）文化与旅游机构改革的逐步完成，文旅融合随之成为社会关注的焦点。文化与旅游的关系也成为人们热议的话题，有的把"诗"比喻文化，"远方"比喻旅游，文旅融合意思是文化与旅游的结合，文化可以更好地走向"远方"，旅游就更有"诗"意；有的指出"旅游没有文化就等于没有灵魂"，"没有旅游文化就没有了重要的载体"；有的认为旅游使文化更有活力，文化使旅游更有灵气，只有同时遵循文化传承与旅游发展的规律，并使两者有机融合，文化才有活力、旅游才有灵气[1]，各种说法众说纷纭。不管哪种说法，都在深化文化与旅游之间的关系，从而为文旅融合发展提供理论支撑。当前，我国社会各界对于文旅融合都在积极的探索实践中，其中如何用独特的文化内涵和文化魅力诠释旅游，又如何用旅游更好地传播特色文化、提升文化软实力[2]，是文化机构文旅融合研究的一个重要方向。这个研究方向要求是充分挖掘地方文化，打造区域文化名片。地方区域文化成为文旅融合发展的重要实现形式。

　　地方文献涵盖一个地区的疆域沿革、社会政治、经济状况、科教文化以及名胜古迹、风土民俗等各类文献的集合体，是地区的客观缩影与文化底蕴的集

---

　　* 张振慧，河北省迁安市文化广电和旅游局。

中反映，是地区历史文化典籍中最富地域特色的活化石，具有承载历史文明的史料，是图书馆信息资源中真正宝贵的财富，是图书馆馆藏特色的标志。[3]图书馆一直致力于地方文献的搜集、整理、研究和保存等相关工作，是其日常工作的重要组成部分。

文旅融合以地方文化作为融合发展的重要实现手段，图书馆地方文献工作是要保存地方文化的各种文献资料，可见两者存在着明显的交集——地方文化。这说明在文旅融合背景下，图书馆可以通过地方文献工作，以地方文化为实现载体，实现文化与旅游融合发展。这样不但拓展了地方文献工作的研究领域，还成为图书馆参与文旅融合的重要实现方式，实现多方共赢的发展格局。

二、图书馆以地方文献参与文旅融合的工作基础

早在文旅融合概念没有正式提出之前，国内学者就以图书馆旅游休闲为切入点，研究文化和旅游共同发展路径。其中一个重要的研究角度就是图书馆开展地方文献工作，充分挖掘地方文化资源，服务旅游业和旅游经济的发展。黄雁湘认为地方公共图书馆应该挖掘地方文献，进行深层次的开发与利用，为地方旅游提供各类指导和参考，切实体现图书馆存在的社会价值[4]。和惠仙以迪庆州图书馆为例，指出了地方文献对地方旅游的推动作用，提出了图书馆以地方文献资源支持旅游发展的策略，并提出了加大宣传相关知识，做好搜集、整理、保护和建立地方文献资源共享平台的地方文献工作建议。[5]王小会和詹长智总结分析了海南大学图书馆依托地方文献提供旅游信息服务的实践，主要是通过建设《海南旅游信息资源数据库》实现的，开发利用其地方文献资源。[6]任庆芳分析了地方文献与红色旅游的关系，提出了图书馆依托地方文献开发红色旅游资源的措施。[7]谢妙慧分析了荔湾地方文献中蕴藏的旅游资源，以及荔湾地方文献对旅游的推进作用，提出了4条如何利用地方文献服务荔湾旅游事业的意见和建议。[8]

总的来说，图书馆界早已经认识到地方文献与旅游业的密切关系，进行了深入的研究，并以地方图书馆地方文献工作推动着旅游业的发展。这为图书馆以地方文献参与文旅融合提供了一定的理论参考与实践经验。

三、文旅融合下图书馆地方文献工作的策略

当前文旅融合的理念深入社会各个领域，图书馆也不例外。图书馆创新地方文献工作，不但能够拓展图书馆研究范围，深化服务，还能深化地方文化内

涵，与旅游相融合，就能成为文旅融合的突破点，是图书馆参与文旅融合的重要实现方式。图书馆应该根据自身特点，在地方文献工作中融入文旅融合理念，加大对地方文献的重视程度，加深地方文献的开发利用，加强地方文献的宣传推广，深化地域文化特色，实现地方文献发展、图书馆事业发展以及文旅融合发展的多方共赢发展格局。

（一）加大地方文献的重视程度

2018年国家文化和旅游部的正式成立，各省、市、县（区）文化与旅游机构随之逐步改革到位，文旅融合成为了社会发展大趋势。笔者于2019年6月1日以"文旅融合"为主题词在中国知网数据库中进行检索，发现相关文献436篇，其中2018年1月—2019年6月份近一年半的时间内就有相关文献305篇，占文献总量的70%。且涉及融合发展、旅游业、产业融合、文化旅游产业、全域旅游、深度融合、文化旅游、乡村旅游和文化创意等35个主题，研究内容与触及领域十分广泛。作为文化服务机构的图书馆，对文旅融合的研究文献只有5篇，产量甚少。

鄢莹[9]总结分析了研学旅游、民宿图书馆、网红图书馆等公共图书馆文旅融合的典型实践案例，指出了公共图书馆需要处理好其公益性与商业性、基本服务与延伸服务等基本关系，以顺应新时代文旅融合发展趋势。王世伟[10]提出了公共图书馆文旅深度融合的命题，介绍了国家文化与旅游部的成立，阐述了国内外图书馆文旅融合的理论与实践；总结了包括会展旅游、浙江丽水的民宿书吧、天津滨海新区图书馆等的中国公共图书馆文旅深度融合相关案例，从新理念、新机制、新路径等三个维度，论述了公共图书馆文旅深度融合如何实现的问题。郭菲[11]从全民阅读的角度，提出文旅融合让图书馆阅读融入生活；宋微[12]从公共图书馆未来发展的角度，提出公共图书馆要尊重规律、因地制宜、稳中求进、鼓励创新的文旅融合发展总要求；金龙[13]从当前研学旅游的发展现状入手，分析公共图书馆开展研学旅游服务的优势、难点及对策，探索了文化与旅游融合时代背景下公共图书馆研学旅游服务的创新发展路径。5篇文章从不同角度讨论了图书馆参与文旅融合的可能性与可行性，但要实现上述文章论述或多或少都涉及地方文献。

地方文献可以说是图书馆参与文旅融合最容易的切入点，应该是图书馆在文旅融合背景下开展的重要工作内容。尤其是作为参与文旅融合主要力量的公共图书馆，更应该加大对地方文献工作的认识，创新工作方式与方法，以文旅融合的全新理念开展地方文献工作，把地方文献的建设、开发和利用逐渐发展成为图书馆业务工作的增长点。

（二）加深地方文献的开发利用

根据《文化和旅游部办公厅关于公示第六次全国县级以上公共图书馆评估定级结果的公告》，可以确定第六次全国县级以上公共图书馆评估下的全国上等级公共图书馆共计 2521 个。根据文化和旅游部 2018 年文化和旅游发展统计公报，可知至 2018 年年末全国共有公共图书馆 3176 个。全国上等级公共图书馆占全国公共图书馆数量的 79%。地方文献工作也是公共图书馆评估定级指标中的重要业务指标，笔者未找到前三次公共图书馆评估定级的相关指标要求材料，但是根据第四与第五次公共图书馆评估指标要求，地方文献的考核集中在地方文献的入藏状况和地方文献数据库的建设两个方面[14]。第六次评估在原有指标的基础上，省、市、县三级公共图书馆都增加了"地方文献工作组织"这条全新指标，明确了以下七条细则，与第五次相比，这条新增指标对于地方文献工作的内容有了扩充，而且明确提出了工作的组织机构、人员、规划等，不仅体现了对地方文献工作的重视，也为地方文献工作今后发展更加专业化和深入化发展提供了保障[14]。

根据第六次评估中关于地方文献的指标，地方文献工作越来越正规化与规范化，并且如果全国上等级的公共图书馆都开展了一定的地方文献工作的话，那么现在我国公共图书馆领域地方文献有很坚实的工作基础。但是目前我国地文献工作存在着研究主要集中在收集、整理、开发、利用的形式上和方式方法上，研究不够深入，大多图书馆包括省级公共图书馆，地方文献利用率很低，一些县级图书馆的工作人员只知道有地方文献工作，可具体收集整理与利用地方文献的内容基本不清楚[15]。各地高校图书馆也有一定的专题地方特色文献资源，但由于体制机制等各种因素开发利用的程度不高。因此在文旅融合发展背景下，图书馆抓住机遇，对地方文献资源的二次、再次开发利用，根据自身特色协作开展，做到分工明确，共建共享，实现对现有地方文献成果的深化应用。

（三）加强地方文献的宣传推广

图书馆是地方和城市文明进步的标志，是传播知识、交流人文信息的重要场所，是城市的文化阵地，承担着向读者传播文明、宣传旅游文化的重要任务。[4]当前有一些本地读者都不太知道、了解当地的历史文化，就更不用外地来的游客。图书馆在文旅融合发展的契机下，加强地方文献、地方文化的宣传推广，在馆内设置体现本地文化的名胜古迹、历史人物、非遗工艺、风土人情、饮食文化等各类宣传展板、图片及相关材料；充分利用现代网络信息技术，在网站、微信公众号等多媒体服务手段上加大宣传力度，有条件的图书馆还可以利用先进技术安排地方文化的情景体验项目，让读者真真实实地感受当地的文化；还可以在图书馆服务宣传周、"世界读书日"活动以及各类文化节庆活动等图书馆宣传推广活动中增加对地方文献及文化的宣传推广，使地方文献宣传成为图书馆宣传推广的基本组成部分。

参考文献

[1] 王兴斌. 辨析文化与旅游关系的几个说法 [N]. 中国文化报, 2018 - 12 - 08 (007).

[2] 湖北经济学院旅游与酒店管理学院. "文化 + 旅游"：在包容中走向繁荣 [EB/OL]. 湖北经济学院旅游与酒店管理学院网, 2019 - 06 - 03.

[3] 赵世林. 多元文化下的图书馆建设与发展：第五届中美图书馆实务论坛论文集 [M]。北京：民族出版社, 2013：62 - 64.

[4] 黄雁湘. 地方公共图书馆开发利用旅游信息资源初探 [J]. 图书馆论坛, 2009, 29 (2)：115 - 117.

[5] 和惠仙. 地方文献对旅游经济的推动作用——以迪庆州图书馆为例 [J]. 图书情报工作, 2011, 55 (S1)：114 - 115, 149.

[6] 王小会, 詹长智. 海南大学图书馆为旅游产业提供信息服务的实践 [J]. 图书馆建设, 2008 (3)：46 - 47, 50.

[7] 任庆芳. 地方文献与红色旅游资源开发 [J]. 图书馆建设, 2006 (5)：108 - 110.

[8] 谢妙慧. 活用地方文献 服务荔湾旅游业 [J]. 图书馆论坛, 2004 (3)：151 - 153.

[9] 鄢莹. 公共图书馆文旅融合的典型实践与分析 [J]. 图书与情报, 2019 (1)：111 - 114.

[10] 王世伟. 关于公共图书馆文旅深度融合的思考 [J]. 图书馆, 2019 (2)：1 - 6.

[11] 郭菲. 文旅融合让阅读融入生活 [N]. 新华书目报, 2019 - 04 - 05 (16).

[12] 宋微. 文旅融合空间下公共图书馆发展路径的分析与思考 [J]. 兰台内外, 2019 (10)：53 - 54.

[13] 金龙. 文旅融合背景下公共图书馆研学旅游服务创新策略 [J]. 图书馆工作与研究, 2019 (5)：123 - 128.

［14］柯平，胡银霞．创新与导向：第六次全国公共图书馆评估新指标［J］．图书馆杂志，2017，36（2）：4-10.

［15］郝君．地方文献在提升公共图书馆核心服务能力的探讨［J］．现代情报，2014，34（4）：156-158，176.

开发地方文献特色资源　促进文旅深度融合发展

郑凤岗 *

本文通过分析地方文献资源的地域性、史料性、独特性、综合性、系统性等旅游文化属性，阐述地方文献资源与旅游文化之间的内在关系以及地方文献资源在开发和提升旅游文化品质中的重要作用，进一步论述公共图书馆充分利用地方文献资源，促进文化旅游深度融合发展的新理念、新途径和新作为。

旅游是对文化和自然资源进行观赏和感悟的实践活动，是通过相关的社会文化资源与自然资源相融合而实现的文化行为，进而达到精神的愉悦。文化是人类在认识和改造客观世界的社会实践活动中凝结沉淀的一种精神和意识的存在。如何丰富旅游"内涵"，让旅游"邂逅"文化？如何"搭上"旅游的"客船"，让文化得以"声名远播"，这是当今时代赋予公共图书馆的新社会职能，也是对其提出的新发展课题。而地方文献特色资源，恰恰具备这种潜在价值与联结属性。加强公共图书馆建设，大力开发地方文献特色资源，是新时代坚定"文化自信"，促进文化和旅游深度融合的有效路径。

一、充分认识地方文献资源固有的旅游文化属性

地方文献是对地方区域政治、经济、历史、文化、教育、自然、地理等的综合记录，是特定地区风土人情、精神风貌、人文状态、社会意识等的综合反映，带有强烈的地方特色和特有的文化信息。因此，地方文献是一个地区旅游不可或缺的重要文化资源，其内容具有与旅游相关联的地域性、史料性、独特性、综合性、系统性的文化内涵，是与自然环境相融通的文化环境，具有旅游所需要的本质属性，是发展旅游的重要文化源泉。

---

* 郑凤岗，天津市滨海新区图书馆。

（一）地域性

地方文献最鲜明的特征是它的地域性。地方文献所收集记载的事实、人物和现象等信息都发生在某一特定的地域范围之内，或与这一地域范围相关联。地方文献所研究和探讨的正是这个特定地域内的历史、现状以及未来，其内容是反映特定地域内历史资料和现实资料的总和，具有地域内自然环境与社会环境及其沿革、发展的特定性。

（二）史料性

"地近易核，时近迹真"，地方文献是当地人对当地当时的事物所做的直接描述和记录，是带有"历史意义"的即时性记录。因而，文献所涉及的诸多信息内容基本上是相对稳定的客观现实反映。地方文献是我国历史文献范畴的重要组成部分，具有史料价值和学术价值，从而成为特定地域历史文化渊源的记录与描述的宝贵资源，并与这一地域的自然、社会相融合，为研究和挖掘、发展、传承、弘扬地域传统文化提供了重要保证。

（三）独特性

地方文献的独特性在于文献所记录的信息内容具有与本地域关联的特点，是专有"独一无二"的，具有不可替代的专一和专指特征。地方文献记录的诸多地方人文传承信息属于当今社会的非物质文化遗产范畴，有的成为当地甚至是国家重点保护传承的传统文化资源。

（四）综合性

地方文献的综合性在于对特定地域自然、社会、人文诸多事物的历史与现状进行了全面的综合性记录，涉及的内容十分广泛。在自然环境方面，它全面反映一个地区所能记载的天文现象、地质水文结构、地形地貌、气候与气象、物种与资源等等；在社会环境方面，则充分反映该地区的人文地理、历史、地方人物、社会经济、地方政治、社会结构、民俗、地方文化、教育、卫生、体育、以及民族、宗教、方言和文学艺术等。

（五）系统性

地方文献的系统性表现在内容上是一个有机的、内在的、相互联系的。无论是历史文献还是现实文献，其任何一项内容都具有内在的统一性和延续性，是有机联系整体[1]。

二、地方文献应当为旅游文化发展提供多侧面的文化支持

新时代的旅游是一种践行"文化自信"的文化行为现象，也是一种彰显

"文化自信"的文化传播活动。旅游文化活动的实践形成必须高度重视地方文献资源的开发及其所蕴含的旅游文化资源的挖掘。著名经济学家于光远指出："旅游是经济性很强的文化事业，又是文化性很强的经济事业"。地方文献资源蕴藏着丰富的待开发的旅游信息资源，在支撑旅游资源发展方面有着独特的优势，在旅游资源开发中能够发挥重要的不可替代的文化引领作用。

（一）地方文献为旅游发展提供史料文化佐证

地方文献中记载了地方自然风光、历史遗址遗迹遗俗、历史重大事件和重要人物、民间艺术、风土人情等，通过搜寻古籍、地方志、民间传说，追根溯源等为历史文化名胜、人文景观、旅游风景区等提供信息借鉴材料依据，提高旅游的知识性、历史性、真实性和娱乐性，能够使旅游具备"读万卷书"的文化功效。例如，滨海新区一年一度的冬枣文化艺术节的"农业生态"旅游，来自本地的《娘娘河的传说》《清宫御枣》文献的历史文化底蕴，为招揽四方游客提供了一些具有地方民族特色的传统菜式、临海风味、民俗传承艺术等史记传奇，给地方旅游增添了无穷的文化趣味。本地的地方志、乡土志的"风俗篇""艺术篇""饮食篇"，往往能提供旅游发展所需饮食文化、风俗习惯、民间艺术等的历史资料，并能成为文化与旅游整合的契合点。濒临渤海被誉为"海门古塞"的大沽炮台遗址，是国家级4A景区，其丰富的地方文献资源为这一爱国主义教育基地提供了详尽真实历史，众多史料为开辟旅游路线提供了丰富的革命文化资源。

（二）地方文献为旅游发展项目开发提供文化支持

地方文献涵盖了地方名人传记、饮食习惯、建筑风格、遗风习俗甚至于民间艺人的艺术珍品、艺术藏品、民间仪式等等诸多文化。有时文化名称虽然相同，但由于地域不同其文化内涵却大相径庭。翻开不同地域的文献史料，便会发现每一区域的历史、文学、文字、地理、宗教、科学、建筑、园林、书法、绘画、民俗、掌故都具有各自的丰富、厚重的不同的文化价值，展现着独特的魅力。近年来，滨海新区利用本区域独特的文化资源，陆续开发出一些新的旅游项目例如。坐落在北塘的"北塘古镇"是遵从本地区地方文献资源中描述的本地附近古建筑风韵，仿古建设而成。又如新世纪开发的"古海岸遗迹"和"国家海洋博物馆"等旅游项目，其大量沿海地区的水文资料与"海文化"的沿革都来自本地区地方文献的记载。依仗这些独特的区域文化资源，必然能够打造出独具特色的旅游品牌项目，成为滨海新区旅游文化发展的亮点，展现着文化和旅游深度融合的广阔前景。

（三）地方文献为旅游发展提供品牌文化支持

旅游项目和产品的开发并非凭空臆想，而是以地方文献特色资源中有关自然条件、民族风情、诗文典故等作历史依据，需通过搜集相关信息，进行综合分析判断，才能开发出具有民俗特色、地方特色、突出特色文化内涵的高档次、高品位的旅游品牌。针对旅游资源文化内涵的挖掘，滨海新区提出挖掘地缘文化内涵，整合开发"鲤鱼跳龙门""航母主题公园""冬枣驿站""古海岸遗迹""大沽炮台""海昌极地海洋世界"等景区（点），打造出沿海旅游项目的品牌。通过对原有人文景观和自然景观的再整合、开发，赋予文化和自然遗产以新的文化内涵，在保护中加以发展和利用，打造自己的旅游文化品牌，从而形成综合旅游优势。游客在欣赏自然风光的同时，进一步领略当地风土人情、历史文化，不断满足游客多层次、多方位的旅游文化预期，推动旅游业的可持续发展。

三、"释放"公共图书馆地方文献潜能，促进文化与旅游深度融合发展

新时代坚定"文化自信"的中国，文化和旅游的深度融合发展，被形象地誉为"诗和远方"的结合。这是时代发展的必然，也是"文化自信"的具体体现。旅游的发展和文化自信的建立是相辅相成、互相促进的。文化和旅游的深度融合发展，为公共图书馆在文旅深度融合发展的服务中带来挑战和发展机遇，这也使其具有的地方文献优势得以发挥。

（一）不断树立文旅深度融合发展的新理念

公共图书馆践行文旅深度融合发展对于中国当代文化旅游事业的发展的政策导向、问题导向、现实导向和目标导向作用，特别在地方文献支持方面更具有独特优势。在2018年9月举办的文化和旅游专题论坛上，国家文化和旅游部负责人指出：文化是旅游的灵魂，旅游是文化的载体，文化和旅游融合发展是大势所趋，也大有可为。文化和旅游部组建以来，按照"宜融则融、能融尽融"的工作理念，积极探索文化和旅游融合发展规律，促进文化资源保护利用与旅游发展相结合，统筹推进文化和旅游公共服务，推动文化产业和旅游业融合发展，推动文化和旅游领域国际交流合作[2]。

实践证明，文化是旅游得以持续而深度发展的内在动力；同时，旅游也是亿万人民对美好生活向往的重要方面，正处于快速持续上升态势，两者的深度融合发展可谓相得益彰。在践行文旅深度融合的理念过程中，公共图书馆正面临重要的发展窗口期，即中国当代公共图书馆覆盖全社会的公共文化服务体系建设进程与中国当代旅游业的井喷式发展增长、公共图书馆正在积极推进的"全域服务"与旅游行业正在努力践行的"全域旅游"形成了历史性交汇[3]。

各级公共图书馆尤其是地方公共图书馆珍贵的地方文献资源财富，直接为文旅深度融合发展注入强大的深厚文化内涵和人文活力，是地方文化与旅游融合发展不可或缺的精神文化锁链。广大公众对于文化学习、文化体验、文化游览存在着文化渴望，亦即旅游中的精神和灵魂层面的享受期待。这种渴望与期待，需要公共图书馆通过文献信息服务途径，促进文旅深度融合的发展来实现，这是公共图书馆人必须建立的新理念，并以这一新理念为引导不断加以新的实践和探索，从而使旅游者的渴望与期待得到满足。因此，公共图书馆的地方文献资源的开发与服务应当坚持宜融则融、能融尽融的原则，将文旅深度融合作为新时代图书馆事业进一步创新发展和提质增效的重要理念。

（二）主动迎接公共图书馆地方文献资源服务的新使命

文化的本质是人类在社会实践活动中形成的一种精神产物。人类通过与客观世界的互动交融来认识与改造客观世界，将自己的精神赋予在一定的载体上来传承。无论人类精神世界有多丰富，文化的呈现与发展都离不开客观事物的承载，总是要通过文字、图像、声音、行为等方式来将人们的精神文化紧紧地固定下来并传递下去。而地方文献是一个地区文化存储、传承、交流、发扬的重要媒介，负有推动和引领地方文化旅游发展的重要使命。

公共图书馆已经和正在成为文化和旅游深度融合发展的重要机构之一，并有着得天独厚的地方文献资源优势，在推动文化和旅游深度融合发展的今天，如何以此优势为契机，弘扬地方优秀文化传统，以推动旅游发展为纽带的地方文献特色资源职能为创新点，扩大公共图书馆的地方文献资源在文化旅游事业中的文化影响力，提升地方文化的吸引力、竞争力和文化旅游服务能力，发挥地方文献资源的功能作用具有直接的现实意义。为此，作为公共图书馆人必须主动融入，敢于担当、积极作为。

要通过文化和旅游的融合发展，推出更多独具地方文化内涵特色旅游的精品。现在人民群众对文化和旅游的需求已经从"有没有，缺不缺"到了"好不好，精不精"的发展阶段，为适应这种文化和旅游供给主要矛盾的变化，公共图书馆充分利用地方文献的特色资源，赋予提升地方旅游的文化内涵，将旅游文化项目从数量追求转到质量和品质的提升。把提升地域文化品质作为文化和旅游的生命线，坚持以人民为中心，多推出接地气、传得开、留得下的优秀文化旅游品牌项目；多推出能够铭记历史、不忘荣辱、爱国亲家、传承美德的"文化自信"旅游活动，多创造能够使人民享游、爱游的优质旅游产品，更好满足人民群众对文化和旅游不断增长的精神需求。公共图书馆在文旅深度融合发展中，努力挖掘地方文献资源的潜质，勤力协作把更多的优质的文化资源转为优质的旅游资源，以优质的文化旅游资源为主线，精心打造特色旅游产品，使群众能够享文化、乐旅途。

（三）努力探索和拓展文旅深度融合的新途径

1. 开发利用旅游文献资源，开展特色服务

充分做好地方文献流通服务工作。开辟旅游资料专柜，开展借阅服务。馆藏旅游信息资料包括报纸、杂志、图书、音像资料等。为方便读者借阅，可采取开辟旅游阅览室的办法，集中收藏，提供阅览、外借、复制等综合服务。对地方文献资源进行数字化加工，配备视听设备和多媒体设施，提供视听和多媒体观赏与复制服务。

举办旅游专题书展、影展、图片展等活动，宣传本地旅游文化资源。就滨海新区图书馆来说，利用节、庆、假日及旅游旺季游客多的机会，举办形式多样的展览，如反映滨海民间风俗、生活各个方面以及滨海特有的游古城、观海趣、海上游等民俗活动，结合以忆英雄、抗鸦片爱国为内容的图片展、地方风光摄影展、地方文献展览等，大力宣传滨海旅游资源。这些展览还可与旅游景区、旅游文化活动等联合举办，更好地起到宣传滨海、扩大影响的作用。

根据文化和旅游部门及行业需要，提供跟踪配套服务。公共图书馆应及时了解本地旅游经济发展的总体规划和各项具体计划，提供有关项目开发、市场预测、经营管理等配套信息。如对某一旅游项目的开发，可从自然成因、存在环境、民间传说、历史典故、诗文碑帖、牌匾楹联、摩崖石刻等全方位提供信息，使旅游项目从自然到人文、从历史到现代都有翔实的资料。又如旅游景区的建设，包括道路设计、环境保护、绿化美化、野生动物保护与驯养、亭台楼阁的修建等，公共图书馆都可以提供有关的信息资料。还可向旅游管理部门及与旅游业相关的餐饮、酒店、土特产加工和工艺品等行业提供国内外旅游项目开发、旅游业经营管理等方面的先进经验，或直接提供图书报刊，或提供经过公共图书馆加工编制的二次、三次文献，为本地旅游文化的发展提供参考和借鉴。

为提高旅游文化品位提供服务。与国内众多景区相比，滨海新区旅游的热度仍然不够，旅游的质量和层次需要进一步提高。文化是旅游的灵魂，地方文献资源又是地方文化的源泉，许多著名旅游区都不是以自然景观取胜的，而是以地方特有的"人杰地灵"的文化内涵而受宠，因而才有广阔的客源市场。如滨海新区北大港的湿地生态观光游，作为传承远古时代的"汉"文化圣地"三里坨""袁家喹"，以及层次丰富的生态景观让不同的游人游历，听佛教、学艺术、探历史、寻文化，让游人意味深长流连忘返。如此厚重地域文化潜质，地方公共图书馆都应着重对地方文献做进一步的搜集、挖掘、整理和宣传，并以多

种方式提供服务。

整理加工地方文献二、三次特色文献，专门为提升当地旅游文化品质服务。深度整合地方文献数字资源，建立地方特色资源旅游文化数据库，开辟文旅深度融合发展专项资源网站服务当地旅游，搭建地方特色资源的微信平台，让游人以"行万里路"方式来实现"读万卷书"的文化体验、文化欣赏、文化践行。

2. 注重信息反馈和整理研究工作

地方公共图书馆要重视文献资源开发利用的反馈信息，注意收集服务效果，对文献资源的利用过程进行跟踪控制和了解，这样既可以掌握读者的类型以及其对资料的使用情况，受益情况和需求规律，为进一步采取相应措施，提供科学的依据，为提高服务质量奠定基础；又可以对文献资源的利用过程进行跟踪、控制和了解，有利于对其进行有益的改进，在竞争中保持优势。多年来，滨海新区图书馆地方文献部门通过派发"读者使用资料反馈表"或通过召开读者工作座谈会等方式，相互交流，深入了解读者使用资料情况，共同商讨提高文献信息利用率及管理水平的对策和办法，很受读者欢迎。公共图书馆从中也得到了许多启示，对做好文献信息服务工作充满了信心。滨海新区是一个自然资源和人文资源都极为丰富的沿海开放前卫城市，把地方文献的开发与发展旅游有机地结合起来，充分展现本地区的政治、经济、文化发展的历史渊源，形成鲜明的旅游特色，使滨海新区的旅游文化发展具有独特的吸引力，才能促进滨海新区文旅深度融合的可持续发展

四、结语

新时代公共图书馆要以践行"文化自信"为核心，转变和创新理念，充分发挥其社会服务职能作用。利用馆藏尤其是地方文献资源的优势，在更大范围和空间中予以谋划和推进文旅深度融合发展，为"融合式"的形成与发展献计出力，提供必要的和强有力的文献文化支撑。

参考文献：

［1］金沛霖. 图书馆地方文献工作［M］. 国家图书馆出版社，2000：4 - 5.

［2］文化和旅游专题论坛［EB/OL］. 中国文化和旅游部网站，2018 - 12 - 12.

［3］王世伟. 关于公共图书馆文旅深度融合的思考［J］. 图书馆杂志，2019（2）：19 - 23.

郯城县地方文献与旅游资源开发

孙　磊*

　　文章以郯城县为例，介绍了郯城县图书馆馆藏地方文献的收藏情况，探讨了地方文献在旅游业发展中的作用及存在的问题，并提出收集、开发和利用地方文献，做好地方文献工作，促进旅游业发展的对策。

　　地方文献是地方文化的载体，是一个地方政治、经济、文化和社会事业发展以及风俗、民情、自然资源等的综合记录，是一个地方历史发展的见证，为旅游产业的开发提供了各种直接的信息支持。旅游是一种文化现象，同时也是一种文化传播活动，它借助于历史、文化资源，通过打造旅游产品，实施旅游服务来完成和实现其自身价值。旅游业不仅仅是看相关设施及服务的建设与完善，更是看独特的文化资源是否得到充分挖掘，被利用起来，能够吸引游客。唯有依托地方文献，将地方特色的文化资源充分挖掘融入其中，才能够建立具有特色的旅游产品，构建强势的旅游产业。

　　郯城夏商时期称炎地，西周称炎国，春秋时期演化为郯国，秦朝设郯郡，两汉时改称东海郡，唐朝元和年间改称郯城县[1]。在历史的长河中，郯城形成了灿烂丰富的地方文化。杨玉金、韩明林、刘宝玉、夏政平、秦士杰等一大批郯城本土文化研究者，写下了大量关于历史民俗文化研究的书籍，这些都成为宝贵的文献资料供读者阅读。郯城县图书馆专门设置了地方特藏文献专柜，陈列了《郯城古今名人》《郯城旅游大观》《郯文化研究》《郯城文史资料》《郯地遗风》、《郯史漫话》《郯文撷英》《郯城记忆》等地方书籍。根据地方文献的记载，郯城许多革命纪念地和人文景观都有丰富的历史记载与传说，图书馆通过对地方文献的挖掘，开发利用历史文物遗迹、宣传风景名胜，可深化旅游项目及旅游产品的文化内涵，促进本地旅游经济的发展。

---

　　* 孙磊，山东省郯城县图书馆。

一、郯城地方文献资源

地方文献是记述地方情况或具有地方特点的文献，涉及范围广，时间跨度大，主要包括方志、地方史料、地方人士著作与地方出版物，是了解和研究地方状况的重要资料。同时，地方文献是一个地区历史文化发展的缩影，记载有大量的自然、社会和人文等文献资料，能为各方游客提供本地山水风貌、风俗人情、政治经济、历史掌故等方面的著述，使游客能够更为深入地了解本地的各种情况[2]。此外，地方文献还能为本地政府制定旅游业发展规划提供科学的依据，对于旅游资源的开发利用起着极大的促进作用。

（一）挖掘文化旅游资源

郯城历史悠久，文化灿烂，名人辈出。郯城是"春秋三圣"之一郯国国君郯子的故里，留下了郯子朝鲁、孔子师郯、以鸟命官、鹿乳奉亲等诸多典故。"郯子鹿乳奉亲"被颂为"二十四孝"[3]；王僧孺"佣书养母"成千古佳话；徐勉"只谈风月，不谈公事"成官员廉明的典型；郯城籍名相于定国、薛宣、陈耽、刘虞、徐羡之、徐湛之、徐孝嗣、徐勉，著名无神论思想家、天文学家何承天；杰出的诗人徐陵、鲍照、何逊等都曾为华夏文明写下了瑰丽的篇章。

郯城县境内地貌独特，古迹众多，旅游资源得天独厚。郯国故城，风貌犹存，马陵古道，神秘壮观。庞涓沟、恨谷崖、箭眼石、老虎崖、由吾仙境、孔子登临处，一线南北；孝妇冢、于公墓、郯国故城、郯子庙、倾盖亭等古迹星罗棋布。海楼朝霞、仙洞云壑、白溪秋月、红崖古梅、沂水春帆等郯城八景，美不胜收。华夏银杏第一雄树名扬海外；中生代漩涡板块、恐龙足印化石、柏树化石举世罕见；马陵山为沂蒙山余脉，地形条件与史料上关于马陵之战的描写相吻合。清乾隆年间修的《沂州志》就曾记载："齐伐魏，孙子胜庞涓于此。"从《战国策》和《史记·魏世家》中明示魏国进军路线的记载，以及《孙膑兵法》中也可找到同样证据[4]。孙庞斗智，镌刻出齐魏马陵之战的壮丽画卷。

图 1　马陵古战场遗址

图 2　庞涓沟

　　文化遗存和非物质文化遗产，是人类社会生产和社会的物质表现，也是一种精神文化的固化物。作为历史的见证，它真实性强，形象生动，加油很强的感染力和说服力。郯城是徐氏的发祥地，中华徐氏始祖陵是天下唯一、郯城县得天独厚的文化遗存，是十分宝贵的历史文化资源。马头清真寺始建于明朝永乐三年，是鲁南苏北地区保存完好、规模最大的清真寺院，装饰古朴典雅，颇具中国宫殿建筑的传统风格和伊斯兰教特色。通过对地方文献的整理挖掘，可以赋予这些文化遗产深厚的历史文化背景，有针对性地提供相关信息，为旅游景区注入文化内涵，增添景区的文化魅力。

图 3　中华徐氏始祖陵

图 4　马头清真寺

（二）弘扬民间曲艺文化

旅游景区吸引游客的不仅仅是景区的景色和相关的文化内涵，各地的民俗风情、民间曲艺更具吸引力。地方文献中详细地记载着各地民俗风情和民间曲艺，通过充分挖掘这些资源，在旅游景区内进行表演，进一步增强景区的竞争力。郯城县是柳琴戏的发祥地，它历史悠久，剧目丰富，唱腔优美动听，表演质朴动人，具有浓郁的乡土气息和深厚的群众基础。柳琴戏已列入首批国家级非物质文化遗产保护名录，《鲁南五大调》列入第二批国家级非物质文化遗产保护名录。传统音乐唢呐曲、民歌《姐儿妞》、郯城大鼓、琴书、喜歌、说花相等通过整理改编，在郯城县刚开发的栗园小镇里进行表演，不但充实了景区的旅游内容，而且还提高了景区的影响力，取得市场竞争优势。

（三）加大文创产品开发

追求自然、和谐是中国传统的审美要求，文创产品在旅游开发方面也应遵循保护和发展并进的原则，做到开发与保护并存。郯城县非物质文化遗产项目众多、产品丰富，如港上木镟玩具、郯城挂门笺、沙沃木版年画、红花中国结、郯城剪纸、花园面塑、岳庄二胡制作、琅琊草编、杞柳编制等。传统的杞柳编制通过融入创意因子，变成了深受百姓喜爱的工艺品，从栽花草用的园艺用品到家居装饰、收纳用品，再到宠物用品，柳条成了神奇的"魔术棒"。与传统柳编制品不同，这里的每一个产品，都融入了设计师全新的创意设计理念，给人一种行云流水的感觉，产品不仅结实耐用，还抗腐蚀。郯城县根据时代和经济社会的发展对非遗项目进改革，在使其发扬光大的同时创造经济效益。

二、郯城地方文献在旅游业中的利用现状

（一）对地方文献的重要性认识不足

近年来，郯城县旅游产业有了极大的发展，但对地方文献的利用却很不够，存在诸多问题。在郯城县政府有关发展旅游业的工作报告、规划、总结及新闻宣传稿件，在旅游项目规划和旅游产品打造上缺乏挖掘利用地方文献资料，主要是对地方文献价值的认识十分有限，对地方文献资源的开发研究期限长，经济效益不易直接凸显。而开发新景点、建宾馆等可迅速提升旅游业的设施、规模和层次，且可快速获得经济回报，正因为如此才导致郯城地方文献资源开发利用程度较低。

（二）文献管理分散，征集工作力量单薄

地方文献浩如烟海，采集难度大，利用人员少，开发利用分散。从郯城当地情况来看，从事地方文献工作的有档案馆、图书馆、县志办和个人等。由于搜集、管理地方文献的各主体之间关系互不隶属，目的各异，从而造成地方文献的开发利用处于无序状态，缺乏统一的管理和协调，从而给有效使用带来极大不便。由于地方文献资料的庞杂和不规范，图书馆缺乏全方位系统的调查，工作存在盲目性和随意性，且征集力量单薄，所获文献零碎，漏洞较多。

（三）地方文献开发利用缺乏力度

目前图书馆的地方文献资源大都重藏轻用，大部分书籍搁在书架上，造成库房紧张和增加管理工作量，没有进行全面、系统地深度整理和大规模地开发利用。由于地方文献基础工作薄弱，缺乏各种专题目录，缺乏外向开拓型的措

施和行动，缺乏对地方文献用户的信息需求研究，缺乏对开发利用效果的反馈研究，加之管理工作的指导思想不系统，缺乏专业深度和历史衔接，工作在浅层面上运行，大大削弱了地方文献的社会影响力和社会利用率。

三、郯城旅游业有效利用地方文献的对策

（一）利用地方文献开发旅游项目

旅游项目和产品的开发并非凭空臆想的，需从地方文献中查找有关自然条件、风土人情、诗文典故、名人典故等历史依据，通过搜集相关的信息，进行综合分析，才能开发出具有民俗特色、地方特色、文化内涵浓厚的高档次、高品位旅游产品。一是围绕兵学文化游，抓好马陵山旅游项目的开发建设。以齐魏马陵之战、郯庐地震断裂带、孔子登高望海处等历史文化和地质资源为主题，突出兵学文化，打造马陵山旅游带。二是围绕生态休闲游，抓好沂河景观带项目建设。沂河路沿线乡镇的旅游开发已全面展开，港上镇的龙凤滩公园投资近5000万元，园内有三国时期的著名人物——王朗之墓；新村乡中华银杏文化生态园区的古梅园改扩建、老万亩银杏园的环境绿化美化工程积极实施；重坊镇的银杏文化碑林工程正在加紧建设；三是围绕弘扬古郯历史文化，抓好历史文化旅游线建设。突出抓好郯国古城墙遗址公园、孝妇冢、豹公墩的建设，提升城市文化品位，提高郯城的知名度和影响力。

图 5　郯庐地震断裂带

图6　孝妇冢

（二）利用地方文献大力宣传旅游资源

旅游产品与一般商品不同，它是某一地区的自然景观、人文景观、风土人情和能够为旅游者提供的各种服务项目[5]。由于多数旅游产品不具有移动性，旅游者事先看不见、摸不着，因此旅游促销很大程度上取决于各种宣传手段的社会效果。在郯城的地方志、碑文石刻及相关历史文献中有大量关于自然景观、人文景观、饮食文化、风俗习惯、民间艺术等的资料，对此进行研究梳理，可编写成景区的文字介绍材料，组织具有地域特色的歌舞表演，对司空见惯的传统菜式、地方小吃进行文化包装。如马头镇美食街建设，马头镇自古以来繁荣的商贸经济，促进了饮食文化的发展，这里的小吃种类繁多，象吊炉烤牌、高庄馍馍、酱牛肉、糁、清真食品等，风味俱佳，特色鲜明。

（三）利用信息化手段，建立地方文献数据库

充分发挥地方文献在旅游产业中的作用。地方文献形式多样、内容繁杂且非常分散，有必要做二次加工，方便进行充分开发利用[6]。政府可协调和支持相关部门及人员建立郯城地方文献数据库，实现文献的便捷查询和共享。郯城历史源远流长，历代英雄人物辈出，他们不仅创造了历史，也为当代文化增光添色。游客到郯城观赏自然风光、凭吊历史古迹、领略地方风情之余，往往对当地的传奇人物、重要历史人物有浓厚的兴趣。在卷帙浩繁，撰述宏富的地方文献里，都可以寻觅到历代仁人志士、文人墨客的生活足迹和美丽的传说。因此，建立郯城名人馆藏、史志馆藏及适合本地旅游的专题文献资源库，有助于为郯城旅游经济提供数字资源。

总之，郯城旅游事业的蓬勃发展，不仅需要有一流的旅游设施和服务，更

需要提供郯城的人文资料，编写旅游方面的书籍。当前郯城旅游业正处在一个跨越式发展的关键时期，认真挖掘和利用地方文献，必将提升郯城旅游项目的文化品位，促进郯城旅游事业更好地发展。

参考文献：

[1] 郯城县文化广电新闻出版局. 郯史漫话 [M]. 北京：中国文史出版社，2018：272.

[2] 施红英. 浅谈县级图书馆地方文献工作对旅游业的促进作用 [J]. 云南图书馆，2011：(1) 68－69.

[3] 郯城县文化广电新闻出版局. 郯城记忆 [M]. 北京：中国文史出版社，2018：8.

[4] 秦士杰. 郯史漫话 [M]. 北京：中国文史出版社，2018：314.

[5] 唐爱莲. 谈地方文献与地方旅游业的开发 [J]. 科技情报与经济，2008 (10). 23－24.

[6] 项晓静. 安康地方文献的利用与旅游业的开发刍议 [J]. 安康学院报，2012 (1)：17－19.

强化地方文献资源整理开发 服务当地文化旅游
——以鄂尔多斯市文化旅游资源开发利用为例

王维宏*

本文以鄂尔多斯市文化旅游资源的开发利用为例，探讨地方文献对文化旅游产业开发的重要性，分析地方文献在文化旅游产业中开发利用的现状及存在的问题，提出了强化地方文献资源整理开发、更好服务当地文化旅游的对策。

鄂尔多斯地区文化底蕴深厚，旅游资源丰富，随着旅游业的迅猛发展，逐步构筑了以东胜区、康巴什新区和伊金霍洛旗为中心，以"一城、五园、四街、八大产业"为骨干的旅游产业发展布局。鄂尔多斯地区旅游事业的蓬勃发展，不仅需要一流的旅游服务和设施作为坚强后盾，更需要地区独有的人文历史、民风民俗、自然生态等文化内涵为其发展提供依据。地方文献是区域文化的承载体，它记载有大量社会科学、自然科学信息，作为综合性的地方文化资源，可以为旅游资源的高效开发利用提供各种直接的信息支持。如何强化地方文献资源的整理和开发，更好地为旅游产业服务，已成为图书馆关注和亟待解决的问题。下面就以鄂尔多斯市文化旅游产业开发利用为例，谈谈如何强化地方文献资源整理开发，更好地为当地文化旅游产业服务。

一、地方文献对文化旅游产业发展的作用

地方文献是指记录有某一地方知识的一切载体，它是人类文化发展的产物，是了解与研究地方历史发展的重要文献依据[1]，是一个地区政治、经济、教育、文化等各方面发展的缩影，具有鲜明的区域性、实用性。

地方文献为具体文化旅游项目的开发提供论证，为重点旅游建设项目提供文献资料服务，可以提升旅游区层次，创建旅游品牌充实文化内涵[2]。依托丰富的地方文献资料，深入挖掘旅游资源的文化存在，才能真正实现"文化使旅

---

* 王维宏，内蒙古自治区鄂尔多斯市东胜区图书馆。

游更精彩"[3]。

（一）地方文献为文化旅游产业提供史料支持，为开发旅游产业文化价值提供了丰富的考证资料

鄂尔多斯市具有得天独厚的民族文化资源，从文明中外的萨拉乌苏文化到鄂尔多斯青铜文化，从一代天骄成吉思汗陵到阿尔寨石窟，从秦直道到明长城，从《蒙古源流》《蒙古黄金史》到《鄂尔多斯风暴》，无论是资料性文献还是实物性文献，通过文字、图形、实物等形式，都直观、形象的展现了独一无二的鄂尔多斯民族历史文化，为当地旅游产业文化内涵的开发利用提供了丰富详实的史料依据。

据史志记载，现位于鄂尔多斯境内的秦直道遗址，是秦始皇于公元前212年至公元前210年命令蒙恬监修的一条重要的军事大道，是当时中央与边疆地区的联系要道，奠定了秦帝国对外扩张的基础，为秦帝国及时运送粮草、迅速投放部队，最终战胜匈奴提供了最根本的保障，是中国古代重要的军事大道，同时，因其具备了现代高速公路平、直、宽的特点，被誉为最早的"高速公路"。经过对史料的挖掘、整理、开发，东联影视动漫城大秦直道文化旅游景区模拟秦直道道路，并根据当时的建造比例，建成了占地面积8万平方米的东联大道，沿路修筑联龙堡、联凤堡、英雄关、美人关等烽火台，全面还原当时景象，重现历史场景，让游客们拥有身临其境的特殊体验。又如鄂尔多斯蒙古祭祀文化也是一个典型的代表。根据史料研究考证，由于成吉思汗陵和蒙古鄂尔多斯部落的存在，使得鄂尔多斯较完整地保留了蒙古族最基本的传统文化，其中成吉思汗查干苏鲁克大典祭祀文化相传至今。每年农历三月二十一全国各地数以万计的祭祀者蜂拥而至参与祭祀活动，也使得鄂尔多斯成为保留蒙古族最完整、最丰富、最具有个性特征的祭祀文化的地区。无论是"秦直道"，还是"成吉思汗查干苏鲁克大典"的开发利用，都是以《大秦直道》《八百年不熄的神灯——祭祀成吉思汗的鄂尔多斯蒙古族历史文化》等地方文献资料中翔实记载和考证为依据，才为世人呈现有价值的珍贵的文化历史。

（二）地方文献为文化旅游产业提供丰富的信息支撑，为开发旅游产业文化价值诠释了深厚的文化内涵

地方文献保存、揭示和传递地区的政治、文化、民俗风情等知识信息，包含着巨大的知识量和信息量，体现了一个地区的区域文化特色。鄂尔多斯不同的区域存在着不同的生活方式，也造就了不同的文化传统、民族服饰、民族歌舞、民间艺术等等，这些文化大多以文字、实物等形式保存下来，形成了翔实的地方文献，为旅游产业的开发诠释新的文化内涵。如蒙古源流文化产业园就

是以鄂尔多斯独特的民族、地域文化为背景，以草原文明发展历程为主线，经过对巨大知识和信息量的推敲研究，打造了一个以现代影视文化为引领，以文化旅游为主要业态的综合型文化产业园区。又如位于鄂尔多斯市鄂托克镇的蒙元文化影视城，极具地方民族文化特色，成为全国首座以蒙元文化为基调的综合影视基地，50集大型古典史诗历史剧《建元风云》（又名《忽必烈传奇》）在这里完成拍摄，在央视与广大观众见面。旅游是以文化为主体的社会活动，文化是旅游业的灵魂。因此，离开文化搞旅游即缺失了旅游业的精髓，是低层次、不可持续的。鄂尔多斯通过对原有的民族文化、自然景观进行再整合、开发，并赋予其深刻的文化内涵，从而打造特色旅游文化品牌，极大的促进了当地旅游业的发展。

（三）地方文献具有重要的科学研究价值，为开发文化旅游产业提供丰实的文化资源

地方文献不仅具有地方特色、民族特色，而且还蕴含着丰富的知识、信息，具有重要的科学研究价值。近年来，鄂尔多斯市以民族文化为背景，不断培育文化旅游活动品牌，提升文艺精品的市场竞争力和营销力，以地方志描述史料为依据，将20世纪40年代初的历史故事，通过编排，创作了大型原创民族舞剧《不落的太阳》，展现了党和草原人民血肉关系以及和王宫贵族的革命统一战线，是蒙汉民族团结共同抗敌的革命历史画卷[4]。《不落的太阳》在内蒙古自治区全区及上海、嘉兴、苏州等南方地区巡回演出，为全国各地专家学者深入研究鄂尔多斯文化提供信息支持。又如鄂尔多斯市的"鄂尔多斯青铜器博物馆"，展陈内容以青铜短剑、青铜刀、各类动物纹饰牌、饰件、扣饰等为主，集中系统地展示了"鄂尔多斯青铜器"的文化特征、制作工艺、艺术特色及历史地位，是研究鄂尔多斯文化不可多得的实物资料。这些文艺作品、文物提供了丰富的文化信息资源，吸引广大专家、学者前来研究、观赏，有力的促进了鄂尔多斯旅游产业的发展。

二、地方文献在文化旅游产业开发利用中的现状

鄂尔多斯市围绕建设我国休闲度假旅游目的地的奋斗目标，出台《关于进一步加快文化旅游产业发展的意见》《关于支持促进文化旅游产业发展的七项政策措施》等一系列政策性文件，并设立文化旅游发展专项资金（基金），对文化旅游营销、文化旅游宣传、文化旅游项目、文化旅游创新创意发展、文化旅游人才队伍建设、文化旅游标准化建设等方面进行扶持[5]。鄂尔多斯的旅游产业目前已经形成了"天骄圣地、民族风情、大漠风光、休闲避暑"四大类旅游产

品体系，初步构建了以中心城区为主体，周边重点旅游景区为支撑的核心旅游度假区和沿黄风光旅游带、库布齐沙漠旅游带、草原旅游带、沙漠峡谷旅游带的"一区四带"旅游发展格局。全市现有国家 A 级旅游景区 47 家，其中 5A 级 2 家、4A 级 27 家，特别是市政府所在地康巴什区，是全国首个以城市景观命名的 4A 级旅游景区。

近年来，鄂尔多斯市委、市政府已将旅游业作为全市转型发展的引领产业和富民强市的支柱产业，通过体制机制创新、政策资金扶持、项目引领带动、强化综合监管等措施，有力推动了旅游业的高质量发展。2018 年，鄂尔多斯游客接待量、旅游收入分别达到 1454 万人次、441 亿元，分别增长 18.3% 和 16.7%。

三、开发利用地方文献存在问题及解决办法

在文化旅游产业发展中，地方文献资源的开发与利用还存在着很多不可忽视的问题，比经费不足，影响地方文献的入藏总量；文献资源分散、征集渠道单一，影响地方文献入藏种类；具有综合知识结构的专业人员不多，存在内涵挖掘不深、数字化建设不完善、文献信息的二次加工效率低等问题。针对以上问题，提出如下建议：

（一）获取财政鼎力支持，助力特色地方文献馆藏建设

围绕地区旅游产业的开发，有针对性地制定地方文献的收集计划，建立完善的收藏体系。同时，增强全民收藏文献信息的意识，并亟需得到上级部门领导对图书馆相关工作的理解与支持，确保专项购书经费的足额到位，为收集地方文献，提供经费保障。这样可有效改善图书馆的资源配置比例，扩大地方文献的入藏数量，为文化旅游产业的发展提供智力支持。

（二）拓宽地方文献征集渠道，全面收集相关文献资料

依托政府部门的支持和协调，图书馆应当通过多途径、多渠道广泛征集地方文献，要与政协、人大、档案局、旅游局、统计局等单位加强联系，实现资源共建共享。同时，与区域内的文献编发组织如区政协、史志办等，建立长期而稳定的呈缴关系，确保地方文献入藏的完整、系统。针对未正式出版的有关民族历史、民俗风情、民间传说、民族文化等内容的文献，以调查、征集、访问等形式进行记录、收集、整理，尤其要着重收集、开发散落于民间濒临失传的口碑文献，实现地方文献资源的全面性、系统性。同时，要高度重视馆藏特色文献建设，充分利用地域文化特点，设立文化旅游产业专架（柜），通过文献、照片、音频、视频等形式充分展现鄂尔多斯深厚的文化底蕴。如东胜区图

书馆设立地方文献专区，并制定详细收集计划，指派专人进行收集，目前已收集文献3000余种，包含图书、期刊、光盘等，收藏内容包含地方志、地方年鉴、非物质文化遗产、地方名人传记、地方原创音乐视频资料等。

（三）增加专业人员投入，加强数字化、网络化建设，深入开发地方文献

增加具有综合知识结构的专业人员投入，一是深化二次文献的开发，对地方文献进行系统化、规范化和科学化的管理；二是加强地方文献数据库建设，构建地方旅游文献资源特色数据库。将收集的旅游信息资源、数据等进行加工、编目，形成便于高效查询、快速检索的信息数据库，为文化旅游产业提供智力支持。建立地方旅游资源信息特色网站，链接地方旅游资源数据库内容，为游客、学者等群体可以更方便、快捷的了解地方旅游资源提供翔实的文献依据。

（四）推进地方文献管理保护及深度研究工作

组织专家、学者召开专题研讨会对文化旅游相关文献进行深入研究，注重从"本色"角度挖掘旅游文化内在价值，多角度、深层次提炼文化深意，形成一系列具有民族特色、地方特色、文化特色的旅游文化品牌，增强地方旅游业的文化内涵。

文化是旅游发展的灵魂，旅游是文化发展的依托，而地方文献作为全面记载着一个地区的自然资源和人文资源的媒介，是地域文化的承载体，其丰厚的历史文化底蕴，为文化旅游产业的开发提供了丰富的信息支持和服务，二者相互依存、相互促进。地方图书馆应通过全面收集相关文献资料，加强特色文献馆藏建设；加强地方文献资源的数字化、网络化建设；推进地方文献管理保护及深度研究、开发工作等措施，最大化突显地方文献的文化资源价值，在旅游资源开发中能够发挥重要作用，从而有效的为地方文化旅游建设提供多方面支持。

图1 成吉思汗查干苏鲁克大典现场

图2 成吉思汗查干苏鲁克大典

参考文献：

[1] 申国亮. 论图书馆如何服务地方旅游 [J]. 高校图书馆工作，2008，28（3）：41 -42.

[2] 王绍平，陈兆山，陈钟鸣. 图书情报词典 [M]. 上海：汉语大词典出版社，1990：214.

[3] 武小茹. 树立地方文献品牌 建设地方特色馆藏——公共图书馆地方文献的开发和利用 [J]. 科技情报开发与经济，2007，17（19）：21 -24.

[4] 张雪冬. 草原红色经典剧目《不落的太阳》精彩上演 [EB/OL]. 人民网，2015 -06 -28.

[5] 池小花. 乘风逐梦破浪前行 ——鄂尔多斯市文化旅游产业发展纪实 [N]. 鄂尔多斯日报，2016 -01 -23（1）.

地方文献与
地方文化

边屯文献与边屯文化

——从永胜毛氏墓碑和韶山毛氏族谱谈起

赵发员*

边屯文化在云南是普遍存在的一种文化现象，云南省永胜县边屯文化资源丰厚且独具特色。文章从永胜毛氏墓碑和韶山毛氏族谱切入，介绍永胜边屯文化的由来，并在阐释边屯文献与边屯文化关系的基础上，重点论述边屯文献在边屯文化建设中的重要作用。

20世纪末，永胜边屯文化的研究一直处于艰难的拓荒阶段，直到2001年山洪冲刷泥土，一块墓碑重见天日，这才开启了边屯文化理论研究和文化产业实践的新纪元。2001年，在永胜凤羽毛家湾发现的毛清二墓碑，碑文与《韶山毛氏族谱》的记载不谋而合，互相证明毛太华是永胜毛氏与韶山毛氏的共同始祖。此后，以毛氏文化为代表的永胜边屯文化得到了社会各界空前的关注，学术界掀起了研究热潮，政府也积极斥资近7亿元分三期打造"云南永胜·中国边屯文化博览园"，其中第一期边屯文化博物馆于2011年底建成开馆，后期工程在有序推进中。边屯文化博物馆有每年来自国内外15万左右人次的参观者，把边屯文化、毛氏文化、他留文化传遍了全国，传到了世界[1]。作为近年来云南省和丽江市积极支持重点打造的一个特色文化品牌[2]，永胜边屯文化品牌的文化旅游效应及价值正逐渐彰显。

一、永胜边屯文化的由来

边屯，即戍边屯田，亦指戍边屯田的军队。边屯文化是指迁徙屯居边疆民族地区的各族人民，千百年来在开发边疆、建设边疆、繁荣边疆、保卫边疆的历史进程中，形成以中原文化为核心，以边地区域文化为依托，融汇当地和周边各民族传统文化，具有典型屯垦戍边实民文化特点的一种综合性文化现象。[3]

---

* 赵发员，云南省图书馆。

边屯文化在云南是普遍存在的一种文化现象。边屯文化与古代的移民和屯田制有着重要而又密切的联系，是屯田戍边政策和民族融合发展的产物。在我国，屯田戍边始于秦汉，经历朝历代发展，到明朝时达到了顶峰。在明朝推行的"寓兵于农，屯民实边"政策下，来自中原的汉族以军屯、民屯、商屯的形式大量迁往边疆地区，地处古代南方丝绸之路川滇藏线必经要塞和茶马古道重要驿站的永胜，便在此时大规模地开启了独具地域特色的边屯文化。

民族融合是边屯文化产生的重要前提，明朝的"洪武调卫"改变了永胜原有的民族和文化结构，实现了中原汉民与土著夷民的大融合，促进了永胜经济社会的大发展。因此，在某种程度上说，永胜地方文化就是边屯文化。在云南的边屯文化中，永胜边屯文化是最具代表性和最富特色的文化。独具特色的永胜边屯文化形态具体表现为：毛氏文化、他留文化、村落文化、建筑文化、地名文化、耕读文化、谱牒文化、饮食文化、马帮文化、宗教文化、语言文化、民间音乐、工艺美术、民俗文化、礼仪文化、集市文化等。这其中，又以源远流长的中华毛氏文化和堪称夷汉融合典范的他留文化最具典型性和代表性。

（一）毛氏文化

在我国，边屯文化是汉文化的重要组成部分，永胜边屯文化是云南边屯文化中最具代表性和最有特色的文化，而毛氏文化又是永胜边屯文化的典型代表和集中体现，它既是永胜文化最为鲜明的个性，又是永胜独有的特质，具备了以"洪武调卫"为代表的中原汉民与夷民融合、军事戍守与农业屯田等边屯文化的主要特征。

（二）他留文化

彝族支系他留人信仰族群崇拜，即祭祀"洪武调卫"来的开基先祖360户伍。他留文化是军屯文化、土司文化融合后的一种文化形态，堪称民族融合典范，是边屯文化的重要组成部分和又一重大标志。[4] 他留文化主要体现在：令人叹为观止的他留碑林；他留古城堡遗址；演绎双系对偶婚姻制的青春棚；神职人员铎系和尼卜所能表达的宗教文化；带有原生文化特征的民风民俗等。

二、边屯文献与边屯文化的关系

永胜边屯文献是记录有关永胜屯田戍边信息的一切载体，是永胜地方文献的重要组成部分。永胜边屯文献内容广泛、载体多样，不仅包括地方志、文史资料、书画、地图、图片、谱牒、碑帖等纸质型文献，还包括以古建筑、服饰、祠堂等为代表的边屯文物遗迹实物型文献，以及与边屯相关的音视频等数字文献，是一个较为广义的文献概念。永胜边屯文化是历代政府推行"寓兵于农，屯民实边"政策的产物，是中原汉民与土著夷民在长期的融合发展中形成的，以中原汉文化为核心，以边地土司文化为依托，融汇当地和周边各民族文化，又具有典型的军屯戍边文化特点的一种文化现象。[5]

边屯文献与边屯文化是相互依赖、相辅相成的。一方面，边屯文化是边屯文献产生的源泉和基础，边屯文化的发展可以丰富边屯文献的内容，但边屯文化的发展也离不开对现有边屯文献的开发、利用。另一方面，边屯文献是边屯文化的深厚积淀，是边屯文化的重要载体和重要组成部分，边屯文献的内容反映着边屯文化，并对边屯文化传承、交流、发展、创新产生积极的影响。

（一）边屯文化催生边屯文献，丰富边屯文献内容形式

边屯，源于古代屯田制度。以军队、移民等形式在边疆进行屯田戍守是历代王朝对边疆进行治理的一种形式。在长期的屯垦、戍边历史进程中，内地中原文化与边地少数民族文化在不断的交流碰撞中产生了新的文化形态——边屯文化。试想，如果没有历史上中央王朝对边疆"移民实边"的长期治理，也就不会产生民族融合形成边屯文化，承载边屯文化的边屯文献也就无从谈起。从这个意义上讲，边屯文化是边屯文献产生的活水源泉。另外，随着边屯文化的兴起以及人类社会历史的不断发展进步，承载边屯文化的边屯文献在内容和形式上也在不断的丰富多样，并反映到边地人民生产生活的方方面面。例如，从永胜当地的村落、建筑、地名、语言、服饰、饮食、宗教、音乐、民俗等方方面面，我们都能找到边屯文化的元素和影子。

（二）边屯文献承载边屯文化，促进边屯文化传承兴盛

永胜边屯文献记录着中原内地与永胜边地各民族交往交流交融的历史文化变迁，是永胜边屯文化的重要载体和外在表现形式，是人类文明的结晶和宝贵的财富。一般而言，文化以一定的形式的载体进行传承，离开一定的传承载体，文化也会在历史的长河中逐渐消亡。目前，对永胜边屯文献进行收集、整理、研究和开发，可以使一些濒临消亡的物质和非物质边屯文化遗产资源得以保护和传承。另外，凝结、承载和记录边屯文化的永胜边屯文献，其本身也是一种文化实体，具有深刻的文化传承、交流、发展、创新等文化属性，对这些文献的保护传承、开发利用，有利于推动边屯文化繁荣兴盛，并助推当地经济社会发展。

三、永胜边屯文献在边屯文化建设中的作用

地方文献是公共图书馆的特色馆藏，具有存史、资政、励志等作用。永胜边屯文献是永胜地方文献的一大特色，重视边屯文献就是要以边屯文化品牌塑

造为旗帜，对边屯文献进行广泛收集、科学整理、系统开发和有效利用，以发挥边屯文献在文化传承、交流、发展、创新中的作用，这也是边屯文献的价值和生命力所在。

（一）边屯文献的挖掘为"边屯文化"概念的提出提供理论依据和实事支撑

20世纪永胜边屯文化的研究一直处于艰难的拓荒阶段，甚至在20世纪90年代中后期，仍有大多数学者把"毛氏始祖毛太华随军远征云南澜沧"的"澜沧"错误地解释为"今云南省澜沧县拉祜族自治县内"。以永胜本土边屯文化拓荒者简良开为代表的大批学者通过研究考证，才使永胜得以正名。另外，简良开就毛氏文化多年潜心不舍的挖掘、研究，以及边屯文物和边屯遗迹的大量发现，才使得永胜毛氏与韶山毛氏得以认祖归宗。有了翔实的理论依据和客观的实事支撑后，"边屯文化"的概念才得以正式提出和确立。

（二）边屯文献的研究开发进一步丰富边屯文化的内涵和外延

自"边屯文化"概念提出和确立后，以毛氏文化、他留文化为代表的狭义的边屯文化研究也取得了明显的成果。但在夯实狭义边屯文化研究的基础上，把永胜边屯文化置于云南边屯文化，乃至中华汉文化研究框架下的整体研究仍处于萌芽阶段。在此框架下，从历史学、地理学、民族学、民俗学、政治学、经济学、国防学、移民学等各个角度，开展基础理论研究，才能进一步丰富边屯文化的内涵，拓展其外延，也才能为边屯文化产业的打造和边屯文化品牌的塑造提供支持。

（三）边屯文献是传承边屯文化的生动教材

地方文化和地方文献，其特征都是具有地域性，由于它们丰厚的蕴藏量和广泛的群众基础而具有顽强的生命力。[6]边屯文化不但要以文献、实物、数据的形式陈列在博物馆里，更要鲜活于民众的日常生活中，才能真正得到活态、整体的保护。这就需要以边屯文献为依托，研发边屯教材，并在中小学课堂教学中，教授边屯文化课程，让中小学生了解、传承和弘扬边屯文化，以增强民族自尊心、文化自觉自信意识，培养爱乡、爱国情感。可喜的是，笔者在永胜他留上进行田野调查期间，目睹当地小学每星期利用一天的课程，教授本民族的历史、语言、文字、歌曲、舞蹈、宗教、民俗等文化。

（四）边屯文献是边屯文创产品开发的活水源泉

文创产品开发是个新事物，但并无不凭空产生的。就边屯文创产品而言，边屯文献是边屯文创产品开发的活水源泉，为边屯文创产品开发提供基础素材，激发创意理念，同时又通过文创产品的开发使得边屯文献活态传承、重焕生机。2016 年国务院办公厅转发文化部等 4 部委《关于推动文化文物单位文创产品开发若干意见的通知》，对图书馆、博物馆等开展文创产品开发工作提出指导意见。就拥有大量边屯文献资源的永胜边屯文化博物馆和图书馆而言，如何依托最具核心品牌和竞争力的馆藏边屯文献资源，探寻出一条符合自身实际的特色文创之路，是一个值得深思的课题。

（五）边屯文献为打造边屯文化旅游提供支持

边屯文化资源的文化内涵丰富，具有极高的经济开发价值，作为边疆区域文化的重要组成部分，随着边疆民族地区旅游的日趋兴起，边屯文化的经济开发价值已经逐步显露出来。[7]永胜县域文化被定位为边屯文化后，永胜县也紧紧抓住云南建设民族文化强省、丽江文化立市战略发展机遇，着力打造边屯文化品牌，力争把永胜边屯文化和自然旅游资源置于丽江、大理、攀枝花环线，乃至整个川滇藏大香格里拉旅游文化圈格局中。众所周知，文化靠旅游做大，旅游靠文化做强。旅游是文化的外衣，文化才是旅游的生命和灵魂。打造边屯文化旅游资源，离不开边屯文献资源，尤其是特色边屯文献的保障与支持。例如，建设边屯文化地域标志性设施、古村落古建筑原貌恢复、特色文化旅游纪念产品设计、民风民俗和民间技艺传承表演等等，无论是文化旅游资源的修复还是重建，每个边屯文化元素的融入，都离不开边屯文献的支持。

（六）边屯文献为政府企业决策提供参考咨询

地方文献作为地方信息服务机构的代表，掌握着地区政治、经济、历史、文化等诸多方面的情报资源，应该有能力为政府决策提供有效的信息支持[8]。为政府、企业决策提供参考咨询是边屯文献开发利用价值的重要体现。在云南省提出民族文化强省和丽江市文化立市战略后，永胜也率先扛起边屯文化的旗帜，提出了打造边屯文化品牌的目标。边屯文化品牌如何打造？边屯文化与地方经济、政治如何交融？边屯文化与旅游如何联姻？这些具体问题都离不开边屯文献及其相关研究成果为政府和企业决策提供地方资料和历史借鉴，从而避免决策的主观性与盲目性。

（七）边屯文献推动边屯文化的传播交流

文化的传播促进文化的交流，文化在交流中产生价值和影响力。一般而言，地方文献因其地域特征限制，难以交流或在交流中产生价值，而边屯文献因边屯文化的普遍性成了一个例外。永胜边屯文献作为永胜边屯文化的重要载体，也是与异地边屯文化交流不可或缺的载体。一是，以毛氏文化为典型代表的永胜边屯文化，借助墓碑、族谱与毛氏相关的文献资源，加强与湖南韶山毛氏、江西吉水毛氏等毛氏文化交流。2009 年湖南韶山与云南永胜两地已缔结为友好城市，开展毛氏文化交流。二是，边屯文化是大部分边疆省份，尤其是云南普遍存在的文化现象，可以边屯文献资源为载体，以边屯文化学术会为纽带，通过学术研讨、论坛、讲座、艺术节等形式加强与省内外边屯文化之地的交流。

（八）边屯文献为边屯文艺创作提供背景素材

地方文化为地方文艺创造提供肥沃的土壤，地方文献为地方文艺创作提供丰厚的素材。随着边屯文化理论研究的兴起，永胜边屯文艺创作也掀起了一股热潮，而边屯文献正好为文艺创作提供丰厚的素材和背景资料。例如，永胜本土歌手嘟叮当（"澜沧卫"的方言土语）组合，通过查阅文献资料、走访调查，为歌曲创作积累了丰富的素材，创作了《边屯汉子，我的祖先》《他留姑娘》等大量极具边屯文化特色的原创歌谣；《他留恋歌》《他留人》微电影，在中央电视台纪录频道《探索·发现》栏目播出的《边屯丽影》专题纪录片，还有在第十三届亚洲艺术节上广获好评并斩获诸多大奖的大型民族情景歌舞《他留人》，都是以彝族支系他留人独特的历史文化为素材和背景创作的。

（九）边屯文献为边屯文化研究提供学术信息

边屯文化是云南省普遍存在的文化现象，而永胜是最早开始研究并提出"边屯文化"概念的。"边屯文化"概念提出前，边屯文化的研究文献较为零星、碎片和稀少，"边屯文化"概念提出后，许多专家学者不断涉足边屯文化研究领域。2010 年"丽江边屯文化研究会"成立后，研究边屯文化的相关文献逐渐增多，这些现有的纸质型研究文献，以及发掘的实物型等文献，毫无疑问将为后继者的研究提供基础信息和参考借鉴。例如，2012 年清华大学赵丽明教授在他留山通过对实物文献进行考察记录和对他留铎者进行访谈获得的口述文献，整理翻译了 60 个铎系文字，并命名为"他留文字"。又如，作为永胜边屯文献资源重要组成部分的毛氏族谱，蕴藏着无尽的史料价值，可供相关学术研究予以利用。

（十）边屯文献为编修地方史志提供原始资料

"治天下者以史为鉴，治郡国者以志为鉴。"盛世修志，志传盛世。编修地方志是一项浩大的文化建设工程，要求遵循存真求实的原则，全面客观真实地反映一地自然与社会的历史和现状，以达到可读、可信、可用之目的。这就需要通过收集、整理大量的地方文献资料作为参考借鉴，而为编修地方史志提供原始资料正是地方文献的一个基本价值。就永胜而言，编修地方史志同样离不开边屯文献资料的支持。

（十一） 边屯文献为寻根提供实事真相查询

对祖先的尊崇敬仰和本民族文化的认同，是中华民族的一大心理特质，这一心理特质最显著的标志就是"寻根"。2000 年永胜毛氏研究课题组和毛氏代表带着永胜毛氏族谱赴湖南韶山寻根探亲，续上了两地中断了六百年的血缘亲情。2001 年出版发行的《韶山毛氏五修族谱》在"卷八·家族流源"中对永胜毛氏作了明确记载，正式将永胜毛氏收族归宗。2006 年韶山毛氏族人代表来永胜拜祖认亲。另外，2002 年江西吉水毛氏代表也持族谱到永胜寻根探亲。可以说，以墓碑、族谱、史料为代表的边屯文献为湖南韶山、江西吉水和云南永胜三地毛氏后人寻根问祖提供了事实真相，搭建了沟通交流的血脉桥梁。

（十二） 边屯文献进一步丰富群众业余文化生活

群众的心理和精神面貌是地方文化最深层面的内容[9]。俗话说："一方水土养一方人。"每个地方的人都有与其他地方不同的心理特质，这种心理特质正是地域文化差异的体现。在永胜，从澜沧卫城到他留古城堡，从历史文化名人到民间故事传说，从姓氏称谓到村落地名，从祖先源流到语言文字，从城邑建筑到庙宇石刻，从民族服饰到饮食文化，从工艺美术到民间歌舞……无不深深地打上边屯文化的烙印，成为了当地人茶余饭后乐此不疲的谈资。

（十三） 边屯文献增强群众文化自尊心自豪感

永胜地方文化脱胎于中原军民屯田戍边形成的汉文化，是汉文化与边地民族文化交融的结晶，用永胜方言说就是"夷娘汉老子。""夷娘汉老子"听起来不雅，一直为永胜人所避讳。加之，长时期以来，永胜在文化上被丽江纳西文化所边缘，永胜人在文化上有种莫名的自卑心理。但近年来随着边屯文化研究的兴起，边屯文化资源价值的挖掘，以及各级政府对边屯文化前所未有的重视，边屯后人从言行上无不流露出对边屯文化情感上的认同和心理上的自信，极大地提振了永胜各民族的文化自尊心和自豪感。

参考文献：

［1］秦正业. 永胜文化发展研究［N］. 企业家日报，2018 - 07 - 31（3）.

［2］张文明. 激活边屯文化灵魂 带动旅游产业发展［N］. 云南政协报，2014 - 02 - 28（3）.

［3］张佐. 云南边屯文化的传播与形成［J］. 云南社会科学，2014（1）：169 - 174.

［4］唐光国. 对永胜边屯文化保护与开发的思考［J］. 楚雄师范学院学报，

2012 (5)：93 - 96.

[5] 简良开. 边屯之光——毛泽东祖先足迹 [M]. 昆明：云南人民出版社，2011：277.

[6] 黄祖祥，俞仲英. 地方文献的文化价值及其开发利用 [J]. 图书馆，2010 (2)：77 - 79.

[7] 张佐. 边屯文化历史价值及地位探讨 [J]. 学术探索，2013 (7)：112 - 116.

[8] 刘伟华. 地方文献如何服务地方经济——从哈尔滨老字号"一认就死"谈起 [J]. 图书馆建设，2010 (3)：83 - 85.

[9] 骆伟，朱晓华. 试论地方文献与地方文化的关系 [J]. 图书馆论坛，2000 (10)：3 - 6.

重返历史现场

——试论民间契约释录的"原生态"原则

邓利萍*

当前，民间契约文书的搜集和整理正呈现着方兴未艾的繁荣景象。文字释录是文书整理的重要一环。学者要凭借留存在文本上的丰富信息，重返历史现场。由于一些认识上的误区，大部分已经出版的契约文书都未能彻底落实"原生态"释录原则，这在一定程度上影响到了出版品的质量。解决这个矛盾的途径之一，就是在契约的文字释录中贯彻"原生态"的原则。

1927 年 4 月，顾颉刚受聘到中山大学任教。为了调处顾颉刚与鲁迅之间的尖锐矛盾，校方委派顾氏赴江浙一带购买图书，为此顾氏用了半个月时间写出了《购求中国图书计划书》。计划书彻底打破了以"经史子集为书籍全体"的传统"图书"观念。计划书所列的 16 类"图书"中包括：家族志、账簿、个人生活之记载、宗教迷信书、民众文学书等民间文献。并称要使中大图书馆成为"有生命的图书馆"。顾颉刚当时可能不会想到作为民间文献之一种的"契约文书"后来会得到大规模的收集和整理，并大量进入包括图书馆在内的公藏机构。九十余年以后的今天，民间契约文书出现了汹涌的出版潮，徽州文书、福建文书、太行文书、台湾文书、石仓文书和清水江文书等都得到了学术界广泛的应用。民间文书的搜集和整理方兴未艾，呈现出一派可喜的繁荣景象。但背后也藏着种种隐忧，由于各个学术团体的文书整理基本上处于各自为政的状态，其整理质量也参差不齐。

当然，学界为此对文书整理业务也有讨论，但似乎主要集中在文书如何分类问题上。笔者曾参与五卷本《浙江畲族文书》的整理工作，深感文字释录是严重影响文书整理质量高低的关键环节之一。文书的整理者虽然在理论上基本认同文书整理应当持保留原始信息的原则，但由于对这个原则的认识不到位，

---

* 邓利萍，华东师范大学图书馆。

又受其它一些较低阶位原则的干扰，保持契约文书原生态的原则并没有得到充分的贯彻和落实，这在相当程度上影响到了文书整理的质量。

一、为什么要在文字释录中遵循"原生态"原则？

在理论上，学者们一般都认同民间文书整理的保持其原始状态的原则，即要尽可能保留文献所在地、文献保存者、文献旧有存在格局与分类系统、文献被发现过程、现文书保存者获得文书过程等信息。本文则着重讨论为什么以及如何在文字释录中遵循"原生态"原则。

所谓文字释录的原生态原则有两个基本点。其一，在文字释录过程中，整理者应忠实于文书的原貌，尽最大可能保留历史现场信息，将文书中的异体字、俗体字和错讹字等种种不规范字和错字尽量照录，不以任何理由加以删改。其二，在种种不规范字和错讹字边上加括号，在括号中标出正确的规范字。之所以要遵循这样的释录原则，基于以下三个理由：

第一，为了尽最大的努力减少蕴含在文书中的历史信息的流失，必须保持文书整理的原生态。契约文书中常见这样的用语："永无异言恔悔。"我们不可以将"恔悔"径改成规范的现代汉语"反悔"。反悔之"反"左边加一个"忄"而成为"恔"，我们不能确知古代畲民这样书写的含义，也许他们理解"反悔"是一种心理活动，因而使用"恔"；也许还有其他什么原因。合理的释录应为"永无异言恔〔反〕悔"。契约文书中出现大量田土、墓地和房产的交易内容，因而频繁涉及交易金额，"出價錢英洋乙元四角文正"。这里的"乙元"不能直接改为"一元"。我们今天有的场合使用数字大写的方式标示金额，如"壹元"，正是为了防止有人对数额"一"的恶意修改。古人契约中用"乙"标示"一"，显然也是为了起到同样的作用。如果把"乙"直接改为"一"，就无法再现契约文书的原有风貌，且无法呈现古人的智慧。因此释录文字若未恪守释录原则，人们只能从中捕捉到文本的字面意思，而观念层面和思维模式层面的信息就湮灭了。

第二，释录契约文书极易出错，如果放弃"原生态"的释录原则，文字释录就有"谬种流传"的危险。对我们今天的人来说，古代某个特定地域无异于一个"遥远的异邦"，天悬地隔之下，其地方性知识、民俗、观念和习惯我们知之甚少。我们在释录过程中一定要抱着谦虚谨慎的态度，实事求是，而不妄作判断，张冠李戴。在众多契约文书的整理中，曹树基教授领衔整理的《石仓契约》被学者认为具有标杆意义，堪称文书整理的典范之作。即便如此，唐智燕教授还是从中考释出了数十处文字的误认和误释。我们又有谁敢断定，唐智燕已经把《石仓契约》释录错误捕杀殆尽呢？又有谁敢断言，唐智燕教授是否存在错捕错杀呢？因此，怀着敬畏之心，将契约文书文字尽量实录，应视为文书整理的"铁律"。

第三，要满足不同学科研究者的需要。自从 1939 年傅衣凌先生在永安县黄历村的一间老屋中发现一箱土地契约文书开始，地方文献的大多数搜集和整理者为历史学者。但无论搜集和整理的经费是来自国家机构的课题还是自掏腰包，作为不可再生的宝贵资源，契约文书等民间文献实可视为中国人的财富，文献整理工作中的"史学帝国主义"倾向要不得。我们的文书整理要服务于史学研究的需要，也要服务于包括语言文字学在内的其他学科研究的需要。我们今天使用的许多简化字原本就是民间实践的结晶，而并非是语言文字工作委员会专家闭门造车的结果。大量出现在契约文书中的写法中可能蕴含有文字演化的规律。因此，文字释录原生态规则的贯彻落实将更加有助于多学科领域的学者对契约文书的利用和研究，同时也使地方文献整理工作者获得自身社会价值的进一步提升。

二、文字释录的"原生态"原则为什么没有被充分贯彻？

我们认为要落实文书整理的"原生态"原则，在文字释录上要尽最大的可能力求"原汁原味"，充分体现文书的历史原貌。由于整理者对"原生态"的认识不到位的情况仍然普遍存在，因此许多出版品在释录契约文书时，径将过去的异体字和俗字改为现代汉语规范字，从而流失大量历史信息。具体地说有如下一些认识的偏差，妨碍了文字释录原生态原则的贯彻。

首先，有些整理者认为，根据国家相关规定，出版物要用现代规范汉字。《中华人民共和国国家通用语言文字法》第十七条规定在六种情下，允许使用繁体字、异体字。其中第五款规定"出版、教学、研究中需要使用的"，这项规定适用于我们对民间文献的整理工作。严格地说来，繁体字也不属于规范字，但出于"出版、教学、研究中需要"，以繁体字印行的出版物甚多，笔者以为同样出于研究的需要，契约若以繁体字的形式出版，则同样需要保留文书原件中的异体字，同时在异体字和俗体字后面加括号，再在括号中使用一般的繁体字。

其次，有整理者认为，反正通行文书采用图文对照的方式进行编辑，文字释录不必照录俗字、异体字。我们之所以下大力气，花费巨大的人力资源和经费去整理契约文书，就是假定大部分读者在查阅民间文献时，通常都是阅读整理者已经释录的文字，而只有在极少数对释录字句有疑问的情况下，才去核对影印图片。释录工作应该做到尽量减少读者频繁核查影印图片的次数，从而提高读者的阅读效率，使读者尽可能在短时间内摄取到他们所需要的有效而可靠的文献信息。

再次，有整理者认为，文字释录过程中直接使用规范字替代异体字和俗体字便于读者阅读。"便于阅读"应该是古籍整理的相对要求，而非绝对规范。对便于阅读的追求不能以妨碍正确性为代价。正如上面所言，契约整理中文字释读错误极易发生，大量字词难以断定是异体字还是其他的文字现象。有些整理者出于方便研究者阅读的考虑，在释录时把异体字和俗体字直接改为规范字，并另行制作俗体字、异体字与规范字的对照表，作为附件刊于书尾。笔者认为列表对照值得提倡，但列表之外，正文的释录还是要遵循原汁原味的原则，这样处理的原因是出于本文反复强调的"文字释录容易出错"，另一方面也是由于读者一遇疑窦，即要翻检表格查核，说到底终究还是不便阅读。

三、《浙江畲族文书》释录举例

《浙江畲族文书》是搜集自浙江省文成县的契约文书，文书产生的时间为清代和民国时期，契约中各种交易均涉及当地畲民。以下结合自身的整理实践，着重就几种契约中常见的文字现象的处理，对如何在释录过程中落实原生态整理原则，进行一些讨论。

（一）多字和漏字

浙江畲族契约文书中多字和漏字的现象比较普遍。为忠于契约原件，在释录时不能删去多余的字。如契约中有"立立契为照"，"賣出時價錢壹千叁百伍拾十文"。"立立""拾十"都是重复的字，整理时不作改动。反过来，对契约文书中漏写的字，我们在释录时不宜直接添加，而应在漏写的位置加括号，在括号中填字，这样在使句子的意思完整的同时，也使读者明白填字系整理者所为，如"光緒式拾叁三月初三日"一句，漏写了"年"字，整理时应改为"光緒式拾叁［年］三月初三日"。又如，"無滯分"，整理为"無滯分［文］"。"所是寔"漏了"收"字，应改为"所［收］是寔"。"管樣様"，管"字后面添补"業"字，管［業］樣様。

（二）简化字和繁体字

在清代和民国，一般正常的书写就是我们今天所称的"繁体字"。但普通民众在具体的实践中对汉字做了大量的简化处理。契约文书呈现了繁体字与简体字夹杂书写的风貌。在整理过程中，应忠于原件，尽量保持原样，不要将原件中的简体字径改成繁体字。比如，"下塆邊園一塊"的"塆"字，不要写成繁体"壪"字。"非覬佛力曷蒦安康之福"中的"蒦"字，不要写成"獲"字。

"不论年深月玖［久］"的"论"字不要写成"論"字。"代笔 雷益遷（押）"中的"笔"字不要写成"筆"字。"兰邊不得执留"中的"兰"不要写成"藍"字。又如，"據八内卩上村半嶺"一语中，符号"卩"即为"都"的简约符号。为了便于学术研究者顺利阅读文献，文书整理时应将"卩"标注为"卩［都］"，即："據八内卩［都］上村半嶺"。

同样也不能将文书原件中的繁体字直接改为简体字。如："出賣與鍾世雄邊为業"中的"與"字不要直接写成"与"。"民疑心不决"中的"决"字不要写成两点水的"决"字。

（三）错别字

畲族契约文书中错别字现象频频出现。我们的做法是照录错别字，在括号中填写正确的字。别字可分为两类，一类是形近而误，例如，一份契约表明的签订时间是"咸豐九年十二月"。作者显然是把"豐"字与"豐"字在外形上混淆，事实上这两个字的读音、含义都风马牛不相及。因此，在文书整理到这句话时，应在"豐"字后添加括号写上正确的字，即："咸豐［豐］九年十二月"。除了别字，文书中错字也不少。又如"憑找人邢永淼（押）"，应整理为"憑找［代］人邢永淼（押）"。"伐筆鄭意周（押）"，需整理为"伐（代）筆鄭意周（押）"。类似的形似字还有诸如：樊［弊］、　［拾］、載［裁］、宅［宅］、枷［抑］、叚［段］、埋［理］、令［今］、租［祖］。还有一类是音近、音同而误，释录的格式也是别字照录，再在括号中加上正确的字。如"衣口代筆"，立契人把同音字"衣"假借为"依"字，因此在整理时也需在其后注明正确的写法，即："衣［依］口代筆"。另外比较常见的错误，还有枝［支］、手［收］、原［願］、塬［源］、机［即］、乞［訖］、藩［番］、該［改］。此外，文书原件还有一些因音近导致的错误，这个音不是今天普通话的音，而是立契人所在的文成地方方言的音近或音同，比如，"今因安厝父母出銀應用"，"出"的当地口音是"缺"，因此，文书整理时须改为："今因安厝父母出［缺］銀應用"；又如"即日親收員足"，整理时需改为"即日親收員［完］足"；又如"不涉雷邊之自"需改为"不涉雷邊之自［事］"。

（四）异体字

文成畲族文书中出现一些异体字，整理原则上一般采用保持原貌，不作改动。如：畲族姓氏"钟"，在文书中出现不同字形"鐘""鍾""锺"，基本保持原貌，不作改动。又如，蘵－蘇、畊－耕、訅－歃、場－塌、儅－當、鮮－解、斈－學、塩－隘、併－並、　－概，等等。整理时都需谨慎对待。还有文书中反复出现的"樣籙"的"籙"字，有各种写法，"祿""綠""籙""祿"，整理时也不作改动，保持原貌。异体字的处理情况一般会在文书集成的书尾列表呈现，供查。

（五）数字的大写和小写

民间文书对于老百姓来说，是件严肃的文字活动行为。它经常关系到立契者的经济利益。为了防止文书被篡改数字等经济纠纷的出现，立契人在拟定契约时，会将其中几个易于修改的数字用其它同音字做代替，除了前文提到的用"乙"来表示"一"外，还用大写"贰"或"弎"代替"二"，其中使用的"贰"属于规范字，在此不论。"弎"字在契约中使用很普遍，如"计租壹碩弎方正，计亩叁分陸厘正"，我们释录为"计租壹碩弎〔贰〕方正，计亩叁分陸厘正"。文书中常常用"久"来表示"玖"，如"值時價錢久百廿文"，我们释录为改为"值時價錢久〔玖〕百廿文"。用"伯"来代替"佰"也不少见，如"每秋交租錢貳伯文正"，我们将之释录为"每秋交租錢貳伯〔佰〕文正"。

（六）吃不准的字

清、民国时期形成的契约文书，迄今已年深月久，由于种种原因有很多字已经不认识或吃不准。大致有这么几种情况：

第一，原件字迹潦草。特别是人名，因无上下文信息参照，实在无从索解，应用方框"□"来代替，如"日立加找鍾□□"。"代筆 弟鍾亞□（押）"。

第二，文书字迹缺损或漫漶不清的字，也打方框。如，"前來□納"，原件中"来"字后有字迹损毁，故需方框代替。"……稅户錢四百八十□"，"十"字后有字迹损毁，以方框标示。

第三，原件不识的字用方框标出，同时根据上下文语境打上括号并添字。如"□年納谷不敢欠少"改为"□〔遞〕年納谷，不敢欠少"。这既表示了我们的释读，同时又显示了我们文书整理时的谨慎。又如"其錢即日收□"录为"其錢即日收□（訖）"。

第四，还有一类模棱两可的字。例如一个契约的落款名字，有一个字似比"日"字稍显胖，却又比"曰"字似略瘦，最后释录为"日"，整个名字为"叶日发"。因为"日发"似有日日发财的意思，如果取名"曰发"则感到言不及义。又有一份文书的落款中一个字既像"厚"，又酷似"原"。我们最后释录为"李厚生"，因为厚生是中国的思想传统。当然这样的释录是否合适，也许值得更加深入的讨论。

四、结语

当今民间文献的搜集和整理活动的长盛不衰与"重返历史现场"的研究取

向息息相关。但阅读民间文献就能获得历史现场感吗？恐怕没有那么简单。如果我们的文字释录没有能够完整地呈现附着在民间文献上的历史信息，民间文献就不可能真正成为运载研究者抵达"遥远异邦"的时光穿梭机。我们之所以反复强调契约文书的释录要遵循"原生态"原则，就是试图最大限度地保留契约文书的原始性。当然，在贯彻这个释录原则时会遇到种种具体困难，这正是需要学界同仁们共同解决的问题。

参考文献：

[1] 顾颉刚. 购求中国图书计划书 [J]. 文献，1981（2）：18-25.

[2] 冯学伟. 契约文书的地域性收集 [M] //霍存福. 法律文化论丛（第2辑）. 北京：法律出版社，2014：35-45.

[3] 杨培娜、申斌. 走向民间历史文献学——20世纪民间文献搜集整理方法的演进历程 [J]. 中山大学学报（社会科学版），2014（5）：71-80.

[4] 王磊. 浙江畲族文书集成（卷5）[M]. 杭州：浙江大学出版社，2019：168.

[5] 冯筱才. 浙江畲族文书集成（卷1）[M]. 杭州：浙江大学出版社，2019：96.

[6] 吴佩林，蔡东洲. 地方档案与文献研究 [M]（第二辑）. 北京：社会科学文献出版社，2016：56-77.

[7] 唐智燕. 《石仓契约》俗字释读疏漏补正 [J]. 宁波大学学报（人文科学版），2013（6）：53-57.

[8] 邓利萍. 浙江畲族文书集成（卷3）[M]. 杭州：浙江大学出版社，2019：320.

[9] 周肖晓. 浙江畲族文书集成（卷4）[M]. 杭州：浙江大学出版社，2019：64.

[10] 邓利萍. 浙江畲族文书集成（卷3）[M]. 杭州：浙江大学出版社，2019：66.

[11] 李世众. 浙江畲族文书集成（卷2）[M]. 杭州：浙江大学出版社，2019：20.

[12] 李世众. 浙江畲族文书集成（卷2）[M]. 杭州：浙江大学出版社，2019：165.

[13] 周肖晓. 浙江畲族文书集成（卷4）[M]. 杭州：浙江大学出版社，2019：18.

［14］邓利萍. 浙江畲族文书集成（卷3）［M］. 杭州：浙江大学出版社，2019：103.

［15］邓利萍. 浙江畲族文书集成（卷3）［M］. 杭州：浙江大学出版社，2019：100.

［16］李世众. 浙江畲族文书集成（卷2）［M］. 杭州：浙江大学出版社，2019：175.

［17］王磊. 浙江畲族文书集成（卷5）［M］. 杭州：浙江大学出版社，2019：280.

［18］王磊. 浙江畲族文书集成（卷5）［M］. 杭州：浙江大学出版社，2019：30.

［19］周肖晓. 浙江畲族文书集成（卷4）［M］. 杭州：浙江大学出版社，2019：135.

［20］李世众. 浙江畲族文书集成（卷2）［M］. 杭州：浙江大学出版社，2019：4.

［21］王磊. 浙江畲族文书集成（卷5）［M］. 杭州：浙江大学出版社，2019：70.

［22］李世众. 浙江畲族文书集成（卷2）［M］. 杭州：浙江大学出版社，2019：154.

［23］王磊. 浙江畲族文书集成（卷5）［M］. 杭州：浙江大学出版社，2019：259.

［24］王磊. 浙江畲族文书集成（卷5）［M］. 杭州：浙江大学出版社，2019：155.

［25］周肖晓. 浙江畲族文书集成（卷4）［M］. 杭州：浙江大学出版社，2019：129.

［26］周肖晓. 浙江畲族文书集成（卷4）［M］. 杭州：浙江大学出版社，2019：240.

［27］王磊. 浙江畲族文书集成（卷5）［M］. 杭州：浙江大学出版社，2019：128.

［28］王磊. 浙江畲族文书集成（卷5）［M］. 杭州：浙江大学出版社，2019：157.

［29］王磊. 浙江畲族文书集成（卷5）［M］. 杭州：浙江大学出版社，2019：203.

［30］冯筱才. 浙江畲族文书集成（卷1）［M］. 杭州：浙江大学出版社，

2019：12.

[31] 李世众. 浙江畲族文书集成（卷2）[M]. 杭州：浙江大学出版社，2019：131.

[32] 李世众. 浙江畲族文书集成（卷2）[M]. 杭州：浙江大学出版社，2019：138.

[33] 李世众. 浙江畲族文书集成（卷2）[M]. 杭州：浙江大学出版社，2019：147.

[34] 王磊. 浙江畲族文书集成（卷5）[M]. 杭州：浙江大学出版社，2019：115.

[35] 冯筱才. 浙江畲族文书集成（卷1）[M]. 杭州：浙江大学出版社，2019：5.

[36] 冯筱才. 浙江畲族文书集成（卷1）[M]. 杭州：浙江大学出版社，2019：259.

[37] 李世众. 浙江畲族文书集成（卷2）[M]. 杭州：浙江大学出版社，2019：5.

[38] 李世众. 浙江畲族文书集成（卷2）[M]. 杭州：浙江大学出版社，2019：46.

[39] 李世众. 浙江畲族文书集成（卷2）[M]. 杭州：浙江大学出版社，2019：63.

[40] 李世众. 浙江畲族文书集成（卷2）[M]. 杭州：浙江大学出版社，2019：63.

[41] 王磊. 浙江畲族文书集成（卷5）[M]. 杭州：浙江大学出版社，2019：168.

[42] 王磊. 浙江畲族文书集成（卷5）[M]. 杭州：浙江大学出版社，2019：247.

[43] 王磊. 浙江畲族文书集成（卷5）[M]. 杭州：浙江大学出版社，2019：222.

[44] 冯筱才. 浙江畲族文书集成（卷1）[M]. 杭州：浙江大学出版社，2019：179.

[45] 冯筱才. 浙江畲族文书集成（卷1）[M]. 杭州：浙江大学出版社，2019：264.

[46] 李世众. 浙江畲族文书集成（卷2）[M]. 杭州：浙江大学出版社，2019：88.

［47］周肖晓. 浙江畲族文书集成（卷4）［M］. 杭州：浙江大学出版社，2019：12.

［48］周肖晓. 浙江畲族文书集成（卷4）［M］. 杭州：浙江大学出版社，2019：3.

［49］李世众. 浙江畲族文书集成（卷2）［M］. 杭州：浙江大学出版社，2019：192.

［50］李世众. 浙江畲族文书集成（卷2）［M］. 杭州：浙江大学出版社，2019：243.

［51］李世众. 浙江畲族文书集成（卷2）［M］. 杭州：浙江大学出版社，2019：248.

［52］李世众. 浙江畲族文书集成（卷2）［M］. 杭州：浙江大学出版社，2019：250.

［53］李世众. 浙江畲族文书集成（卷2）［M］. 杭州：浙江大学出版社，2019：31.

［54］李世众. 浙江畲族文书集成（卷2）［M］. 杭州：浙江大学出版社，2019：59.

［55］王磊. 浙江畲族文书集成（卷5）［M］. 杭州：浙江大学出版社，2019：64.

［56］王磊. 浙江畲族文书集成（卷5）［M］. 杭州：浙江大学出版社，2019：172.

"西北地方文献"于"形象史学"的意义

刘　瑛[*]

本文意欲探讨"西北地方文献"作为限定前缀的类型文献，其功能于"形象史学"的意义，对于图书馆地方文献工作者而言，这是具有拓扩性的议题。"西北地方文献"作为存世实物之于"形象史学"这一史学研究拓展模式显性的关联词至少有三个，其一是"文献"、其二是"典籍"，其三是"文物"，即"西北地方文献"之于"形象史学"兼具"文献""典籍""文物"的功能。

一、"西北地方文献"

图书馆界认为在"文献"出现之始即有"地方文献"，"地方文献"与"文献"相生并行。人类最早的知识记录不仅直接产生于某一地域或地方，而且无一不是记录身边人、事、物的，所以"地方文献"应是人类社会所有"文献"的滥觞。需要强调的第一点是"地方文献"是一个以空间要素划分的文献类型，从产生或内容涉及的地域而言，在区分国别文献的前提下，"地方文献"是与全国文献对应的。需要强调的第二点是"地方文献"是具有复合主体与多种形式的，所谓复合主体确切地说是指其生产、传播而显现系列社会效应的主体，其显现从古到今，从未间断，且始终是多主体、多层面、跨行业的。所谓多种形式，一是指其存世形式，或私藏或公藏，或散存或专藏；二是指其载体形式，即使在古代即有纸质之外的甲骨文、金文、简牍、石刻、彩陶、缣帛、口碑等文献类型；在今天更有音像、缩微、机读、网络文献等。需要强调的第三点是必须承认"地方文献"是图书馆界，又主要是公共图书馆的专用名词[1]，虽然这一形态在日趋改变。需要强调的第四点是"地方文献"是因工作而命名的，尤其是对省级公共图书馆而言"地方文献"首先是一项工作，具体一点可以说

---

* 刘瑛，甘肃省图书馆。

是"藏书"或者"资源"建设。

"西北地方文献"的概念，源于1944年国立西北图书馆（甘肃省图书馆前身之一）时任馆长刘国钧先生，或者说图书馆"西北地方文献"工作源于国立西北图书馆。刘国均先生通过《筹备国立西北图书馆计划书》《国立西北图书馆筹备委员会组织章程》等纲领性文献，针对西北地区政治、经济、文化、自然条件及民族特点，为国立西北图书馆的发展和推进制定了明确的方向，进而从理论上明确了"西北地方文献"藏书建设的指导思想和收录范围，确定建立以西北地区文献为特色的藏书体系。这是图书馆"西北地方文献"资源建设理念的首次提出及实践。传承至今，甘肃省图书馆"西北地方文献"专藏或资源体系在全国图书馆界独具特点——完整、连续、系统记载西北地区自然和人文诸多信息的集合体。2017年第六次全国公共图书馆评估定级，甘肃省图书馆"西北地方文献"专藏已逾6万种、12万册。本文言及的"西北地方文献"，基本是以甘肃省图书馆视域为囿廓的，当然本文所述论点延及其它形态的"西北地方文献"也是成立的。

二、"形象史学"

"形象史学"试图通过"形"与"象"的史料途径，弥补以文字证文字的研究局限。"形象史学"是较之传统史学研究的拓展模式，"形象史学"概念的提出尚不足10年，其交流平台《形象史学研究》的概念界定为："形象史学"是"指运用传世的岩画、铭刻、造像、器具、建筑、服饰、字画、文书、典籍等一切实物，作为主要依据，并结合文献来综合考察历史的一种新的史学研究模式。"[2] "形象史学"以其对传统史学研究模式尝试突破的姿态，证实着异样方式、方法在历史研究领域存在的可能。

三、"西北地方文献"于"形象史学"

"西北地方文献"作为限定前缀的类型文献无论于"文献""地方文献"，还是传统史学研究都是一个客观存在，更为独特的是作为实物证据于"形象史学"这一史学研究拓展模式依然是一个客观存在。对于图书馆地方文献工作者而言，"西北地方文献"于"形象史学"的论题无疑是具有拓扩性的。以图书馆地方文献工作者的视域，笔者直观地以为"西北地方文献"于"形象史学"显性的关联词至少有三个，其一是"文献"、其二是"典籍"，其三是"文物"。虽然作为一种研究模式，"形象史学"概念的提出尚不足10年。

在现存实物证明，"文献"最早见于《论语·八佾》，宋代朱熹注为"文，典籍也。献，贤也。"《文献著录总则》（GB3792.1—83）将"文献"定义为"记录有知识的一切载体"，这个定义被国家权威工具书《辞海》所采纳。《辞海》释"文献"，其一，原指典籍与宿贤。其二，后专指具有历史价值的图书文物资料。其三，亦指与某一学科有关的重要图书资料。其四，今为记录有知识的一切载体的统称，即用文字、图形、符号、声频、视频等手段记录人类知识的各种载体（如纸张、胶片、磁带、磁盘、光盘等）[3]。不管怎样，"文献"总归是人类社会记录、积累、传播及继承知识最基本，也是最有效的手段。"文献"与"典籍"在某种意义上的契合是不难理解的，即便是不能百分百全覆盖，但也可以说内涵和外延均涉及某种重叠，甚至在特定的语境中互为解释。笔者撰写此文之前从未思考过"文献"与"典籍"之间的关系。学界涉及相关内容，或单独行文，或叠加使用，"文献"有之，"典籍"有之，"文献典籍"有之，"典籍文献"亦有之。国家权威工具书《辞海》是这样定义"典籍"，其一，国家重要文献。其二，亦统称各种典册、书籍。《辞海》分别就此二义举例，其一，《孟子·告子下》说："诸侯之地方百里；不百里，不足以守宗庙之典籍。"赵歧注："谓先祖常籍法度之文也。"《尚书〕序》："及秦始皇灭先代典籍。"其二，《后汉书·崔寔传》："少沈静，好典籍"。[4]至于"典册"，殷商已有，《尚书·多士》"惟殷先人，有册有典。"《辞海》释"典"为"可以作为典范的重要书籍"。"典"象形别于"册"之处，即供简册于案，示其要之。[5]《左传·昭公十五年》"且昔而高祖孙伯黡，司晋之典籍，以为大政，故曰籍氏。"这样看来，"文献"或"典籍"单独行文时，自是各为其义，叠加使用时，至少表现两种关系，一者"文献典籍"似为并列关系，另一者"典籍文献"似为从属关系。

中国的"文献"或"典籍"在存世形态上可分为传世者和出土者，而且以前者为主体，到了近代，人类学、考古学的拓展，通过田野发掘和调查古代人类遗迹、遗物才使后者得显端倪，并且产生了两者结合、互为印证的"二重证据法"，但显然前者历来重于后者。

由于获取历史原始信息及直接认识历史现象本质、历史行为规律和历史发展机制的限制，具体说是由于历史的过去性和不可再现性，使得"文献"或"典籍"记载的历史信息或者说是其比如桥梁的史料意义就显得尤为重要，可以说，没有"文献"或"典籍"，就不可能产生大量的历史知识元素，更难以构建历史理论体系。中国是善于运用"文献"或"典籍"或者说文字记述历史的国度，以往的通史、断代史研究多依赖于正史及方志等官方记载，佐之以谱牒等私家著述，进而勾勒历史过程。然而，不仅历史是动态的，对历史的研究也是动态的，其表现模式依然具有拓展空间，尤其是人类学、考古学、文物学的发展，记录和研究历史的表现模式也呈现形式各异的多元态势，从而为"形象史学"的研究夯实了基础。

于笔者而言，《形象史学研究》2013年对"形象史学"概念的表述，"运用传世的岩画、铭刻、造像、器具、建筑、服饰、字画、文书、典籍等一切实物，作为主要依据，并结合文献来综合考察历史的一种新的史学研究模式。"[6]至少可以有三个关注点，其一，"典籍"是作为传世实物，与岩画、铭刻、造像、器具、建筑、服饰、字画、文书等并列的；其二，"典籍"作为传世实物与岩画、铭刻、造像、器具、建筑、服饰、字画、文书等对于"形象史学"是可以作为主要依据的，即无可替代的第一手资料；其三，"形象史学"运用主要依据，是要结合"文献"的。当然，也有研究者认为与"传世"并列的还应该有"出土"。如此，对于"形象史学"，"典籍"与"文献"都出现了，这里"文献"的意义与笔者上述之一并无二致，即作为传统史学的视角，是以文字表达内容的史料。这里的"典籍"却不是作为以文字表达内容的史料，而是作为传世实物的形态，衍生了国家权威工具书《辞海》"国家重要文献""典册书籍统称"之外的第三个释义，即"形象史学"视角下传世实物物理形态的史料意义。这其实也不难理解，前文笔者谈到了甘肃省图书馆"西北地方文献"资源体系表现在文献时空延续的完整性，通俗地说就是甘肃省图书馆"西北地方文献"专藏里存有大量的"古籍文献"。迄今已开展10年有余的"中华古籍保护计划"相关标准是这样界定"古籍"的，"中国古代书籍的简称，主要指书写或印刷于1912年以前具有中国古典装帧形式的书籍"[7]。这里的着力点有两个，其一，时间，"1912年以前"；其二，形态，"中国古典装帧形式"。如果，"古籍"的定义尚且不足以说明问题的话，不妨再看看"古籍普查"定级的"三性原则"，"指认定古籍所具有历史文物性，学术资料性和艺术代表性价值的准则。制定本标准，遵循三性原则，以古籍所具有的三性价值作为定级依据。历史文物价值侧重以版本产生的时代为衡量尺度，学术价值侧重以古籍反映的内容为衡量尺度，艺术价值侧重以版本具有的特征为衡量尺度。在现存古籍中，凡具备三性价值，或具备其中之一之二者，可据以定级。"[8]其中，学术资料性或学术价值可以视作满足传统史学研究模式"文献"或"典籍"的意义，而历史文物性（历史文物价值）和艺术代表性（艺术价值）则可以视作满足"形象史学"研究模式"典籍"的意义。从这个层面上理解，"文献"或"典籍"就不仅仅是以文字表达内容的传统史料了，而是可以作为"形"与"象"的史料，据以研究"形象史学"。

笔者以为"西北地方文献"之于"形象史学"显性的关联词除"文献"和"典籍"之外，还有第三个即"文物"。"古籍普查"定级的"三性原则"中历史文物性和艺术性已经表明"文献"或"典籍"都可能也可以具有历史文物性和艺术代表性，但这仅仅是表明"文献"或"典籍"可能或可以具备某种特性。其实，"文献"或"典籍"本身就是"文物"，更准确地说是"可移动文物"。有研究者这样表述自己认知的"形象史学"，"具体而言，这种新的研究形式，就是借助出土与传世的岩画、造像、壁画、书画、服饰、建筑、家具以及陶瓷、玉器、青铜器、漆器、金银器等一切图像和器物为工具，并充分利用这些文物所特有的直观性，先将所要研究对象涉及的文物形象、故事表现进行有序排列；通过认真观察，比较每件文物的质地造型、纹饰色彩、故事内容等，分析出它们的特点，从这些文物的形象中努力寻找出同类、同时代的共性与差别，找出相承时代、不同时代、不同民族、不同地区的各类文物及故事场景和历史背景间的异同规律；在对它们的形象内容有了基本研判的基础上，再结合文献对该问题进行研究而得出结论。这个过程，就是形象史学研究。"[9]在这里第三个关联词"文物"重复出现了。关于"文物"，《辞海》是这样界定的"遗存在社会上或埋藏在地下的历史文化遗物"[10]。就"可移动文物"普查而言，"可移动文物"一般特指馆藏文物（可收藏文物），即历史上各时代重要实物、艺术品、文献、手稿、图书资料、代表性实物等，分为珍贵文物和一般文物；珍贵文物分为国家一级文物、二级文物、三级文物。这里出现了"文献""手稿"及"图书"。以上海图书馆的经验，古籍中的"善本"可以纳入珍贵文物，其中的孤本可以纳入一级文物；古籍中的"普本"可以归于一般文物。中国的古籍由其延续、多产、广被而独具特质，据"中华古籍保护计划"实施中统计，国内3800多家藏书单位收藏古籍数量超过5000万册件，尚不包括甲骨简帛、碑帖拓本、舆图文书及流散于外数百万册件古籍[11]。2012年至2016年，国务院统一部署开展第一次全国可移动文物普查，截至2016年10月31日，经国家普查办公室验收确定，甘肃省收藏有文物的330个单位共登录可移动文物423444件/套，实际数量为1958351件。按可移动文物类别统计，实际数量最多的前两类分别是钱币8812229件、总比45.00%；古籍图书586446件，总比29.95%。甘肃省图书馆列国有单位收藏可移动文物数量排名第4位，非文物系统国有单位收藏可移动文物数量排名第1位，共登录可移动文物23360件/套，实际数量为245499件[12]，其中"西北地方文献"3300余部，20000余册/件。甘肃省图书馆"西北地方文献"专藏中的古籍是以陕西、甘肃、青海、宁夏、新疆西北五省（区）地方志书为骨干典籍。据《中国地方志联合目录》统计，世存西北地方古志书约 793 种，甘肃省图书馆即藏有 682 种，2257 部。其中陕西 266 种、甘肃 222 种、宁夏 32 种、青海 47 种、新疆 115 种，占世存种数的 86%。其中流传较少，文献价值较高的稀有方志有 64 种。如明万历刻清康熙递修本《重修凤翔府志》、清康熙刻本《静宁州志》及《朔方广武志》、清顺治刻本《秦州志》等西北方志皆为海内外孤本，一般是这样被评价的，"有很高的学术资料价值和版本价值。"[13] 既具备传统史学研究模式"文献"或"典籍"的意义，又具备"形象史学"研究模式"典籍"的意义。在这个意义上，需要强调作为文化载体和艺术作品，尤其是具有历史文物性、学术资料性、艺术代表性的"文献"或"典籍"的文字、用纸、印刷、装帧及版本流变、传播延衍等，以历史记录的形式，蕴含着民族的思想智慧，呈现着民族文化特点和艺术特色，构建着民族文化的知识体系，梳理着人类思想发展和知识传承的脉络。

　　毋庸置疑，"西北地方文献"于"形象史学"既是"文献"，又是"典籍"，还是"文物（可移动）"。这里面是三个关联词，两重意义，三个关联词即"文献""典籍""文物（可移动）"；两重意义，即"文献"和"典籍"并列组成第一重传统史学史料意义，"典籍"和"文物（可移动）"并列组成另一重"形象史学"史料意义，或者说是双重身份。似乎还可以这样理解，"西北地方文献"于"形象史学"可以是研究对象，也可以是研究依据，甚至可以是研究成果。"西北地方文献"以"文献""典籍"或"典籍""文物（可移动）"的意义对"形象史学"的支撑是具有继承、连续、探索、创造特性的。甘肃省图书馆"西北地方文献"专藏或资源体系一以贯之的建设理念是"文献的开发即文献的再建设"，无论在继承、连续、探索、创造那个层面都要求"形象史学"在研究过程中充分利用前人的研究成果，通过自己的方式与途径进行研究。从某种意上讲，"形象史学"研究者收藏、获取和利用"西北地方文献"或者是"文献""典籍""文物（可移动）"的能力，同样构成其投入与吸收能力的主体，"形象史学"的研究成果再生产过程也可以体现"西北地方文献"在"形象史学"研究中多个层面的实质作用与内涵，具体一点，可以是"烽燧""画像砖""简牍""彩陶""壁画""藻井""吐蕃文书""回鹘文书""于阗文书"等等，概括一点，可以是"敦煌""吐鲁番""楼兰"，甚至是"西域""丝绸之路"。

　　虽然"西北地方文献"只是在某一层面反映"形象史学"所研究的某部分内容，但还是可以通过"西北地方文献"反映出其创造性的成果载体及知识工具。"形象史学"研究理论上是一个不断发展的过程，在这个过程中可资利用的"西北地方文献"是可以据之小席的，毕竟，中华民族五千年悠久历史，无不与

"西北"息息相关。

"形象史学"的概念2011年被提出后，作为视角转换的历史研究方向与模式渐为学界所知，成为多元学科路径之一，为历史研究提供了一种前所未有的态度和方法，有学者认为目前"形象史学"研究领域已隐然涌现出礼文化形象系列、士文化形象系列、佛道文化形象系列等三大学术系列，具有向多序列综合研究发展的趋势[14]。笔者窃以为，以中国"文献""典籍"之浩瀚，以"西北地方文献"之鸿博，"形象史学"研究领域出现第四或第五学术系列——"典籍"文化形象系列或者"西北典籍"文化形象系列也是可以期许的。

[参考资料]

[1] 邹华享. 地方文献工作若干问题的再认识 [J]. 图书馆论坛，2004（6）：30－33.

[2]［6］中国社会科学院历史研究所文化史研究室. 形象史学研究（2013）[M]. 北京：人民出版社，2014：1.

[3]［4］［5］辞海编辑委员会. 辞海 [M]. 上海：上海辞书出版社，2002：1003.

[7]［8］中华人民共和国文化部. 古籍定级标准 [S]. 北京：国家图书馆出版社. 2007：1.

[9] 赵连赏. 形象与史学——兼论"中华文明历史题材美术创作工程" [J]. 中国国家博物馆馆刊，2017，（6）：94－99.

[10] 辞海编辑委员会. 辞海. [M]. 上海：上海辞书出版社，2002：1003.

[11] 张志清. 在图书馆设立典籍博物馆的思考 [J]. 中国图书馆学报，2012（6）：4－13.

[12] 甘肃省文物局. 甘肃省第一次可移动文物普查数据公报 [EB/OL]. 庄浪县博物馆网，2018－04－02.

[13] 易雪梅. 西北地方志概述. [J]. 西北史地，1997（1）：4－13.

[14] 刘中玉. "形象史学学术研讨会"综述 [J]. 中国史研究动态，2013（2）：78－79.

《庄浪著述史略》概述兼及地方文献工作的思考

贾善亮*

本文通过对《庄浪著述史略》的概述，反映了庄浪地方文化传承的脉络、发展及演进变化的历程，进而探讨庄浪地方文献工作的拓展思路。

庄浪地处陇东黄土高原，六盘山麓，境内山环水抱，形势天成，曾孕育中华民族"人文始祖"伏羲和女娲，是中华文明的发祥地之一。庄浪民俗淳厚，勤于耕作。悠久而辉煌的历史，造就了这片土地上丰富的古代文化遗产，县境内有两万五千年前的旧石器文化遗址 5 处，新石器文化遗址 300 多处。庄浪是人类最早的居住区之一，春秋战国时代，庄浪成为秦国勃兴的基地，《诗经·秦风》在庄浪传诵千年。相传战国末期，秦惠文王作"克剂楚师"之文，刻就三块石碑，分别埋于秦国祭祀之名山大川，其中《大池厥湫》投放于朝那湫，朝那湫即位于今庄浪东部。《大池厥湫》被誉为陇上"石刻之祖"，历史价值无可估量。东晋十六国时，庄浪境域全部处于民族政权之下，千百年间多民族文化交流与融合的因子，使庄浪民间传统文化五彩纷呈，承载着崇文重教、耕读传家、著书立说的古雅之风。[1]

一、《庄浪著述史略》

悠久的历史文化传统和深厚的地方文化积淀奠定了庄浪著述产生的基础，2014 年，以庄浪县志办和道南学会为主导，联合县内各文化部门，举办"首届庄浪著述展"，集中展览了庄浪人士和有关庄浪的著述 300 余种。《庄浪著述史略》即以此为基础，顺序编次。《庄浪著述史略》是首部系统反映庄浪自宋朝伊始连续千年本土著述情况的资料汇编，重点勾勒建国以来，尤其是改革开放以来庄浪地域文化发展的脉络，较清晰完整地记载了庄浪地方文化的发展及其特

---

* 贾善亮，甘肃省庄浪县图书馆。

点和亮点。

《庄浪著述史略》所收著述文献，遵循"凡是与庄浪有关"的原则，以人（作者）为中心，扩大外延，列"地方人写的"和"写地方的"两大部分，内容包括文学、地方史志、学术、工作指导、书画、乡土文化及其他（综合）等七类；出版类型分正式出版、内部印行、书稿样本、内部刊物等四类；时间节点分"清朝及之前""民国时期""建国十七年""十年文革""文革结束后至八十年代""九十年代""2000—2009""2010年以后"等八个时期；列"著述补遗""著述简史""著述索引""著述论述"四个版块予以编排。《庄浪著述史略》总结自宋朝以来，庄浪著述发展的演进历程，以期概略地勾勒庄浪以著书立说为表征的地方文化轮廓。

二、《庄浪著述史略》的特点

（一）著述年代久远

自元朝时，始有"庄浪路"出现。作为县域政治、经济、文化中心的"水洛"（县政府所在地）一词，早在东晋义熙年间即见诸于文献典籍。宋朝时，庄浪地处抗击金国和西夏的前哨阵地，人员往来频繁，商品经济发达，文化繁荣，不同民族间交流融合趋势明显。其时，著名的抗金领袖吴璘所著《兵要大观》，应为庄浪有明确记载的著书肇始标志，《宋史》《藏书》等均有确切记载。自此后，庄浪著书立说之风绵延不息，持续千年。

（二）著述类型多样

《庄浪著述史略》收录著述中，有正式出版、内部印行（包括内部刊物）、书稿样等类型，其中多有未进入全国图书流通领域的县内出版物，具有鲜明的地方特色，珍稀可鉴，具有较大的独有资料性。同时，文献印刷类型不一而是，铅印本、油印本、复写誉印本、稿本等一应俱全。

（三）著述内容丰富

《庄浪著述史略》收录著述内容丰富，包含文学、地方史志、学术类、工作指导、书画、乡土文化、其他（综合）等类。文史具有典型史料价值；学术和工作指导为理论联系实际、具有实际致用功能；书画类和乡土文化以地域特色著称。且不说《庄浪著述史略》收录著述内容包罗万象，横陈百科，仅著者身份即涵盖士农工商，其中既有蜚声国际的名家，也有誉满陇上的才子，当然也有不见经传的后学之辈。这些著者阅历不同，学养各异，涉足多方，自成特色。[2]

三、基于《庄浪著述史略》编纂对地方文献工作的思考

《庄浪著述史略》收录著述所反映的庄浪著述存世演进历程，以及由此而架构的庄浪文化传承发展脉络，始终是编者关注的重点。保存文献是第一位的，这是原始的基础性工作。如何在更宽广的范围、更深的层次上总结庄浪著述在不同时期所反映的文化表象及内涵，如何着眼于"用"，则是地方文献工作者最终努力的方向。

（一）地方文献工作需要主动精神

地方文献的采集，是地方文献工作的前提和基础。但如果一直固守在图书馆这一静态的圈子，鲜有进展。庄浪县图书馆自成立地方文献室以来，在没有任何专项经费支持的情况下，藏量从 600 多册增加到 6000 多册，总量增加了 10 倍。这得益于积极进取的工作思路，即从民间、从社会开展征集工作，尤其是手抄本和稿本的征集。立足本土，面向全国，广征博集。

（二）地方文献工作需要合作促进

近年来，在继承传统，留住乡愁，积极传播本土历史文化的背景下，政府、民间团体和个人相继在县内各乡镇成立乡村记忆博物馆或民俗博物馆，典型的有"梯田博物馆""云崖人家博物馆""耕读博物馆"等，尤其以"嘉禾博物馆"开展的"故园热土　美丽庄浪——庄浪地方文献展"活动为代表。这些博物馆自成立之初，庄浪县图书馆地方文献室即与其对接联系，提供有关庄浪历史文化的典籍文献展品，或直接作为庄浪县图书馆地方文献的分支展点而长期存在。这种合作既充分利用社会各阶层的资金优势和相对区位优势，又能充分展现庄浪县图书馆地方文献的资源优势，取长补短，互通有无，共建共享。

（三）地方文献工作需要整理开发

采集、归类和整理，是地方文献工作的初始阶段，如何更进一步开发有特色的二、三次文献，如何在大文化的平台上展现自己独特的职能，则是地方文献工作更进一步考虑的命题，《庄浪著述史略》即最切实的实践。此外，围绕"地方重要人物"和"地方重大事件"，讲好"庄浪故事"，传递"庄浪精神"，形成具有典型特色的专题文献汇编。[3]如三年困难时期，王伟给毛泽东主席写信详陈庄浪实情而被打成"右派"专题文献；胡耀邦总书记 1986 年视察庄浪专题文献；庄浪英烈专题文献；庄浪梯田文化简编；吴家军研究专题目录索引；庄浪"花儿"著录汇编；庄浪"影子腔"探源专题文献；庄浪方言专题文献等等。

（四）地方文献工作需要现代技术

据统计，截至 2018 年 12 月，我国网民规模已达 8.29 亿，其中手机网民达 98.6%，互联网普及率达 59.6%，且随着 5G、大数据、云计算、物联网、人工智能等新技术的不断发展，使传统的图书馆管理运作模式受到空前的冲击，面临着巨大的挑战。庄浪县图书馆地方文献目前仍以陈旧的纸质读本和落后的人工借阅为主，地方特色文献资源建设严重滞后。在全媒体、融媒体背景下，如何以信息技术为先导，全面搭上科技发展的快车，融合各种文献资源，创新体制机制，是地方文献工作现实而迫切的问题。

"文化是人类文明的最终成果"，庄浪地方著述正是庄浪地方历史文化真实的记录者和直接传承载体，其资源始终处于庄浪乡邦文化的核心地标，具有不可替代性。《庄浪著述史略》的编纂仅仅是起步，知微见著。《庄浪著述史略》是数百年来，尤其是近几十年来以庄浪著述为重点的庄浪地方文献总结性推介，是庄浪地方文化的一次巡礼。而地方文献工作者努力的方向是：提高文献资源的社会参与度，扩大社会认知度，最终建立没有"地方"限制的地方文献体系，走进培育精品经典、面向无差别大众的文献发展之路，开辟新的思路和途径，进而让薪火相传的庄浪文化走出陇山渭水，走向全国，在人类历史文明进程中占据一席之地，让羲娲故里大放异彩。

参考文献：

［1］庄浪县县志编纂办公室，庄浪县道南协会．庄浪著述．庄浪，2014：1-2.

［2］孙志勇．庄浪书画（内部资料）．庄浪，2012：1.

［3］贾思刚．多思堂文稿（内部资料）．庄浪，2015：5-6.

抗战时期兰州海关税务司公署
建制始末及价值探析

张益明　张雅淇*

抗战时期兰州海关税务司公署存续期为 1942—1946 年，控制管辖区域为甘绥宁三省和陕北地区。期间留存的海关业务及管理档案经整理有 212 卷，现保存于甘肃省档案馆国家重点档案特藏室，其历史地位和作用目前还未完全被学术界所认识。认真研究抗战时期兰州海关税务司公署的建置始末，对研究旧中国地方海关历史和抗战时期甘肃及西北经济形势、物产、贸易、政局等情况有所裨益，对建设新时期全国海关通关一体化和全球统一的验估制度有重要启迪。

　　1941 年 12 月 8 日太平洋战争爆发，日本强行接收"中华民国"海关税务司署上海办事处，胁迫汪伪政府任命原中国海关总税务司署总务科税务司岸本广吉（日本人）为伪总税务司，成立汪伪总税务司署。随着沦陷区海关被相继关闭，民国政府海关总税务司署由上海移至重庆。之前，国民政府为控制与军事有关的国产物资出口，于 1940 年，在各战区设置货运稽查处负责货物稽查工作，始设冀鲁豫、晋陕、湘鄂、苏浙皖赣、广东、广西六个战区货运稽查处。1941 年增设甘宁绥区，将苏浙皖赣分成苏皖赣和闽浙两区，最终形成 8 个战区货运稽查处，分别设在河南洛阳、陕西西安、湖北老河口、广东曲江、广西桂林、甘肃兰州、江西上饶及浙江江山等地。两年后，重庆总税务司署在大后方各地以及与沦陷区交界的地点设置水陆交通统一检查所，对往来沦陷区与内地的货物进行检查，以阻挡敌占区货物内流及内地物资外流。当时在甘肃境内设置的水陆交通统一检查所地点为：平凉、兰州、天水。抗日战争进入关键阶段后，日本南进，西南国际交通受阻，军运频繁，货运受阻，关税损失严重，国民政府谋求在西北加大税收征管，筹划建立以兰州为西北中心的大后方基地，保证东线和南线战争物资支持。国民政府根据需要，开始调整海关布局，兰州

---

　　* 张益明　张雅淇，中华人民共和国兰州海关。

海关税务司公署开始筹建。其形势正如兰州海关税务司公署在民国 31 年工作计划所记载："自战争延长，日本南进，国际交通受阻，加之军运频繁，货运停滞。本关税收自必大受影响，惟仍拟尽可能力量与方法，在西北边区增裕税收。"[1]

一、兰州海关税务司公署成立始末

兰州海关税务司公署是抗战时期进行战略转移的产物，从战区战局上来说，也是民国政府全面应对日本帝国主义侵略中国而开辟的第二战场及进行物质储备的组成部分。

（一）兰州关税务司公署机构设置

1941 年 12 月 25 日，根据国民党中央财政部电令，财政部开始将各战区货运稽查处改组为海关接收。1942 年 1 月 1 日，国民党中央财政部关务署将"甘宁绥货运稽查处"改为"兰州海关税务司公署"，隶属于国民党中央政府财政部关务署海关总税务司署，1942 年 1 月 10 日正式办公。建关初期，职员情况为：内勤人员 65 人，外勤人员 59 人，工役人员 59 人，共计 183 人。兰州海关税务司公署设立总务课、秘书课、会计课、不管课等内部管理职能部门；设有监察长，时为阿腾都（英国人），负责内务监察处理；设验估员，从事海关估价鉴定。当时，兰州海关税务司公署关区范围包括甘宁绥三省，在三省战略要地和商业中心设立有分所，当时办公地点在兰州市小北前街 8 号（租用兰州货运稽查处旧址）。海关人员一部分由总署抽调，一部分就地招聘或接受原货运稽查人员充实。1942 年 3 月 13 日，海关总税务司署在致兰州海关税务司训令中称："兰州关现已成立，自应在绥省货运冲繁地方酌设分关、卡、所，以便管理商业，防止走私。"[2]

兰州海关税务司公署接受甘宁绥货运稽查处后，开始逐步建立以兰州为西北中心的海关管理系统。在人员缺乏的情况下，一边电请总税务司署选配海关专业人员担任总关课长和各分卡主任，一边就地招聘或选用原货运人员在各分关和支关开展海关业务工作。如《兰州关派往各水陆统一检查所执行货物检查人员姓名详历表》显示，前期派往平凉分卡的陈启才（当时关衔为一等副监察员），为上海复旦大学肄业，先后在江汉、拱北、昆明、金陵、兰州等地任稽查员、监察员等职；助理傅长学（未列等稽查员），西北师范学院先修班肄业，曾任兰州关稽查员；派往兰州的王承训（当时关衔为署二等监察员），为税务专门学校海事班毕业，曾任江海、九龙、厦门、青岛、昆明等关关轮署理船长等职；助理于成章（当时关衔为试用本口稽查员），毕业于国立兰州师范学校，曾任兰州关稽查员。

表1 民国时期兰州海关建关初期各分所（卡）人员基本情况表

甘肃	天水	邓志超	14 人
	平凉	许庆熙	7 人
	徽县	杨祖宏	6 人
	酒泉	冯宝安	8 人
	岷县	陈家炜	6 人
	野狐桥	（后未设）	
	定远营	李廷举	—
	碧口	孙庆余	5 人
	固原	何清浩	5 人
	张掖	徐大庸	5 人
	武威	王兆勋	7 人
	张家川	东启耀	7 人
	阎家店	（后未设）	
兰州市区	邮包税处	郭伟铭	6 人
	黄河桥	杨志远	6 人
	西稍门	陈礼茂	14 人
	公路车站	周亚初	5 人
	东岗镇	曾和鼎	3 人
	河口	臧葆铨	3 人
宁夏	吴忠堡	陈勋增	6 人
	宁夏	穆蕴华	9 人
绥远	五原	黄道新	34 人
	榆林	区廷鋆	
	陕坝	张雪辉	
	东胜	贾荫桓	
	普克提	刘龙飞	

1942 年 9 月，兰州海关税务司公署根据民国海关总税务司署训令，委派王

作民前往陕坝（今内蒙古巴彦淖尔市杭锦后旗）筹设绥远分关，接收绥远省政府贸易管理处，征塞北关税。1942 年 9 月 16 日，绥远分关成立，名称为"兰州关绥远分关税务司"，设有：陕坝、五原、普克提、东胜（后改为六井）4 个分所。1943 年 5 月，金丽鸿被任命为兰州关税务司副税务司绥远分关主任，当时绥远分关共有职员 23 人。

兰州海关税务司公署成立时在甘肃省设立的分卡（后改为分所、支关、支所）有：天水、徽县、岷县、野狐桥、碧口、平凉、固原、西峰镇、张掖、武威、酒泉、张家川、阎家店等 13 处。在兰州市内设分卡（后改为分所、支关、支所）有：邮包税处、黄河桥、西稍门、公路车站、东岗镇、河口 6 处。在宁夏设立的分卡有吴忠堡、宁夏 2 处，为兰州关税务司公署所属支关；在绥远分关设立的分卡有五原、陕坝、东胜（后改为六井）、普克提 4 处，后又增设榆林分卡。1943 年 5 月，海关总署税务司梅乐和（美国人）致电青海省政府（当时省主席为马步芳），拟在青海省增设管卡一个，征收战时消费税。要求兰州海关税务司公署派人进行实地调查，计划在青海省西宁市设立西宁分卡。兰州海关税务司公署派一等监察员郑建勋前往对西宁货源及税收进行调查并出具报告，海关总税务司署与青海省地方政府也多次协商，最终未果。1943 年 10 月，海关总署代理总税务司李度签署命令，成立的西宁分卡不久即撤销。

海关总税务司署于民国三十二年（1943 年）12 月 20 日颁布通令，规定自 1944 年 1 月 1 日起，直属总关的独立机构称为支关；直属分关的独立机构称为分所；与总关或分关同在一地并直属各总关或分关的机构称为支所；直属支关或分所的机构，无论是否与该支关或分所同在一地，称为支所；所有驻邮局包裹税征收处、驻机场稽征所及参加统一检查的稽查站等，均称为支所。改订后各关及其分支关（所）的系统见下图：

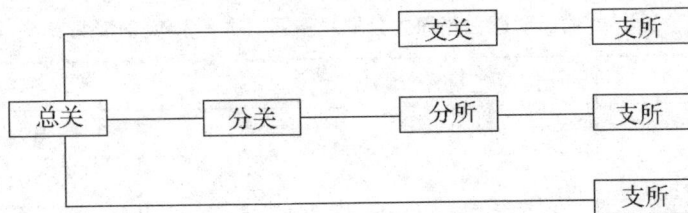

表 2　民国三十二年（1943 年）各关及其分支关（所）划分示意图

1945 年 8 月中国抗日战争胜利。1946 年 6 月初，国民党政府裁撤了设立四年多的兰州关税务司公署，其存续期为抗日战争后期（1942 年 1 月—1946 年 6

月），实际控制管辖区域为甘绥宁三省和陕北地区。[3]

（二）兰州海关税务司公署历任税务司（长官）

1942 年 1 月 1 日，国民党中央财政部委任王作民为兰州关税务司公署代理税务司。1942 年 5 月 28 日，国民党中央财政部委派英国人班世法为兰州关首任税务司，王作民为副税务司。

班世法（英文名 Bairnsfather, R. M. P. 1887—1959 年），男，英国人。1920年 12 月以"四等帮办后班"职级在中国海关供职。1937 年 11 月在雷州海关任代理税务司，1941 年升任税务司。1942 年调任兰州海关税务司，他与副税务司王作民精诚合作，接收原"甘宁绥货运稽查处"，成立"兰州海关税务司公署"。任内在甘肃省境内设立海关支关 13 处，在兰州市设立支关 6 处，在宁夏和绥远省境内设立支关 6 处。班世法从粤港及江浙地区选调海关专门人才或就地招聘大学生任支关负责人，短期内完成"兰州海关税务司公署"组建。执行海关总税务司署各项命令，全面开展海关缉私、税收征管、海关估验和市场调查等主要工作。同时制订了兰州海关税务司公署、分关及各支关内务事项详细制度，做到有章可循，起到了奠基性作用。1947 年 12 月退休。

1943 年 5 月，金丽鸿被任命为兰州关副税务司，绥远分关主任。1943 年 10月 28 日，班世法迁调关务署海关总税务司署，王作民暂行署理兰州关税务司。1944 年 3 月，王作民被海关总税务司丁贵堂委派至新疆组建哈密税务公署，任哈密代理税务司。是年 4 月，刘邦麟代理兰州关税务司。7 月，夏廷耀调离总署，接任兰州关税务司之职，刘邦麟调海关总税务司署。1945 年 7 月，夏廷耀被派往西安查处西安税务司罗庆祥被控舞弊案，随后调往海关总税务司署，7 月23 日，陈柏康就任兰州关税务司，直至 1946 年 6 月兰州关税务司公署裁撤。

表 3　民国时期兰州海关公署税务司（长官）变动情况表

姓名	国籍或籍贯	职务	到任时间
王作民	辽宁	代理税务司	1942.1
班世法	英国	税务司	1942.5
王作民	辽宁	税务司	1943.10
刘邦麟	湖北	税务司	1944.4
夏廷耀	浙江	税务司	1944.7
陈柏康	广东	税务司	1945.7

（三）兰州海关税务司公署职能及关区海关业务开展情况

抗战时期兰州海关税务司公署在海关总税务司的直接指示下开展工作，其主要职能是税收管理、海关估验和查缉工作，兼顾辖区贸易状况分析。

1. 税收管理：按照当时税则税率，兰州海关税务司公署每年制定各项税收预算目标，分解到各分支关，列明完成进度，年底进行全面考核。当时征收税种主要为进口税、出口税、进出口关税附加税、进出口救灾附加税、转口税等，其税收占比小。当时税收重点是依据《战时消费税暂时条例》征收"战时消费税"。

2. 海关估验：主要包括海关调查、海关记录和海关审核。海关调查由兰州关总务科验估组向市场做出定期调查，作为编订估价表达根据。总关各分卡（支关）随时派员向市场调查各种物价，每月将国货洋货价格造表报总关备考。海关记录是为了防止海关调查不能完全反映市场价格波动，有可能存在商民申报价格与价目表中有缺项或价格波动剧烈相差甚远的情况时，要随时记录以备查考，据以确定更加准确的价格。海关审查是除由总税务司署审核的一些国货洋货物价表外，各支关（卡）指定专人对税收和报关单凭据进行逐项审核，全面确认。

3. 海关查缉：兰州海关税务司公署根据总署训令要求设立缉私分处，专门负责管理货物稽查工作。各分卡（支所）也专门配备查缉人员与总关缉私分处联合办案，通力合作打击走私。主要办理辖区内查获走私案件、走私金银、走私军火、走私毒品等，及时出具查私报告，进行走私物品处理登记等。当时绥远分关所属分卡缉私事项成为查缉走私的重点内容。

4. 贸易调查。抗战时期，兰州海关税务司公署及其分支机构利用海关管理优势，直接或间接进行市场贸易调查分析，向海关总税务司署报告甘宁青绥等省区时下经济形势和贸易状况。抗战时期在兰州海关税务司公署辖区主要通过的货物有：甘草、当归、大黄、皮渣、蜂蜜、羊皮、瓜籽、羊毛、植物油、生熟皮、香料、皮统、毛毯、黄表、毛鞋、香草、枸杞子、狐皮、羊毛毡、木板、木橼、鹿茸、贝母、党参、姜皮、花椒、清油、河南绸、大米、小麦、小米、糯米、胡麻子、菜籽、白蔴、棉花、红枣、煤、发菜等。货物以日常用品为主，其出产地多为甘宁青绥等地特产，如中宁枸杞、张掖红枣、武威羊毛、徽县药材等。

兰州海关税务司公署所有政令均以海关总税务司署命令为准，不得自行颁布命令。在筹建阶段，总关无力视察各分支机构，仅对兰州市各卡（所）派驻高级官员就地视察，掌握情况。其后每年都派高级关员赴各地重点对年度税收和缉私工作进行考核视察，并出具业务考察报告和工作总述报告。除海关业务外，兰州海关税务司公署还对系统内养老、津贴、统计、医疗、物资、内务、人事任免、舞弊查处、货物验收、税费上缴等进行全面系统管理，其管理程度科学严密有效，超乎一般想象，充分体现近代海关管理水平的先进性。

表4　1942—1945年兰州海关税收表（单位：国币）

年份	进口关税	出口关税	战时消费税	合计
1942	478710	0	12007421	12486131
1943	1804100	569	17273979	19078648
1944	3462435	86.78	61369276.87	64831798.65
1945	4345855.8	0	10444229.7	14790085.5
合计	10091100.8	655.78	101094906.6	111186663.2

二、兰州海关税务司公署的历史地位和作用

太平洋战争爆发以后，日本攫取了沦陷区海关，民国总税务司梅乐和（英国人）被捕。国民政府财政部决定在重庆重组总税务司，周骊（美国人）代理总税务司，在其主持下，克服重重困难，在内地完善扩大海关组织，先后增设了兰州、西安、洛阳、上饶、曲江五关。兰州海关税务司公署是抗战时期在西北最早设立的海关。揽史寻规，拨云见日，破皮出翠，古为今用，洋为中用，客观认识和评价兰州税务司公署成立的历史地位和作用，对全面研究中国海关史和定位西北海关历史作用有重要意义。[4]

（一）兰州海关税务司公署成立始末充分说明了旧中国海关是西方列强掠夺中国财富的基地

旧中国海关的发展脉络是从海关监督（户部管辖）和税务司（总理衙门管辖）二元制特殊模式向以外籍税务司垂直管理一统天下模式发展的产物，中央及各地海关税务司长官一直是英美人把持担任。[5]抗战时期在民国总税务司先后由梅乐和（英国人）、李度（美国人）和周骊（英国人）担任，兰州海关税务司由英国人班世法担任，重要岗位如监察长阿腾都也是英国人，其利益和价值取向在殖民利益上有极度的苟同性。他们虽然是国民政府的高级雇员，但是代表了英美利益。著名的赫德（英国人）在总税务司署执政期间多次强调："总税务司署，乃系中国机关，总税务司系受中国政府之任命，办理海关业务。故总税务司在执行关政上，对于中国政府系协助之性质。自不应蔑视中国之主权，

而谓政由我出。"表面是尊重主权，其实是延缓美英殖民利益在中国海关的控制时间。梅乐和在其撰写的《我对整个海关税务司制度之未来的看法》中毫不掩饰地说，他是以中国雇员的身份管理中国海关，在紧急时期，他不但是中国政府的官员，而且是外国利益的代理人。兰州海关税务司公署民国三十一年年度工作计划中亦明确"海关各种法规向由总税务司以命令颁布遵行，各关无权自为更张"，[6]可见，旧中国半殖民地性质海关特征在兰州海关税务司公署运作中表现地体无完肤。

（二）兰州海关税务司公署建置研究对了解旧中国海关历史特别是抗战时期内陆海关发展历史不可或缺

兰州海关税务司公署抗战时期存续期为 1942 年至 1946 年 6 月，全区管辖地涉及甘肃、宁夏、绥远和陕北地区。这些地区幅员辽阔，战略地位明显。抗战时期我国东部和南部沦陷期，兰州海关税务司公署除与海关总税务司署紧密联系外，还与西安、洛阳、天津、长沙、闽海、瓯海等海关机构在人事、业务上密切配合，在保障税收、查缉走私和保障畅通中做出了自己的贡献。1944 年，兰州关税司代理税务司王作民受海关总税务司署委托组建新疆哈密税务司署。1945 年，兰州关税司夏廷耀受海关总税务司署指示前往西安查处西安税务司罗庆祥被控舞弊案。抗战胜利后，他被民国政府派往接管台北海关，获国民政府行政院"治台有功"奖状。历任税务司班世法、刘邦麟、夏廷耀、陈伯康先后调往海关总税务司署任职。这些活动，说明兰州海关税务司公署在当时的历史条件下其地位是重要的。甘肃是西北最早正式设立海关的省份（张耀华主编《旧中国海关史》中西安海关建关为 1942 年 2 月），兰州海关建关时间为 1942 年 1 月 1 日。

（三）加强对兰州海关税务司公署的历史研究对海关业务建设和地方经济有所借鉴

近年来，一些学者开始涉猎兰州海关税务司公署建置的学术研究，地方史志部门也逐步开始重视这些资料的研究应用。由于兰州海关税务司公署日常使用文字绝大部分是英文，受一定条件限制，绝大多数重要资料的价值还没有充分挖掘发挥出来。如抗战时期国民政府关于西北地区经济贸易政策、税收货运、政府议事、政治军事、中药农产等分析报告，需要认真研究和深度整理，为今所用，为我所用。又如《兰州关及绥远分关三十四年（1945 年）一至八月汇集敌伪财政经济动态资料报告书的密呈》中反映，因日伪的掠夺和交通线屡遭盟军飞机轰炸，沦陷区经济陷入了极度困难的状态，百姓生活困苦，物价飞涨，大米达到了伪钞 40 元一市斤，白面 16 元一斤，籼米每斗 200 元，猪肉每斤 30

元，胡麻油每斤 60 元，鸡蛋达到了 1 元钱 1 个。再如从 1929 年至 1934 年，民国政府先后自主制定实施了 4 部国定税则，目的是逐步缩小与世界各国关税水平的差距，以期关税基本自主。作为国家税收主权完整的重要组成部分的验估制度，在抗战全面开始后，因中国海关几乎被日本人占据，形同虚设。到 1943 年，美国成为中国第一大贸易国时，民国政府为了换取美国在政治、军事上的支持，部分货物几乎免税，验估制度也无从谈起[7]。兰州海关税务司公署在西北偏安一隅，继续进行验估业务，有完整的验估机构和验估人员，保留较为翔实资料实属不易。这种制度的延续变迁，对现阶段探索建立全国通关一体化和国际实际的海关验估制度有很好的传承和聚合作用。

参考文献：

[1][2][3] 甘肃省地方史志编纂委员会. 甘肃省·海关志（1982—2007）[M]. 兰州：甘肃文化出版社，2018：76 - 84.

[4] 靳晨光. 关于中国海关近代史研究的两点思考 [J]. 海关研究，中国近代海关史第三辑，2016：8.

[5] 中国海关通志编纂委员会. 中国海关通志第六分册 [M]. 北京：方志出版社. 2012：3649.

[6] 郭永泉. 晚清时期海关监督与税务司关系之辨析 [J]. 海关研究，2016（中国近代海关史第三辑）25.

[7] 盛卓禾. 近代中国海关验估制度寻踪及启示 [J]. 海关研究，2016（中国近代海关史第三辑）9.

胡缵宗著述的刊刻与流传

王江东*

本文回顾胡缵宗刻书研究的概况，简要介绍胡缵宗的家世生平与著述，并根据各书中所列序、跋、识等考察胡缵宗著述的刊刻与流传情况，即除了胡缵宗自刻以广流传外，胡缵宗的门生、秦安历任知县及乡绅、胡氏家族亦在刊刻与流传的过程中发挥关键作用。

胡缵宗作为明代陇右著名的官员和学者，不仅在经学、哲学、文学、方志等方面均有杰出造诣，而且还是明代著名的私人刻书家。他不仅翻刻别人著作，也刊刻本人著述。目前，对胡缵宗刻书的研究日益获得学者们的重视，学术专著方面，瞿冕良编著的《中国古代版刻辞典》一书，收录了胡缵宗所刻古籍十种，并注明每种古籍的卷数、行款，是目前收录胡氏刻书最全的著作。缪咏禾所著《明代出版史稿》一书，在其第十四章列举了胡氏刻书及其书名和卷数。白玉岱所著《甘肃出版史略》一书，称胡缵宗是甘肃秦安有史可考最早的私人刻书家。论文方面，兰州大学董颖的硕士论文《胡缵宗年谱》，清晰梳理胡缵宗的生平与事迹，可以为胡氏部分刻书提供时间、人物等线索。辽宁大学马凌霄的期刊论文《胡缵宗刻书书目补正》对胡缵宗刻书书目进行了补正，硕士论文《胡缵宗刻书研究》全面系统地研究胡缵宗的刻书成果及其影响。以上著作及论文，多研究胡缵宗的刻书活动，而对其著述的刊刻及流传甚少关注。笔者作为图书馆古籍整理工作者，有幸过目多种胡缵宗著作的序跋，于是利用闲暇时间草成小文，意在考察胡缵宗著述的刊刻与流传情况。

一、胡缵宗家世生平与著述

胡缵宗（1480—1560）年，初字孝思，后更世甫，号可泉，一号鸟鼠山人，

---

* 王江东，甘肃省图书馆。

明陕西巩昌府秦州秦安（今甘肃省秦安县）人。胡氏家族为当地望族，祖父胡璿，字大用，秦邑名士。善文辞、以毛诗鸣于陇西。景泰间以国子生授南皮知县，为政九载，深受南皮百姓爱戴。父胡士济，字泽民，由国子生仕成都县学教导，后任双流县教谕，在任期间，"创修文庙，甲于邻邑"[1]，后升任什邡知县，旋告归。六叔父胡士淇，也曾任成都什邡知县，两人皆以治毛诗而著称于关陇，且政绩显著，颇有政声。祖辈、父辈治学严谨、出仕从政的家学传统，对胡缵宗的一生产生了重大而深远的影响。胡缵宗自幼受家学传统的熏陶及影响，勤奋嗜书，少年时常与其弟胡正宗随父在京师、四川等地读书、求学。弘治十七年，时年二十五岁的胡缵宗进京入太学，"弘治十八年至正德二年，在京师国子监学习，在此期间，胡缵宗受到大学士李梦阳、杨一清等人的赏识。正德三年，胡缵宗参加殿试中进士，为三甲第一名，传胪。正德五年，胡缵宗调嘉定州判官，正式开始外放生涯。先后历任潼川州知州、南京户部司员郎、南京户部度支司郎中、安庆知府、苏州知府、山东布政使司左参政、山西布政使司左参政、河南右布政使等官职。为官期间，施惠政、重文教、兴水利、建书院，深受百姓爱戴。嘉靖十八年，胡缵宗在河南巡抚任上，因行台失火，引咎告归，在秦安，筑别墅以居，"时或乘篮舆课耕陇亩，亦或登高赋诗，兴尽而返"[2]读书赋诗，好不惬意。嘉靖二十九年，七十一岁的胡缵宗因奸人王联陷害，被下狱。后虽真相大白，王联坐诬罔罪论死，但胡缵宗仍被"仗打四十遣归"。返秦安后，仍笔耕不辍，著书立说。嘉靖三十九年卒，享年八十一岁。

　　胡缵宗一生著述丰厚，根据《中国古籍善本书目》及《中国古籍总目》梳理，现存胡缵宗著述有：《安庆府志》三十一卷、《巩郡记》三十卷（图1）、《秦安志》九卷（图2）、《鸟鼠山人小集》十六卷《后集》二卷（图3）、《拟汉乐府》八卷《补遗》一卷《附录》二卷、《可泉拟涯翁拟古乐府》二卷、《秦汉文》四卷、《唐雅》八卷、《雍音》四卷、《愿学编》二卷、《近取编》二卷、《新刻胡氏诗识》三卷、《薛文清公从政名言》一卷。

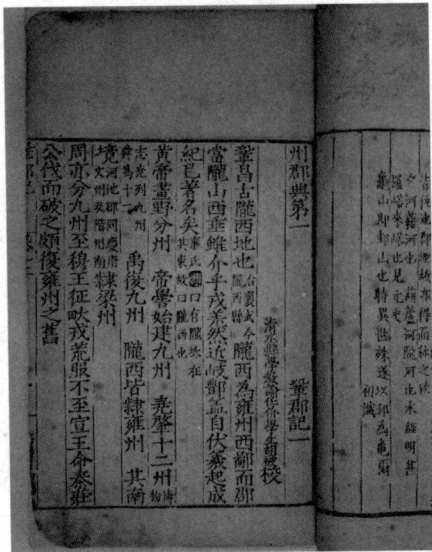

图1　巩郡记卷端

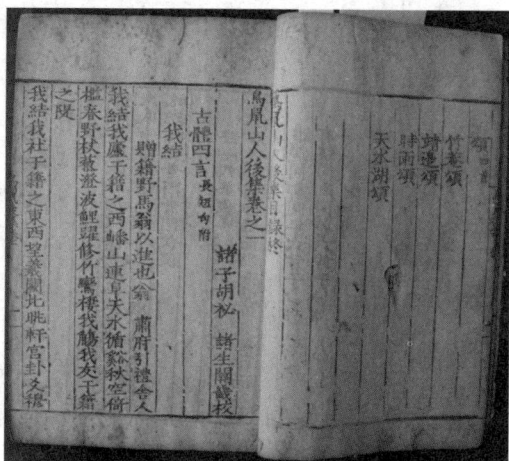

图 2　鸟鼠山人小集卷端

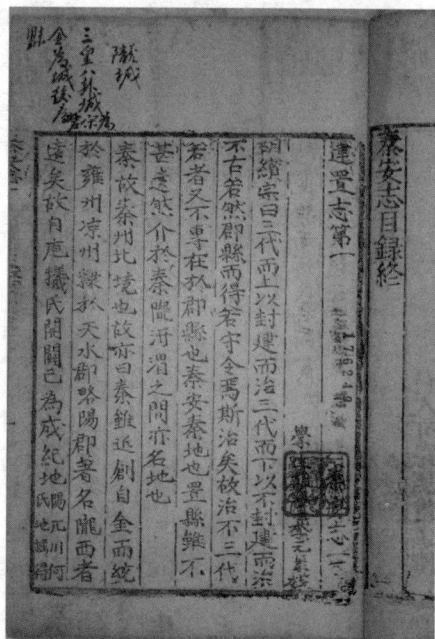

图 3　秦安志卷端

二、胡缵宗著述的刊刻

胡缵宗长达几十年坎坷崎岖的从政生涯以及四处游历、交游的经历，为其著述以及著述的刊刻提供了丰富的素材和人力、物力保证。根据胡缵宗各书中所列序、跋、识等可知，除了胡缵宗自己刊刻部分著述之外，围绕在胡缵宗周围的胡氏宗亲、胡氏门生以及秦安历任知县亦在其著述刊刻过程中发挥关键作用。

（一）胡缵宗自刻其著述

胡缵宗作为明代著名的刻书家，刊刻了自己的部分著述。瞿冕良在《中国古籍版刻辞典》一书中分别著录了胡纂宗刻书的室名，如鸟鼠山房条下："刻印过……自撰《雍音》4卷，又《愿学编》2卷，又《可泉四岳集》7卷《续集》2卷（10行19字），自编《秦汉文》4卷（苏州本，11行20字），自辑《唐雅》8卷（10行20卷）……"[3]；清渭草堂条下："刻印过自编《雍音》4卷（半页10行，行20字），自撰《拟涯翁拟古乐府》2卷（10行19字），自纂《巩郡记》30卷。"[4]根据胡缵宗现存十三种著述统计，胡缵宗自刻著述五种，其所刻书版心下均镌有胡缵宗的室名，或为"鸟鼠山房"、或为"清渭草堂"、或为"文斗山堂"。如：《巩郡记》二十卷，明嘉靖二十五年清渭草堂刻本。是书半页十行，行二十字，小字双行同，四周单边，无鱼尾，版心下镌"清渭草堂"。卷首有广西按察司副使周满序及巩昌知府李世芳序。（见图1）由序可知，嘉靖二十三年，胡缵宗六十五岁，辞官在家闲居，时年应巩昌知府李世芳邀，编纂《巩郡记》，越岁而志成，嘉靖二十五年，由"清渭草堂"刻印出版。

（二）胡氏门生校刻其著述

胡缵宗作为明代著名的学者型官员，其著述的编纂和刻印得到门下学生的鼎力相助。如《鸟鼠山人小集》十六卷《后集》二卷，明嘉靖刻本。是书半页十一行，行二十字，小字双行同，白口，四周单边，单黑鱼尾。此书版心标注卷次，即卷一至四为《正德集》，卷五至七为《嘉靖集》，卷九至十六为《鸟鼠集》，后卷一至二为《鸟鼠山人后集》，计为《鸟鼠山人小集》十六卷《后集》二卷，据卷首邵宝序："其门人太学生，江阴徐中孚请而梓之。"[5]（见图2）据《中国古籍版刻辞典》记载，"徐中孚，明正德间江阴人，字子贞。"嘉靖十八年刻印过胡缵宗《鸟鼠山人小集》16卷（半页11行，行20字）"[6]。

又如《拟汉乐府》八卷《补遗》一卷《附录》二卷，明嘉靖十八年杨祜、李人龙刻本。是书半页十行，行十九字，小字双行同，白口，四周单边，无鱼尾。卷首杨祜序交代了刻书原委："可泉公以命世之才，兼轶古之识，应黄离之运，抚循暇日，拟为此篇，繇于性情，止于礼义，神悟妙解，虽西京间不能逮者，藉屈宋降格命翰莫孰为后先也。祜不敏，获承指授迺偕谷子继宗、邹子颐贤、李子人龙辑而传焉，俾百世知我明人文道化之盛，且曰三百篇亡矣，诗不在兹乎、诗不在兹乎。嘉靖已亥岁春三月既望门人钱塘杨祜顿首拜书。"[7]（见图3）杨祜，胡缵宗门人，嘉靖十四年进士，曾任兴国知州、刑部员外郎、濮州知州、济南知府。

（三）历任秦安知县助刻其著述

胡缵宗丁忧期间及致仕以后，与时任秦安知县的多个官员往来频繁，其著述的刻印亦得到他们的资助。如《秦安志》九卷，明嘉靖十四年刻本。是书半页九行，行十九字，小字双行同，白口，四周单边，单黑鱼尾。卷首有康海序，云："可泉方伯既成《秦安志》，时汾西坤元君知秦安县，遂请寿诸梓人。"[8]（见图4）由康海序可知：嘉靖十一年，胡缵宗丁父忧在家，嘉靖十三年，应知县元世英邀请，胡缵宗编纂《秦安志》，次年由元世英主持刻印。

又如《愿学编》二卷，明嘉靖三十四年梁高刻本。是书半页九行，行十九字。白口，四周单边，无鱼尾，版心下镌"鸟鼠山房"。前有胡缵宗序及秦安知县梁高序，梁序云："予请梓以传，先生不可，予以是编乃薛敬轩之正脉也，先生何秘也，学者何正焉？于是序之而捐俸以筹诸梓。"[9]（见图5）梁高，字以安，号锦屏山人，四川广元县人，嘉靖七年举人，嘉靖三十二年夏授任秦安知县，嘉靖三十四年，梁高捐俸刻印胡缵宗《愿学编》，且为之作序，校勘。

胡缵宗著述的刊刻，始于嘉靖三年《秦汉文》的刊刻，终于嘉靖三十四年《愿学》的刊刻，刻书长达三十多年，对于私人刻书来说，实在难能可贵，可见其对刻书事业的执着。

三、胡缵宗著述流传及其刻版递修

胡缵宗从政期间，辗转多地为官，与当地官员、文人往来频繁，其著述在当地多有流传。胡缵宗致仕之后，其著述的刻版亦随着胡缵宗回到秦安老家，胡氏后人世代相守。

到了清代顺治年间，刻于明嘉靖年间的胡缵宗《鸟鼠山人集》刻版多有散落，时任秦安知县的周盛时捐俸禄，倡导邑人补刻，其《鸟鼠山人后集》跋云："不佞盛时承乏而令秦安……秦故太史可泉胡老先生厥所由来，详之序矣，不烦弹述，其文集行诸世者，有《鸟鼠山人集》《拟古乐府》《拟汉乐府》，而《唐雅》《雍音》盖其选也。有可异者，绿林辛螫，城郭人民，焦土可怜，而诸集枣梨无恙，何故也哉？意者文章一道，水不濡，火不爇，有神行乎其间邪？胡先生自此远矣，洵不朽矣。不佞薄书之余，篝灯披玩《鸟鼠集》，有散落者二十余幅，乃为之掩卷而长叹息曰：'胡先生之文行世也，几乎云汉之倬尔，可听其散落邪！'夫狐腋之裘而半幅未完，未免有亏缺之憾。先生之文只狐腋之裘哉！不佞实式有心而谋诸其为后者，赀且不给，宜奈何！于是捐俸金购枣梨，诣剞劂而寿梓焉。"[10]周盛时，辽东人。贡生，顺治十一年任秦安县知县，顺治十三年，周盛时捐俸禄，倡导邑人补刻，周盛时与秦安县学教谕路世龙在《鸟鼠山房后集》卷末分别作跋。除了补刻之外，周盛时将胡缵宗的著述合印，并将流传过程中版刻出现缺字、缺页的状况一一补修，其版式与嘉靖本大体相同，是集包括《鸟鼠山人小集》十六卷《后集》二卷、《近取编》二卷、《愿学编》二卷、《拟汉乐府》八卷《补遗》一卷《附录》二卷、《可泉拟涯翁拟古乐府》二卷、《雍音》四卷、《唐雅》八卷。

民国九年，在秦安两任知县姚绥青及吴浩然的支持与秦安乡绅的积极倡导下，胡缵宗著述的版刻经过再次补刻印行。关于补刻，陇上著名学者安维峻在为其补刻版写的序文中叙述得颇为详细："前明胡可泉中丞《鸟鼠山人集》刻板年久漫患且多残缺，其后裔不能守，欲售之，合邑文社藉资保存，索价五十缗，文社司计徐介卿茂才闻之，义务管理。诸绅四舍弟维崑首先应允。时摄秦篆者为姚绥青知事，深以为然，并助钱十缗。继而姚侯议补刊缺板，四舍弟力赞成之，惟以经费不足为虑，姚侯复以筹拨公款是任，于是物色梨枣，付之手民。既开工矣，而姚侯适瓜代曾以罚款五百余金移交后任吴浩然知事。次年刻资绌，而匠公日益众。四舍弟贷款给之，吴侯亦拨钱二百缗，无何字匠揽头被盗案诬牵，县中严刑求之而不得，前后拘留九阅月，其招徕之，众工无人管领，糜费有余，任事不足，不得已权行停工，而四舍弟亦捐馆矣，为乡先达抱残守缺苦心孤诣而不获观，厥成亦临终遗憾也。今鸟鼠集之补刊虽负亏空，然积数年地租之入，亦可弥补完全，惟刻工太劣，亥豕鲁鱼校正乏人，峻以衰病又惮于从事，此亦一憾也。工既竣，略识颠末如右以见此集之由来，其中波折竟有出人意计外者，天下事可易言哉？亦尽其在我者而已矣。岁在上章涒滩仲秋既望，安维峻序于首阳寄室。"[11]在资金缺乏、刻工拙劣、校正乏人的情况下，补刻历时两年多的时间，方才竣工。胡缵宗《鸟鼠山人集》流传到民国，原刻版所剩不多，新补刻刻版字体呆板，与嘉靖本大相径庭。而且《鸟鼠山人集》经过多次补版印刷，版式日渐磨损，所印书籍质量愈来愈差。

四、结语

今天，根据《中国古籍善本书目》及《中国古籍总目》，胡缵宗的著述，除了《巩郡记》残本分别藏于甘肃省图书馆（卷一至四）、国家图书馆（卷十四）及四川图书馆（卷十三），《安庆府志》残本（卷七至十四）藏于宁波天一阁之外，其余著述，流传较广，国内各大图书馆均有藏。有些著作，甚至流传海外，如《鸟鼠山人集》存藏于日本尊经阁文库、东京大学东洋文化研究所[12]。

胡缵宗的著述历经明、清及民国朝代更替，能一直流传下来，不仅在于胡缵宗是明正德、嘉靖年间陇右著名的官员、学者，工诗能文，其自选的《秦汉文》《唐雅》等多部诗文选本因其风格古朴、典雅，呼应明代中期"文必秦汉，诗必盛唐"的文学复古运动而备受世人推崇。也在于胡缵宗是明代有名的私人刻书家，凡经其刊刻出版的书，皆校勘精审，很少讹误，为历代藏书家及出版家所称道，如《甘肃出版史略》一书称："鸟鼠山房刊本版式正规，刻工考究，印装精美，校定准确，很少误讹，为甘肃古代雕版书籍之上乘。"[13]胡缵宗以保存和传播精良善本为己任，因此其著述在流传的过程中得到更好的传播与珍藏。除此之外，胡缵宗著述得以流传至今，更是因为明清以来秦安胡氏家族、乡绅及历任知县世代相守、重视、保护地方文献的结果。

注释：

[1]（清）严长宦.［道光］秦安县志［M］.清道光十八年刻本.

[2]（明）焦竑撰.焦太史编国朝献征录［M］.台北：台湾学生书局，1965：2619.

[3]瞿冕良.中国古籍版刻辞典［M］.苏州：苏州大学出版社，2009：169.

[4]瞿冕良.中国古籍版刻辞典［M］.苏州：苏州大学出版社，2009：828.

[5]（明）邵宝.可泉辛巳集序.鸟鼠山人小集十六卷后集二卷［M］.明嘉靖刻清顺治补修本.

[6]瞿冕良.中国古籍版刻辞典［M］.苏州：苏州大学出版社，2009：704.

[7]（明）杨祐.拟汉乐府序.拟汉乐府八卷补遗一卷附录二卷［M］.明嘉靖十八年杨祐、李人龙刻本.

[8]（明）康海.秦安志［M］.明嘉靖十四年刻本.

[9]（明）梁高.愿学编［M］.明嘉靖三十四年梁高刻本.

[10]（清）周盛时.鸟鼠山人后集跋.鸟鼠山人后集［M］.明嘉靖刻清顺治十三年周盛时补修本.

[11]安维峻.鸟鼠山人集序.鸟鼠山人小集［M］.明嘉靖刻清递修本.

[12]严绍璗.汉籍善本书录［M］.北京：中华书局，2007：1670.

[13]白玉岱.甘肃出版史略［M］.兰州：甘肃人民出版社，1995：160.

黑龙江省图书馆地方特色馆藏建设与研究

郭　凌*

地方文献是一种特殊的文献信息资源，是地域文化的重要组成部分。图书馆需要在地域文化的基础上，加强地方文献特色资源建设。本文将从黑龙江省地域文化特性、黑龙江省图书馆地方文献特色馆藏建设、黑龙江地方文献资源存在的问题、地方文献资源建设的策略等几个方面采取的方法和措施及取得的成绩进行论述。

地方文献在地域文化的传承、城市未来的发展，发挥着文献保障和智力支持的重要作用。面对信息时代的快速发展，公共图书馆需紧跟互联网时代步伐，科学、有计划性地规划地方文献的采集、开发、利用。在此过程中，如何构建具有本区域特色的地方文献馆藏体系，是地方文献工作者首先要思考的问题。地方文献具有地域性的特征，如志书记载当地的政治、经济、文化等；地方文献还具有时代性，是不同历史时期文化的产物；同时地方文献还具有广泛性和系统性的特征，如年鉴反映了当时各行各业的状况。本文就黑龙江省地域特色、黑龙江省图书馆馆藏建设与研究等方面做一系统性论述。

一、黑龙江省地域文化特性

所谓地域文化是指在一定区域范围内，固定人群的思维和行为方式，以及由此而形成的体现地域特色的生活和生存模式的综合反映。地域文化是一个地方的灵魂，客观反映出当地的地理变迁、历史积淀、人文底蕴，甚至是发展潜力。不同地域都有自己特定的文化，文化与特定区域的地理生态环境和历史文化传承有着密不可分的因缘关系，这种现实人文状况以隐性的系统而存在，带有明显的地域性特征，具有一定的动态性、过程性和导向性，并在很大程度上

---

* 郭凌，黑龙江省图书馆。

决定着该地域社会经济文化的发展模式和发展走向。[1]

黑龙江省位于祖国东北边陲，地域辽阔，有着悠久的历史。据史料记载西周时期就有向周朝纳贡记录，建置最早于战国晚期夫余国，其历史沿革经历封建时期、民国时期、中华人民共和国延续至今。而且黑龙江省有一个特殊的伪满洲国时期。黑龙江省有 46 个民族，清朝祖先居住在黑龙江流域，并在此建立政权，在历史的长河里形成了特有的地域文化，如赫哲族形成了街津口文化，黑龙江上游形成了鄂伦春族文化、哈尔滨巴洛克建筑文化、金上京文化遗址、萧红文化等。因此整理、挖掘黑龙江省本土特色文献资源，关注和解析区域内的特色文化，构建地方特色文献资源保障体系，提升区域文化软实力，提升区域文化在国内外的知名度极为重要。

二、黑龙江省图书馆地方文献特色馆藏建设

阮冈纳赞的图书馆学五定律中提出"书是为了用的"这一基本定律。定律认为，图书馆的主要职能不是收藏、保存图书，而是使图书馆得到充分的利用，这是开展一切服务工作的前提。在地方特色文献收藏方面，公共图书馆往往是重"古"轻"今"、重"藏"轻"用"。为提升地方特色文献资源的利用率，对有关文献资源进行深入、系统的挖掘，根据黑龙江省地域、历史、文化等方面的特性进行一系列的特色馆藏建设。[2]

（一）专题馆的建立

"萧红文学馆"。萧红，原名张乃莹，黑龙江省呼兰县人。在中国现代文学发展历程中，萧红的作品以其独特的艺术风格在文学史上独树一帜。她的作品满怀深厚的故土情结，让呼兰河成为众多读者心中的精神故乡。"萧红文学馆"现收藏萧红作品、萧红研究、纪念萧红等方面图书、报刊、图片等各种资料和展品 3000 余件。这些资料和展品集中展现了大师的思想和精神，彰显民族气节，传播了民族文化的精髓。

黑龙江省版本图书馆。呈缴本制度在我国由来已久，是解决地方文献征集问题的重要制度。黑龙江省图书馆于 2008 年成立了黑龙江省图书馆版本图书馆，其主要目的是收藏黑龙江省 13 家图书出版机构的图书，主要职能是保存黑龙江省出版物样本，展示黑龙江省文化资源和文化发展，有效保证地方出版物入藏的完整性和系统性。

黑龙江省版本图书馆现计划组建张郁廉纪念馆，其子张宇立携作《白云飞渡》来到哈尔滨并捐其母部分遗物给黑龙江省图书馆，张郁廉女士是"中国新闻史上第一个采访战地新闻的女记者"，在《白云飞渡》的文字中体现了她的勇

敢和坚强，张郁廉女士的精神将在纪念馆中延续下去并传播给一代代黑土地上的人们。

此外，2019 年建国七十周年之际黑龙江省图书馆拟组建龙江名人馆，包括以系列专题的形式向世人展现黑龙江省两院院士如何攻克关键核心技术，破解创新发展难题，在重大科技领域不断取得突破，为我国科技事业发展作出了突出贡献。如：杨德森，国内最先从事矢量水听器技术研究的专家之一；谢永刚，世界生产力科学院院士。该名人馆还包括黑龙江省历史人物，为黑龙江省政治、经济、文化各个领域有突出贡献的人物。

（二）黑龙江省图书馆特色文献专题

地方文献与地方文化两者密不可分，相辅相承，地方文献的收藏以地方文化为基础和前题。黑龙江省有着独特的地域文化特性，遵循这一特点在文献采购、文献整理、文献信息挖掘和课题咨询服务方面形成有地域特色馆藏文献，构建多专题、多系列的文献种类。

"中东铁路"专题的创建缘于哈尔滨是中东铁路节点上最大的城市，中东铁路记载了哈尔滨发展史，因而收集了中东铁路（南满、北满）史料；"犹太人在哈尔滨"专题创建源于哈尔滨为犹太人东亚聚集地，最多时达 2 万余人，犹太文化与本地文化相互融合；"东北流人史"专题，流人文化是黑土文化的重要组成部分之一；"东北抗日联军史料"专题详细记录了抗联战士们十几年的抗日历程。"北大荒文化"专题展示了北大荒开发建设特定的历史、特定的区域及特定的使命，形成了有别于其他文化的北大荒文化。它是以北大荒精神为核心，以北大荒核心价值观为导向，融军旅文化、知青文化、移民文化和黑土文化为一体的、具有鲜明黑龙江垦区特点的一种文化体系；"冰雪文化"专题展现了冰灯、雪雕、冰花、冰盆景、冰景致、冰雕塑，这些都是冰雪文化组成的部分。"少数民族"专题展示了赫哲族的鱼骨画、鱼皮衣的制作，该民族是黑龙江省独有的少数民族，其民风、民俗成为非物质文化遗产重点保护项目。"口述史料收集"集中展示了哈尔滨师范大学历史系教授赵连泰专访内容。

（三）黑龙江省地方特色数字资源库

建立凸显本省地域特色专题数据库，参与本省经济发展，促进文化生活提高，传承本区域历史。黑龙江省图书馆建立了29个专题，其中"哈尔滨建筑凝固的历史文化""少数民族文化""百年萧红""黑龙江非物质文化遗产（赫哲族卷）""犹太人在哈尔滨""馆藏抗日战争文献"及"北大荒专题数据库"形成了纸质阅览和线上查寻的多方位多渠道服务体系，成为黑龙江省图书馆最具代表性的特色资源。

（四）全面收藏地方志、行业志、年鉴、统计年鉴

地方志能够全面反映某一区域的政治、经济、文化的发展情况，是馆藏文献的核心资料。其价值不仅是记录和传承，更在于它的服务性。黑龙江省图书馆较为齐全系统收集新旧地方志、行业志、组织史资料、文史资料、年鉴和统计年鉴等，重点收集了森工系统、农垦系统、煤碳系统、石油系统志书等资料。其中地方志如《黑龙江省志》《哈尔滨市志》《阿城区志》和《北安农垦志》等，行业志如《哈尔滨市民政工业公司志》《五常中医医院志》《哈尔滨电机厂志》《宾县组织史资料》《齐齐哈尔电业局工会组织史资料》《农垦法院志》和《虎林文史资料》等这些馆藏文献在数量上和质量上都保持了较高的水准，逐渐形成了黑龙江省图书馆馆藏特色。

三、黑龙江地方文献资源存在的问题

（一）机构间缺乏合作精神

地方文献因地域性的特性，其资源建设存在着各自为政的状态，文献大量存在各地、市级图书馆、方志馆、党史办、政府机构、档案馆和高校图书馆，每个机构对地方文献的理解有差异，因此规定了不同的收藏范围和保护方式。且机构之间没有形成文献交换，资源整合的意识，缺乏协作精神。虽然黑龙江省图书馆加大对地方文献的收集力度，但一些没有公开出版资料很难发现和收藏[3]。

（二）地方文献专业工作人员培养

我馆非常重视地方文献的采集工作，同时意识到深度开发地方文献资源信息，为社会发展和公民需要挖掘地方文献价值有其更深远的意义。为实现这项信息和文献价值深度挖掘工作，加强人才队伍建设提高馆员专业素养极为重要。可以通过定期组织讨论会使地方文献工作人员学习国内外典型先进的文献建设案例，开办学习讲座深入学习地方文献建设方面的科学理论。只有提升队伍整体专业能力水平，才能保证地方文献资源建设工作的高效落实和高质量完成。

四、地方文献资源建设的策略

开展地域文化建设，保存、传承地域文化有着重要的意义。地域文化是生活在特定地理环境下、特定地理范围内、特定人群经历长时间的历史积淀形成的人类文化，是民族文化重要的组成部分。

（一）建立完善的制度

建立有效的地方文献管理制度、文献征集制度、管理保存制度、资源开发

服务制度、特色文献采购经费保障制度和地方文献工作人员培训制度。建立完善的制度有助于规范收藏范围，逐渐形成完整的地方文献资源建设体系，为地方文献资源信息提供服务保障[3]。我馆有专业的工作人员进行特色文献采购，从而不断补充特色专题文献的数量和提高文献的质量。同时通过定向购买增加新的特色专题，丰富黑龙江省特色馆藏体系，更好的为党政机关、企事业单位、科研院所及学者等社会各界参考和信息服务。

（二）建立数字资源平台

由于地方文献载体形式不同、收藏管理的机构不同，造成区域内地方文献深层次的开发利用难以实现。鉴于此类情况我国史志办、社会科学院、各地市级图书馆应该建立互助联盟，按照互利互惠、互通有无的原则，实行文献交换，通过建设地方文献数据库来实现资源信息共享。我馆正在筹备整理《黑龙江省地方文献联合目录》，编制的联合目录统计了黑龙江省各地市级馆藏地方文献的种类和数量，便于读者的查阅和利用，有助于实现馆际间的互借和信息传递。大庆市图书馆作为节点平台已经初步完成了地方文献共享平台的建设和 3 万页地方文献数字化加工，制定了全大庆地区统一的文献数字化标准及各联盟机构工作守则[4]。黑龙江省图书馆建立了地方文献数字平台，通过技术上的帮助，使地市级图书馆地方文献资源数字化上传到省馆平台，达到资源共享的目的。

（三）改变地方文献资源的征集方式

黑龙江省图书馆改变传统的守株待兔的征集方式，采取走出去，把黑龙江省分成几个区域，每个区域由专职的工作人员负责，到当地走访征集。在此过程中不但征集到了一批灰色文献丰富馆藏，而且以实际行动带动了同行，提高了他们对地方文献征集的积极性也增加了当地图书馆的馆藏内容。并定期以电话回访的方式继续加强同各机构的联系，实现文献的交流互换。

五、结语

公共图书馆有收集地方文献、传承地方文化的责任。黑龙江省图书馆不断加强地方文献馆藏资源的发掘和整理，致力于挖掘和开发建设有地域性的地方文化特色资源，让地方文献在区域内经济和社会发展中，发挥其应有的价值和作用。

参考文献

［1］张燕清．福建文化生态与历史文化传承［J］．东南学术，2003（5）：142－147．

[2] 刘颖. 特色地方文献馆藏体系构建研究——以丹东市图书馆为例 [J]. 图书馆学刊, 2017 (5): 78 - 81.

[3] 互联网 + 视阈下图书馆地方文献资源建设探析———以辽宁省公共图书馆为例 [J]. 图书馆界, 2018 (4): 80 - 83.

[4] 高大龙. 地方文献联盟共享平台建设研究———以大庆市地方文献联盟为例 [J]. 大庆社会科学, 2017 (2): 97 - 98.

构建汉水文化文献保障体系，
提升秦楚地域文化软实力

——以南水北调核心水源区十堰市为例

付　鹏*

　　地方特色文化是特定区域的生态、民俗、传统、习惯等文明的表现。对于汉水文化底蕴丰厚的秦楚两省来说，汉水特色文献资源作为独具特色的地方文献，在提升秦巴汉水流域沿线的文化软实力中发挥着重大作用。随着"一带一路"国家战略的逐步实施，汉水文化走出去的意义越来越凸显。本文从汉水文献信息资源保障体系现状入手，从地方特色文化对人文建设的重大意义、地方特色文化的优势、十堰地方特色文化发展现状对人文十堰建设进行了梳理，并对如何构建汉水文化信息保障体系提出了具体建议。

一、引言

　　习近平总书记指出，要让收藏在博物馆里的文物、陈列在广阔大地上的遗产、书写在古籍里的文字都活起来。近年来，十堰市积极弘扬地方特色文化，着力构建中心文化区、武当文化区、秦巴文化区、汽车文化区和汉水文化区等五大特色文化区，不断提升地方文化软实力。2013 年，中国国家主席习近平提出共建"丝绸之路经济带"和"21 世纪海上丝绸之路"的重大倡议，唤醒了当今世界对千年古丝绸之路辉煌的记忆，得到国际社会广泛关注和积极响应[1]。作为古丝绸之路的起点延伸城市的十堰地处鄂豫陕渝四省交界，承东启西，连南接北，"一带一路"倡议给十堰带来的机遇是很大的。陕西是丝绸之路的起点，十堰就是丝绸之路的东大门。自古以来，十堰就与陕西尤其是陕南地区交往密切。17 世纪初，秦巴武当山区一带的茶叶，一路由十堰郧阳码头或均州码头溯江而上，运往陕西，然后由陆路翻越秦岭至西安，西上至甘肃、新疆，走丝绸之路进入中亚及阿拉伯国家，十堰因此成为"万里茶道"的重要节点。随

---

　　* 付鹏，湖北十堰市汉江师范学院图书馆。

着我国经济实力和文化软实力的提升，地方文化对于人文建设的意义越来越凸显。随着汉水文化信息资源建设与研究的不断深入和有效运用，必将有利于提升区域文化软实力，实现区域文化的全面发展。

二、汉水文化信息资源分布基本状况

汉江全长 1577 千米，是我国南北自然分界线上的一条"黄金水道"，辐射湖北、陕西、四川、河南四省区，他连接了黄河文明和长江文明，在缔造、发展和统一中华民族文化的过程中发挥着不可估量的作用。作为汉水中上游流域的十堰市，地处南水北调核心水源区，户籍总人口 345.94 万人，公共图书馆 8 个，共藏书 349.12 万册，群众艺术馆、文化馆 10 个，文物事业机构 15 个。拥有浓郁的武当文化、汉水文化、女娲文化、七夕文化、汽车文化等特色文化，文化积淀厚重。[2]近年来特别是围绕汉水文化展开的研究逐渐成为国内区域文化关注的热点。

图 1 汉水流域示意图

汉水文化是融巴蜀文化、荆楚文化、中原文化、秦文化等多边文化为一体，具有浓郁地方特色的区域性文化，是中国传统文化的重要组成部分。十堰地域有着悠久的人文历史。距今 100 万年前，这里就有古人类产生，"郧县人"的发现，改变人类起源的一元说。五帝时期，尧子丹朱分封于房县，十堰成为我国古代史上最早的封国。大禹时代，十堰地域分属古梁州和豫州。夏商周三代有房、庸、彭、微、麇、绞、均等上古方国先后在此建国。春秋战国十堰地区属楚国，战国末以后属秦国。秦汉以后，十堰地域的房陵（今房县）、上庸（今竹山境）、武当（今丹江口境）、上津、郧阳等地曾数度设州郡。明朝在郧阳区建郧阳府辖郧县、房县、郧西、竹山、竹溪、保康六县。在这块古老的土地上，历史上产生过古人类文化、古方国文化、诗经文化、帝王流放文化、三国文化、抚治文化和武当文化。古方国文化揭示国家的产生和演变,诗经文化反映中国文学的渊源,帝王流放文化记载我国封建王朝宫廷斗争的史实,三国文化反映十堰地域为魏、蜀、吴三国结合部的重要地位,抚治文化记载中国封建吏治方略,武当文化则从天人合一方面承载中国道教文化的精华[3]。

三、构建汉水文化保障体系的优势

(一)政策机遇优势

近年来,从中央到各级政府都对文化建设越来越重视。习近平在庆祝中国共产党成立 95 周年大会上提出"文化自信"、湖北省委省政府在"十三五"规划中提出要实现"文化小康",十堰市委提出"外修生态 内修人文"方略,这些都是汉水流域沿线城市面临的政策机遇优势。随着"一带一路"文化走出去战略,国家层面会出台更多的文化配套政策,这些对与汉水文化保障体系的构建都奠定了政策基础。[4]

(二)历史文化优势

十堰市共有古遗迹、古墓葬、古建筑、革命旧址等 2100 多处,已公布为文化保护单位 252 处,其中全国重点文物保护单位 10 处,居全省第三;省级文物保护单位 89 处,馆藏文物 54980 余件,其中国家一级文物 647 件,有轰动世界的 240 多万年前的"郧县人"头骨化石和举世罕见的白垩纪青龙山恐龙蛋化石

图 2　鄂西北历史文化分布示意图

群，以及"郧县梅铺猿人""郧西白龙洞猿人"和"郧西黄龙洞猿人"等多处古人类化石，被专家誉为"古人类长廊"；一级文物居全省第一，二级文物341件、三级文物1539件，市县级保护单位219处。武当山古建筑群被列入世界文化遗产名录。

（三）自然文化优势

十堰市幅员辽阔，地质地貌类型丰富，造就了丰富的自然环境和古文化遗迹。武当·太极湖度假区成为全国首批国家级旅游度假区，全省唯一；拥有国家A级景区57家（5A级1家），位居全省第一，其中4A级以上景区20家。自然保护区、森林公园、湿地公园数量和面积均位居全省第一，建成国家级自然保护区4个，国家级森林公园7个，国家级湿地公园4个，省级自然保护区7个。

（四）民俗历史优势

十堰民间民俗文化蕴藏丰厚。有郧阳凤凰灯、郧阳花灯、郧阳四六句、汉调二黄（山二黄）、郧阳花鼓戏等众多民俗民间文化，被列入国家、省非物质遗产保护名录。目前，全市共有国家级代表性名录10项，省级46项，市级111项，县级388项；国家级非物质文化遗产代表性传承人3人（已故1人），省级项目代表性传承人35人，市级项目代表性传承人73人，县级项目代表性传承人973人。国家级、省级代表性名录数量位居全省前列。2011年4月，省文化厅设立省级文化生态保护实验区13个，我市入选2个（郧县、房县门古寺镇）。从历史价值上看：十堰古遗址、古建筑、古文化星罗棋布。"郧县人"遗址是直立人文化遗址，是直立人文化的源头，是研究人类起源、进化的重要参照，是判定汉江流域是人类发祥地的可靠依据。武当山古建筑群，是中国现存规模最大、等级最高、保存最为完好的道教古建筑群，被誉为"中国古代建筑的博物馆"。这些对于研究人类学上起源的原发价值、人类发展轨迹、社会发展规律和古代建筑艺术，都具有重要的历史价值。

四、十堰地方特色文化发展策略

（一）谋基筑远，强化政策扶持

十堰市文化体育局和市财政局联合下发了《关于实施十堰市民族民间文化保护工程的通知》（十文体〔2005〕32号），以"加强非物质文化遗产保护、保存工作，继承和弘扬中华民族优秀传统文化"为总体目标，成立了十堰市民族民间文化保护工程领导小组和"保护工程"专家委员会，并于2006年成立了十堰市非物质文化遗产保护中心。制定了《十堰市非物质文化遗产保护工作实施方案》，成立了非物质文化遗产保护领导小组，基本完成了保护工作机构的建设，明确了职责。为使非遗保护工作真正落到实处，市文化体育新闻出版广电局将非物质文化遗产保护工作作为年度工作目标的重要内容进行考核，并与各县市区签订了目标责任书，对非遗普查、项目申报、保护传承都作出了明确、具体的要求，保证了非遗保护工作的顺利开展。拟定了《十堰市非物质文化遗产数字化保护资料采集要点》，确定了伍家沟民间故事、吕家河民歌、武当神戏、郧阳凤凰灯舞、山二黄、郧西七夕、尹吉甫传说、武当山庙会等 8 个国家级项目和女娲传说、草把灯等 2 个省级项目，作为首批进行采集的项目。

（二）大型活动，让十堰文化唱响世界

2008 年和 2010 年，十堰市依托武当武术的资源优势，成功申报并举办了第三届和第四届世界传统武术节。2012 年，我市又成功举办武当大兴 600 年庆典。2017 年 5 月 10 日，我市举办第四届国际道教论坛。这些大型活动，立足十堰特色和武当文化，完美地向世界展示了十堰道家文化和武当武术。通过举办重大活动，进一步提升了十堰形象，扩大了十堰影响；进一步弘扬了武当文化，促进了武当武术的传播；进一步打响了旅游品牌，推动了鄂西生态文化旅游圈建设；进一步拓展了国际交流合作，增强了经济发展后劲。[5]

（三）一县一品，地域文化百花齐放

全市各县市区，以"一县一品牌"为目标，倾力打造具有区域特色的文化品牌，形成百花争艳之势。按照"房陵文化""女娲文化""诗经文化""沧浪文化""郧阳文化""汉水文化""七夕文化""汽车文化"的地域分布和特色，倾力打造文化品牌。每年各县市区举办的重阳登高节、房县诗经文化节、郧西七夕文化节、郧阳龙舟节、竹山女娲暨宝石文化节、竹溪饮食文化旅游节等，在艺术与激情的碰撞融合中释放出百花齐放、百家争鸣的巨大能量。[6]同时，积极落实各项惠民举措，把群众文化活动转化成一项项"看得见、摸得着"的惠民工程。

（四）多元投入，文化基础设施初具规模

十堰坚持"谁投资、谁受益"的原则办文化，形成了文化建设多元投入的机制，促进了民营文化的蓬勃兴起。丹江口市复建"净乐宫"，武当山特区把自然生态与人文生态、文化旅游与休闲养生、世界遗产保护与现代文化产业项目融合对接，形成了"太极湖文化产业模式"。以"五个一工程"为抓手，郧剧《均州旧事》和山二黄《爹爹你挂墙头》参加第二届湖北省地方戏曲艺术节，荣获优秀组织奖、优秀演出奖、剧目奖等 16 个奖项，我市是本届艺术节获奖最多的市州；郧西三弦《丹水橘香》参加第八届中国曲艺牡丹奖全国曲艺大赛获作品提名奖,这是十堰首次、湖北省第二次获得该奖项;武当神戏《留女婿》在"中华颂"第五届全国小戏小品曲艺大展中获得银奖。启动了郧剧剧种研究及郧剧申报全国地方戏曲剧种工作。"十二五"期间,我市全面完成乡镇综合文化站维修改造任务和6个县级文化馆、6个县级图书馆新建任务,建设社区文化活动室65个。各级图书馆、文化馆(站)全面实行免费开放。全市共建"农家书屋"2239个(其中移民新村265个),实现了行政村"全覆盖"。[7]

图3 十堰五区"文化布局规划图

(五)文旅结合,生态文化旅游亮点纷呈

充分发挥十堰市大山、大水、大人文优势,坚持"全域景区、全域水源区、全域生态区"理念,以武当山为龙头、以太极湖为引擎,以城郊生态文化游憩带建设为突破口,以各县市区旅游景点为支撑,整合全市生态文化旅游资源,市县联手、城乡互通、山水融合、文旅互动,打好生态牌、水源牌、武当牌、汽车牌,构建"山水城互动、文旅农互融、各要素配套"生态文化旅游创新区。在东风悬架弹簧厂老厂区规划建设汽车博物馆,最大限度保留厂区的山、水、机械设备、铁路、烟囱等怀旧元素,留住历史记忆,记下城市精神。郧西七夕文化节、竹山女娲文化节、房县诗经文化节等节庆的影响不断扩大。2015年接待国内外游客突破4000万人次,实现旅游总收入300亿元,成为全国百强旅游城市。文化旅游资源的开发利用,使旅游人数、旅游收入持续稳定在增长,推动了十堰文化产业的发展繁荣,为打造鄂西生态文化旅游圈核心板奠定了坚实基础。

五、提升汉水文化软实力的建议

（一）进一步加大文化市场培育力度

一是加快推进简政放权。进一步深化行政审批制度改革，进一步规范和改进文体广新行政审批行为。推行简化优化流程服务，坚持"审批从严，监管从严"的原则，健全完善准入和退出机制。二是降低市场准入门槛。降低对一般性文化企业降低注册资本最低限额。允许境内自然人或境内企业以其在本省注册登记的有限责任公司的股权，向在十堰注册登记的改制、重组的内资有限责任公司出资，降低企业改制、重组成本，促进资本自由流转。三是鼓励和引导社会力量参与。推广运用政府和社会资本合作等模式，促进公共文化服务提供主体和提供方式多元化。采取政府招标、委托管理、项目补贴、定向资助以及落实中央财税法定减免政策等方式，支持和促进社会力量通过投资、兴建公共文化场所或捐助设施设备、兴办实体、资助项目、赞助活动、提供产品和服务等方式，参与公共文化服务体系建设。鼓励党政机关、企事业单位、学校和其它社会机构向社会免费或优惠开放各类文体设施。鼓励社会力量在有条件的乡镇和中心村建设实体书店和报刊亭，参与出版物发行分销服务。鼓励通过委托或招投标等方式吸引有实力的社会组织和企业参与公共文化设施的运营。[8]

（二）加大地方公共文化设施建设

落实《关于加快构建现代公共文化服务体系的实施意见》，进一步保障人民群众基本文化权益，到 2020 年基本建成与我市经济社会发展水平、人口状况、群众需求相匹配，覆盖城乡、便捷高效、保基本、促公平的现代公共文化服务体系，市级公共图书馆、群艺（文化）馆、国有博物馆、公共美术馆、非遗展示馆和剧场全面建成并达到国家标准，县级"三馆二场"即公共图书馆、文化馆、体育馆和剧场、公共体育场，全面建成并达标，有条件的县市区可新建国有博物馆和非遗展示馆。[9]市级图书馆、群艺馆达到国家一级标准，县级图书馆、文化馆达到国家二级标准，乡镇（街道）、村（社区）综合文化服务中心和与之相配套的文体广场及农家书屋全覆盖，其中，乡镇（街道）综合文化站（中心）按照"三室一厅一场"标准建设，并具备电影放映功能，避免重复建设，资源浪费，提高使用效率，重在完善和补缺，每年新增上等级文化站数量达到15%，全市乡镇（街道）文化站全部达到国家三级以上标准；村（社区）综合文化服务中心按照"五个一"标准建设，建筑面积不少于 150 平米；文体广场参照人口规模和服务半径，乡镇（街道）一级不少于 600 平米，村（社区）

一级不少于 500 平米，配备灯光、音响、群众体育活动器材，有条件的可搭建戏台舞台。全市县级广播电视台、县级以上城镇数字影院全覆盖，广播电视"户户通"、农村智能广播"村村响"、数字地面电视、县级流动文化车全覆盖，形成市、县、乡、村四级公共文化设施网络。

图4　十堰市图书馆总分馆体系分布图

（三）进一步推进文旅融合

要加强对武当文化、汉水文化、女娲文化、七夕生态、汽车文化等特色文化资源的挖掘、保护和开发利用，丰富和提升十堰旅游产品的文化内涵。文化类型的景区要做足文化，做精文化，做活文化。其他类型的景区要挖掘文化，融入文化，做出文化。积极打造精品文化旅游线路。以丰富的古文化遗迹为依托，以武当山太极湖为龙头，全力打造旅游特色形象，努力增强文化旅游的体验感，增加具有表演性、观赏性和参与性的节目。结合景区主题文化增设体验类项目，达到游客体验旅游的最佳效果。着重推出文化旅游的夜游演艺项目，增加游客停留时间。[10]

逐步建立省（市）级以上各类非遗项目传承基地，推进非遗展示（传承）馆、重点项目传习所建设；加强国家级、省级、市级非遗生产性保护示范基地建设；加大非遗项目衍生品和文物复仿制品开发力度，打造具有十堰本土特色的文化遗产品牌。推出一批具有十堰地域特色的广播电视栏目，拍摄一批宣传十堰文化的记录片、电视动画片。继续推进《十堰记忆》丛书编纂出版，加强古籍保护。让优秀的十堰本土传统文化活起来，更好地惠及广大群众。

（四）加强地方特色文化的规划引导

在制定全市总体规划时，要注重文化的因素，把文化融入城市，让城市留得住乡愁。结合产业结构特点和文化产业的发展现状，加快制定出台文化产业中长期发展规划。整合优化现有资源，规划建设一批文化产业园区和产业集聚区。制定文化产业园区认定标准，经认定的文化产业园区可享受相关优惠政策。加强文化产业公共技术、服务、信息平台建设，打造并完善文化产业链。十堰市和各县（市、区）在编制主体功能区规划、土地利用总体规划及市、县（市）域总体规划和城市总体规划时，应明确保障文化产业发展用地的措施；在制定年度用地计划时，要根据本地文化产业发展需要，逐步提高文化产业用地比例。[11]

（五）完善地方特色文化发展的各项政策

争取出台"十堰市文化创意产业扶持政策"。强化产业发展政策支持，认真落实财政、税收、金融、用地对文化产业发展的优惠政策。按照不低于全省基本公共文化服务实施标准，将提供基本公共文化服务所必需的资金纳入财政预算，保障公共文化服务体系建设和运行。财政文化投入的重点为公益性基本公共文化服务，对准公益性公共文化服务的投入主要采取政府与市场合作的方式（PPP方式）。加大政府性基金与一般公共预算的统筹力度。创新公共文化服务投入方式，采取政府购买、项目补贴、定向资助、贷款贴息等政策措施，支持包括文化企业在内的社会各类文化机构参与提供公共文化服务。落实现行鼓励社会组织、机构和个人捐赠公益性文化事业所得税税前扣除政策规定。加强对公共文化服务资金管理使用情况的监督和审计，开展绩效评价。建立健全文化产业统计制度及评价指标体系，及时准确地跟踪监测和分析研究十堰文化产业发展状况。

（六）加强宣传教育和人才工作

一是拓宽宣传渠道。加强与国家级甚至国际媒体的合作，利用微博、微信、在线直播平台，大力宣传十堰文化旅游资源，努力扩大文化旅游宣传面。二是加大教育培训力度。积极开展地方特色文化进校园活动，把"武当文化""诗经文化"等特色文化以学生喜闻乐见的形式引进校园，提升学生的综合素质和能力，营造健康成长的文化环境，有效激活育人氛围。创新非遗传承人培养方式，将非遗传承人培养纳入现代教育体系。三是加大"引智"力度。加快推进"3331"人才工程，拓宽人才经费投入渠道，鼓励市内外社会组织、行业协会、企业和个人以各种形式支持高端人才发展，形成多元化人才引进和培养机制。[12]

六、结语

总之，汉水文化信息资源保障体系的构建是一个系统工程，需要各地区、各部门、各渠道的协调合作。汉水上游的十堰市作为汉水文化的核心区，有深厚的历史文化底蕴和形式多样的文化遗产，应充分利用自身的文化优势，弘扬汉水文化，走文化强市的发展道路，通过增强文化的凝聚力、吸引力和创新力，提升秦巴山区域文化软实力，加快建设区域性中心城市，努力把十堰建设成为湖北多极发展格局中的重要增长极。

参考文献：

[1] 以"一带一路"为支点 习近平"三招"破解世界经济难题 [EB/OL]. 中国新闻网，2017 – 05 – 10.

[2] 十堰地域有着悠久的人文历史 [EB/OL]. 十堰市人民政府网，2015 – 11 – 30.

[3] 2015 年十堰市国民经济和社会发展统计公报 [EB/OL]. 2016 – 04 – 05.

[4] 在庆祝中国共产党成立 95 周年大会上的讲话 [EB/OL]. 人民网，2016 – 7 – 1.

[5] 第四届国际道教论坛主论坛及相关分论坛活动回眸 [EB/OL]. 十堰市新闻门户网址，2017 – 5 – 17.

[6] 朱富有. 打造区域性中心城市之文化准备 [M]. 香港：中国文化出版社，2012：256.

[7] 卢宏，卢宁，杨凝希. 地方文献的功能：提升文化软实力的另一维度 [J]. 图书馆论坛，2008（5）：139 – 141，165.

[8] 周萍萍. 开发地方文献资源提升"地域文化软实力"——以侨乡青田为例 [J]. 丽水学院学报，2009（3）：122 – 124.

[9] 黄荣钧. 孔子学院提升我国文化软实力作用研究 [D]. 成都：西南财经大学，2014：9 – 14.

[10] 任远远. 地方政府提升区域文化软实力的对策研究 [D]. 合肥：安徽大学，2010：10 – 16.

[11] 顾洁岚. 地方大学与城市文化软实力建设的互动研究 [D]. 广州：广州大学，2013：17 – 22.

[12] 周利红. 地方文献的区域文化价值及其开发利用——以衢州市公共图书馆为例 [J]. 图书馆研究与工作，2015（4）：71 – 74.

地方文献与历史文化传承

——以辽宁省图书馆地方文献工作为例

薛　明　王东育*

本文首先阐述了地方文献与历史文化传承的关系和意义，并以辽宁省图书馆地方文献工作为例，从地方文献的征集、整理、挖掘、数字化、研究、出版等方面，阐述了辽宁省图书馆地方文献工作在历史文化传承方面的探索与实践，并分享工作中经验。

钱穆先生在《国史大纲》的前言中提到："任何一国之国民，对其本国已往历史，应该略有所知。尤必附随一种对其本国已往历史之温情与敬意。每一国家必待其国民具备上列诸条件者比数渐多，其国家乃再有向前发展之希望。"国民对历史对文化的温情与敬意需要借助一定的载体培育。地方文献是记录有某一地域知识的一切载体，它产生和发展于一个地域特定的自然、社会环境，属于某一地域的文化积淀和历史产物。地方文献反映了本地区和相关地区过去与现在的政治、经济、文化、教育、重要人物、事物、风土人情、民风民俗等，素有一地一方"百科之全书""古今之总览"称谓。图书馆伴随着人类文明的发展，最直接、最广泛、最完整地保存着历史知识与文化典籍。作为公共文化服务体系的重要组成部分，图书馆对地方文献进行系统的征集、整理、挖掘、研究，传播那些有鲜明地域特色、记载着地域文明成果和发展脉络的地方文化，便构成了地方历史文化的传承基础。文化是民族的血脉，是人们的精神家园，而地域文化更是一个地方社会发展的窗口、名片和动力。

正因为此，辽宁省图书馆对地方文献建设、发展与传承非常重视，于2013年4月正式成立了地方文献部，专职开展有关地方文献的收集、整理、咨询、开发、利用、保存与传承工作。2015年新馆投入使用，更是将南4楼西侧2000余平方米的区域规划为地方文献工作与服务专区。

---

* 薛　明　王东育，辽宁省图书馆。

一、挖掘地域文化内涵，开展多角度多渠道征集工作

辽河之水浩浩荡荡地流淌在广袤的辽宁大地上。地之神韵，水之灵气，孕育繁衍了生生不息的辽河儿女。辽宁是多民族省份，拥有丰富多彩的历史文化，体现了我省各族人民的创造力、传统习惯和审美情趣。辽宁丰富的人文历史资源，为我们征集工作提供了广阔空间。除了正规出版物由我馆采编部负责采选外，其他的非正规出版物或缺失的正规出版物均由地方文献部负责免费征集或者购买。

在工作中，我们充分挖掘辽宁地域文化内涵，比如，辽宁省有 14 个地级市，共有 6 处世界物质文化遗产、1 处国家历史文化名城、127 处国家重点文物保护单位，历史遗址遗迹众多。遗址类如：查海、新乐、牛梁河、金牛山、庙后山、鸽子洞等等。阜新的查海遗址被称为"辽河第一村"，是我国新石器时代较早的文化遗存。牛河梁红山文化是与中原仰韶文化同时期分布在西辽河流域的发达文明。古生物文化资源有辽西地区中生代的鸟化石"中华龙鸟"，被考证是世界上最早会飞的鸟类，北票地区发现的"辽宁古果"是迄今所知世界上最早的被子植物。世界级物质文化遗产有"一宫"（故宫）和"三陵"（永陵、福陵、昭陵）、九门口长城、桓仁五女山等。辽宁工业为全国之最，工业基础雄厚，曾经创造了许多个中国第一。"一五"计划期间我国 156 个重点投资项目在辽宁地区投入了 26 个，奠定了我国钢铁、冶金、机械、煤炭、船舶、石化、航空、电力、汽车、建材、轻工业、纺织、医药等等完整的工业体系。目前辽宁已形成了以沈阳、大连为中心的两大装备制造集群，占据着我国工业和国防建设的半壁江山。辽宁有各种原材料，资源丰富，如煤矿、冶金、有色金属、化工等工业文化资源丰富。辽宁的工业文化蕴含着深厚的工业精神，如孟泰、魏凤英等劳模勤俭创业创新的劳模精神及务实高效协作精神，是工业文化的高地。沈阳是打响抗日第一枪的地方，有九一八纪念馆、辽沈战役纪念馆、抗美援朝纪念馆等红色文化资源。辽宁分别是抗日战争、解放战争和抗美援朝战争的发起地、主战场。人文历史更是丰富多彩，有曹雪芹、王尔烈、萁子，太子丹、努尔哈赤、张作霖、张学良等等。辽宁地区的乡土民俗文化是以"关东民俗文化"为主，在吃、穿、住方面均具有鲜明的东北地域特色。辽宁的人文历史资源深沉厚重，自然景观丰富多彩，古遗迹遗址历史久远，历史文化遗产厚重，红色文化资源丰富，工业文化资源完整。所有这些都是我们工作中收集、整理、挖掘的重点。

在日常征集过程中工作人员各负其责，分工明确。有负责省内地方连续出

版物征集的，有负责志、书、册页、牒谱、地图等征集的、有负责手稿、书画征集的，并采取线上线下多渠道征集补购方式，为地方文献研究、历史文化传承打下了坚实的文献基础。

二、挖掘地方文献资源，让辽宁的历史文献"活"起来

辽宁省图书馆藏历史文献资源丰富，特色鲜明。其中古籍藏书 61 万册，包含善本书 12 万册，宋、元版书近百部，在全国各省级图书馆位居前列，在国内外享有较高声望；又藏有民国时期中文图书 3 万余册，日文图书 10 万余册，俄文图书 14 万余册，英文图书 8 万册；此外，还有众多民国时期有关东北地区的中外文期刊。它们是历史文化的珍贵遗产，是弘扬和继承传统文化的重要载体。为了充分发挥这些历史文献的史料价值，辽宁省图书馆开展了特色馆藏数字化工作，让故纸堆中的地方文献"活"起来。

（一）馆藏旧方志数字化

地方志是记录一个地区自然与社会全面情况的历史文献，是了解一个地区历史与现实的珍贵参考书，对于地方史、社会学、民俗学等学术研究具有重要的意义。旧方志是指 1949 年以前编纂的地方志。2013 年，我们对馆藏旧方志进行了认真调研，按照 1949 年以前东北地域行政区划，参考 1986 年出版的《中国地方志联合目录》中辽宁省图书馆收藏的方志信息，检索馆藏古籍书目数据库，最终检出馆藏东北地域旧方志 265 种，几乎涵盖了东北行政区划的各个区域。馆藏旧方志中，有 167 种已制作成缩微胶片，其中 66 种是古籍善本，101种为普通古籍。为了避免损坏原文献，旧方志的数字化工作利用已制成的缩微胶片，胶片总拍数约 45000 拍（一拍两页），转换为 9 万页数字化图片，旧方志数据库以这些数字化文件为基础，制作成电子书，后期将打包的电子书与元数据进行链接，只要在发布界面点击书名即可进入电子书，使用电子书浏览软件进行全文浏览。完成了一次数字化，无限多人利用的文献活化过程。

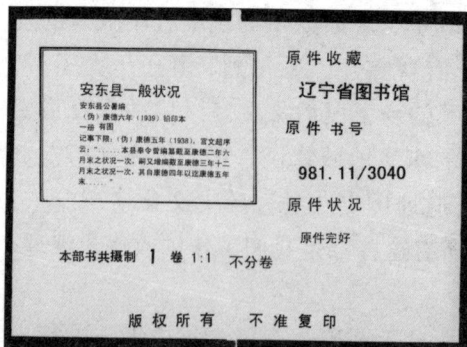

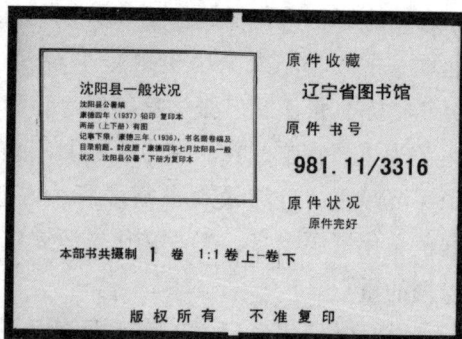

<table>
<tr><td>安东县一般状况
安东县公署编
（伪）康德六年（1939）铅印本
一卷 有图
记事下限：康德五年（1938）。百文超序
云：......本县参令智编基截止康德三年六
月朱之状况一次。嗣又续编截至康德三年十二
月朱之状况一次，其自康德四年以这康德五年
......

本部书共摄制 ｜ 卷 1:1 不分卷</td><td>原件收藏
辽宁省图书馆
原件书号

981.11/3040
原件状况
原件完好</td></tr>
<tr><td colspan="2">版权所有 不准复印</td></tr>
</table>

<table>
<tr><td>沈阳县一般状况
沈阳县公署编
康德四年（1937）铅印 复印本
两册（上下册）有图
记事下限：康德三年（1936），书名避讳及
目录前起，封皮题"康德四年七月沈阳县一般
状况 沈阳县公署"下册为复印本

本部书共摄制 ｜ 卷 1:1卷上-卷下</td><td>原件收藏
辽宁省图书馆
原件书号

981.11/3316
原件状况
原件完好</td></tr>
<tr><td colspan="2">版权所有 不准复印</td></tr>
</table>

（二）民国时期地方报纸数字化

民国时期报纸是指民国元年（1911 年）辛亥革命以后至 1949 年新中国成立前所出版的中文报纸，它们是民国这一特殊社会转型期思想、文化的最主要载体。民国地方报纸如实记录了民国时期辽宁、东北地区乃至全中国的社会政治、军事、经济、教育、思想文化等各个方面的发展状况，蕴藏着许多极为珍贵的历史资料。数字化开发可以使研究者利用网络随时随地检索这些资料，避免重复翻阅文献造成的对文献的损坏，充分发挥民国报纸的史料价值。2013 至 2017 年，辽宁省图书馆陆续开展了《东北日报》《东三省民报》《和平日报》《中央日报》《醒时报》《泰东日报》等民国时期东北地方报纸的数字化工作，制作数据 446927 条，数据总容量达 48．58G。为历史文化传承提供了丰富的数字文献资源。

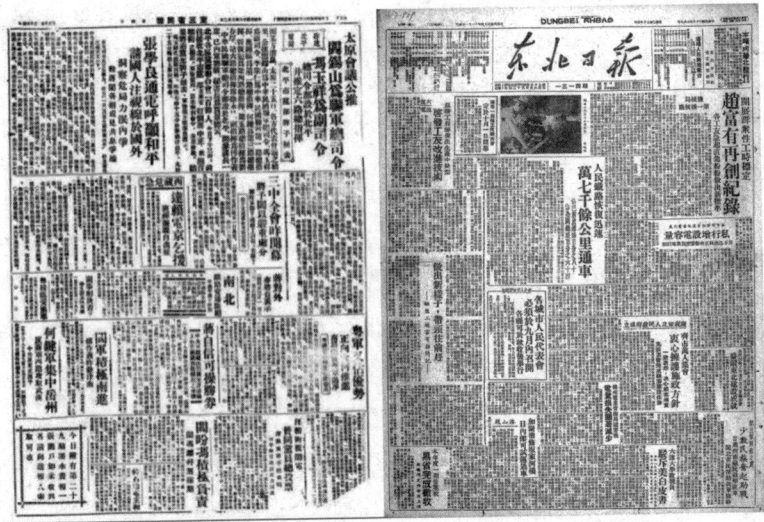

（三）《辽海往事》口述历史制作

口述史是一种"社会记忆"或"活的历史"。是见证人类历史的宝贵口头资料，弥补了传统史学研究中单纯依托文献的特点，对记录和丰富辽宁发展史有着重要的现实意义和深远的历史意义。辽宁省图书馆《辽海往事》口述历史项目始于 2016 年，项目以辽宁地区的若干项重大考古发现为线索，通过发掘人员、亲历人员或见证者的讲述，为观众呈现出若干发掘故事，并且延伸到其背后的意义和对这片土地的影响，形成 20 集《辽海往事》口述历史资源库。该项目采访了郭大顺、华玉冰、王秋华、傅仁义、冯永谦等 10 余位辽宁省考古发掘的见证专家，内容涵盖了朝阳翼龙、鸟化石、花化石、金牛山人、新乐遗址、红山文化、东大杖子战国墓、碣石宫、叶茂台辽墓、明长城、汗王宫等辽宁地区重大考古发现。让尘封在历史背后的人和事再次活到现实中来。为传承历史文化提供了立体的"活历史"。

（四）《记忆中的老工厂》专题资源库建设

辽宁作为共和国的长子，有着完整的工业体系，为共和国的发展和壮大做出了不可磨灭的贡献。为了传承和弘扬工业长子的勤劳奉献、勇于担当、创新实干、自强不息精神，2016 年，辽宁省图书馆开展了《记忆中的老工厂》专题资源库建设。项目以纪录片形式，记录辽宁地区那些曾经为共和国工业创造过辉煌的国有企业以及在这些企业发展过程中做出巨大贡献逐渐被人遗忘的老劳模，用劳模们的精神激励后人，在全面振兴辽宁老工业基地中发挥作用。纪录片共拍摄 20 集，包括沈阳冶炼厂、沈阳机车车辆厂、沈阳重型机械厂、沈阳机床一厂、沈阳汽车制造厂、沈阳鼓风机厂、沈阳电缆厂、沈阳飞机制造厂、沈阳铸造厂以及工人村和老工业区，再现了辽宁老工业基地的辉煌历史。为传承辽宁的工业历史打下了基础。

三、深耕、出版地方文献，传承地域历史文化

中华文明之所以博大精深、源远流长，不仅与未曾断裂的文字记录有关，也与自古有《易代修史》和重视文献收集、整理、出版等优良传统有关。地方文献作为一个地区的历史积淀和文化载体，肩负着文化传承的重任，保护和利用好这些文献，是图书馆人的历史责任。辽宁省图书馆深挖馆藏资源，几年来将杂糅分散的文化碎片进行梳理整合而成文化资源并出版发行。先后出版了《盛京风物：辽宁省图书馆藏清代历史图片集》《辽宁省图书馆藏稀见方志丛刊》《辽宁省图书馆藏民国时期东北大学毕业论文全集》《辽宁省图书馆藏陶湘旧藏闵凌刻本集成》《东北方志人物传记资料索引·辽宁卷》《八旗满洲氏族通谱》《东北义勇军及全国抗日资料汇编》《辽宁大事记：1945 – 1998》《东北地区古籍线装书联合目录》《辽宁省图书馆六十年》《辽宁省图书馆藏古籍精品图录》《辽宁省图书馆藏辽宁历史图鉴》《东北乡土志丛编》《中国近代工业史料汇编·东北卷》等历史文献，为传承地域历史文化及文化繁荣做出了自己的贡献。

四、建立"东北抗联历史资料馆"，弘扬抗战精神

东北抗日联军是中国共产党创建和领导的东北各族人民的抗日武装，是中国人民抗日军队的组成部分。这支军队在极其艰难困苦的条件下，同日本侵略军浴血奋战，前仆后继，英勇不屈，坚持抗日战 14 年之久，歼灭了大量日伪军，牵制了敌人的大量兵力，为东北和全国抗日战争胜利做出了重要贡献。为进一步深化东北抗日联军历史研究，丰富中国抗日战争历史内容，弘扬抗战精神，充分发挥党史以史鉴今、资政育人作用，辽宁省图书馆在地方文献部建立了"东北抗联历史资料馆"，用辽宁省图书馆丰富的东北历史文献馆藏，全面、真实、准确、系统地反映东北抗日联军 14 年艰苦卓绝的斗争历史，生动再现东北抗联抗击日本帝国主义的英雄壮举，并力争将其打造成为东北地区乃至全国有关抗联资料方面最权威、最全面、最详实的历史资料中心，传承抗联精神，弘扬爱国主义精神的重要基地。

中华文化源远流长，博大精深，众多的地方文化更是精彩纷呈、包罗万象，丰富了中华文化的内容。中华民族的伟大复兴，以文化复兴为标志。文化的复兴，必以弘扬传统文化为基础。弘扬传统文化又以保护、传承传统文化为前提。习近平总书记在党的十九大报告中强调，要坚定文化自信，推动社会主义文化繁荣兴盛。文化自信是更基础、更广泛、更深厚的自信。没有高度的文化自信，没有文化的繁荣兴盛，就没有中华民族伟大复兴。图书馆人的历史文化传承工作在路上。

参考文献：

[1] 钱穆. 国史大纲 [M]. 北京：商务印书馆，2010.

加强地方文献阅读推广　促进地方文化传承

——以云南省图书馆为例

牛　波*

挖掘地方文化精髓，宣传推广地方文献，传承和发展优秀的地方文化是新时期图书馆地方文献工作的努力方向。以云南地方文献工作为例，指出图书馆扩大地方文献的收集范围，采取联合多方资源、打造特色品牌、细分对象、采用多元化方式、利用现代技术手段等多种策略加强地方文献阅读推广，传承地方文化。

地方文献是记录有某一地域知识的一切载体，是关于一个地区历史与文化的深厚积淀，具有"存史、资政、励志"的重要作用，也是地域文化创新和发展不可缺少的信息源。发展文化一项重要的任务是继承、发展和弘扬民族的优秀文化，建设有地方特色的文化。图书馆收集、整理、保存和深层次地开发利用地方文献，为人们了解、研究和探索特定地域内的历史和未来提供翔实的信息，对于传承优秀传统文化，促进区域文化发展与创新具有重要意义。

一、云南地方文献资源概况

云南简称"滇"或"云"，以为"云岭之南"或"彩云之南"。位于中国西南的边陲，是人类文明重要发祥地之一，自古就是中国连接东南亚、南亚的通道。云南气候宜人、自然风光旖旎，素有"动物王国""植物王国"和"有色金属王国"的美誉。这里居住着 26 个民族，其中 15 个是云南独有的民族，历史文化悠久，众多的民族风情组成了云南特有的、天然的人文景观，创造了灿烂的文化，如古滇文化、爨文化、南诏文化、东巴文化、贝叶文化等，通过一代又一代人的记录而传承下来，内容涉及社会、历史、政治、科技、经济、文学、生活、宗教、法律、医学、民族等方面，种类浩繁，内容广博，形成了丰

---

* 牛波，云南省图书馆。

富的云南地方文献，记载了云南古老神奇而又光辉灿烂的文化。[1]

（一）云南地方文献源远流长，文献载体多样化

云南历史文化悠久，生活在云南的先民们从口传、刻画到文字记载，从文化到文献记载，经历了漫长的发展过程。秦汉时期，印刷术传入云南之前，云南的地方文献以刻写和抄写为主，如两晋南北朝时的《爨龙颜碑》和《爨宝子碑》，南诏时的大理写经《护国司南抄》，云南地方文献经历了从无到有，从少到多的发展过程。地方文献的载体以实物型、纸质型、数字多媒体型并存，除纸质图书、期刊和报纸外，碑刻、崖画、拓片、考古遗物、服饰、乐器等实物型资源是云南地方文献的重要组成部分。

（二）少数民族文字文献丰富

云南各少数民族都有自己的社会历史发展特点和文化传统，云南25个少数民族除回族、满族、水族使用汉语外，其余的民族都有自己的文字或语言。众多的少数民族生产了数量庞大、形式多样、内容丰富、极具民族特色的少数民族文献，其中汉字记载的文献占绝大多数，少数民族文字文献包括彝文、东巴象形文、傣文和藏文的文献，如彝文集大成者《西南彝志》，保存至今的纳西族东巴教的经典《东巴经》，傣族的史书《泐史》，著名的藏文著作《喀瓦嘎波圣迹志》等。

（三）地方文献反映出云南文化的多元性

云南不仅地理上处于边缘地带，也是文化的边缘地带，是众多土著民族与外来民族及其文化交会结合的地带。先秦时，北方的秦蜀文化、南方的古越文化、东方的荆楚文化与西方的"身毒"文化在这里接触；汉唐时，东方的儒家思想、北方的道教以及后来的伊斯兰教，西方的大乘佛教和南方的上座部佛教在此交融。云南的生态环境兼具热带、亚热带和温寒地带，同一垂直地区分别形成农、牧、林等立体农业的不同生活文化。解放前夕，云南各民族地区保留着原始社会、封建社会、资本主义社会等多种社会经济形态，形成与之相应的各种文化形态。

二、云南地方文献是云南区域文化最有效的载体

文化是人类社会历史发展过程中创造的物质财富和精神财富的总和；地方文化是某一地区社会历史发展过程中所形成的物质和精神成果的总和。由于各地区地理环境和自然条件差异，导致历史文化背景不同，从而形成了地方文化鲜明的地域性，形成优势和影响力，如中原文化、吴越文化、巴蜀文化、岭南文化等。地方文献是对地方文化的记录和反映，内容包含一地各个时代的各方

面情况，是抢救、保护、传承地方文化的主要手段之一，有利于长久保存和广泛传播地方文化。云南地方文献以不同的题材、方式和载体，从不同的角度和层面，全面、系统、详尽地记录和反映了与云南地域相关的政治、经济、军事、文化、历史、自然、地理、民族、风俗、民情、宗教等，与云南文化有着与生俱来的紧密联系和相互依存的关系。地方文献与地方文化既相互依存、又相互影响、相互促进。人们通过云南地方文献全面准确地了解云南的历史沿革、政治改革、经济发展、社会进步以及山川河流、民俗风情、土特产、名胜古迹和人物等，有利于保存、研究和发展云南地域文化，扩大云南区域文化影响力，有助于推动云南地方文化的传承和发展。

三、拓展地方文献收集范围，促进云南区域文化传承

地方文献是地方文化的重要组成部分，具有其它文献不可代替的价值。图书馆发展地方文化的重要任务之一，是收集、整理、保存还未开发利用地方文献，做好地方文献宣传推广，传承和发展地方文化。

（一）全面收集各种载体形式地方文献

地方文献是地方文化的宝藏，因此凡涉及"地方文化"的一切载体形式都属于地方文献收集范围。图书馆历来重视印刷型地方文献的搜访，而忽视了散落于民间的风俗、即将失传的手工艺等涉及"地方文化"的其他载体形式，家谱以外的民间文献的收集整理。为全面地反映和保存地方文化，图书馆应全面收集和整理各种载体形式的地方史料，除图书、期刊、报纸外，应关注图片、照片、影片、唱片、拓本、表格、传单、票据、手稿、印模、簿籍、VCD、DVD，各民族的生产生活用具、祭祀用具、乐器、兵器、服饰等实物型地方文献。

（二）加强收藏整理民间文献

1. 开展口述历史，用语言记录地方少数民族文化

口述历史是以口述访谈的方式采集、整理与保存当事人（亲历者、见证者、受访者、口述者等）的历史记忆，呈现当事人亲历的真实历史。口述历史可以弥补文字资料的不足，在复原历史方面有重要价值。[2]云南各少数民族在漫长历史变迁中形成的独特的民族语言、音乐、风俗习惯、宗教信仰等民间文化遗存，一直以口传心授的方式世代流传，其中绝大部分没有形成正式的文献记录。随着民族文化生态环境变迁带来的文化流失加剧，口传文化正在逐步消亡，许多宝贵的民族文化遗产已经失传或濒临灭失。图书馆可联合档案馆、文化馆等单位，用文字、录音、录像和数字化多媒体等现代科技手段对少数民族口头文化

遗产进行真实、系统和全面的记忆，判断筛选出有价值的部分进行加工保存，建立口述历史数据库，形成多元化、特色化地方文献馆藏并实现最大范围的共享，有效地宣传保存云南民间文化遗存。

2. 搜集简易图符文献

历史上许多云南少数民族在日常生产生活中用一些简易的图符记录和传递文化信息。如在云南广泛分布的崖画就有40多处，表现的内容有狩猎、驯养、采集、游戏、歌舞、居住、械斗、耕作等场面，对研究原始社会生产、生活、科技、艺术及民族起源有较高价值。云南少数民族还用木刻、竹刻、碑刻等来反映人们生产和生活或反映某一历史事件、纪念历史人物、表现宗教传说和歌舞艺术，形象生动地展示古人类活动的情况，这些都代表着云南少数民族的历史文化，是云南地方文献的重要组成部分。

3. 加强民间文献征集与整理

民间文献产生于民间，是对正史之外历史的叙述，内容多是"原生态"的，没有经过粉饰和删节，一般包括宗族谱牒、契约文书、日用账簿、信函书札、笔记日志、乡规民约、乡土史志乃至地方戏文唱本等多种类型。由于散落保存于民间，民间文献的留存面临着严重的危机。民间文献具有深厚的地域文化底蕴，图书馆应该加强民间文献的收藏征集、整理、研究、利用，建立云南民间文献特藏，为传承地方文化提供重要的历史依据。

4. 全面搜集和保存非物质文化遗产相关资源

非物质文化遗产是一个民族活态文化的记载。但许多非遗正走向灭绝或处于濒危状态，大量的民间工艺品和实物资料也惨遭损坏或流失。云南是世界非物质文化遗产蕴藏较为丰富的地区，图书馆有责任与非物质文化遗产保护中心、新闻出版局、文化馆、专项研究机构、个人及其他文化团体等合作，全面收集本地区非遗普查资料、非遗文献化后产生的文献（把非遗的各项内容物化成各种载体文献）、研究非遗的论著、非遗保护相关法律法规、围绕非遗保护开展的讲座、展览等活动及宣传教育资料等。[4]利用现有的数字、音视频和互联网技术，建设涵盖少数民族语言、建筑、传统手工艺、服装服饰、音乐舞蹈、神话传说、民歌和民间艺人等内容的集图、文、声、像、多媒体于一体的云南非物质文化遗产资源库，唤醒云南各民族民间的文化自觉，形成传承非遗、保护非遗的良好的社会环境。

（二）收藏整理网络地方文献，建设优质应需的地方文化数字资源

随着社会发展和科技进步，各种形式的在线出版物或网络出版物等新媒体文献大量涌现，其中很多具有地域特征。以网络为载体形式的地方信息资源集

合，如电子书刊、互联网数据库、综合性或专门性网站（政府网站、媒体网站、专业机构网站、商业网站及个人网站）应纳入图书馆地方文献搜集范围。网络文献具有信息量大、传播范围广，信息增速快、寿命短，信息发布自由，来源广，内容庞杂且质量不一的特点。图书馆搜藏保存网络文献，要注意采集权威性门户网站（如党、政府、行业管理机构、重要科研学术团体网站）内容，选择内容质量有保证、利用价值高的网络信息，确保信息资源间的关联性，在全面采集的基础上突出重点、热点，能满足社会各阶层的查询需求。[3]

图书馆要利用现有技术手段，对地方文献资源包括原有的纸质文献数字化，图片、音视频多媒体数据库进行深加工处理，实现一次制作加工、多元利用，满足载体多样化需求，为地方文献新媒体阅读提供便利的阅读环境和种类丰富、高质量、可靠易用的阅读内容。做到同一种地方文献既可以纸本阅读，也可以数字阅读；既提供文本文献，也提供视频文献；既能在馆内阅读，也能馆外获取；既能满足研究式阅读，也可以短小生动，适合移动终端碎片化阅读；既可利用图书馆空间举办地方文化讲座、展览、新颖有趣的活动吸引读者进馆阅读交流；又可利用手机等移动媒体传播微视频、短文、动漫等吸引馆外读者关注云南地方文化。

四、图书馆传承云南地方文化策略

地方文献的传播，关乎地方文脉的存亡绝续。图书馆加强地方文献阅读推广，促进云南地方文化的传承和发展。

（一）图书馆联合多方资源传承地方文化

图书馆推广传承地方文化，无论是资源的配置还是活动内容的设计都具有一定的局限性，需要联合多方资源，优势互补，有效解决图书馆资金、资源、人才等方面的不足。为达到地方文化传承推广效果最佳，可与文艺院团、文物部门、文博单位、非物质文化遗产传承人等合作，开展地方文化展示体验等活动，与教育部门、出版机构、书店、民间团体、企事业单位、社区、虚拟社群、媒体等协作，综合运用报纸、书刊、电台、电视台、互联网站等各类载体，融通多媒体资源，加大宣传教育力度，扩大地方文化推广覆盖面。

（二）精准把握云南地方文化特色，创建推广品牌

以特色馆藏为基础，挖掘和利用地方文化资源，展示云南历史文化和风土人情，梳理地域文脉、提升民众文化自觉、激发文化自信，是图书馆推广地方文献的目的。云南省图书馆通过精准把握地方文化特色，结合地方文献馆藏，策划具有浓郁地方特色的宣传推广活动，以建设普洱茶文献信息中心、创意活

动空间、产业服务基地、发展研究平台为目标，创建"普洱茶文化图书馆"，为社会公众提供领略云南茶文化资源、传承普洱茶历史技艺、提高人文修养和生活品味的场所，打造具有地方特色的阅读推广品牌。[5]

（三）策划多元化的地方文化传承推广活动

全媒体时代，地方文献资源涵盖视觉、听觉、触觉等人们接受资讯的所有感官，包括对本地区具有历史意义的文献资料、图片、书信、日记、手稿、老照片、契约文书等民间文献，还包括对非物质文化遗产的记录、口述资料，地方纪录电影、电视等，民族地区世代相传的生产生活用具、祭祀用具、乐器、兵器、服饰等实物，以及音频、视频、网络资源等新媒体。相对应的地方文献推广方式也是多元的：可以读书（纸质文献）、读图（图片资料）、读屏（音、视频、网络资源）、读物（实物）、读人（非遗传承人）、读城（文物古迹、山水）[可以静态阅读，也可以活态体验，可以馆内阅读，亦可馆外寻觅，既能感受现代，又可探根寻源。[6]因此地方文化传承推广方式应该是丰富而多元的，可采用真人图书馆、讲座、沙龙、展览、影视、走读、竞赛、创意、表演等多种形式立体传播推广；也可将地方文化推广融入非物质文化遗产保护传承，让社会公众直观地感受非遗的魅力；还可借助开发设计文化创意产品传播和弘扬地方文化，充分利用各民族"传统节日"推广地方文化等等。

（四）细分推广对象，激发地方文献阅读兴趣

社会的读者群复杂多样，不同人群的需求不同。图书馆地方文献推广要细分读者群，认真调查读者需求，以重点群体为中心，分层次开展宣传推广活动。

针对幼儿读者，开发创作具有地方文化元素的童谣、绘本、适合幼儿的手工制作等，培养幼儿对地方文化的认同感。积极与中小学合作，引导中小学生阅读、发现、感受家乡特色文化，系统认知当地的地理、地名、名胜、技艺、时令、节日、习俗等文化常识、继承和弘扬地方特色文化精神。为成年读者策划形式多样的地方文化主题推广活动，如云南民俗文化主题介绍与交流，民族特色建筑探寻活动、城市印象老照片展览等向他们展示风俗人情，地方文化。邀请老年读者作为"真人书"，通过言传身教，实现地方文化代际传递和推广。

（五）利用现代技术手段助力地方文化传承

在信息获取便捷的今天，图书馆要积极运用新媒体技术手段推广地方文化，扩大受众范围、丰富载体形式、增强宣传效果、深化内容深度。在形式上，注重多媒体、自媒体、大数据分析、网络直播、虚拟现实、在线互动等信息技术和手段的运用，在内容组织和开发上，加大对地方文献的开发力度，通过对文献中知识进行聚合，形成文献间知识链接，为读者提供深入的、主动式智能导

航服务，不断拓展阅读领域。运用微博、微信、移动图书馆、手机 APP 等社交网络平台开展线上线下活动，规范活动流程；实现地方文化的快速传播和高度共享，便于各种思想观念交互、碰撞、激发读者参与传承地方文化的热情。

开发地方文献，挖掘地方文化精髓，宣传推广地方文献，营造普及地方文化的良好氛围，让优秀文化得以传承并发挥强大生命力，这正是新时期图书馆地方文献工作努力的方向。

世界读书日，普洱茶文化图书馆开展"茶道与文学读书会"

参考文献

［1］云南省地方志编撰委员会．云南省志［M］．昆明：云南人民出版社，2004．

［2］廖双巧，邹序明．全媒体时代区域文化体系中的公共图书馆地方文献资源建设与服务［J］．图书馆，2015（8）：87－89．

［3］陈俊华．"创造史料"的图书馆——口述历史在地方文献工作中的应用［J］．图书情报工作，2007（5）：130－133．

［4］崔玥．探索非物质文化遗产文献资源建设——以国家图书馆非正式出版物馆藏为例［J］．国家图书馆学刊，2018（3）：94－101．

［5］牛波．基于"普洱茶文化图书馆"特色服务品牌培育的思考［J］．图书馆研究与工作，2017（4）：70－73．

［6］王宇，王磊，胡永强，等．图书馆阅读推广实践和理论的新进展——东北地区高校图书馆阅读推广研讨会综述［J］．大学图书馆学报，2016（4）．

传播地域特色文化　推广精品文献阅读

——黑龙江省图书馆地域精品文献阅读推广案例研究

尹　泽[*]

地方文献是反映地方文化内容的重要载体。阅读推广是新时期公共图书馆的义务和职责。黑龙江省图书馆作为省内最大的文化服务机构，近年来相继开展了一系列地域精品文献阅读推广活动，在传播地域文化、弘扬地方文明、挖掘地方文献、促进文旅融合、推动全民阅读、增强文化自信、提升龙江文化软实力等方面取得了一定的成绩。

李克强总理在十三届全国人大二次会议上所作的政府工作报告中强调："倡导全民阅读，推进学习型社会建设。"这是继 2014 年"全民阅读"首次写入政府工作报告之后，2019 年政府工作报告第六次对全民阅读进行"倡导"[1]，充分反映了政府在推动全民阅读、改善国民阅读状况等方面的重视程度，这也是贯彻落实党的十八大关于建设学习型社会要求的一项重要举措。现阶段，全民阅读活动在全国各地蓬勃发展：活动规模不断扩大，活动内容不断丰富，活动形式不断创新，活动影响力辐射范围也越来越广。

一、黑龙江省图书馆开展阅读推广活动背景

全民阅读是一项普遍而持久的公共事业，是向公众提供的一项重要的阅读服务[2]。公共图书馆作为文化服务机构在阅读推广活动中拥有不可替代的作用和优势，是推动全民阅读的主力。随着阅读推广活动的不断发展，公共图书馆专业的人才优势、海量的文献资源、优雅的阅读环境、设施齐备的活动空间等能够为阅读推广提供资源保证。

为了充分发挥图书馆在全民阅读工作中的重要作用，提升本地区公共文化服务水平，黑龙江省图书馆于 2014 年 11 月成立了"阅读推广部"，旨在通过专

---

* 尹泽，黑龙江省图书馆。

业力量从引导阅读方向、提高阅读质量、激发阅读兴趣以及提高阅读能力等方面提升公众的阅读素养，充分发挥图书馆的职能。黑龙江省拥有得天独厚的黑土文化和辉煌的文学发展道路，各行各业活跃着一批批优秀的人才，为建设边疆文化大省、提升文化自信注入了力量。阅读推广部自成立以来，多次和我馆特藏部合作，不断升级阅读推广平台，以阅读服务为核心，从传播地域文化、弘扬地方文明、推介地方优秀文化作品出发，联合省内的各类机构和地方名人，陆续推出了多个具有地域特色的精品文献阅读推广活动，取得了良好的社会效益。活动采用了讲座、展览、读书会、观影会、签售会、朗诵会、共读时光、文化踏查、文化沙龙、名家访谈、口述历史、真人图书分享等多种形式，引导读者从阅读人物传记、地方名人作品、地域精品文献走向了解龙江历史、热爱黑土文化、心系美好家园。

二、黑龙江省图书馆地域精品文献阅读推广活动案例

（一）品俄侨文学 推广地域文化——《六角街灯》系列阅读推广活动

《六角街灯》系列阅读推广活动以小说内容为主线，通过联合其他文化机构，合力打造多元化的活动方式，使其形成系列化、品牌化。《六角街灯》是中共哈尔滨市委宣传部、哈尔滨市文学艺术界联合会策划出版的"哈尔滨俄侨文学系列丛书"之一，是一部极具哈尔滨情味的史诗性作品，入选了"黑龙江省全民阅读第二批推荐书目"名单。小说回忆了三代哈尔滨俄侨的悲欢苦乐和青春梦想，是百年哈尔滨俄侨的生活写照。作品用现实主义手法融入了大量的哈尔滨历史文化和地域元素，具有浓郁的地方特色和时代特征。

2016 年年初，黑龙江省图书馆举办了"怀念我们的旧日邻居——《六角街灯》读者恳谈会"，现场邀请了作者李文方和来自社会各界的读者参加此次活动。活动中作者和读者们共同分享了创作的缘起、时代背景、中俄关系、历史事件、欧式建筑、艺术构思等细节，引起了在座读者强烈的反响和共鸣。

5 月，由黑龙江省图书馆主办、黑龙江省老艺术家协会摄影艺术研究会和人民摄影家协会承办的"北方丝路上的多元文化踏查寻踪之旅"在黑龙江开展，近百名文学和摄影爱好者参加了这次寻根之旅，这也是继成功举办读者恳谈会后，《六角街灯》系列阅推活动的后续和延伸。作者李文方为此次活动进行了专业的讲解，让参与活动的成员能够全方位地感受哈尔滨俄侨文化魅力。在过去百余年间，特殊的历史背景让哈尔滨这座国际大都市充满了异域风情和多元文化，成员们沿着故事的发展轨迹踏查了小说里出现过的菅草岭、法兰西木筋房、苏联驻哈尔滨领事馆、哈工大土木楼、博物馆等地，探寻哈尔滨独特的欧式建

筑遗存，共同回味和体验几代俄侨生活、创业和奋斗过的地方，使地域文化和旅游相互交融，相得益彰。

12月，《六角街灯》作者李文方参加了真人图书分享活动（图1）。李文方以"增强文化自信，讲好龙江故事"为主题和现场的读者朋友进行了交流，供读者"借阅"。他分享了自己的创作经历，作为龙江大地成长起来的作家，他的作品大都充满了浓浓的黑土情韵。在交流中，他对自己的作品进行了回顾和梳理，满怀深情地和读者们再一次品读《六角街灯》，体验故事中人物的悲欢离合，回忆已经消失和正在消失的历史往事。

《六角街灯》系列阅推活动在"出版界图书馆界全民阅读年会（2016）"上荣获全民阅读案例一等奖。黑龙江省图书馆通过策划、组织和引导大众阅读，提高了活动的参与率和影响力，使精品文献真正地"动了起来"。恳谈会、文化踏查、真人图书等丰富的阅推方式，对深入挖掘地方文献、促进文旅融合、展现城市历史等方面提升了社会关注度，对开展全民阅读起到了积极的推动作用。

图1　《六角街灯》作者李文方参加了真人图书分享活动

（二）《白云飞渡》系列阅读推广活动（图2）

黑龙江省图书馆通过独特的资源优势长期致力于传播龙江地域文化、宣传地方名人，2017年以地域精品文献《白云飞渡》为主线，围绕此书设计了系列阅读推广活动，通过深入挖掘书中人物故事、历史背景、建筑素材，激活书中文字，唤醒共同的城市记忆[3]。《白云飞渡》为张郁廉女士的回忆录，由其次子整理出版。作者张郁廉是中国首位战地女记者，作品用平实的语言，饱含深情地追述了20世纪初她被寄养于哈尔滨白俄家庭，学生时代在北京、武汉等地求学，参加抗日救亡街头活动，因俄语娴熟而先后在塔斯社、中央社从事新闻工作，亲身经历了中国抗战时期的重要战役，是一部丰富而传奇的人生缩影。

图 2　《白云飞渡》系列阅读推广活动

活动于世界读书日正式启动，并得到了张郁廉之子孙宇立先生的积极推进和来自其他机构的公益捐助。活动当天，张郁廉女士的亲属代表、黑龙江大学生文学联盟的读者们最先开始了共读时光。与此同时，全省高校图书馆、公共图书馆等多个单位千余名读者及文学爱好者，同城同时同读同一本书，拉开了《白云飞渡》系列阅推活动的序幕。

2017 年 5 月，《白云飞渡》系列阅推活动组织了多场文化踏查和哈尔滨历史建筑物摄影交流活动。张郁廉亲属为摄影爱好者和地方史爱好者亲自讲解哈尔滨历史建筑的发展以及作品中涉及的故事背景，读者朋友们根据书中描述的场景感受孙氏旧宅和百年道外的遗迹，共同欣赏和交流哈尔滨特色历史建筑的前世今生。

6 月，黑龙江省图书馆联合黑龙江广播电视台国际交流部在龙江书院成功举办《白云飞渡》张郁廉纪录片观影会活动。观影会延续了阅读推广活动的思路，通过纪录片踏寻张郁廉的成长足迹和心路历程，让观众朋友们对《白云飞渡》一书有了更深的感悟。

7月，"寻找城市历史记忆 宣传龙江地域文化——《白云飞渡》读书会"在黑龙江省图书馆举办。活动现场邀请了众多文化学者、张郁廉亲属和众多读者。孙宇立先生和现场嘉宾共同回忆了张郁廉女士传奇的人生经历和特殊岁月的历史更迭：她对俄侨母亲的感激、生活的变故、战争的残酷、对故乡哈尔滨的思念、在宝岛台湾的时光……大家通过阅读作品共同感受岁月变迁，追忆冰城往事。

此外，由省图书馆主办、其他机构协办的真人图书访谈、《白云飞渡》签售会、《白云飞渡》口述历史等系列活动在多方资源配合下相继推出。在不同主题的活动中，嘉宾们和读者交流作品的历史背景、人物故事、人生经历、冰城往昔等刻骨铭心的时刻，传递阅读的力量，体会品读的喜悦。

《白云飞渡》系列阅推活动得到了我省文化学者、地方史专家、文学爱好者、高校学生、朗诵爱好者、摄影爱好者、文化志愿者等众多群体的支持和喜爱。这种形式灵活、内容丰富的推广方式为大众营造了全民阅读的良好氛围。大众通过畅谈分享读书心得，了解哈尔滨历史文化，体会阅读的快乐。活动期间，省内19家公共图书馆和高校图书馆、8家读书会、中央书店、摄影艺术研究会、省广播电视台、哈尔滨广播电视台、新晚报ZAKER哈尔滨、"书小二"等多所机构和媒体平台共同参与，实现了网络视频直播、微信公众号互动、公众论坛、新闻报道等多种宣传手段，共同掀起全民阅读热潮，扩大社会影响力与知名度。

（三）萧红文学馆系列阅读推广活动（图3）

2016年世界读书日，"萧红文学馆"正式揭牌落户黑龙江省图书馆。萧红生于黑龙江呼兰，是中国现代文坛杰出女作家，"民国四大才女"之一，与张爱玲并称中国现代文学的"双璧"。她拥有中国现代文学史上独特而经典的地位，是黑龙江省无以替代的文化地标。鲁迅先生曾称她为"最有前途的女作家"，联合国教科文组织将萧红评为"世界当代优秀女作家"。她的代表作《呼兰河传》已成为中国现代文学的经典之作，入选"语文新课标课外阅读书目"。

图3 萧红文学馆系列阅读推广活动

　　萧红文学馆以收集、整理、研究、传播萧红文化为主，其中萧红作品版本图书400余种、500余册。文学馆自成立以来，以经典文献为基础，常展和特展相结合，每年会根据自身的特点定期推出和萧红及其作品相关的阅读推广活动，以传播萧红文化、继承萧红文学遗产、弘扬萧红文学精神。在世界读书日、萧红诞辰日、中国博物馆主题活动日等期间，萧红文学馆依托自身和龙江讲坛、龙江书院、呼兰河读书会等平台陆续组织策划了各类系列阅推活动，包括文学讲座、专题展览、诗歌朗诵会、诵读比赛、新书推介会等。在活动中，萧红文学馆执行馆长章海宁以及知名萧红研究学者从不同视角和主题开展萧红专题讲座，深入挖掘乡邦史料，品读经典文学作品，引导学生和文学爱好者走进萧红，热爱乡土文化。与此同时，文学馆也在积极推动萧红文化和萧红研究走出去，几年来在中南民族大学、上海交通大学、黑龙江大学、哈尔滨工业大学、哈尔滨工程大学等省内外十余所高校进行萧红专题讲座。根据萧红作品的地域特征，阅推活动还多次走进中小学，为师生以及家长们讲述萧红的青少年时代与文学成就，为学生们阅读《呼兰河传》《马伯乐》《商市街》等经典作品提供了有效帮助。此外，萧红文学馆连续数年组织举办了"纪念萧红诞辰系列活动"，包括"纪念萧红诞辰107周年朗诵比赛""萧红文学之旅""萧红专题摄影"等，受到了朗诵爱好者、文学爱好者、萧红研究学者的喜爱和广泛好评。

"情满山水华章里，皆在萧萧落红间——萧红文学馆阅读推广纪实"在"2018全国出版界图书馆界全民阅读年会"中荣获本年度全民阅读优秀案例奖。围绕萧红经典文学作品推出的活动深受读者和书迷的欢迎，引起了较高的社会关注度，彰显了萧红文化的影响力，经过几年的打磨逐渐成为全省知名的阅推品牌。

三、举措与思考

（一）拓宽地域精品文献种类，加强阅读推广的学术性

地方文献是一地之百科，具有极强的地域特色和史料价值。现阶段黑龙江省图书馆地方文献阅读推广活动逐渐成为主流服务，得到读者广泛的认可，取得了一定的成绩。但多数活动围绕的文献都集中在文学作品，活动策划也以读书会、朗诵会等形式出现，风格相对单一。笔者认为，地域精品文献阅读不应拘泥于文学作品和阵地服务，应拓宽文献种类，深入挖掘核心地方文献的价值，从"地方文献、地方出版物、地方人士著述"等视角揭示地方史料、地方名人、特色文献，并邀请相关的地方史专家、省内知名作家、学者等开展专题讲座和学术交流活动，突出互动性、传播性和延伸性，提高阅读效能，满足研究型读者的阅读和学习需求，提升龙江文化软实力。

（二）依托乡土文化资源，推广青少年阅读活动

青少年是祖国的希望和未来，公共图书馆要充分利用乡土文化资源推动青少年热爱阅读、热爱家乡的良好品质。随着时代的发展和全民阅读的深入，图书馆应尽量摆脱传统阅读方式，拓展阅读渠道，尝试新的阅读理念，面向不同年龄段的读者群体开展推广活动。阅推活动可以走进校园，根据不同年龄段的学生普及我省自然地理、风俗习惯、历史沿革、特色建筑、名人轶事、民族英雄、知名作家等，从种类多样的乡土文献中感受名家的文学情怀和文学成就，激发青少年的阅读兴趣和探索精神，加强对家乡文化的认识和理解。此举对弘扬乡土文化、增强青少年自信、推进全民阅读以及构建书香社会打下了良好基础。

（三）提高从业人员的专业素养，打造优秀的阅读推广队伍

理论界人士普遍认为：阅读推广人队伍的建设与管理将成为当前我国社会持续深入开展全民阅读需要关注的问题；阅读推广人素质已成为制约阅读推广

运动的最大因素[4]。省级公共图书馆在资源和人才方面已经具备了一定的规模和优势,阅读推广事业的不断发展对阅读推广人的综合能力提出了更高的要求。黑龙江省图书馆是本省开展全民阅读的主阵地,需要打造一支具有较高专业素养的阅读推广人队伍。应根据自身情况,通过培训、交流、继续教育等方式开展阅读推广专业教育,培养理论与实践相结合的复合型人才,鼓励多学科人才加入阅读推广队伍,促进我省阅推工作向纵深方向发展,真正实现阅读无处不在。

参考文献

[1] 图书馆报."倡导全民阅读,推进学习型社会建设"全民阅读六入政府工作报告 [EB/OL].搜狐网,2019 – 03 – 25.

[2] 洪兆惠.加强阅读推广 促进全民阅读 [EB/OL].搜狐网,2019 – 03 – 25.

[3] 黑龙江省图书馆.白云飞渡 | 地域精品文献系列阅读推广活动启动.[EB/OL].黑龙江省图书馆网站,2019 – 03 – 25.

[4] 曹娟.从阅读推广人到阅读推广人才—论图书馆界主导阅读推广专业教育 [J].图书馆论坛,2018 (1):79.

西北地方文献带动"一带一路"建设

——甘肃省图书馆"西北地方文献"在"一带一路"建设中的作用及影响

余 慧*

由于起步早和起点高,甘肃省图书馆所收藏的"西北地方文献"不仅品种多,而且质量高,在全国省级图书馆中名列前茅。丰富的"西北地方文献"对甘肃的经济、文化、旅游发展事业在"一带一路"中的建设都起了很大作用,意义重大,影响深远。

一、引言

丝绸之路经济带是在"古丝绸之路"概念基础上形成的一个新的经济发展融合区域,丝绸经济带在中国西北的范围大致包括陕西、甘肃、青海、宁夏、新疆等五省(区),随着经济带战略的推进,西北五省的交通、能源等基建将会迎来大发展,它将会成为中国援助中亚、东欧等国家基建、金融的输血大动脉。西安、兰州、乌鲁木齐等西部核心城市将会成为丝绸之路的桥头堡。而甘肃省图书馆收藏的"西北地方文献"就包括了西北五省(区)的地方文献,记载了陕甘宁青新边区和延安革命圣地的历史。对这些丰富的典籍文献整理、收藏和传播,挖掘与弘扬丝绸之路历史文化,既是继承和发扬中华民族优秀传统文化、传承中华文脉的重要基础性工作,是对青少年进行爱国主义教育、建设中国特色社会主义文化的重要参考,又是更好地实行对外开放、发展对外文化交流的重要举措,也是激发民族自信心、提高民族凝聚力的迫切要求,是丝绸之路历史文化的重要展示,对于当前丝绸之路经济带建设具有重要的现实意义。

敦煌古代是丝绸之路的会合点,非常繁荣,唐代在此建立节度使制度。现在敦煌是敦煌学和中西交通的中心。2016 年至 2018 年举办了三届丝绸之路(敦煌)国际文化博览会,取得了政治、经济和文化的丰硕成果。甘肃省图书馆收

---

* 余慧,甘肃省图书馆。

藏的"西北地方文献"就大量包括敦煌各个时期的珍贵文献资料，其中收藏重点为敦煌学及其研究资料。有效的利用开发好这些文献资源，对传播敦煌文化，展示丝绸之路历史文化的厚重与多彩，提升国家文化软实力，参与世界文化交流，建设敦煌与"一带一路"沿线国家的睦邻友好关系有着深远的影响。

"西北地方文献"带动"一带一路"的建设，由此说明西北地方文献与"一带一路"建设是相互促进的，是共生共荣的。

二、"西北地方文献"的概况

（一）刘国钧对"西北地方文献"建设的巨大贡献

1943 年 9 月应开发西北、抗战后文化繁荣之势而生的国立西北图书馆（当时三大国立图书馆之一）筹委会主任刘国钧在《国立西北图书馆筹备书》中首次提出了"西北地方文献"的资源建设理念。刘国钧界定汇集西北文献、搜罗西北古物、编纂西北问题参考书目是国立西北图书馆的任务，建设西北文化问题的研究中心、西北建设事业的参考中心、西北图书教育的辅导中心，是国立西北图书馆的目标。

1948 年 8 月国立兰州图书馆成立"西北资料专室"，搜集、整理有关西北地理、方志、报纸、杂志、善本、乡贤著述及西北问题研究资料，编制西北资料目录。自此，现今的甘肃省图书馆"西北地方文献"专藏正式创立。[1]

刘国钧[2]"西北地方文献"资料建设理念及实践。新中国成立 70 年来，一以贯之地决定着甘肃省图书馆地方文献工作的主导思想和发展方向。

（二）甘肃省图书馆"西北地方文献"的发展历史

1949 年国立兰州图书馆和省立兰州图书馆合并，"西北资料研究室"出现在兰州人民图书馆阅览机构列下，此时馆藏"西北地方文献"2310 种。1950 年兰州人民图书馆开放"西北资料研究室"。1956 年甘肃省图书馆（1953 年改名）以"西北文献研究室"为基础，成立书目参考部，1957 年书目参考部与方法研究部合并为参考辅导部。1962 年地方文献阅览室开放。1969 年甘肃省革命委员会发布"关于疏散图书的指示"，甘肃省图书馆"西北地方文献"连同其他图书备战疏散，后"西北地方文献"部分运回，地方文献阅览室恢复开放。1971年参考辅导部撤销，地方文献阅览室停止开放，直至 1973 年参考辅导部恢复。1980 年甘肃省图书馆设立历史文献部，专门管理"西北地方文献"专藏。1986搬迁新馆业务机构调整后，"西北地方文献"专藏归典藏部管理。1988 年"西北地方文献"专藏复归历史文献部管理。1997 年历史文献部易名西北地方文献部，1999 年复名历史文献部至今。

现今甘肃省图书馆历史文献部管理着"西北地方文献"及古籍文献等特色馆藏，业务工作涉及"西北地方文献"的阅览、参考咨询、开放研究等工作，有"西北地方文献图书阅览室""西北地方文献期刊阅览室""西北地方文献报纸阅览室"等对外服务窗口。"西北地方文献"图书的采购收集、编目工作由甘肃省图书馆采编部负责[4]。

三、甘肃省图书馆"西北地方文献"发挥的重要作用

由于起步早，历任馆领导重视，甘肃省图书馆所收藏的"西北地方文献"内容丰富，在全国省级图书馆是名列前茅的。内容丰富的"西北地方文献"，对甘肃省经济发展建设、文化和旅游事业在"一带一路"中的建设都能起到参考作用。

（一）"西北地方文献"的范围及收藏方式

70 年来，甘肃省图书馆历任馆领导都十分重视地方文献的采购和收藏，具体工作人员也十分尽职。

西北地方文献的范围："凡甘肃、陕西、青海、宁夏、新疆五省区以及在自然区划、行政区划演变中与西北五省（区）边连地界有关的历史沿革、人物制度、风土人情、语言文字、名胜古迹、自然资源等书刊资料均属西北地方文献资料的范围。

甘肃省图书馆"西北地方文献"资源体系建设的途径分为购买、访求、征集、捐赠及呈缴样本。1996 年甘肃省人民政府办公厅、中共甘肃省委宣传部发布《关于征集省内出版的图书杂志、音像制品及内部资料样本的通知》（甘政办发〔1996〕26 号），正式以文件的形式确立了地方出版物呈缴样本制度。甘肃省图书馆的西北地方文献逐年增加。1964 年为 4345 种，1986 年为 8596 种，1997 年为 12513 种，2005 年为 21208 种。截止 2018 年底，甘肃省图书馆"西北地方文献"专藏实体文献已逾 6 万余种、12 万余册。

（二）"西北地方文献"的类型

现今的甘肃省图书馆"西北地方文献"专藏由图书、期刊、报纸、舆图、缩微胶卷、视听光盘等多种实体资源共同构成。在学科结构上，涉及政治、哲学、宗教、经济、军事、历史、地理、水利、地质、工业、农业等社会科学和自然科学的所有学科。其实体文献，既有古籍文献，又有民国文献，当然更多的是当代文献[3]。

甘肃省图书馆"西北地方文献"专藏服务类型主要有阅览、参考咨询，二次文献及推广活动。图书作为"西北地方文献"专藏实体文献的主要类型，是

阅览服务中利用率最高的文献类型之一，是研究学者完成科研课题和学位论文的主要参考文献。其中最具价值的是清代及民国时期的西北地方史料，据统计，利用这部分文献的读者量为"西北地方文献"年读者量的40%左右。西北地方报刊的利用率主要集中在民国时期地方报刊及当代西北五省（区）省级报纸上，其中甘肃报纸的读者约占80%以上，如《甘肃民国日报》，《甘肃日报》等。地县报纸和行业报纸的利用则相对较低，鲜有查阅。2012年—2018年，"西北地方文献"专藏实体文献年均接待读者3200余人次，15000册次。

（三）"西北地方文献"的参考咨询及服务

参考咨询是甘肃省图书馆"西北地方文献"专藏服务的重点，基本形成了以文献信息源为基础，参考书目建设为重点，专题信息服务、检索服务、课题服务、跟踪服务、即时咨询服务等多种服务方式相结合，并佐以人力资源建设为保障的参考咨询服务体系。

甘肃省图书馆"西北地方文献"参考咨询年完成量约为80项。2012年—2018年全馆总计完成参考咨询776项，历史文献部占614项，约为80%，而历史文献部完成的参考咨询涉及"西北地方文献"的亦约80%。其中有国家社科基金项目《清至民国时期中国西部旱灾及其社会应对研究》《辛亥以前西北地区城乡聚落研究》《西北地区民族信仰调查》《藏传佛教高层僧人在藏区基层权力组织中的地位与作用研究》《清代新疆稀见史料调查与研究》《中国工农红军西路军人物志》《民族问题治理的能力体系建设》《甘肃近代方志方言文献》等及国家自然科学基金项目《河西地区沙尘暴物原追踪》等。甚至有来自美国哥伦比亚大学关于《张广建督甘史料》、美国普林斯顿大学关于《乌鲁木齐政略》、澳门科技大学关于《甘肃通志稿》的参考咨询。据不完全统计，通过甘肃省图书馆参考咨询服务完成的志书，仅1993年—1997年获得国家级、省级社会科学及省级志书奖的就有60余部。

（四）甘肃省图书馆馆长陆泰安对"西北地方文献"的贡献

此时此刻，我们十分怀念陆泰安馆长。他不仅非常重视收藏"西北地方文献"，而且身体力行。他每次出差到一个地方都要访求"西北地方文献"。在三年困难时期，一次出差为了收藏一种地方文献，他只吃了数十颗大豆。在"文革"期间，他就在"西北地方文献"阅览室帮助整理文献，至今仍保留一些他用整齐的小楷写得"西北地方文献"。1980陆泰安馆长在行政事务繁忙的情况下，还和同事一起编著了《西北地方文献工作》，论述诸如"西北地方文献工作"范围、内容、目录、搜集、发掘、理论、体会等方面的内容，是甘肃省图书馆"西北地方文献"工作方法及工作集大成者。他奉公以勤，处世严谨，埋头工作30余年如一日[5]。更令人难忘的是，1980年夏天，他和文化厅赵副厅长赴京参加全国图书馆会议，会议结束后，路过西安下车，去收集西北地方文献。由于酷暑，加之路途劳累，不幸病逝西安。陪同的赵副厅长报告了这个不幸的消息。甘肃省图书馆立即派人去西安料理丧事。骨灰盒护送到兰州后，沉痛地为陆泰安馆长开了追悼会，然后把骨灰盒由黄文清馆长和全体部室主任护送到华林山骨灰堂安放。

陆泰安馆长的一生都奉献给了图书馆事业，他对"西北地方文献"的贡献是巨大的，我们将永远缅怀他。

四、甘肃省图书馆"西北地方文献"古籍在"一带一路"倡议下共建共享的展望

图书馆是是知识、信息、文献的交流、收藏、开放的载体，是人类文明成果的汇总、保存地。现代图书馆从产生之初，即具有一项与古代藏书机构所不同的重要功能，那就是在收藏研究书籍文献的基础上，通过人与人、地与地之间的交流协作，发挥出促进文明相互沟通的作用。而现在随着我国"一带一路"发展战略的提出和实施，已初具规模，有关文化事业、图书馆工作的指导思想、政策保障也已明确，图书馆事业在国际交流领域迎来了前所未有的新机遇。"一带一路"沿线各国大型公共图书馆还可以在古籍交流保护工作上进一步加强共建共享。

（一）"一带一路"为甘肃省图书馆"西北地方文献"国际交流提供了新机遇

2015年3月，国家发改委、外交部、商务部以习近平总书记提出建设"新丝绸之路经济带"和"21世纪海上丝绸之路"的合作倡议为基点，联合发布了《推动共建丝绸之路经济带和21世纪海上丝绸之路的愿景与行动》，阐述了"一带一路"的方向和主张，为"一带一路"的建设制定了总体的框架和思路，许多内容值得图书馆工作者重视。其中特别论述了"一带一路"三大原则"共商、共建、共享"中"共建"原则，强调"坚持和谐包容"，要"加强不同文明之间的对话、求同存异、兼容并蓄、和平共处、共生共荣"。这就为"一带一路"在人文思想上定下了一个总基调。而在"合作重点"中又提到了"民心相通"，指出要广泛开展文化交流、学术往来、人才交流合作、媒体合作、志愿者服务等，为深化双多边合作奠定了民意基础。这些都表明"一带一路"战略蓝图从设计之初就充分重视文化事业的引领作用，明确要求各文化领域都应当参与到"一带一路"中来，共谋发展。随着"一带一路"项目的不断深入推进，2016

年 12 月，文化部又制定了《文化部"一带一路"文化发展行动计划 < 2016 -
2020 >》，以更好地贯彻落实《推动共建丝绸之路经济带和 21 世纪海上丝绸之
路的愿景与行动》中的相关要求，其中第一项"健全'一带一路'文化交流合
作机制"中，提到重点任务是要推动成立"丝绸之路国际图书馆联盟"，要
"加强我国与'一带一路'沿线国家和地区文化交流与合作机制化发展"，"与
'一带一路'沿线地区组织和重点国家逐步建立城际文化交流合作机制"。而在
第三项任务"打造'一带一路'文化交流品牌"中，还提到了要加大"一带一
路"文化遗产保护力度，促进与沿线国家和地区在文物修复、文物展览、人员
培训等方面开展国际合作。这些行动计划的出台，使得图书馆参与"一带一路"
建设、加强国家交流，有了更加明确的方向和保障。

在各国公共图书馆领域中，阿拉伯国家图书馆可以算是行动较早的。早在
2013 年 5 月，中国阿拉伯国家合作论坛第十次高官会上达成的成果文件中，就
已建议："加强阿盟图书馆和中国公共图书馆在档案数字化、处理和保护古代手
稿等领域的合作。考虑建立阿盟图书馆同中国公立图书馆之间的长期合作机制，
不仅处理古籍，而且向阿盟图书馆提供经验，并在上述领域为阿盟图书馆专家
进行专业培训"。2014 年，在北京举行了中国阿拉伯国家图书馆馆长论坛，成为
了图书馆界落实中国"一带一路"战略部署，进一步促进中国与阿拉伯国家及
丝绸之路沿线国家之间文化交流与合作的重要举措。2015 年和 2017 年又分别在
埃及和北京召开了中国与阿拉伯国家图书馆专家会议。2018 年 5 月，由中国国
家图书馆、中国图书馆学会、四川省委宣传部主办的《绸之路国际图书馆联盟
成立暨"阅读·城市·文化"图书馆、书店融合发展学术研讨会》在四川省图
书馆举办。来自美国、英国、澳大利亚、法国、德国等国家的图书馆界代表、
驻华使节以及国内知名的专家学者共计三百余人出席了会议。联盟的成立是
"一带一路"倡议在文化领域实践的最新成果，也是各国图书馆协同合作、携手
共进、共谋发展的重要举措。相信它将为各国图书馆事业协同发展提供新动力，
引领图书馆领域国际交流与合作再上新台阶。

国内图书馆也纷纷行动起来，或建设"一带一路"数据库、或开展许多相
关论坛、研讨会。甘肃省图书馆在此方面起步就比较早。2004 年 6 月，甘肃省
图书馆在敦煌组织召开了"地方文献工作经验及学术研讨会"，全国各相关单位
40 余位地方文献工作者参加全议；2006 年 9 月甘肃省图书馆在敦煌承办第六次
"中文文献资源共建共享合作会议，"来自中国、美国等国家和港澳台地区的近
40 位代表参加会议，甘肃省图书馆就该会议项目《西北地方文献资源数据库》
进展情况及成果进行了展示汇报；2007 年 8 月甘肃省图书馆在兰州承办"中国

图书馆学会年会地方文献分会场"并以《西北地区文献资源数据库建设》为题作专题发言；2012 年 10 月"西北五省（区）图书馆馆长暨学会理事长、秘书长联席会议"在陕西宝鸡召开，甘肃省图书馆提交《西北五省（区）图书馆联合建设"西北地方文献资源数据库方案"相关问题的说明》；2015 年 6 月至 7 月"甘肃省图书馆学会地方文献专业委员会"连续举办三期"地方文献业务实践培训班"；2016 年 10 月，甘肃省图书馆举办了"一带一路"沿线省市区图书馆馆长论坛；2018 年 11 月，"甘肃省图书馆学会地方文献专业委员会"举办"甘肃地方特色文献收藏整理开发及资源共建共享研讨会"，甘肃省内各类图书馆地方文献专业人员 40 人参加研讨会。这些情况表明甘肃省图书馆具有前瞻性，早就认识到"西北地方文献"共建共享的重要性。在"一带一路"带来的广阔机遇面前，甘肃省图书馆将行动起来，把握时代机遇，迎接挑战。

（二）"西北地方文献"数字资源建设

古代典籍由于保护不易等原因，往往难以像现代新书一样便利地为读者提供阅览，这就需要通过开发电子数据库、图像库等资源来拓展使用范围，尽可能地的提供信息。甘肃省图书馆历来重视"西北地方文献"专藏数字资源的建设，尤其是自建数字资源。2001 年甘肃省图书馆向西北五省（区）省级图书馆发出倡议，联合建设"西北地方文献"数据库，借助现代技术实现"西北地方文献"资源共建共享。2002 年甘肃省图书馆《西北地方文献资源数据库》正式立项为甘肃省"科教兴省"省长基金项目，2004 年"第四次中文文献资源共建共享合作会议"确定《西北地方文献资源数据库》为"中文文献资源共享合作项目"，其类型内容由联合书目及书上提要、专题全文、报刊索引、图片等数据库动态组成[6]。选题内容涵盖西北五省（区）的文化、社会、经济、民族、宗教等多方面。截至 2018 年底，《西北地方文献资源数据库》已建有"西北地方文献书目提要数据库""西北地方文献报刊篇名索引数据库""西北地方文献图像数据库""西北民族宗教史料文摘数据库""丝绸之路文献叙录数据库""西北地方文献古籍善本全文数据库""河西宝卷全文数据库"等若干个子库。

2015 年至 2017 年间，根据国家图书馆"数字图书馆推广工程数字资源联合建设地方文献数字化项目"建设要求，甘肃省图书馆严格按照项目标准，筛选具有鲜明地域特色、较高文献价值和历史价值的"甘肃地方文史资料"作为地方文献数字化资源加工题材，共完成地方文献数字化项目 2014 年 10544 页，48GB；2015 年 21852 页，106GB，均通过国家图书馆终审，成逐年上升之势。加大古籍数字资源的建设力度，尽可能地使读者通过电脑即可方便阅览善本或部分书影，这样将会使古籍文献得到更好的利用和保护，为古籍文献数字化探索出一条可持续发展的创新之路。另外这将更有利于传递古籍图片，有利于各国文化的传播交流，达成"一带一路"与不同文明之间对话的目的。

（三）"西北地方文献"鉴定编目，整理共建

"一带一路"有许多大型图书馆均收藏有中国古籍以及古代朝鲜、日本、越南等东亚汉字圈国家的古籍。这些数量巨大的海外汉籍，近年来引起了国内外学术界的研究热潮，日益受到重视。在国际上，除了一些发达国家的公共图书馆已经对馆藏汉籍编制有目录外，其他许多图书馆由于文字不通、缺乏专业人员，一直未能得到较好的整理、编目。即使是已有目录的图书馆，由于资金、人员、技术等很多问题，也存在较多困难，这是一座巨大的文献宝库，开发利用好这些文献，将为"一带一路"沿线各国带来巨大文化财富。

这方面，甘肃省图书馆文献编目工作就开展的比较早，做出了一些成就。它以"西北地方文献"实体文献相依托的"西北地方二次文献"体系渐成规模。1949年即有《陇事撷录》《西北问题论文索引》《西北书目提要》《西北乡贤著述目录》《西北问题参考书目提要》等。1949年后，根据不同时期的社会需求及本馆"西北地方文献"工作的长期规划，有步骤地编制了《黄河书目索引》《十年来西北地区建设成就索引》《兰州各图书馆馆藏西北文献联合目录》《西北民族宗教史料系列文摘》《丝绸之路文献叙录》《西部大开发论文索引及》等重要的文献目录、索引。此外，1997年至今尚有每年6期的《西北研究通讯》，特别是编制完成的《馆藏敦煌写经续录》《馆藏传统戏剧剧本题录》《馆藏西北地方志题录》《馆藏缩微制品题录》等诸多珍贵的文献目录问世，对研究西北地方的历史、经济、文化等方面做出了贡献[7]。截至2018年底，甘肃省图书馆"西北地方二次文献"列世约200种。

展望未来，甘肃省图书馆以后有条件的话，可以加强与"一带一路"沿线各国的交流互访，拓宽视野，发掘海外所藏汉文古籍，洽谈合作，派驻专业编目工作者前去鉴定、编目。等编目工作结束后，可将目录整理出版。同时还可在此基础上，再筛选具有重要价值的版本、摄制图片、撰写提要，寻找契合点，择机合作出版相关成果，影印古籍等。这样即可以培养人才，又可丰富合作成果。

五、结语

随着"一带一路"战略的不断深入开展，大型公共图书馆将面临更多的机遇与挑战，广大图书馆人应牢牢抓住这个千载难逢的历史机遇[8]，增强与"一带一路"沿线各国的文化学术研究交流，促进新时期各个国家的文化互鉴、共

享经验、平等对话、友好往来。为国家"一带一路"倡议在沿线各国的渐次开花作出建设性努力，开启公共图书馆与国际交流事业的新局面。

甘肃省图书馆"西北地方文献"专藏的地域概念是西北大区域地方文献，这在全国范围可以说是唯一的，具有举足轻重的位置。如果说70年前的天时、地利、人和，开启了甘肃省图书馆"西北地方文献"的先河，那么70年后"一带一路"的倡议则为甘肃省图书馆"西北地方文献"专藏提供了千载难逢的扩张机遇。践行70年前刘国钧倡导的资源建设理论理念，在更广泛的意义上宣传推广并弘扬西北文化、丝路文化、增强文化自信。甘肃省图书馆专藏的"西北地方文献"将为丝绸之路沿线的甘肃省在"一带一路"的经济、文化和旅游事业建设中，搭建这样一个良好的平台，发挥它潜在的能力，在求同存异中取长补短，为"一带一路"建设贡献绵薄之力。

参考文献：

[1] 刘子亚. 甘肃省立兰州图书馆概况 [J]. 西北文化，1945：11 - 12.

[2] 刘国钧. 国立西北图书馆筹备计划书 [J]. 社会教育季刊，1943 (1)：3.

[3] 周丕显. 关于"地方文献"几个理论问题的报告书 [R]. 甘肃省图书馆业务资料，1962：5 - 10.

[4] 甘肃省图书馆，甘肃省图书馆采编工作手册 [Z].1984：2 - 6.

[5] 岳庆燕，陈军. 百年记忆——甘肃省图书馆100年 [M]. 兰州：甘肃人民出版社，2017：19.

[6] 甘肃省图书馆. 甘肃省图书馆九十年 [M]. 兰州：甘肃省人民出版社，2006：12 - 14.

[7] 刘瑛，张丽玲. 甘肃省图书馆西北地方文献述略 [M]. 兰州：敦煌文艺出版社，2010：8 - 15.

[8] 任竞. "一带一路"战略下的图书馆国际交流与古籍保护 [C] //第三届丝绸之路（敦煌）国际文化博览会论文集. 兰州：甘肃人民出版社，2018：159 - 165.

陕西省图书馆地方文献开发利用工作实践探索

丁洪玲*

地方文献资源是图书馆最重要的特色资源，做好地方特色资源的建设与开发利用，开辟具有地方特色的服务领域，是图书馆提高核心竞争力的必要举措，是传承和发扬本地乡土文化的重要途径，同时也是衡量图书馆是否具有特色的主要标志。本文主要以陕西省图书馆地方文献资源建设与开发利用的实践为例，阐述文化和旅游深度融合对地方文献开发与利用的影响、利用现代化技术手段开发挖掘地方特色资源实践，并对开发利用地方文献时存在的一些问题进行总结、思考。在此抛砖引玉，为我们共同的地方文献事业建言献策，为传承地方文化做出贡献。

一、新媒体设备对图书馆地方文献开发利用的影响

（一）图书馆管理人员信息意识增强

文化和旅游进一步深度融合，经济与科技得到了迅猛发展，信息技术得到了前所未有的进步，知识信息已经成为当今竞争的主要内容。互联网技术、智能移动设备冲击了图书馆的发展，图书馆地方文献资源开发利用也面临着紧迫感，图书馆相关管理人员和工作人员，已经认识到新时代带给我们的责任与挑战，地方文献信息开发意识逐渐增强。

（二）促进了地方文献资源的数字化进程

目前，我国地方文献资源的主要以条块分割状况存在，各地方机构或单位相互之间联系比较少，没有很好地实现特色资源的共享。文旅深度融合下，信息资源的获取方式日益增多，图书馆工作者的合作意识逐渐增强，地方文献资源的数字化进程加快，为更好的实现各地方资源共享提供了保障。

---

* 丁洪玲，陕西省图书馆。

（三）图书馆工作者创新服务意识增强

传统的图书馆服务形式主要是对读者提供到馆服务、电话服务、信函服务，服务方式相对比较单一，图书馆工作者服务意识不强。融合时代技术的发展，图书馆受到了很大的冲击，图书馆想要生存和发展，必须充分利用新媒体技术、智能移动设备满足读者知识信息需求等，为大众提供更加方便快捷的服务，这就要求图书馆工作者不断探索创新，才能满足读者个性化、信息化的需要。

二、陕西省图书馆地方文献开发利用实践与探索

（一）20世纪的地方文献工作

自1909年建馆至2000年，陕西省图书馆地方文献工作虽未设专职人员，但历任馆领导重视地方文献资源建设，在地方文献征集、呈缴、出版和研究方面均取得一定的成绩。

早在1943年12月，陕西省立图书馆启动征集地方史料工作。1956年10月，制定《陕西省图书馆征集散失图书资料办法》，提出以征集本省地方历史文献为重点范围，除利用依靠各地、县图书馆、文化馆、中学教师等外，还邀请社会人士为"陕西省图书馆之友"代为调查征集。60年代初期，开展包含地方文献借阅、参考、研究和书目咨询等在内的服务工作。当时，收藏本省所辖各府、州、县志209种、640部，基本齐全。

改革开放以后，自1982年起，陕西省图书馆与陕西省社会科学院图书馆合作，调查省内外收藏陕西地方志有186个单位580种方志，共同编辑了《陕西地方志联合目录》，此后对国内重要出版物，尤其是陕西地方出版物尽力收藏，侧重于地方文献为特点的藏以致用的藏书体系。同时由图书馆工作人员组成的课题组，初步完成"省情文献全文检索系统建设"，并开始进行地方文献数据录入，为本馆第一个地方特色数据库"省情文献数据库"建设奠定基础。

（二）21世纪第一个十年的地方文献资源建设状况

1. 设立专职专人专岗从事地方文献工作

2001—2011年，陕西省图书馆地方文献工作走上管理科学化、发展规范化的道路，设立专职专人专岗从事地方文献征集工作，地方文献馆藏数量逐年呈规模稳步增长，采取了开架阅览的方式。

2001年，陕西省图书馆成立了地方文献部，设地方文献工作专岗，随后，地方文献征集工作和阅览工作正式开展。同时，2010年12月，陕西公共图书馆服务联盟正式设立地方文献联合征集组，承担全省地方文献联合征集工作。

2. 开设特色专藏专架[1]

在陕西地方文献阅览室和征集工作开展的同时，进一步强化与省内各出版社合作关系，正式成立"陕版图书展示室"，实行预约阅览，并根据地方文献馆藏特色设立"陕西作家著作专架""周秦汉唐研究专藏"以及"陕西学人"专题展藏。

3. 参与文化共享工程，启动陕西地方特色资源开发建设工作

在进一步建立和完善地方文献收藏范围和原则及地方文献管理制度和办法的同时，开始策划陕西地方特色数据库建设工作。2007 年陕西省图书馆作为文化共享工程地方特色资源库建设第一批试点单位之一，申报了《西安事变》《陕西帝王陵》《秦腔秦韵》《陕西文史资料》《陕西非物质文化遗产》《陕西民间美术》《陕西景观》《影视资料库》等 8 个数据库项目。初步建立了数据库建设流程和管理制度，采取馆内跨部门合作完成的方式进行，由地方文献工作人员承担选题策划、设计大纲、筛选文献、标引入库、数据审校等工作。2010 年完成项目建设，通过国家验收。

（三）近十年的地方文献工作

1. 充分利用陕西特色资源，探索并策划建设多类型地方特色资源库

在 8 个特色自建资源库策划建设的基础上，选题策划从单一逐渐转向系列发展。2011—2015 年策划并申报立项了"陕甘宁边区红色记忆多媒体资源库"系列资源库之《人物库》《历史事件库》《延安精神库》《纪念旧址、遗址、纪念地》《研究文献库》等 5 个子库以及"丝绸之路"系列资源库的子库《文物古迹篇》和《文化科技篇》，同时，在资源库类型上探索追求多样化、社会化。新媒体时代下，专题片、微视频、讲座拍摄等得到更广泛地推广，这为地方特色资源建设工作带来了新的挑战和发展机遇。除申报多媒体资源库项目外，陕西省图书馆地方文献开始策划申报《听遍陕西特色音频库》（第一期、第二期、第三期）《大秦岭大文化多媒体资源库》（第一期、第二期）《黄土高原红旗谱》（动漫）《聆听经典：陕北民歌多媒体资源库》以及《秦娃诗域游记》（动漫）以及国家图书馆中国记忆项目口述史项目，并均成功立项。

2. 开展自采地方照片资源工作

近年来，随着公共图书馆事业的发展，地方文献馆藏资源建设工作也向多途径、多样化方向努力。陕西省图书馆地方文献部首次尝试采用自拍图片资料的方式，自主地记录秦地、秦人、秦风形成我馆独特的地方文献馆藏资源。经过前期文献调研和精心策划，已完成"明代秦藩王陵""城区寺庙"以及"西安老公园"等主题的地方特色照片的采集，同时配有考察记录文字整理后，形

成我馆首批自拍地方文献千余张照片档案。

陕西省图书馆地方文献部开展照片采集工作的目的，在于通过采集和拍摄拟记录和采集未被开发保护的文物古迹、文化遗址，城乡人民生活风貌、节庆风俗等珍贵的资料照片来保存地方文化史料，是地方文献部探索文献收集的新路径。

3. 启动"陕西记忆"，开展口述史资料的拍摄采集

陕西地方文献收藏中心承担着全省文献收集、整理、保存的重任，同时肩负着继承和传播人类优秀文化知识的职能。新时代下为了讲好"陕西故事"、传扬"陕西精神"，加强我馆地方特色专题资源建设，策划了以"陕西记忆"为主题规划相关方案，拟以陕西的传统文化遗产、重大事件、各领域重要人物等为专题，抢救性、系统性地进行口述史料、影音文献等资源的建设和保护，形成我馆今后独具特色的专题记忆资源。

陕西省图书馆地方文献除了开展了中国记忆项目之"武复兴口述史"和"武德运口述史"两个资源共建项目外，还自行策划了"富平石刻手艺人井一泉先生口述史"以及配合陕西省图书馆"陕西学人"专藏项目建设开展的"陕西记忆·陕西学人——佘树声口述史"4个口述史资料采集拍摄。"陕西记忆·陕西学人口述史"对陕西现当代学人和为陕西学术科研做出过突出贡献的地方人士进行口述史访谈，并收集照片、信件、笔记、日记、手稿、音视频资料、出版物含非正式出版物等相关文献，抢救性地收集和保存陕西学人资料，为相关领域历史研究积累第一手资料，形成了25余小时独具特色的"陕西记忆"口述史专题资源。

4. 多渠道进行地方特色资源的宣传、推广

除通过本馆官方网站、部门网页以及部门"陕图地方文献"微信公众号，及时上传发布通讯动态外，充分利用馆藏特色资源，策划举办展览，提高读者对地方文献的认知度。近三年，陕图地方文献工作人员分别精心策划"祝福祺祥端午节"、"乡关三秦照片展——商洛·一个村庄的300多天"以及"陕图镜头下的西安老公园"等展览活动。展览采取馆内现场和网上在线同时展出，并通过陕西公共图书馆服务联盟，组织成员馆在全省进行联展，共计举办展览100余场，服务群众达23万人。当地《三秦都市报》《西安日报》《阳光报》等媒体对展览进行了报道，有力的宣传了陕图地方文献资源。

三、开发利用地方文献存在的一些问题

（一）"重藏轻用"的思想严重

传统模式下的图书馆，主要以收藏为主。近年来，图书馆地方文献事业有

了很大的发展，但仍存在着"重藏轻用"的思想。[2]分析其原因，笔者认为主要是由于地方文献的收集不易和珍贵性，使得地方文献工作者只重视收藏和保护地方文献资源，而对地方特色资源的开发利用没有深入挖掘。

（二）地方文献队伍建设不够理想

地方文献的开发利用，人是最关键的因素。[3]目前，大多图书馆地方文献开发利用的人员配备不足。图书馆应整合馆内有志于地方文献开发利用的人力资源，充实地方文献开发队伍。可以建立开发组、研究会或者进行表彰奖励等多种形式，充分发挥人力资源优势，调动他们研究开发地方文献的积极性，进而促进本馆地方文献开发利用事业的发展。

四、深度开发挖掘地方文献的思考

（一）明确开发的目标和原则

每个地区都有自身独特的文化，相应地拥有自身特色的文献资源，为此，应结合本地区的文化和自身的馆藏进行地方文献的开发利用。[4]陕西具有五千年的历史文化、是十三朝古都、古丝绸之路起点等特色，陕西省图书馆地方文献结合陕西浓厚的历史文化和陕图自身的特色馆藏文献，开发建设了《西安事变》《陕西帝王陵》《秦腔秦韵》《陕甘宁边区红色记忆资源库》多媒体系列资源库以及《丝绸之路》" 系列资源库等近30个特色资源数据库。同时，对陕西的文物古迹、文化遗址，城乡人民生活风貌、节庆风俗等珍贵的资料照片进行采集开发，依靠自身优势和地方文化资源，通过规模化，数字化的形式更好地服务社会公众。

（二）加强地方文献的宣传推荐，提高读者对地方文献的认知度[5]

图书馆地方文献不能局限于收藏和保存地方文献，更重要的是利用这些特色馆藏资源，进行二次开发，如编制地方文献专题书目、策划地方特色文化展览以及开发建设地方特色数据库，变藏为用，并通过策划举办展览、网站和微信定期宣传推广，提高读者对地方文献的认知度，进而有效利用地方文献和支持地方文献的捐赠收藏工作，共同为地方优秀文化的传承和发扬做出贡献。

（三）充分借助社会力量，整合区域地方资源，实现资源共享

地方资源的开发挖掘是一项持续、长期的工作，图书馆应与地方研究机构、博物馆、科研机构能单位合作，确定地方文献开发挖掘方向，多方协作，有效整合多方地方资源，进行资源共享，从而实现区域地方文化全方位展示。[6]

（四）加强地方文献工作人员的业务培训，建立高素质的工作队伍[7]

人是工作的主体，人的个人素养和业务水平是事情成败的关键。新时代下，

地方文献开发与利用需要加强地方文献工作人员培训，建立一支高素质地方文献人才队伍。地方文献工作人员不仅要具有良好的专业图书馆知识，熟悉新媒体技术，同时还要具有较丰富的历史地理、人文风情方面的知识，同时具有策划能力以及对外社交公关能力，只有这样，才能将本地的地方文献资源进行有效的开发利用，从而宣传和传承本地优秀地方文化。

参考文献：

[1] [4] 田子玲. 常州地方文献开发利用的实践与探索 [J]. 常州工程院学报（社科版），2016（6）：6.

[2] 陈炜. 公共图书馆地方文献的开发与服务建设途径 [J]. 科技与创新，2016（5）：26.

[3] 田晓华. 试析地方文献的开发与利用 [J]. 贵图学苑，2017（3）：29–30.

[5] [7] 袁碧荣. 浅议地方文献的开发和利用——以首都图书馆北京地方文献为例 [J]. 河南图书馆学刊，2016（7）：104.

[6] 蒲铃. 地方文献的区域文化价值挖掘与开发利用研究 [J]. 河南图书馆学刊，2018（7）：92.

浅谈图书馆地方文献开发与人才建设

杜鹏姣*

地方文献见证了地方发展的历史，是了解地方历史和了解地方文化的重要参考，不仅对当地的文化建设有着重要意义，对当地的经济和政治建设也起着促进作用。所以加大对地方文献的开发和利用具有重大意义，而人才建设是其中必不可少的一环，地方文献开发人才培训和地方文献人才继续教育是加大开发地方文献的重要途径。本文从地方文献人才建设出发，探讨地方文献开发与利用的意义。

"文献"一词最早见于《论语·八佾》，载：子曰："夏礼，吾能言之，杞于是徵也；殷礼，吾能言之，宋不足徵也。文献不足故也。足，吾能徵之矣。"宋代著名学者朱熹注："文，典籍也；献，贤也。"所以文献本意是文字记载"文"和贤人话语"献"的结合。地方文献是一个地区的文化载体，承载着区域的历史记忆，涵养着千百年地方文化的根脉。对地方文献的整理研究不仅是研究区域文化的基础，也是宣传地方文化特色，推动地方文化建设的重要措施。[1]

一、地方文献开发的价值与意义

（一）地方文献的概念

地方文献是某一特定地区的人类文化遗产，是一个地区长期以来社会发展的信息载体，更能直接、真实地反映这一地区的社会发展过程。[2]有广义和狭义之分，广义的地方文献是地方出版书籍、地方人物著述、地方的历史资料；狭义的地方文献是指地方的史料，即内容上具有地方上某些特征的区域文献。[3]而现实生活中所谓的地方文献通常指图书馆收藏的有关某一特别地区及其居民的

---

* 杜鹏姣，甘肃省图书馆。

书籍、印刷品、图片、相片和其他资料，包括一个地方的历史、天文、经济、军事、文化、风俗习惯、特产、人物、名胜古迹等，是用来反映特定区域内的一切自然现象和社会现象，具有特殊性、多样性、区域性、连续性、分散性、稀缺性的特点，并且以其区域性和民族性的特点区别于其它文献。[4]

（二）地方文献类型

地方文献按不同形式划分为以下各类：按载体形式可以划分为甲骨地方文献、金石地方文献、手抄地方文献、缩微地方文献、视听型地方文献等；按文种形式划分为汉文地方文献、少数民族文地方文献、外文地方文献等；按著述形式划分为地方志、地方谱谍、地方丛书、地方工具书、地方图录、地方笔记、日记、地方碑志、地方印章、票据和表格、地方信札、地方档案等；按出版形式划分为地方图书、地方连续出版物等；按时代形式划分为古代地方文献、近代地方文献、现代地方文献等。由此可见地方文献内容丰富、分布广泛、形式多样、数量庞大，它不仅对我们研究一个区域的历史文化有着十分重要的价值，同时对一个地区的文化建设也有着不可或缺的基础性作用和指导意义。所以一定要重视地方文献建设，在深度挖掘其蕴含的学术价值的同时，合理开发利用地方文献，实现对地方文献的传承和创新，对助推学术研究向纵深发展，助力新时代一带一路建设事业意义重大。[5]

（三）地方文献的作用

根据地方文献的概念，可以把地方文献的作用归纳为保存史料、智库咨询和文化培育。保存史料，就是保存地方史料，这也是公共图书馆保藏功能的具体体现。历史是一个不断发展的过程，文献是对历史过程的记录，地方文献则是对地方历史发展过程的全记录。只有通过文献记载下来的历史轨迹，才能更深入的了解区域的历史，从而推动本地经济建设。智库咨询，是指根据地方文献的记录为地方各级领导和有关部门在制定地方经济建设和社会发展的大政方针时提供地方资料，体现政策咨询的作用。文化培育是指通过地方文献的开发，增强当地人民的区域自豪感和凝聚力，增强文化自信。[6]

三者之中保存史料是基础，智库咨询和文化培育是其价值的体现和升华，而以上三者功能的实现和作用的有效发挥皆离不开地方文献开发的人才队伍。保藏地方文献的目的在于利用，要实现地方文献智库咨询和文化培育的作用只有通过加强地方文献人才队伍建设，加大对地方文献的开发，才能体现文献的价值，促进图书馆事业的发展。开发地方文献，是指研究发掘地方文献中所包含的广泛信息知识，把这些内容及时、正确、系统、完整地传递给读者用户。根据本地区政治、经济、社会、文化发展的基本趋势和重点，有目的、有步骤地收集、整理、存贮、分析和传递适应地区需求和科研需要的地方文献信息，加强地方文献人才队伍建设，加大对地方文献信息资源的开发力度，充分发挥在该地区某些学科、领域或项目上形成具有特色的地方文献信息服务系统，并使这一系统在本地区发挥出独特功能，实现本地区地方文献信息资源的整体布局和资源共建、共享，形成强有力的地方文献信息体系，以满足读者用户对地方文献信息的需求。地方文献的开发与利用对于学术研究、文化传承和开发具有重要的促进作用，可以促进当地各项事业的建设与发展，促进民族文化的交流与共享。

二、人才队伍建设是地方文献开发的要点

（一）人才是制约地方文献开发利用的主要因素

纵观当前各地的地方文献的学术研究开发与利用情况，仍然存在着很多问题。主要是地方文献开发的专业人才配备不足。地方文献的开发利用是一项较为专业的工作，其中牵涉到多样化的学科知识，对人员的专业水平和综合能力素养要求较高。[7]传统的地方文献开发利用方式，主要是对资源进行一次文献开发研究，即编纂出志书、年鉴等，而有针对性地开发地方文献信息，编制文摘、文献目录、索引、年表等二次文献，或对某专题文献进行系统调查研究，而编撰专题论著、资料汇编等三次文献则相对匮乏。要实现地方文献信息化、网络化，就必须对其信息资源进行一至三次的开发，尤其是三次文献的开发利用，是地方文献开发的重要价值所在。因此，图书馆对地方文献资源开发利用工作要避免重藏轻用，加大地方文献专业人才队伍建设，地方文献是这项事业的主体，专业人员素质高低对于地方文献工作水平具有决定性作用，直接影响地方文献工作质量和研究水平。

（二）地方文献开发中人才队伍的建设重点

人才是地方文献建设的关键。图书馆在未来社会上的竞争优势必然是人才资源，必须紧紧抓住人才、培养人才、吸引人才、善用人才，树立科学的人才观，把人才看作是图书馆事业的第一资本、第一资源。

首先，提高对地方文献的思想认识。就是在图书馆内部，从领导班子到每一位工作人员，尤其是地方文献工作者，在思想上要高度重视地方文献工作，充分认识到地方文献工作的重要性，充分认识到什么是地方文献、地方文献建设对图书馆发展、对地方经济发展所发挥的不可替代的积极作用。尤其是在中国特色社会主义进入新时代，地方文献工作能促进地方经济的发展，推动区域一带一路的进程，从而使公共图书馆事业建设更具特色，为增强文化自信，发

掘地方文化资源发挥作用。

其次，完善地方文献工作的人才结构，引进高素质的地方文献工作者，提高地方文献工作的质量。做到用好现有人才、稳定关键人才、引进急需人才、培养后备人才的育人、留人、用人方针。地方文献开发工作没有复合型人才结构不能做好必要的基础工作，打开地方文献工作的局面。所以图书馆要培养一支有知识、事业心强、能吃苦、肯钻研的高素质开发研究的专业队伍，这支队伍的组合既要有图书情报专业与文史专业等背景专业的复合型人才，也要吸纳其他社会科学、自然科学专业人才，这些人才的综合使用，有利于地方文献开发和咨询工作的开展，各学科之间能互相取长补短，还要配备掌握计算机技术和网络技术的人才进行深层次加工和开发。

此外，图书馆进入数字化、自动化、网络化时代，地方文献的开发和利用绕不开数字化，只有进行地方文献的数字化建设，地方文献才能被有效利用，这就需要大批具有现代敏锐的信息意识，熟练掌握和运用多媒体技术、通信网络技术的专业技术人才，需要一大批具有数字资源加工与管理、开发与维护、信息的深层次加工和建立全文数据库能力的专业技术人才来支撑。[8]

所以，应要求每一名地方文献工作者，必须在实际工作中不断提高业务素质，确保图书馆的地方特色馆藏建设能够高效、有效的进行。作为一名地方文献工作者，不仅要有扎实的地方特色文献知识，具备与特色馆藏资源相关的学科知识、技能技术、前沿信息、资源整合利用能力，还要能深入组织、分析和研究信息，指导用户有效地利用信息资源，充分发挥新型参考咨询馆员的作用，成为对地方特色馆藏建设和现代技术都精通的复合型人才。只有更多地从学中练，练中学才能做好地方文献的收集、加工、整理、分析、管理、服务等工作。

三、地方文献开发人才的素质要求及培养

1. 地方文献开发人才必须具备以下几点素质：丰富的文史知识，对当地的民族文化、历史变迁等有较为深入的了解；有较系统的图书馆学专业知识和历史文献知识，熟悉本馆的采、分、编工作程序及本馆的藏书体系，深入书库，了解馆藏，熟悉地方文献的馆藏情况，编制地方文献目录，做到心中有数；有较强的社交能力、口头表达能力，能与外界建立广泛、良好的公共关系；要有吃苦耐劳的工作态度，具备较强的责任感和使命感。只有具备了以上几点素质，才能保证地方文献服务工作高水平地持续发展。只有专业人员紧密合作，充分调动工作积极形成良性互动，提供体现各类专业人员自身价值的环境，才有利于出成果，促进地方文献事业的创新发展。

2. 地方文献开发人才的培训。通过培训提升地方文献工作者工作人员专业水平。高素质的复合型人才队伍建设离不开培训，培训是提升图书馆人才素质的有效方式之一。通过合适的培训与指导，能够快速适应多种工作环境的组合变化。过去对地方文献开发人才的培训制度不太完善，教育培养得不到应有的重视，影响了地方文献工作的顺利进行。人才培养只有靠实践工作和学术交流，所以从事地方文献工作，应加强地方文献研究队伍中知识面广、综合能力强的高素质专业人才的培养，并在实际中探索一套实用的培养方案保障工作人员的培训。[9]

通过定期培训和举办地方文献学术研讨会提高从业人员的理论水平和实际工作能力，重点培养一批地方文献工作者，推动地方文献的理论研究，从而进一步引导他们在各馆建立有本地特色地方文献藏书体系。同时坚持"因材施教"，尊重馆员的个人兴趣和意愿，选择不同的培训课程，可以按照业务工作、学科背景、年龄结构等组织培训内容。在培训形式上，岗前学习与在岗培训相互结合、脱产培训与岗位培训相结合、专业学习与业余学习相结合、送出培训与内部培训相结合。

3. 地方文献人才的继续教育。加强对地方文献工作者的业务教育和进修再教育，使之制度化。图书馆在人员培训上不仅要着眼于近期培养，而且还应着眼于专业队伍的长远建设。在人员配备、征集及购书经费、办公条件等方面予以保证，创造业务学习条件，为之提供良好的工作环境、学习环境、生活环境、心理环境、为之提供继续深造的方式和机会。根据各馆的实际情况，制定一套比较完善的馆员继续教育计划，并随着信息化、网络化时代图书馆对人才的需要及个人的专业知识与技能和未来发展方向合理安排培训，使其业务能力及水平不断地得到提高，为其进一步开创图书馆新思路打好基础让他们在学习和实践中，逐步掌握地方文献工作的理论和方法，掌握地方文献所涉及的各种专业知识，不断提高自身素质和业务水平，培养他们的工作责任心和事业心，钻研业务，尽责尽力，发挥每一个人的工作热情，让他们积极地投入到地方文献工作中去。[10]

四、结语

地方文献的开发与利用有利于促进地方馆事业的发展。对于地方图书馆来说丰富的文献是其生存的基本条件，是否拥有丰富的地方文献资源，是地方图书馆能否吸引读者的重要标志。但是地方文献的开发更是重中之重，拥有一支一流的地方文献工作者队伍，这是时代发展的需要，也是图书馆地方文献工作发展的需要。图书馆构建知识型人才建设体系，尽可能把每个员工培养成一专多能的复合型人才，积极投入到地方文献开发过程之中去，使"死书"活起来，更好的为地方经济建设服务。图书馆也应建立相关制度，在馆内形成尊重知识、尊重人才的良好风气，充分开发人的潜力，实现人的全面发展。激励他们的创先争优意识，增强责任感，形成一种积极向上的工作态势，进而使地方文献工作焕发新的生机，促进公共图书馆事业不断向前发展。

参考文献：

[1] 刘瑛. 甘肃省图书馆所藏西北地方文献的特点 [J]. 国家图书馆学刊，2003 (3): 68-70.

[2] 朴莲子. 地方图书馆与地方文献 [J]. 延边党校学报，2008 (4): 69-71.

[3] 韩朴. 地方文献事业与公共图书馆 [J]. 图书馆工作与研究，2002 (10): 67-70.

[4] 姜璐. 地方文献的开发与利用 [J]. 农业图书情报学刊，2014 (9): 71-73.

[5] 王晓兵. 地方文献学学科建设研究综述 [J]. 现代情报，2010 (2): 170-175.

[6] 邹华享. 关于地方文献若干问题的思考 [J]. 中国图书馆学报，1999 (1): 60-63.

[7] 田晓华. 试析地方文献的开发与利用 [J]. 图书馆工作与研究，2017 (3): 28-30.

[8] 王淑芬. 关于地方文献研究的几个问题 [J]. 图书馆学刊，2001 (2): 4-6.

[9] 易雪梅. 地方文献工作中值得思考的几个问题 [J]. 国家图书馆学刊，2015 (1): 28-30.

[10] 张铀. 浅谈地方文献工作 [J]. 科技创新与应用，2012 (12): 170-175.

浅述韩军一及《甘肃洮砚志》

王　娟[*]

　　"洮砚"是甘肃独有的文化遗产，以稿本形式存藏甘肃省图书馆的《甘肃洮砚志》是迄今为止记载洮砚最为详实，也最为可靠的文字资料，在洮砚及洮砚文化研究上，有着不可或缺的重要地位。本文以介绍《甘肃洮砚志》版本、创作缘起及其内容为前提，揭示洮砚丰富的历史信息及独特价值，为进一步拓展相关研究提供可资利用的资料。

　　砚是中国传统手工艺品之一，与笔、墨、纸合称文房四宝，是中国书法的必备用具。砚材的运用极为广泛，其中以广东肇庆的端砚、安徽歙县的歙砚、山西绛县的澄泥砚以及甘肃卓尼的洮砚，最为突出，称"四大名砚"。其中产于甘肃卓尼的洮砚，其生产距今已有1300多年的历史，洮砚以其石色碧绿、雅丽珍奇、质坚而细、晶莹如玉、扣之无声、呵之出珠、发墨快而不损毫、储墨久而不干涸的特点饮誉海内外，历来为宫廷雅室的珍品，文人墨客的瑰宝，馈赠亲友的佳礼，古玩库存中的奇葩。历代文人、学者、书画家对洮砚赋铭咏诗，赞叹不已。作为甘肃地方的文化遗产，"洮砚"有着重要的历史意义和研究价值，而韩军一的《甘肃洮砚志》是历史上记载洮砚最为详细，也最为可靠的文字凭据，在洮砚及洮砚文化的研究历史上，有着不可或缺的重要地位。

---

　　* 王娟，甘肃省图书馆。

一、韩军一及《甘肃洮砚志》

甘肃省图书馆藏韩军一著《甘肃洮砚志》是现存的最早、最为全面记述洮砚的史料，是了解和研究洮砚史及洮砚文化难得的珍贵资料。韩军一（1895—1977），河南开封人。1915 年毕业于北京陆军第一预备学校。1918 年起，历任国民党参战军教导团第五营书记长，河州镇守使署书记官，甘肃省平番县百货局局长，太原第五军少校参谋，甘肃省长公署、督军公署咨议，中央赈济委员会驻兰办事处干事，甘肃粮征局视察，甘肃南路宣慰委员会干事，甘肃省视察，碧口税捐处代处长等职。[1]1921 年，韩军一在临夏结识卓尼土司杨子余，[2]双方谈及洮砚现状，同感详尽记述和整理洮砚开发及利用十分必要。1924 年，韩军一即着手编著《甘肃洮砚志》，1925 年，《甘肃洮砚志》初成。同年 9 月韩军一即携带洮砚数方，参加"古今名砚展览会"，颇受称赞。在这次展览中，韩军一颇有感触，"洮砚与端、歙砚，在近今为第一次媲美于此，或受识者之面誉，或为止步而摩挲，洮砚之名，由是愈彰，洮石之砚，亦自无疑为陇中文物之名产矣"。此后十几年中，韩军一总觉得自己对洮砚的记述尚不详尽，未能亲身前往产地考察，绝不能主观臆断，草草完稿。[3]1934 年，韩军一从太原第五军参谋职上辞职回甘，"尘装甫卸，即以暂编秘书随同邓宝珊军长查办双岔寺土官与唐隆郭哇争双岔大林案"（双岔与唐隆，在临潭西南。郭哇为头人之通称）。这次路过洮州，韩军一再次见到杨土司，但由于时间关系，未能久留。1936 年，韩军一再赴洮州，在当地民间砚工党明正、姚万福二人的陪同下，"亲至喇嘛崖石窟中周历考查"数月，并与砚工"推论取石、琢磨、削划诸法，并出示手边端、歙诸谱，任自选拣描画。"韩军一认为"花样不必趋于习俗所欲，亦不可泥陷于古板样本。只须窥仿谱录图意，兼抚古砚制作法式，此为造砚者之所本。至形模思意，不必其定在于拔俗，而雕奏之力，则必不可失诸名家之榘。"经他指点，党、姚二位砚工"琢出之砚，虽非新鲜，亦不著流俗市气"。韩军一在甘肃供职多年，对洮砚从采石到雕刻的全过程十分熟悉，并且有很高的鉴赏水平。韩军一于1924年"以参事挂名河州镇守使署"，"曾遍访故家，或就阅坊肆间，凡洮砚之经属意者，心窃识之"。即便"返汴梁省母，旋复寄迹首都，虽时形困顿，而好砚如故，于故宫及各图书馆辄过往无虚"。力求"洮砚志，记洮砚之事，应本其事而直书以记之……不为臆说，不待复绎他书为准。"[4]在韩军一之前没有具体详尽记述洮砚的专著问世，更没有亲历实地考察之说。如此严谨求实，博采众长，兼收并蓄的学者风范，极大地开阔了洮砚雕刻技艺的鉴赏视野及审美水准，韩军一在洮砚雕刻技艺上的审美主张，对洮砚艺术的不断发展起到了决定性的作用并延绵至今。

二、甘肃省图书馆藏《甘肃洮砚志》稿本

甘肃省图书馆藏韩军一著《甘肃洮砚志》稿本，朱丝栏，蓝色钢笔书写，半叶十行二十二字至二十五字，全式标点。卷端题"开封韩军一考述"，下以黑色笔补题"稿"字。目录叶题"甘肃洮砚志全目"，下亦黑色笔补题"草稿"。全书文字有挖改，贴改。又，书衣题签署"韩军一书 时年八十有一"。扉页贴有甘肃省图书馆工作人员钢笔书"说明"文字。据此可判，甘肃省图书馆藏韩军一著《甘肃洮砚志》为著者晚年重修稿本。书前有民国十六年（丁卯，1927）丁旭载序，民国十四年（乙丑，1925）孙金花序。孙序云："乙丑仲夏，遘韩子军一于京师，……军一出其所著《甘肃洮砚志》，属任检校之役，且以弁言为责。"[5]据此可判此书初成，如前文至迟在1925年春。

甘肃省图书馆藏韩军一著《甘肃洮砚志》，稿分十六门：叙意、史徵、洮州、洮水、土司、石窟、途程、采取、石品、纹色、音声、斲工、饎直、式样、砚展、篇后，有序两篇。目录叶及"斲工""门下""逢营"行顶贴有张思温笺识，红色圆珠笔字迹。张前笺云："此稿博取诸书有关资料，并亲履其地，得之见闻者，胥著于篇，言洮砚者可谓详备。然尚有可以补充者，文字篇章亦有可商榷处。俟下期馆刊再酌用。张思温 一九八五年十月十四日。"张后笺云："'逢营'应是'逢盈'。犹'赶虚'，盈、虚可对称也。古称'聚'，如'阳人聚'。今北方多称'集'。以屯垦而称'逢营'，不确。温注，一九八五，十，

十四"。

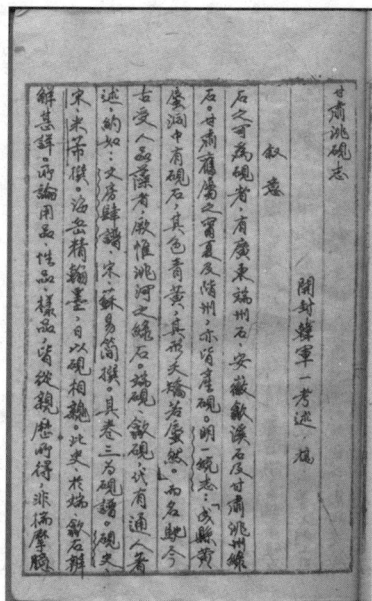

三、《甘肃洮砚志》

《甘肃洮砚志》共十六门，20000余字。分别从地理、山川、历史沿革、采石制作、石材特点、雕刻技艺、洮砚交易等诸多方面，对洮砚的发展、流变与基本状况作了全面、严谨的考据与研究。特别对洮砚石材的产地及"石窟""石品""纹色""採取"等进行了详细的分析研究，条理清晰。把洮砚石材、矿床的分布情况加以归纳总结，对洮砚石材质地进行了客观实际的论证，是后来研究洮砚石材的主要依据。《甘肃洮砚志》除了详细记载洮砚产地、制砚工匠、砚石采掘、石质品鉴等方面的知识之外，于山川景物、风土人情诸多方面亦有所涉及。对采取之法也做了描述："宜先将外层粗砺，劈剥净尽，俟佳石出露，再视其重迭比次，纹络肌理，然后运用小凿解截，使成为大小各适用之砚材……"。还记叙了在喇嘛崖取石时要在"喇嘛爷神碑"前进行祭奠活动的情况，"先期向洮岷路或卓尼土司衙门，征取同意后，由土官牒知驻纳儿总管，总管奉到上意，当为索石者料量采掘。任何人取石至喇嘛崖后，必循旧规具绵羊一只祭祷山神及喇嘛爷碑前，并以祭肉随地分饷土民，籍以酬其锤凿之劳。采取时间，宜在秋后，或为春仲，若在严冬时，石方经冻，不受斧凿，易为破碎……"。《甘肃洮砚志》对洮砚产地的风土人情也作了深入细致的记述，如对

"洮州八景"中的"洮水流珠""石门金锁""水抱城庄"三景做了详细介绍。[6]
同时《甘肃洮砚志》敢于评论时弊、关注民生，如对当地藏族妇女形象及生活
地位的描述，特别在叙及当地藏族教育状况时，韩军一深有感触："童稚皆失村
塾。劳力妇女，被人踏践，亦罔然少所知识。应尽先办起简易小学或识字练习，
民绅官商，尽可通力合作普及小学教育。尤不当漠视藏族儿童，驯至要也。否
则，徒言开发，莫切实际，势不能改变生活不足与现在之蔽塞如故。在六百年
前，山上山下，沿洮河起，建有颇多寺院，但予于途中经过各地，都未能看到
有小学设备，寺宇空房，何不可改立小学。予尝参稽通鉴及中国民族史，在唐
开元十九年之世，尚资吐蕃以《春秋》《礼记》诸诗书。而今藏民氏族，所止
之所，不设学校，达窝子女，自必逐渐向下颓废，成为愚蠢之民。"韩军一考察
过程中，发现九巅峡栈道年久失修，"惜官府不问，护持无人，古道日益颓毁，
不禁为之痛唏"。指出"不为国办事，设官尸其位，何善于民！"韩军一作为一
名政府官员，在尽职尽责的同时，不忘民间疾苦，关注当地文化教育，并为之
不惜长途跋涉，不惜个人安危，为洮砚文化的传播历经千辛万苦，其目的犹如
孙金范《序二》所说："当思振兴之方，洮砚虽古，已见称，而流行至今未广，
采取有临渊之惧；考据乏寿世之书。重以视同禁脔，稀若凤毛，若不公诸当世，
何以企图传播。"尤其他对洮砚的采取、石品、纹色、声音、斫工、仇直、式
样、砚展等方面的缜密调查和认真辨析，使后来人们了解洮砚、研究洮砚、鉴
赏洮砚和收藏洮砚的可信指南。

《甘肃洮砚志》是历史上记载洮砚的最为详实，也最为可靠的文字资料，在

洮砚及洮砚文化的研究上，有着不可或缺的重要地位。《甘肃洮砚志》迄今没有正式出版，仅以稿本形式存藏于甘肃省图书馆，或作为附录缀于他作之末。本文绵薄述文，为的是了让更多的人了解韩军一，了解《甘肃洮砚志》，以利发扬光大，深入研究。

参考文献：

[1] [3] [5] 李德全. 民国官员韩军一的洮砚情结 [EB/OL]. 甘肃清泉的博客，2019 – 03 – 31.

[2] 李娜. 为洮砚修志 扬洮砚之名——记韩军一及其《甘肃洮砚志》[J]. 图书与情报，2008 (2)：134 – 136.

[4] 李德全. 甘肃洮砚志的历史价值及意义 [EB/OL]. 甘肃清泉的博客，2013 – 12 – 07.

[6] 韩军一. 甘肃洮砚志（内部资料）. 手抄本，1973.

文旅融合背景下河西宝卷的保护与传承

张　乐[*]

河西宝卷在河西走廊地区具有悠久的流传历史和广泛的流传范围，在今天仍具有重要的学术研究价值和社会教化价值；河西地区图书馆对于河西宝卷的保护，不仅要做好宝卷文本的搜集整理，还要在宝卷的数字化保护方面积极探索，有所作为。在文旅融合的大背景下，图书馆应积极寻求突破点，使河西宝卷做到"活态保护"。

一、河西宝卷及其价值、保护现状概述

（一）产生、内容及流传

河西宝卷是在唐代敦煌变文、俗讲以及宋代说经的基础上发展而成的一种民间吟唱的俗文学，是一种讲唱结合的民间文艺形式。作为灿烂的河西文化的一个重要的组成部分，河西宝卷曾广泛流传于河西走廊各地，生动反映了河西地区人民的生产生活状况和思想感情，是了解河西地区历史文化的重要途径。正如王学斌先生在《河西宝卷集萃》中所言："宝卷内容广泛，上下数千年，纵横几万年，从神仙道士到僧侣尼姑，从帝王将相到黎民百姓，从忠臣孝子到奸贼娼妇，无所不有。"河西宝卷成熟、盛行于明、清至民国时期，"文革"期间渐趋沉寂，开始走向式微。在笔者生活的 20 世纪七八十年代的河西农村，由于文化生活极度贫乏，交通信息非常闭塞，抄、念宝卷仍然是非常流行的一种文化娱乐活动。当时的传播途径主要有二：一是文字传播，人们认为抄卷是积德行为，稍有点文化的人都愿意抄写，抄了自己保存或赠送亲朋好友，不识字的人也会请人抄写，靠它来镇宅辟邪，现在搜集到的大量宝卷手抄本大多属此类；二是宣卷，即"念卷"，农闲时节或节庆假日，被请来的念卷先生端坐于火炕正

---

* 张乐，甘肃省山丹培黎图书馆。

中位置，面前置一小桌，上面摆好主人家精心制作的糖茶及油炸食品，先生漱口净手后开始朗声念卷，其余人或围火炉、或坐热炕听卷接声，其乐融融。此外，亦有少量的木刻本、石印本流传于世，但在农村地区极为少见。

（二）分类

河西宝卷所记载的故事，大多都体现出朴素的"善有善报、恶有恶报"的因果报应理念和谴责忤逆、规劝孝道、隐恶扬善的教化功能。按其内容来进行分类，主要包括以下四类：佛教类，如《目连三世宝卷》《菩萨宝卷》《唐王游地域宝卷》；历史故事类，如《昭君宝卷》《康熙宝卷》；神话传说类，如《仙姑宝卷》《天仙配宝卷》；寓言类，如《老鼠宝卷》《鹦哥宝卷》等。[1]

2006年，河西宝卷被列为第一批国家级非物质文化遗产保护名录，位居第13，分属民间文学。

（三）河西宝卷的价值

1. 学术研究价值

如前所述，河西宝卷所涵盖的内容广泛而丰富，表现手法灵活而多样，具有重要的叙事、音乐、音韵、方言、宗教等方面的学术研究价值，尤其是其中所蕴含的河西民间精神，更值得深入研究探讨，是研究河西民俗、民风、民情和社会历史的重要史料。同时，河西宝卷作为中国俗文学史的珍贵资料，作为中国民俗文化史上的奇葩，对敦煌学和民俗文化史的研究，也具有极强的文化意义和社会意义。[2]

2. 社会教化价值

即使在今天，河西宝卷仍具有丰富人们精神世界、滋养民间社会教化、宣扬以孝为中心的家庭伦理道德、构架和谐的社会家庭关系等方面的积极价值。河西宝卷所宣扬的谴责忤逆、劝人向善、扬善惩恶的精神，以及对父母尽孝、与兄弟和睦、同他人友好的品行和歌颂勤劳、尊重劳动的美德，在今天仍极具教育意义。宝卷中许多内容和精神与社会主义核心价值观极为契合，对培养人们的良好品德，促进社会主义精神文明建设都能够发挥积极的作用。对建构人类精神家园和重建民族信仰具有重要的意义，有利于助推河西地区华夏文明的传承创新建设和该地区文化的繁荣发展，助力"一带一路"文化研究和建设。

（四）河西宝卷的保护现状

河西宝卷自2006年被列入国家第一批非物质文化遗产保护名录以来，得到了河西各地的有力保护，张掖、酒泉、威武等地相继搜集整理出版了一批在当地流传甚久的河西宝卷，在各地相继建立起一批河西宝卷传习所，并对传承人及其传承活动进行资助，使河西宝卷的传承得到了有效保护。但是，受时代发展及社会进程的影响，尤其是在当前城镇化迅猛发展、农村急剧萎缩的大背景下，作为民间口头文学的河西宝卷正在逐渐失去适宜它生存的土壤。以笔者所在地张掖市山丹县为例，无论正式出版或手抄本的河西宝卷，大多都是喜爱者所收藏和个人欣赏，真正进行的"念卷"活动除文化部门组织的表演性质的之外，几近绝迹。同时，在农村地区会念卷的多是五六十岁之上的老人，且人数在急剧地减少。更兼目前的河西宝卷大都以市、县为区划进行整理研究，各地出版的河西宝卷不可避免地出现交叉重复，且都是纸质出版，"活态"保护极不理想。所以，河西宝卷的保护现状并不令人乐观。

二、图书馆在河西宝卷保护中的功能发挥

勿庸置疑，河西宝卷是极具有收藏、研究和传承价值的民间地方文献资料，河西地区各级图书馆对于河西宝卷的保护传承应义不容辞、大有作为。

（一）宝卷文本的收藏与保护

近十多年来，在各级政府和文化主管部门的积极组织领导下，在一大批民间文艺爱好者深入调查研究广泛搜集挖掘下，河西宝卷的保护和传承工作取得了极大的进步，初步理清了河西宝卷的分布、保存及活动情况，整理出版了一大批宝卷。已经编印出版了《金张掖宝卷》（上、中、下册），《酒泉宝卷》（上、中、下册），《山丹宝卷》（上、下册），《永昌宝卷》（上、下册），《临泽宝卷》，《凉州宝卷》以及《河西宝卷真本校注研究》等数种近240部左右宝卷。（据载有人搜集到400——700种以上，去其重复，约有110篇以上。）这些宝卷的整理出版，为丰富河西地区各级图书馆地方文献的馆藏提供了极大的便利。

除对上述正式出版的宝卷文本进行广泛收藏外，基层图书馆还须发挥自身优势，对散落民间的各类宝卷手抄本进行广泛征集收藏。宝卷的流传土壤在广大农村，图书馆应积极主动深入乡间村社、田间地头进行广泛征集。当前，大批农民由于各种原因涌入城市，这对原始宝卷手抄本的征集增加了一定的难度，图书馆应因地制宜，灵活机动，深入社区、广场进行走访征集。同时，也可提供适当报酬，号召当地一些爱好书法、对宝卷有一定兴趣和认识的社会人士进行仿古抄写并征集，以此丰富图书馆宝卷文本的收藏。

（二）宝卷的数字化保护

河西宝卷作为一种说唱艺术，散韵结合，有说有唱，一唱三叹，有其独特的说唱程式和音调。而程式和音调的保护传承则是说唱类非物质文化遗产保护的主要内容。传统的宝卷传承方式是口传身授，学习者在多次的念卷现场聆听、学习、参与中逐渐掌握念卷技巧。而在当今的社会环境中，这样的传承方式已趋于式微。所以，图书馆在宝卷文本收藏的同时，还应发挥图书馆公共数字文化建设和特色资源数据库建设的便利条件，组建成立专门的河西宝卷数据库，对河西各地的宝卷进行全面、综合、数字化的保护、传承、研究和传播，就十分必要和迫切。[3]

1. 收集、储存与研究

具体来说，图书馆要在全面调查发掘的基础之上，按数字化、多媒体格式的要求，利用数字收集储存技术，对河西地区流传的宝卷进行全面、系统地搜集整理，对健在的念卷老艺人的念卷程式进行抢救性音、视频数字化录制，并对河西宝卷已有的印刷资源进行数字化分类和多媒体化处理。在此基础上，建立起河西宝卷全面、完整、系统的数据库和管理体系。使河西宝卷能够展现出文字、声音、图像、视频、动画等形态，建构起便于检索的河西宝卷的多媒体系列展示平台。如此，则可实现河西宝卷的再现和复原，使其以最为保真的形式保存下来，并传承下去。另外，将河西宝卷进行数字化储存，还可以方便人们用手机、电脑等终端设备进行了解、学习、研究和利用，并使其得以安全、永久的保存和保护。

2. 共享、传播与传承

河西宝卷的传统传播方式主要有二，一是文字传播，二是口头传播，这两种传播方式的传播范围和传播速度都极为有限。而河西宝卷数据库和多媒体展示平台的建立，将为人们共享这一中华民族优秀传统民间文化提供较为现代和便捷的通道。利用现代网络技术和多媒体技术，对河西宝卷进行全方位的动态展示和数字化传播，这样就建立起了非常大众、专业、便捷、高效的数字媒体资源网络，满足现代人们通过电子设备享有优秀传统民间文化的需求，真正实现借助数字化技术对非物质文化遗产的保护、传播和传承。宝卷在河西地区分布很广，涉及河西各个县市。在制作河西宝卷的音视频资料时，考虑到其在流传过程中发生的程式衍变和方言因素，可制作不同方言版本的音视频作品，如酒泉方言版、张掖方言版、威武方言版的河西宝卷音视频作品。即使是同一地区，也存在着较为明显的区别，如张掖地区，可再细分为甘州方言版、民乐方言版、山丹方言版等，供不同地区的人们进行选择，亦可为研究者提供详实生动、多姿多彩的原始资料。同时，可以在虚拟现实空间中再现真实的河西宝卷说唱情景，对其进行永久保存和保护。另一方面，亦可与目前发展迅猛的数字博物馆、数字文化馆、数字档案馆的资料实现互联互通，最大程度上满足人们对其进行欣赏、学习、传承和研究的需求，为人们对其进行开发利用拓展空间，使河西宝卷的传播面扩大到世界每个角落，河西宝卷的影响面也将得到最大幅度的扩展。这将利于这一中华民族优秀传统民间文化瑰宝的发扬光大，使越来越多的人在虚拟的网络世界中接触和欣赏到河西宝卷的传统艺术魅力。

三、文旅融合为宝卷的保护传承开拓了新的途径和空间

河西宝卷作为一种长期活跃流传于民间、具有固定"程式化"和顽强生命力的"俗文学"，对其的保护传承必须注重完整性。可惜由于自身工作性质的局限性，长期以来，图书馆对宝卷的收藏，只起到了文本及音视频保存的作用，远远无法达到"活态保护"的效果。对于河西宝卷这样一种极具研究和教化价值的非物质文化遗产，最好的保护方式就是让它回归民间，回归百姓的日常生活，在保护传承其文本的同时，也保护传承其念唱程式、习俗及其价值观，使其"活"在民间。

2018 年 4 月文旅合并，融合发展，二者优势互补，相得益彰，文化旅游事业迎来新的发展机遇和广阔发展前景。在此背景下，也为河西宝卷的保护传承提供了新的契机，为河西宝卷"活态"保护开拓了新的途径和空间。

（一）民俗文化旅游节上的重头戏

近年来，各地为发展旅游，积极借助各类传统民俗节日，恢复和兴办了许多民俗文化旅游节，受到广大民众和游客的青睐。仅以张掖市山丹县为例，连续举办了数届的传统民俗节日就有：正月十五元宵节灯会、二月二龙抬头民俗节、四月四大佛寺庙会、六月六中山寺庙会、七月七赐儿山庙会、腊八冬至民俗节……在这些传统民俗节日的活动现场，组织宝卷传承人进行的宝卷念唱展演活动，成为颇受群众欢迎的重头戏。念唱现场，往往围观群众扶老携幼、络绎不绝，传承人轮番念唱，围观者齐声接唱，气氛热烈。更令人欣喜的是，念唱活动也吸引了许多青少年的关注，不少人主动询问、模仿和学习，起到了很好的传承和宣教效果。

（二）旅游景点景区中的聚焦点

目前，方兴未艾的乡村旅游逐渐受到游客热捧，一些乡村的旅游景点或乡村民俗记忆馆，正在尝试将宝卷念唱活动嵌入其中，作为一个新的聚焦点来吸引游客的参与与互动，收到了不错的效果。如张掖市临泽县的丹霞民俗村、山丹县李桥乡高庙村的农耕民俗记忆馆，均有固定的宝卷念唱表演项目。外地游客在体验乡风民俗、游览农村风光的同时，满怀兴致地观看宝卷念唱，了解宝卷相关知识，达到了很好的宣传效果。

（三）旅游文创产品中新的增长点

以宝卷内容为素材的文艺作品创作、延伸产品开发研发正在成为河西旅游文创产品中一个新的增长点。近年来较有影响的如张掖市将《仙姑宝卷》经过创新改造，将其打造成名为《仙姑传奇》的舞台情景剧、以宝卷传承活动为内容的舞台剧《宝卷印象》等，均受到专家和观众的一致好评。还有以宝卷内容为素材的连环画、雕塑、剪纸等旅游产品，也得到了游客的喜爱。[4] 这些文创产品的研发开发，进一步开掘了河西宝卷这一非物质文化遗产的文化附加值，使其在新的时代焕发出旺盛的生命力。

四、结语

作为承载河西宝卷文本收藏功能的图书馆，不仅要加强宝卷文本的搜集整理工作，在宝卷的数据化保护方面积极探索，更要在宝卷的"活态"保护工作中充分利用自身优势，积极主动作为，从而服务文化旅游产业发展。图书馆可以提供宝卷文本的查找、咨询服务，可以组织相关专家学者进行普及宣传，可以搭建平台邀请不同地区的传承人进行交流切磋，可以举办宝卷相关资料及产品的展览展示……，使河西宝卷这一过去以传统农村家庭为背景、只靠农村文化程度不高者进行念唱的传统文化活动，走向更为广阔的空间和舞台，进行更高层次和更广范围、更多角度的传承，从而在文旅融合的大背景之下，更好地进行河西宝卷的保护传承工作。

参考文献：

［1］方步和. 河西宝卷真本校注研究［M］. 兰州：兰州大学出版社，1992：3 - 7.

［2］李亚棋. 河西宝卷的保护与传承［J］. 温州大学学报，2016，29（6）：88 - 93.

［3］程国君. 论丝路河西宝卷的文化形态、文化特征与文化价值［J］. 甘肃社会科学，2016（2）：36 - 41.

［4］任积泉. 河西宝卷保护传承的方法探索与启示［EB/OL］. 中国民俗网，2017 - 08 - 29.

基于问卷调查的西北地方文献现状分析及对策

——以甘肃省图书馆为例

尹昱瑾*

基于甘肃省图书馆历史文献部 2019 年"陇右寻珍"西北地方文化推广活动——"春叶葳蕤，书卷琳琅"西北地方文献问卷调查，对来馆读者构成，来馆目的及文献需求，西北地方文献的认知程度，西北地方文献工作的满意度等方面进行了分析，并对读者意见建议进行收集整理，针对如何提升西北地方文献工作提出相应对策。

为了解西北地方文献进入业界、研究者、普通读者视野的程度，更好地为开展相关工作提供指导和依据，增强社会对西北地方文献征集的认同感，甘肃省图书馆学会地方文献专业委员会借 2019 年世界读书日之机，于 4 月 23 日举办"春叶葳蕤，书卷琳琅——西北地方文献问卷调查和书目推广"主题活动。

一、调查目的

深入了解读者对于西北地方文献的认知度，并收集其对于参考咨询工作的意见和建议，以便更好的开展参考咨询服务工作。

二、调查对象

活动当日来馆读者。

三、调查方式

本次调查采取的是问卷调查法，"具体来说，指的是一种利用合理的抽样和标准化的问卷直接从社会成员中收集第一手资料，并主要通过定量的统计分析来认识社会现象及其规律的社会研究方法"[1]。即随机选择到馆读者当场发卷填

---

* 尹昱瑾，甘肃省图书馆。

写，当场回收。发放问卷面向甘肃省图书馆所有开放业务部门，如典阅部、报刊部、历史文献部等服务窗口，活动当天共计发放问卷100份，回收问卷84份，回收率84%。

四、调查时间

2019 年 4 月 23 日

五、调查内容

主要调查了解读者对于西北地方文献的范围、内容、类型、价值等方面的认知程度，及其借阅西北地方文献的目的，使用内容，借阅需求等。问卷向活动当日来馆读者提出16个问题。（见附一）

六、调查结果

1. 来馆读者构成

从性别构成分析，女性读者为图书馆读者主体，占调查对象的60.7%，男性仅占39.3%。从年龄构成分析，年龄以48岁以上读者群为主，占调查对象的35%；其次为24~36岁，占调查对象的27.4%；再次为36~48岁，占调查对象的26.2%。从职业构成分析，以自由职业者为主，占调查对象的23.8%；其次为已退休和事业单位员工，分别占调查对象的21.4%和20.2%。

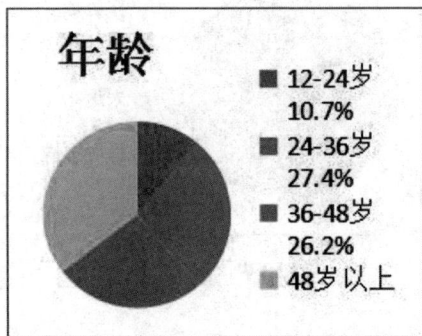

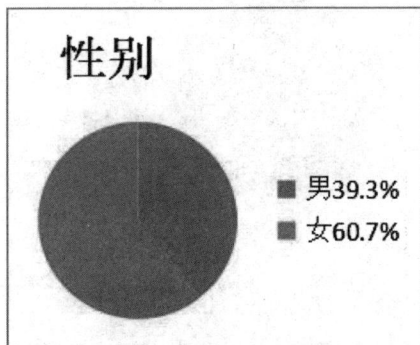

职业

- 自由职业23.8%
- 已退休21.4%
- 事业单位20.2%
- 学生11.9%
- 公务员3.6%
- 企业职员11.9%

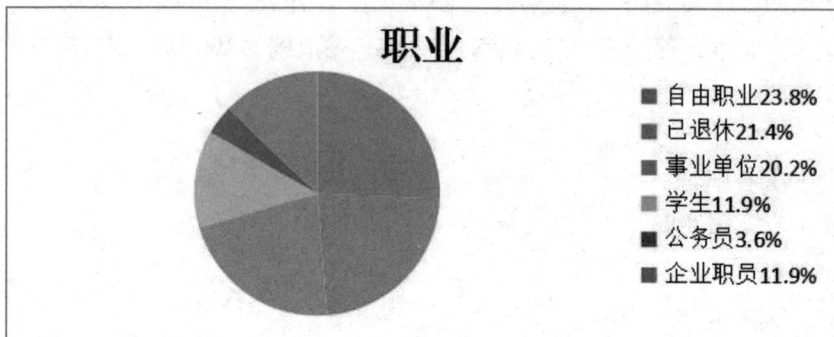

2. 来馆目的及文献需求

从来馆目的上分析，主要以书刊借阅为主，其次为自习和参加公益文化活动，分别占20.9%和17.9%，另有以查阅数字资源为目的读者占调查对象的14.9%。其中，查阅使用西北地方文献的主要目的有学习、工作的需要，拓展知识面，兴趣相关三个方面，分别占31%、31%、24.7%。而对于西北地方文献需求类型，主要倾向于历史沿革、文化艺术、地理区划等社会科学文献内容，分别占32.4%、26.2%、24%，另外还包括工业经济类文献需求，占16%。

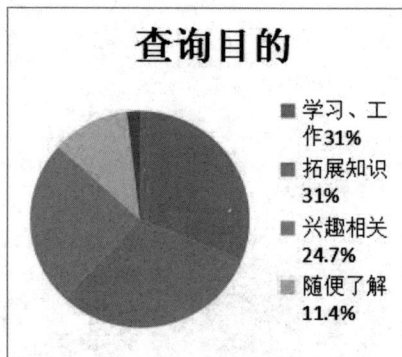

文献需求

- 借阅书籍41%
- 自习20.9%
- 公益文化活动17.9%
- 查阅数字资源14.9%
- 其他5.3%

查询目的

- 学习、工作31%
- 拓展知识31%
- 兴趣相关24.7%
- 随便了解11.4%

文献需求类型

- 历史沿革32.4%
- 文化艺术26.2%
- 地里区划24%
- 工业经济16%
- 其他1.4%

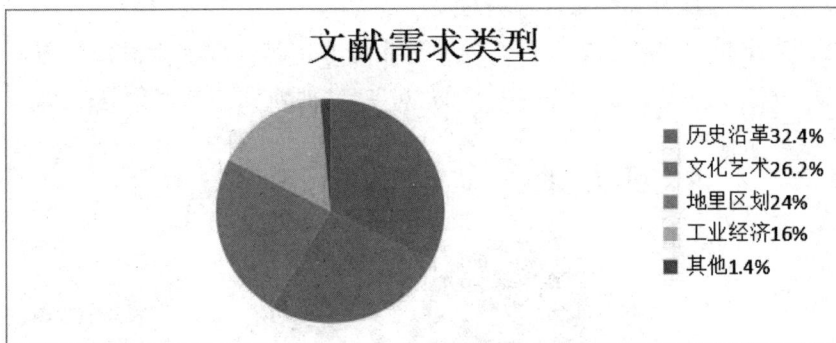

3. 来馆读者对于西北地方文献的认知程度

经调查分析，使用地方文献的读者群大部分以完成学术论文、科研课题、撰写专著等为主要目的，主要查阅馆藏县志、年鉴、党史等文献资料，读者群较为固定，一般为各高校师生、图书馆从业者、历史文化研究爱好者等具有较强的科研需求。呈现出少部分读者大量使用地方文献的借阅倾向，以及较为重视西北地方文献文化，科研、学术，政治价值等价值取向。

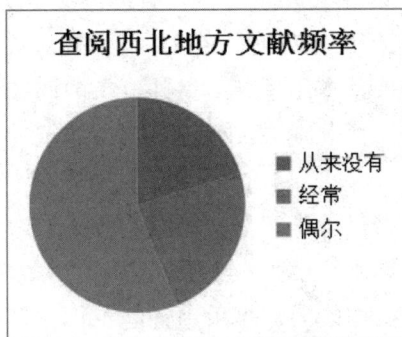

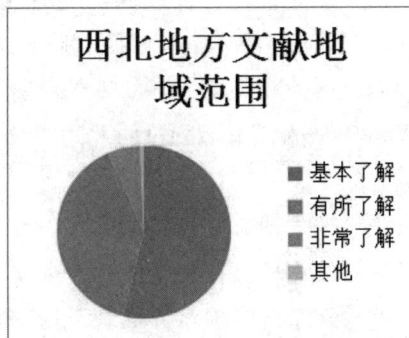

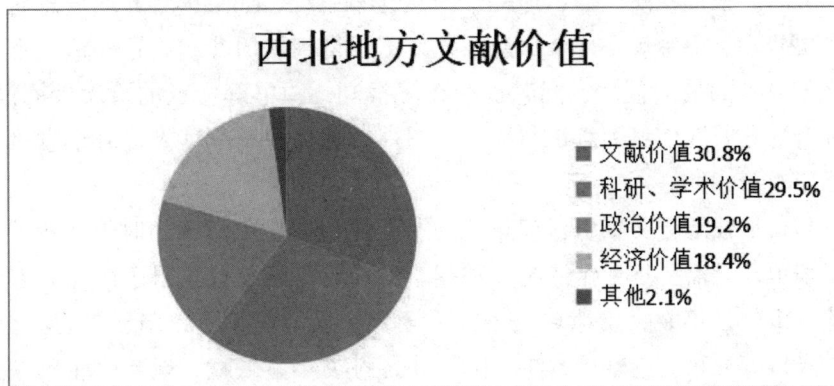

查阅西北地方文献频率

- 从来没有
- 经常
- 偶尔

西北地方文献地域范围

- 基本了解
- 有所了解
- 非常了解
- 其他

西北地方文献价值

- 文献价值30.8%
- 科研、学术价值29.5%
- 政治价值19.2%
- 经济价值18.4%
- 其他2.1%

4. 对于西北地方文献工作的满意度

在调查结果中，经总结分析，对于西北地方文献工作非常满意的占调查对象的 62.7%，基本满意的占调查对象的 36.1%，西北地方文献颇具成效。

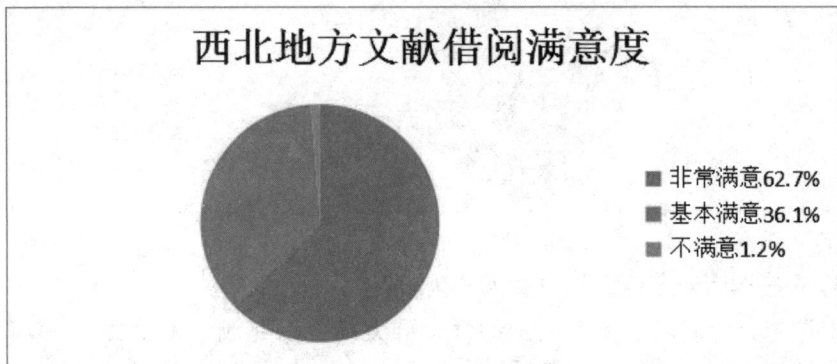

5. 读者问卷第 16 题为开放性问题，对读者向西北地方文献工作提出的意见建议进行综合整理，主要涉及四个方面。

一是，加大宣传，普及西北地方文献的相关知识。据调查问卷结果分析，只有 6% 的调查对象非常了解西北地方文献的地域范围，54.7% 的调查对象对于西北区域范围模糊不清，39.3% 的调查对象基本不了解。另外，在被调查对象中有 20.2% 从来没有借阅过西北地方文献，西北地方文献读者群待挖掘的空间很大。

二是，扩大地方文献检索途径，利用书目检索、全文检索等方式，增强地方文献借阅使用率。在问卷中有大量读者表示不了解如何检索图书馆馆藏文献，对现有的检索系统和检索界面缺乏应有的操作能力，多采用询问工作人员的方式查找文献。根据穆斯定律，即一个信息检索系统，如果读者获取信息比不获取信息更费心、更麻烦，这个信息系统就不会得到使用 [2]。这一情况不仅仅限于地方文献的借阅使用，同时也存在于报刊、图书等文献的检索借阅过程。说明读者缺乏获取信息的意识与能力，图书馆也欠缺培养读者提升信息检索能力的相应对策。

三是，加强地方文献资源建设。现有西北地方文献馆藏的时效性较差，如有读者表示自己需要近十年的统计数据，但现有馆藏年鉴仅限于西北五省区省级年鉴，市州县年鉴收集地域、年限不全，而且专业年鉴仅限于教育、金融、交通、人口等社科类文献，石油、化工等自科类年鉴缺藏，现藏西北地方文献难以满足读者此类借阅需求。

四是，提高地方文献工作人员的专业素养，更新知识结构，以便能更好的提供参考咨询的服务能力。现有地方文献参考咨询依然采用较为传统的方式，主要依托于西北地方文献馆员自身的知识结构，以及对于馆藏文献的熟悉程度，为读者提供馆藏纸本文献的专题类服务。虽然开发馆藏文献索引、目录等专题二次文献，但推广利用程度比较欠缺。

五是、加强西北地方文献馆藏数字资源建设，提高文献的交流和使用。目前西北地方文献已建成古籍善本全文数据库、西北地方文献报纸库、西北地方文献期刊库、西北地方文献图像数据库、西北地方戏曲剧本全文数据库、西北地方文献研究文库、西北地方文献报纸库、甘肃省情、甘肃工业发展研究专题数据库、中国西部文化产业资料汇编数据库等专题数据库，但读者使用率偏低，部分读者希望能了解相关数据库的使用方式，并增强数字资源的开放程度。

七、提升西北地方文献工作的对策

1. 加强宣传

目前西北地方文献每年不定期举办不同主题的阅读推广活动，重点揭示馆藏文献，推广地方文化，并在甘肃省图书馆的微信公共平台以及官网上进行前期活动宣传和活动举办内容与剪影的报道，取得了较好的社会反响。但活动中所面向的读者群体有限，在文献内容揭示，和文献检索方式等方面应考虑采用多种途径、方式进一步扩大地方文献的宣传力度。在利用图书馆内设展板、放置宣传彩页等方式的基础上，利用微信平台等移动端定期进行地方文献书目推送，开展虚拟参考咨询服务，进行读者意见建议的收集等，同时配合开学季、"读书月"等图书馆活动开展地方文献主题活动，进行西北地方文献宣传工作，提升社会认知程度。

2. 拓宽文献检索渠道，培养读者信息检索能力

在采用实地参观、培训讲座、印发图书馆使用手册等传统读者阅读指导教育形式的基础上，制作数字读者入馆手册、录制使用图书馆一分钟视频课堂，并通过微信平台、图书馆主页及图书馆大屏幕等传播途径开展读者入馆教育，培养其专业类检索工具书使用能力、文献检索信息能力、信息分析和利用能力等，方便读者更为有效的利用图书馆馆藏文献、数字资源和电子设备。

3. 完善馆藏文献资源结构。

合理分配文献购置经费，重点进行西北地方人物传记、地理、历史等文献入藏。应该全面深入了解读者需求，充分听取并采纳读者的意见，让读者更多地参与到图书馆的采购工作中。[3]并以自建和购买数字资源等方式补充地方文

献，优化文献资源结构。开展馆际互借与文献传递服务，实现区域内的图书馆文献资源共享。引导读者使用已开发的西北地方文献馆藏数字资源，满足读者日益增长的文献需求。

4. 加强馆员专业培训，提升专业素养

注重西北地方文献馆员的继续教育，通过在职培训与学术交流相结合的方式，提高馆员基础理论与专业知识。一是在职培训。在职培训可以是自学也可以组织馆员参加技能培训班。要求馆员阅读图书馆学相关书籍，如《图书馆学概论》《图书馆学导论》等，在提高图书馆学等专业知识基础上，针对西北地方文献馆藏性质和服务对象需求重点增强馆员文献版本等理论知识。二是参加学术交流活动。鼓励和支持西北地方文献馆员积极撰写地方文献学术论文，参加图书馆界的学术交流活动，使其不断开阔学术思维，增强职业荣誉感与服务意识。打造外聘地方文化专家、本馆资深地方文献馆员与新技术参考咨询网络检索员相配合的分层、分级西北地方文献参考咨询服务系统。

5. 以特色讲座、固定栏目、网络连载等方式，打造品牌化、特色化、学术化的西北地方文献参考咨询服务新模式

面对读者在信息的查找、选择、获取等方面存在问题，举办图书馆相应培训讲座，使读者了解西北地方文献资源的内容与使用方法，提高其检索、利用馆藏文献资源的能力。与此同时，以"陇右寻珍"西北地方文化推广活动为平台，形成专题学术讲座、网络书目推广、特色地方文献连载等相对固定活动模块，打造品牌化、特色化、学术化的西北地方文献参考咨询服务新模式。

本次问卷发放活动时间为工作日（星期二），在问卷制作时涉及西北地方文献深层服务指标内容较少，可能使得所获数据结果不够全面，但也可以反映出西北地方文献基本能满足读者的需求，所收集到的意见建议经过汇总整理也将成为西北地方文献今后工作的改进重点。

参考文献：

［1］风笑天. 社会研究方法［M］. 北京：高等教育出版社，2006：146.

［2］胡昌平. 信息资源管理原理［M］. 武汉：武汉大学出版社，2008：118.

［3］周月琴. 图书馆期刊资源建设的问卷调查与分析［J］. 中华医学图书情报杂志，2008，17（4）：33－35.

附件一：

"陇右寻珍"西北地方文化推广活动——"春叶葳蕤，书卷琳琅"西北地方文献问卷调查

1. 您的性别：
   A. 男　　　　　　　B. 女

2. 您的年龄是：
   A. 12 岁以下　　　B. 12～24 岁之间　　C. 24～36 岁之间
   D. 36～48 岁之间　E. 48 岁以上

3. 您的职业是：
   A. 企业职员　　　　B. 公务员　　　　　C. 公共事业单位职员　D. 自由职业者
   E. 学生　　　　　　F. 退休人员　　　　G. 其他_____

4. 您到甘肃省图书馆的主要目的是：（可多选）
   A. 借阅图书　　　　B. 查阅数字资源　　C. 参加公益文化活动
   D. 自习　　　　　　E. 其他

5. 您了解甘肃省图书馆西北地方文献专藏吗？
   A. 非常了解　　　　B. 基本了解　　　　C. 完全不了解

6. 您认为甘肃省图书馆西北地方文献专藏的地域范围包括：（可多选）
   A. 陕西　　　　　　B. 宁夏　　　　　　C. 甘肃　　　　　D. 新疆
   E. 青海　　　　　　F. 西藏　　　　　　G. 云南　　　　　H. 四川
   I. 其他_____

7. 您认为甘肃省图书馆西北地方文献类型有哪些？（可多选）
   A. 地方志、地图　　　　　　　　　B. 拓片、资料汇编、年鉴
   C. 地方辞书、档案、地方史料　　　D. 目录索引、碑刻、家谱
   E. 其他_____

8. 甘肃省图书馆西北地方文献的价值是什么？（可多选）
   A. 科研、学术价值　　　　　　　　B. 政治价值

C. 文化价值　　　　　　　　　　D. 经济价值

E. 其他_____

9. 您查阅甘肃省图书馆西北地方文献资源的频率：

A. 经常　　　　　　B. 偶尔　　　　　　C. 从来没有

10. 您查阅甘肃省图书馆西北地方文献主要目的：（可多选）

A. 学习、工作需要B. 拓展知识面　　C. 兴趣相关

D. 随便了解　　　　F. 其他_____

11. 您想了解甘肃省图书馆西北地方文献哪些方面的内容？（可多选）

A. 历史沿革（古代史、近代史、大事件、人物等）

B. 工业经济（如钢铁、煤矿、水泥等）

C. 文化艺术（本土作家、艺术家）

D. 地理区划（交通、旅游资源、物产）

E. 其他_____

12. 您会使用甘肃省图书馆西北地方文献哪方面的资源？

A. 地方出版物　　　B. 地方人士著述　　C. 史料、地方志

D. 统计资料、年鉴　　　　　　　　　　E. 其他_____

13. 您认为甘肃省图书馆西北地方文献资源对你目前的工作、学习的帮助程度：

A. 帮助非常大　　B. 帮助一般　　　C. 没有帮助

14. 您对目前甘肃省图书馆西北地方文献所提供资源的满意度：

A. 非常满意　　　B. 基本满意　　　C. 不满意

15. 甘肃省图书馆西北地方文献专藏的借阅方式：（可多选）

A. 闭架　　　　　B. 内阅　　　　　C. 外借　　　　　D. 购买

16. 您认为甘肃省图书馆西北地方文献工作有哪些可以改进的地方？

地方文献与非物质文化遗产

公共图书馆非物质文化遗产
地方文献资源库建设初探

沈 艳*

非物质文化遗产作为一种社会记忆，是人类知识文化的一个重要组成部分。随着图书馆功能的分化与增加，在现代科学技术的支持下，参与非物质文化遗产保护与抢救势在必行。本文对公共图书馆地方文献中的非物质文化遗产资源库建设现状及存在的问题进行了思考，并对非物质文化遗产资源库的建设进行了探讨。

一、引言

联合国教科文组织《保护非物质文化遗产公约》对"非物质文化遗产"的定义为："被各群体、团体，有时为个人视为其文化遗产的各种实践、表演、表现形式、知识体系和技能及其有关的工具、实物、工艺品和文化场所。"[1]《中华人民共和国非物质文化遗产法》将"非物质文化遗产"界定为："各族人民世代相传并视为其文化遗产组成部分的各种传统文化表现形式，以及与传统文化表现形式相关的实物和场所。"[2]其形式主要包括：口头传统和表现形式，即作为非物质文化遗产媒介的语言；传统表演艺术；传统手工艺技能；有关自然界和宇宙的民间传统知识和实践；民俗活动、礼仪、节庆；与上述表现形式相关的文化空间。

公共图书馆是知识的储存地和信息枢纽，同时也是历史文化积淀的重要场所。过去它偏重于保存记录人类知识的文字产品，而对那些流传在民间的，非文字的口头文化、艺术传统、活态知识等这些非物质文化遗产几乎未涉及。随着社会的进步，科技的发展以及信息储存技术的广泛应用，公共图书馆通过有效利用自身的现代化信息平台，使非物质文化遗产得到了更好地传承和保护。

---

* 沈艳，云南省图书馆。

积极参与本地区非物质文化遗产的保存与传播已经成为当今公共图书馆义不容辞的责任。

二、公共图书馆地方文献非物质文化遗产资源库建设现状及问题

公共图书馆的地方文献真实地记录了一个地区社会发展与时代变迁的历程，反映了一个地区的政治沿革、经济发展、自然环境和风俗民情等信息，是馆藏文献的重要组成部分。而非物质文化遗产类地方文献具有更为鲜明的地方特色，能全方位、多角度、立体式地反映当地历史文化背景。当前，各公共图书馆都在积极开展非物质文化遗产的保护和传承工作，但效果不一，其中还有很多问题亟待解决。

（一）认识不足，投入力度不够，整体缺乏合作性

对地方文献非物质文化遗产的保护和传承是一项长期而艰巨的任务，要做好这项工作，参与各方的认识还需进一步提高。从目前来看，还存在着经费投入不足，资金使用效率低等问题。并且，参与的相关部门大多各自为政，缺少统一协调，共享性差，导致在非物质文化遗产资源建设和服务方面存在着资源分散，数据缺乏统一标准，兼容性差以及资源重复建设等诸多问题，用户也很难通过统一服务平台对其加以利用。

（二）地方文献非物质文化遗产资源库建设质量良莠不齐

公共图书馆的地方文献非物质文化遗产类资源作为本馆地方文献中的特色馆藏，体现了不同于其他图书馆的地域特色和价值。目前，大多数的公共图书馆已经开始对非物质文化遗产进行数字化保护工作，建立了种类多样的非物质文化遗产资源库。但总体来看，这些资源库的建设进展还十分缓慢，成果也不算丰硕，质量也参差不齐。

（三）非物质文化遗产资源的知识产权保护问题

非物质文化遗产大多是世代相传，为全社会所有的，绝大多数都不存在知识产权方面的争议，但是有一些涉及个人或家族的技艺或与商业利益相关的非物质文化类遗产，在传播和使用过程中就存在发生知识产权纠纷的可能性，从而影响其传播和共享。

（四）非物质文化遗产研究工作滞后，人员素质亟待提高

公共图书馆在非物质文化遗产保护和研究过程中由于种种原因其理论研究相对滞后。同时，缺乏高素质的专业从业人员，在实际工作中会出现诸如普查手段落后、提交资料缺乏完整性、专业性不强等问题，无法全面地、立体式地

反映该项非物质文化遗产的生动性、思想性及艺术表现力。

三、公共图书馆地方文献非物质文化遗产资源库的构建

（一）地方文献非物质文化遗产资源库构建方法和原则

公共图书馆对地方文献非物质文化遗产资源库的构建是通过对本地区独特的非物质文化遗产资源进行收集、加工、整理和存储，按照一定的标准和规范，用数字化手段进行资源整合，最终以文字、图像、音频、视频等多媒体手段进行全方位展示，并提供用户使用。地方文献非物质文化遗产资源库的建设，不能采用简单的、局部的、平面的方法，要用科学的、系统的、立体的模式，全面显示有形的物化形态和无形的心意表象，要防止出现片面的、碎片式的资源保护，要贯彻鲜活性、原真性、整体性、科学性和发展性原则，利用综合性的手段来建设资源库。

（二）地方文献非物质文化遗产资源库的内容及表现形式

1. 口头传统。包括诗歌、史诗、神话、民间传说及其他形式的口头表述。这些口头传说和表述目前大多都经过整理，并形成了文字信息。但仅有文字形式不足以全面反映动态的文化物种，如民歌，如果我们只保存记录了它的曲谱和词文，那么它仅是一种单一的表现形式，如果再有录音录像，它就具有非物质文化的意义了，可以向人们展示一种全方位的文化印象。以云南为例：云南的各种口头传说和表述，特别是少数民族民间文学，都是各民族漫长历史进程形成的民族文化瑰宝。它由各族先民在创世以来的漫长历史中集体口头创作，代代相传，包括创世史诗、神话传说、寓言故事、民歌民谣、谚语谜语等，内容涉及开天创世、人类起源、历史发展、伦理道德、生产生活、婚姻爱情、宗教习俗等等，如德宏阿昌族的《遮帕麻和遮咪麻》、楚雄彝族的《梅葛》、西双版纳傣族的《召树屯与喃木诺娜》等，都是云南各民族具有较高价值的精神财富和非物质文化遗产。

2. 传统表演艺术。包括传统音乐、传统舞蹈、传统戏剧、曲艺和传统体育、游艺与杂技等。以云南为例：云南许多民族有"会说话就会唱歌，会走路就会跳舞"的美誉，歌舞已成为他们社会生活中必不可少的重要组成部分。在国家级非物质文化遗产名录中就有红河哈尼族彝族自治州石屏县的"彝族海菜腔"、临沧市沧源佤族的"木鼓舞"、玉溪市的"花灯戏"、大理州白族的"白剧"等，体现了云南各族人民热爱生活，具有艺术天赋的特性，展现出了珍贵非物质文化遗产的价值。

3. 传统手工艺技能。包括传统技艺、传统美术等。以云南为例：云南传统

手工艺尤以纺织、刺绣、扎染、大理石加工、木工木雕等水平较高，具有浓郁的民族性、高超的艺术性和广泛的实用性。如西双版纳州景洪市的"傣族慢轮制陶技艺"、德宏州陇川县的"阿昌族户撒刀锻制技艺"、丽江市的"纳西族东巴画"等都成功入选国家级非物质文化遗产名录。

4. 民间传统知识与实践。主要是指在漫长历史发展中形成的有关自然界和宇宙的知识与实践，是人们自古以来形成的关于人的生老病死、身体康泰等方面的传统医药的知识积累和实践结果，包括传统养生、健身和医药方面的内容。如楚雄彝族自治州的"彝医药"、西双版纳傣族自治州和德宏傣族景颇族自治州的"傣医药"等。

5. 社会风俗、礼仪、节庆。我国拥有众多的民族，他们有不同的信仰和文化，民族习俗异彩纷呈，节日丰富多彩，充分体现了民族文化的多样性。如西双版纳州的"泼水节"、楚雄州的"彝族火把节"、怒江州泸水县的"傈僳族刀杆节"等。

（三）地方文献非物质文化遗产数字资源库的建设

1. 非物质文化遗产数字资源库的收集和加工

由于地方文献非物质文化遗产具有多样性、零散性和地域性特点，这就要求公共图书馆必须采取不同的方式加以收集和加工：（1）组织专门人员走访相关部门、民间团体和个人，做好前期普查工作，广泛征集符合条件的文字、图片、音频、视频等相关资料；（2）拓宽资源收集渠道，不仅在系统内部开展资源共建共享，还要与博物馆、文化馆等相关部门开展协调合作，实现多渠道广泛联合收集；（3）利用现代化技术手段，对所收集的非物质文化遗产资料进行图文并茂、声像结合的立体式、全方位记录，力求真实反映现场，并以数字化形式将其永久留存。

2. 非物质文化遗产特色数据库的建立

地方文献非物质文化遗产特色数据库的建立可以说是公共图书馆保护非物质文化遗产最直接最有效的方式，也是其非物质文化遗产资源库建设的核心内容。根据记录形式的不同，可以将非物质文化遗产文献数据分为文本、图片、音频、视频、网页和多媒体资料等类型。对非物质文化遗产特色数据库的建设必须要有明确的思维定位，不仅在内容上必须具有独特地域性，还要在使用上具有便利性和直观性。

目前，很多公共图书馆都在不同程度上探索和实践非物质文化遗产项目的数字化工作，出现了许多富有特色的非物质文化遗产数据库，这些特色数据库的内容包括：（1）馆藏地方文献资源库：以馆藏文献为主，主要是对馆藏图书的全文进行数字化，并能提供全文检索服务。如，地方文献全文数据库、地方文献联合目录等；（2）民间记忆资源库：内容包括地方史话、民风民俗、当地名人资源库、地方戏曲库、地方家谱库等，主要是对地方非物质文化遗产的活性动态反映。如浙江省图书馆的"浙江省非物质文化遗产部分项目资料库、网络服务平台和数据库"、首都图书馆的"北京记忆"主题数据库、成都图书馆的"蜀风雅韵——成都非物质文化遗产数字博物馆"等。

3. 非物质文化遗产专题网站的建设

随着计算机技术和网络通信技术的发展，公共图书馆在对非物质文化遗产的保护和传播方式上有了巨大的突破。在网络环境中，非物质文化遗产信息能以更为保真、持久、全方位的方式来反映这些人类的珍贵文化遗产。如成都图书馆创建的全国第一家地方性非物质文化遗产专题网站"蜀风雅韵·成都非物质文化遗产数字博物馆"，就是成都地区资源最全、信息量最大、专业化程度最高的非物质文化遗产资源中心，它以"文、图、音、影"四种形式立体展现具体内容，取得了很好的展示效果。通过这些专题网站的建设，人们能形象直观地了解到相关的非物质文化遗产及其传承人的信息，同时也能便利地获取到当地对保护非物质文化遗产所采取的具体措施、保护现状以及研究成果。

4. 非物质文化遗产数据库的知识产权保护

我国于 2011 年 6 月实施了《中华人民共和国非物质文化遗产法》，对非物质文化遗产进行了立法保护。公共图书馆在非物质文化遗产数据库的建设过程中会面临许多知识产权保护问题。如何严格遵照国家相关法律法规，在法律明确规定的范围内对非物质文化遗产进行最大限度地采集、加工、保护和利用，是一项繁复而艰巨的工作。就目前而言，公共图书馆应充分利用知识产权保护的信息资源合理使用权利，积极开发不以盈利为目的的非物质文化遗产数据库，在避免知识产权纠纷的同时，为大众提供丰富的非物质文化遗产资源利用。

5. 建立非物质文化遗产数字资源共享机制

当今任何公共图书馆都不可能凭借一己之力全方位地满足用户对文献信息的需求，非物质文化遗产资源亦是如此。要想为用户提供全面而直观的非物质文化遗产信息资源，公共图书馆还要与档案馆、博物馆、文化馆等有关单位沟通合作，协商分工，以谋求最大范围内的非物质文化遗产资源共建共享，形成长效的非物质文化遗产资源共建共享机制。

（四）非物质文化遗产研究基地的建设

非物质文化遗产信息资料的收集以及非物质文化遗产数据库的建设都是非物质文化遗产保护的具体方法，而真正能将这些方面契合而成为一个整体，还需要建立非物质文化遗产的研究基地。公共图书馆应该坚持"保护为主，抢救第一，合理利用，传承发展"的根本方针和"鲜活性、整体性、原真性、科学性、发展性"基本原则[3]，认真落实保护规划与措施，积极借鉴一些高校图书馆的做法，大力加强非物质文化遗产研究基地的建设，最大程度地整合当地非物质文化遗产资源，更好地为地方经济建设、文化建设和社会发展服务。如重庆文理学院成立的"非物质文化遗产保护研究室"，江南大学纺织服装学院成立的"江苏省非物质文化遗产研究基地"，海南大学图书馆成立的"海南省历史文化研究基地"，兰州大学图书馆成立的敦煌学研究所等非物质文化遗产研究基地的建设都是公共图书馆在非物质文化遗产保护过程中值得研究和借鉴的。

（五）加强专业人才队伍的培养

公共图书馆地方文献非物质文化遗产资源库的建立是一项长期而艰巨的工作任务。要加强相关专业人才队伍的培养，通过参加各类系统培训以及各种学术交流活动，使其不仅能够掌握图书馆专业知识，掌握相关网络信息技术，还能掌握非物质文化遗产相关知识，能够高质量地完成原始信息资源的采集、整理和加工，为非物质文化遗产资源库建设提供真实完整的数据保障，为非物质文化遗产保护工作奠定坚实基础。

参考文献

[1] 杨玉麟，曲义华. 公共图书馆资源建设与服务 [M]. 北京：北京师范大学出版社，2013：77.

[2] 安学斌，曹志杰，等. 云南国家级非物质文化遗产保护的理论与方法 [M]. 北京：中国社会科学出版社，2012：15.

[3] 安学斌，曹志杰，等. 云南国家级非物质文化遗产保护的理论与方法 [M]. 北京：中国社会科学出版社，2012：87.

[4] 梁秋萍. 地方文献数据库建设与非物质文化遗产保护的相关性分析 [J]. 信息记录材料，2018，19（8）：205-206.

[5] 张红灵. 非物质文化遗产保护与图书馆地方文献工作 [J]. 四川图书馆学报，2007（5）：67-69.

[6] 肖海龙. 高校图书馆参与非物质文化遗产保护的问题和对策 [D]. 沈阳：辽宁师范大学，2015：1-24.

[7] 云南省文化厅编. 云南省首届非物质文化遗产学术研讨会论文集 [C]. 昆明：云南科技出版社，2008：119.

AR 技术与非物质文化遗产的保护与开发应用

张　敏*

非物质文化遗产是我国重要的文化资源，是人们代代相传下来的具有丰富历史文化价值的信息资源。当前非遗的生存环境不断遭到破坏，如何更好的保护和传承非遗是当前的重要课题。在现今信息化时代，AR 技术的出现为非遗的保护和发展带来了新的机遇，AR 技术能使非遗得到更好的保护也能为非遗的开发提供新的手段与方式。

一、引言

我国是有着五千年深厚文化底蕴的大国，在漫长的历史发展长河中，中华民族积淀了丰富多彩的，文化底蕴深厚的，文化价值、社会价值、经济价值极高的文化遗产资源。在历史长河中积淀下来的非物质文化遗产（Intangible Cultural Heritage，ICH）又是其中丰富灿烂，弥足珍贵的一种文化形态，对保持我国文化多样性与独特性发挥着重要作用。其中 ICH 被誉为是代表我国独特传统文化的文化基因，因此对 ICH 的保护发展传承的重要性就不言而喻。但与此同时，现今处于经济全球化与信息全球化的时代，数字化技术已变成了整个时代的阶段性特点。正如"计算不再只和计算机有关，它决定我们的生存"[1]。对有着丰富内涵的非物质文化遗产的保护若仍沿用传统的方法显然不太符合时代潮流，也不太符合现今人们的个性化需求，以及无法满足他们对新鲜事物的好奇之心。另一方面，ICH 的生存空间遭到破坏甚至濒临消亡。所以在此主要探讨在利用增强现实（Augmented Reality）技术下对 ICH 的保护的与开发应用。由此使人们重新对非遗有个不一样的认识，其目的是增强 ICH 的保护度与知名度，使得其更好的传承与发展下去。

---

* 张敏，安徽师范大学图书馆。

二、AR 技术与非物质文化遗产概述

（一）非物质文化遗产的含义

2003 年 10 月 17 日，联合国教育、科学及文化组织通过了《保护非物质文化遗产公约》，《公约》中首次明确了非物质文化遗产的定义，即"被各社区、群体，有时是个人，视为其文化遗产组成部分的各种社会实践、观念表述、表现形式、知识、技能以及相关的工具、实物、手工艺品和文化场所。这种非物质文化遗产世代相传，在各社区和群体适应周围环境以及与自然和历史的互动中，被不断地再创造，为这些社区和群体提供认同感和持续感，从而增强对文化多样性和人类创造力的尊重"[2]。《公约》中明确了 ICH 包含 5 个方面的内容：

（1）口头传统和表现形式，包括作为非物质文化遗产媒介的语言；

（2）表演艺术；

（3）社会风俗、礼仪、节庆；

（4）有关自然界和宇宙的知识和实践；

（5）传统手工艺技能。

2005 年，我国对 ICH 的具体内容进行了详细的划分，制定了我国 ICH 名录体系，总共包括 10 大类别：民间文学、民间音乐、民间舞蹈、民间戏剧、杂技与竞技、民间美术、传统手工技艺、曲艺、民俗、传统医药。

（二）AR 技术的概念

1. AR 技术的内涵：增强现实（Augmented Reality，AR）技术是 1990 年提出，其目的为了将真实的信息与虚拟世界的信息同时显示出来。即通过显示设备将这种虚实融合的场景加以呈现，使虚拟影像与真实世界产生完全匹配并且实时互动，从而使现实环境呈现出信息增强的效果。AR 一般采用透明的设备或者通过带有摄像头的显示屏。通过这些设备，用户可以看到虚拟信息和图像叠加到现实世界的图像，从而使观赏者体会一种超越现实的感受。这种增强信息的呈现，使体验者不仅能感知真实世界的信息，还能同时感知真实世界以外的虚拟数字信息，从而能有效增强体验者对真实世界环境的感知。

理论上来讲，非物质文化遗产的内容可以借助数字技术进行数字转化，从而形成与其相对应的数字内容，然后将这些数字内容运用 AR 技术使其能实时叠加到真实世界中，从而改变人们对非遗避而远之或可触不可及感觉，解决人们"看不见，摸不着，体验不了"的难题[3]。

2. AR 技术的应用：随着计算机科学技术的发展，增强现实技术在众多领域中都有很多发展和应用。（1）旅游业是中国第三产业中发展最快的朝阳产业，AR 与旅游行业结合，即数字设备上会自动用图片文字甚至视频给我们讲述相关旅游景点的故事。这样也可以帮助游客节省旅游费用；（2）在教育方面，也可以利用增强现实技术，比如可以使三维模型与书籍等相结合，在利用手机、iPad 等设备，可以提高孩子学习兴趣；（3）在娱乐方面，毋庸置疑，游戏行业是和 AR 结合最紧密使用最广泛的产业。比如，通过"AR 实景技术"办公室、房间、客厅甚至厕所等都能成为你玩游戏的战场。你也可以用手机拍下的每一处场景来当做游戏的场景。甚至可以在人群拥挤的街头，射击天空中出现的魔兽，现实和虚拟由你掌握。众多实例说明：增强现实技术在旅游、商业、教育等研究方面都存在着极大的潜能[4]。

三、非遗保护开发现状

（一）保护非遗的原因

非物质文化遗产是一个民族的历史，它见证了人类思想的进步，蕴含的中华民族特有的精神价值、思维方式、想象力和文化意识是人类用双手创造出来的作品，它土色土香，展现的是民族特色的民间文化[5]。非物质文化遗产需要保护这是毋庸置疑的。非物质文化遗产是宝贵的、具有重要文化价值、社会价值、科研价值、经济价值、历史价值的信息资源。保护和利用好非物质文化遗产，对于科学发展观的落实，对经济、文化实现可持续、全面协调发展意义重大。

随着全球化趋势的加强和现代化进程的加快，非物质文化遗产的生存状况受到了很大的冲击，我国的文化的生存环境发生了巨大变化。一些依靠口授和行为传承的文化遗产，如巢湖民歌竹编手艺等正在不断消失，许多传统技艺濒临消亡。大量有历史、文化价值的珍贵实物与资料遭到毁弃或流失境外，非物质文化遗产的随意滥用、过度开发等现象也时有发生。

所以加强我国非物质文化遗产的保护已经是件刻不容缓的事情。非物质文化遗产与物质文化遗产共同承载着人类社会的文明，体现的是世界文化的多样性。加强非物质文化遗产保护，不仅是我们国家和民族自身发展的需要，也是对加强国际社会文明交流对话和对人类社会的可持续发展的迫切需要。保护和利用好我国非物质文化遗产，有利于落实科学发展观，有利于实现经济社会的全面、协调、可持续发展，也有利于维护我国国家形象，提高国家文化软实力。

（二）非遗保护的困境

众所周知，非遗的保护的现状并不乐观，主要从下面几个点论说其面临的困境。

1. 目前我国高校中与非物质文化遗产相关的学科并不健全，没有培养出大量的有关非物质文化遗产保护所需的社会人才。现在年轻一代的人民和本民族的传统文化越来越疏远，他们的生活中充斥着网络、游戏，电视，而丧失了对民族文化的了解与关注。

2. 传承的不可持续性，传承人的断层与缺失。现在越来越少的年轻人能有老一辈人的"匠心精神"，其中对那些传统非遗感兴趣的年轻人更是寥寥无几。

3. 政策资金的不充裕。上面的保护政策下来了，到了下面却实施不起来。另外，由于民间文化历史悠久、种类繁多，政府部门长期不够重视，普查工作力度不大，导致对非物质文化遗产整体状况、存在种类、数量和消失的状况认识不清，缺乏深入和广泛的了解。我国申报非物质文化遗产工作也相对滞后，如陕西户县的农民画、壮族的"三月三"、苗族的姊妹节、云南傣族泼水节等，在数量上明显占有世界总量的很大份额，但仍没有申报成功[6]。

4. 原材料昂贵。如制作竹编的艺人需要购买大量的毛竹，制作工具等材料。

5. 重申报轻保护。在申遗成功的背后不乏以"非遗"为旗号追逐经济利益者，其主要表现就是申报热、管理冷，申遗通过后监管乏力导致项目管理不善，保护工作不到位甚至出现遭到破坏的极端现象。比如一些地方为了"西门庆的故居"而闹得沸沸扬扬的新闻，且不论这些任务是否为有教育意义的典范了。不禁让人怀疑不尊重历史事实而盲目追求一个所谓的名人故居是否值得，这些闹剧仍此伏彼起，让人叹息[7]。

6. 非遗缺乏法律保护依据。虽然现有的文物保护法只是将有形文化遗产列入保护范围，并没有对非物质文化遗产进行科学鉴定界定，也没有发布权威说明。当然有少数地方出台了适合当地的地方性法规，但这不能满足非遗保护的需要。且部分地区政府对非物质文化遗产普查力度不够。

7. 基础设施老旧，硬件设施不全。比如一些演出场所的设施不配套，老化陈旧，破坏严重等。

四、AR 技术应用的可行性分析

（一）必要性分析

1. 适应文化全球化的发展需求。当今文化软实力已然成为各国综合国力所最注重的，文化软实力的体现一方面与各国的文化资源有着密切联系，在当今时代下为适应文化全球化的趋势，需要向外传播我们本国文化，这时怎样可以更方便更快捷的使外国更了解本国文化就需要借助相关数字技术将文化转化后再传播出去，其中 AR 技术的优势将发挥重要作用。

2. ICH 本身也需向外传播发扬。非遗如果只是固守自封停留在当地保护发展的阶段，是不利于非遗项目的长远发展的，只会使非遗文化被越来越少的人了解，进而逐渐淡出大众视野，最终处于濒临消亡状态。所以要改变这种困境，将非遗与 AR 技术结合不失为一种促进其更好传播的新思路。比如游客可以用一部手机或平板电脑就可以观看欣赏运用了 AR 技术的非遗景点，不仅节省了游玩成本而且调高了传播效率[8]。

3. 当地经济发展的需求。文化与经济的发展是相互促进，相互融合的，某地的非遗资源丰富就可以带动当地经济的发展，比如黄山有徽墨，篆刻，竹编，漆器等工艺大师，包括很多国家级美术大师，这些非遗资源带动了黄山的旅游的发展，提高了当地的知名度也促进了经济的发展。但也要面对的问题是，如何让这些非遗能有新的显现方式，增添新的活力就可以借助 AR 技术来使人们具有独特的感官体验，产生新意，使非遗更具吸引力。

4. 提升非遗的价值。在进行非遗开发顺利后，可以在传播和推广这些内容时，在中间插入一些植入广告，这些广告的内容可以是与非遗有关的一些传统手工艺品，或创意产品，这样一定程度上就提高了非遗的价值。

（二）可行性分析

AR 技术的飞速发展，相关技术的支持。据英国市场研究机构朱尼普研究公司（Juniper Research）的报告显示，增强现实应用消费者市场规模在 2021 年前都会低于企业市场。预计企业市场在 2016 年将达 5.15 亿美元，到 2021 年更会增长 10 倍，达 57 亿美元[9]。

1. 依靠科技占据文化产业竞争制高点已成为新趋势，科技的运用将成为非遗发展的新引擎。AR 这种新技术的使用将会改变非遗的表现形式，展示方式，也可以帮助非遗与其他产业相融合，更好地帮助其开发出新业态。

2. 我国有丰富的 ICH。截至 2013 年 12 月，中国入选联合国教科文组织非物质文化遗产名录总数已达 37 项，成为世界上入选非遗最多的国家。如昆曲、皮影戏、中国医灸、京剧、宣纸、珠算、剪纸等。

3. 国家对非遗的重视程度越来越重，相关政策也发挥重要作用。比如 2006 年发布《国家级非物质文化遗产保护与管理暂行办法》，实行"保护为主，抢救第一、合理利用、传承发展"的方针，目的就是通过全社会的努力，逐步建立起比较完备的、有中国特色的非物质文化遗产保护制度，使中国珍贵、濒危并具有历史、文化和科学价值的非遗得到保护，并得以传承发扬。

4. 较之传统的非遗展现方式吸引力更大，吸引受众眼球，满足好奇心。将古老的传统的文化与年轻的群体结合起来可以使相关非遗产品以新的形式让大众观赏，比如对一些已经毁坏的建筑物用 AR 技术来还原其原本面貌这不仅可以使人们提高对非遗知识的兴趣也可以用这种新颖方式加深大众的认知观。比如，故宫博物院所创造出来的既有新鲜感又有娱乐性的"掌上故宫"，就是将在原有非遗不变的情况下结合 AR 技术创造出来的。可以让年轻一辈对非遗有更多的关注和了解，从何更好的传承与保护非遗文化[10]。

5. 文化与科技融合的大势所趋。一方面，当今世界已经进入经济全球化和信息化数字化时代。另一方面，我国具有悠久的优秀传统文化和丰富的文化底蕴，因此文化与科技的融合将推动非遗的传播力、辐射力及吸引力，从而使非遗提升传统文化的魅力，展现具有现代文化的表现力、感染力和影响力。

五、基于 AR 技术开发应用策略

AR 技术与非遗的开发应用可体现在以下几个方面：

（一）科普教育领域

对非物质文化遗产的开发与保护，某种程度上是对中国传统文化的宣传，可以在展示这些非遗时向广大青年群体进行文化教育，也可以将带有 AR 技术的有趣味性、知识性的非遗产品在校园进行推广，让学生们接受传统文化的熏陶，同时培养潜在的消费者，可谓一举两得。

（二）开发衍生产品

利用 AR 技术进行开发非遗产品时可以结合消费者的接受心理进行相关设计。比如可以对一些动漫场景、玩具或数字化的建筑物进行再设计，等到这些产品在市场上有一定受众后，再进行衍生品的开发，这样可以提高该项非遗的品牌度与知名度[11]。

（三）保护与传承 ICH

利用 AR 技术进行开发设计时可以不用只局限于原有形式，可以结合动漫产业、旅游产业进行创新，从而创造出新的文化传播形态，这样一定程度上可以保护和传承非遗文化。

（四）AR 网络互动平台

就是将具有 AR 技术的产品放置在网上非遗产品的展示中心平台上，借助网络平台来宣传推广，扩大受众面。目前，国内已经多家公司如腾讯、百度、联想、亮风台等可提供 AR 服务，可借助他们平台对非遗资源进行 AR 的展示运营。

（五）加强与高校及科研院所的合作

因为 AR 技术开发出来后需要应用于实际案例中，不能只停留在理论层面，其中人才就发挥了至关重要的作用。AR 技术和非遗的结合需要研究机构的开发，需要高校人员将其创造出来的成果进行转换，因此提高研究成果的转化率也是重要课题[12]。

六、运用 AR 技术开发 ICH 的特点和意义

（一）特点

1. 虚实结合。运用 AR 技术可以把真实场景的与虚拟的场景结合起来，比如将一些重建虚拟的古迹遗址应用到其曾经真实存在的场景中，这样可以实现虚拟结合再现消失的古建筑物，从而帮助人们重新认识非遗的原有面貌。目前在遗产保护方面，国内外有报道的增强现实系统主要有希腊的 ARCHEOGUIDE 数字考古导游，如图 1 及图 2[13]。

图1　古希腊 hera 神庙原址与增强现实对比图

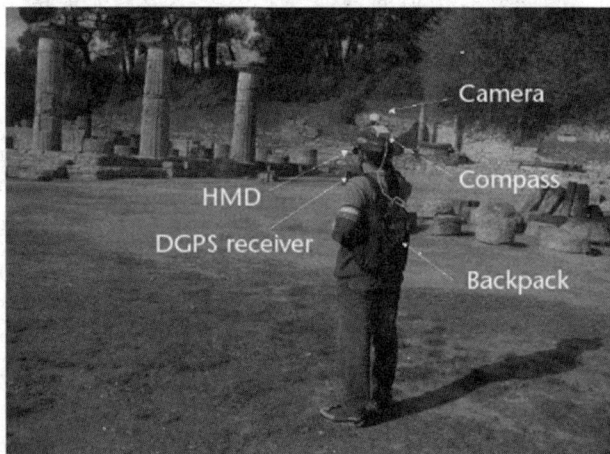

图2　头戴式 AR 装备展示图

2. 实时交互。一些珍贵的文物如壁画石窟等对光线，气温，湿度等有着一定的要求，所以这就会和大批游客观赏文物的需求相矛盾，所以对文物的保护与展示就都无法满足，因此通过 AR 技术就可以将文物与游客之间拉出一定距离。这样对两方都有利，既满足了游客的需求又保护了文物。这是因为 AR 系统显示设备的特殊的光学系统，把濒危文物用技术手段融合到实际中去展出[14]。

3. 原生态保护。因为在保护非遗的过程运用 AR 技术只是将再造的虚拟景象重叠于非遗物体上，以此帮助游客或大众对非遗产生兴趣或新鲜感，与此同时又能加强对非遗的认知性与文化性，并不会对非遗产生额外的破坏。比如北京理工大学曾用增强现实技术对圆明园进行了项目研究，这项目就是在保护圆明园旧址原貌的的前提下利用 AR 技术在圆明园旧址进行了实时恢复，将这些数字模型叠加到现存的废墟上，从而显现出圆明园昔日壮丽雄伟的景象[15]（图3：为该校学者所构思的头戴式 AR 系统原理结构图）。

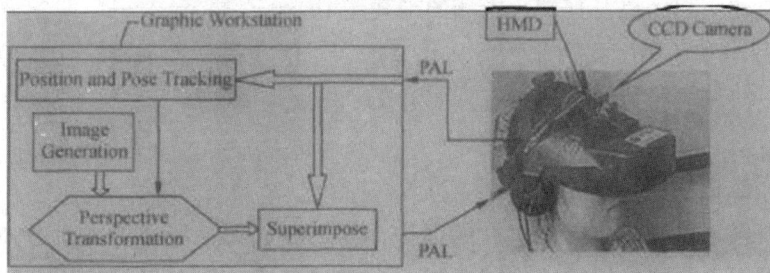

图3　北京理工大学学者所构思的头戴式 AR 系统原理结构图

4. 多元体验。不仅有给人带来真假难辨的感觉，还有在声音、味觉甚至在嗅觉上都会给人带来不一样的感受。比如一些民俗文化，手工艺，民间音乐，中医手段等，用增强现实的感觉可以给人带来多元体验[16]。

（二）意义

非物质文化遗产既是历史发展的见证，又是珍贵的具有重要价值的文化资源。丰富多彩的非遗资源是我国劳动人民在社会实践活动中形成的宝贵财富，是智慧与文明的结晶，是连结民族情感的纽带，是维系国家统一的基础。保护和传承非遗有着重要意义。

1. 可以吸引更多消费者对当地非遗的消费。利用 AR 技术将非遗进行数字化转化后，将静态的非遗内容转为动态的数字动画、影像、声音等内容，使体验者与虚拟的数字文化内容进行多方面的感官交互，使故事内容变得更具趣味性、交互性、娱乐性和体验感，从而使体验者对文化内容更具有消费的欲望。

2. 可以提高当地的文化知名度，更好的传播非遗文化。由于非遗是用 AR 技术进行数字化转换后可以和任何相关内容进行叠加从而在消费过程中对其他文化产品的消费就转换为对非遗的消费。所以就会提高文化产品的附加值及知名度。

3. 可以提高当地的经济实力，促进旅游业的发展。AR 技术的应用就是将有特色的非遗文化与现实结合，其中有特色的文化内容就会起着重要作用，有了好的内容才可以结合 AR 技术创造出全新的但又有深厚文化内涵的产品。其中有特色的文化就与当地的旅游资源相结合，这样不仅使得基于 AR 技术的产品具有文化内涵也使得当地旅游资源更好便于大众熟悉，可谓上双受益。

4. 可以扩大非遗的生存空间，使其更好的传承发展下去。用户通过智能手机或相关设备对某项非遗数字文化内容进行感知，使原本存在于绘本中、建筑物上、文化旅游纪念品上的内容，得以数字化显现，从而扩大了非遗在现实环境中的文化空间，提升其文化内涵的承载能力。

5. 保护和利用好我国非物质文化遗产，对落实科学发展观，实现经济社会的全面、协调、可持续发展具有重要意义。

七、结语

随着国家对非物质文化遗产的保护力度不断加大，社会各界对非遗的认识也不断加深，非遗的保护工作越来越受到重视。保护和利用好我国非物质文化遗产，对落实科学发展观，实现经济社会的全面、协调、可持续发展具有重要意义。AR 技术的出现及迅速发展也为非遗的保护开发工作带来了新的思路，非遗在数字化保护方面的缺憾得以弥补，也表达出国家实行"保护为主，抢救第一、合理利用、传承发展"的方针。同时，也要注意在 AR 技术在开发非遗资源时可能出现的问题。目前不容忽视的问题是 AR 技术运用于非遗的时间较短，我们仍需沿着文化与科技融合大发展之际加速新技术的开发，为更好地传承发展非物质文化遗产，弘扬中国文化做出贡献。

参考文献：

[1] ［美］尼葛洛庞帝. 数字化生存［M］. 胡泳，译. 海口：海南出版社，1997：15.

[2] 余日季，唐存琛，胡书山. 基于 AR 技术的非物质文化遗产资源产业化开发研究——以黄鹤楼传说为例［J］. 湖北社会科学，2014，27（4）：50-54.

[3] 魏三强，王兵. AR 技术在非物质文化遗产及文化旅游业中的应用［J］. 江汉大学学报：自然科学版，2016，44（4）：11-12.

[4] 中国非物质文化遗产网［EB/OL］. 中国非物质文化遗产网，2016-09-20/2017-04-27.

[5] 余日季，唐存琛，胡书山. 基于 AR 技术的文化旅游商品创新设计与开发研究［J］. 艺术百家，2013，28（4）：181-185.

[6] 李松. 从"十大集成"到国家民间文化基础资源数据库建设 [N].中国文化报, 2014 - 03 - 10 (004).

[7] 余日季. 基于 AR 技术的非物质文化遗产数字化开发研究 [D]. 武汉：武汉大学, 2014.

[8] 刘锦宏, 夏高奎, 张亚敏. 现实技术在文化遗产保护中的应用研究[J]. 湘潭大学学报：哲学社会科学版, 2015, 39 (2)：23 - 24.

[9] 黄永林. 非物质文化遗产保护语境下的新农村文化建设 [J]. 文化遗产, 2010 (2)：1 - 5, 157.

[10] 彭冬梅, 潘鲁生, 孙守迁. 数字化保护——非物质文化遗产保护的新手段 [J]. 美术研究, 2006 (1)：47 - 51.

[11] 陈少峰. 非物质文化遗产的动漫化传承与传播研究 [D]. 济南：山东大学, 2014.

[12] 龚剑. 非物质文化遗产资源数据库建设路径探微 [J]. 贵图学刊, 2012 (4)：1 - 3.

[13] Azuma R, Baillot Y, et al. *Recent Advances in Augmented Reality* [J]. Computer Graphics and Applications, IEEE, 2001, 21 (6)：34 - 47.

[14] Vlahakis V, Ioannidis M, Karigiannis J, et al. *Archeoguide：an augmented reality guide for archaeological sites* [J]. IEEE Computer Graphics and Applications：(S0272 - 1716), 2002, 22 (5)：52 - 60.

[15] 王涌天, 林倞, 刘越, 等. 亦真亦幻的户外增强现实系统——圆明园的数字重建 [J]. 中国科学基金, 2006, 20 (2)：77 - 78.

[16] 师国伟, 王涌天, 刘越, 等. 增强现实技术在文化遗产数字化保护中的应用 [J]. 系统仿真学报, 2009, 21 (7)：2090 - 2093, 2097.

关于县级公共图书馆参与地方
"非遗"保护工作的几点构想

刘　芳[*]

　　非物质文化遗产是地方文献的重要内容，县级公共图书馆积极参与非物质文化遗产保护工作，与非物质文化遗产保护部门合作共建，提升非物质文化遗产保护工作，丰富图书馆地方文献馆藏资源。

一、地方文献和非物质文化遗产

（一）地方文献

　　地方文献是记录有某一地域知识的一切载体，它产生和发展于一个地域特定的自然、社会环境，属于某一地域的文化积淀和历史产物。地方文献的主要内容包括反映了本地区和相关地区过去与现在的政治、经济、文化、教育、重要人物、事物、风土人情、民风民俗等。地方文献的主要载体形式包括：图书、报纸、期刊、音像制品等，随着信息技术的发展，数字文献也是地方文献新兴的一种载体形式。

（二）非物质文化遗产

　　非物质文化遗产又称口头或无形遗产。联合国教科文组织 2003 年的《保护非物质文化遗产公约·总则》第 2 条定义："非物质文化遗产"指被各群体、团体、有时为个人视为其文化遗产的各种实践、表演、表现形式、知识和技能及其有关的工具、实物、工艺品和文化场所。各个群体和团体随着其所处环境、与自然界的相互关系和历史条件的变化不断使这种代代相传的非物质文化遗产得到创新，同时使他们自己具有一种认同感和历史感，从而促进了文化多样性和人类的创造力[1]。非物质文化遗产主要包括：口头传说和表述，包括作为非物质文化遗产媒介的语言；表演艺术；社会风俗、礼仪，节庆；有关自然界和宇

---

　*　刘芳，甘肃省静宁县图书馆。

宙的知识和实践；传统的手工艺技能。

（三）地方文献与非物资文化遗产的关系

区别：地方文献的内涵和外延相对于非物质文化遗产来说都要更宽泛一些。从内容上来说，地方文献涵盖了一定区域内人们社会生活的方方面面，是对一个地方人们在特定时段的物质文化生活的"静态"保存，史料性质较为浓厚。非物质文化遗产从其内容上来看，反映的主要是一定区域内人们在文化生活方面的活动，是"活"的文化，代代相传，有继承，有创新。从保存载体上来看，地方文献以一定的物质为载体来表现和传承，而非物质文化遗产的载体具有多样性，其中传承人是非物质文化遗产继承和发展生命力的关键所在。

联系：二者都具有鲜明的地域特色，在一定区域内，非物质文化遗产是地方文献的重要内容。地方文献是某一区域文化的历史记录，非物质文化遗产具有显明的区域性特征，是一个地区、一个民族文化的符号和生命记忆[2]。

二、公共图书馆地方文献工作要积极参与"非遗"保护工作

《中华人民共和国公共图书馆法》第二十四条规定，政府设立的公共图书馆还应当系统收集地方文献信息，保存和传承地方文化。因此，非物质文化遗产作为地方文献的重要内容之一，基层公共图书馆地方文献工作一定要积极参与非物质文化遗产保护。图书馆要将其作为地方文献工作的重要内容直接对其进行征集和整理。为了避免资源的浪费，图书馆地方文献工作者对非物质文化遗产文献资源的征集整理，可以采取与当地非物质文化遗产保护部门协作共建的方式来进行。根据《中华人民共和国非物质文化遗产法》规定，非物质文化遗产的保护、传承工作主要由文化主管部门负责进行。静宁县非物质文化遗产的保护由县文化馆来承担具体工作，主要包括非物质文化遗产的调查收集、记录整理、成果申报、保护、宣传、传承等。当前，静宁县图书馆还游离于此项工作之外。不可否认，在"非遗"保护工作过程中不可避免地有文献资料的传承和保护，由于工作职能的不同，相对于文化馆，图书馆在文献的保存、整理和查阅上具有一定的优势，如果能将图书馆地方文献工作和非物质文化遗产的保护工作结合起来，必将对推动非物质文化遗产的保护工作极为有利。

（一）文献优势

非物质文化遗产的调查、认定、申报等工作除了开展实地调查以外，还需要查阅大量的历史文献资料，以佐证相关非物质文化遗产的历史真实性和传承久远性[3]。图书馆作为区域内文献资料的收集、整理、保存的重要机构，馆藏有大量的地方文献资料，可以为非物质文化遗产的调查提供文献资料的支持。

（二）人力、技术优势

一方面，图书馆地方文献工作人员长期从事地方文献的收集、整理和研究，与地方文化工作者接触多，在人脉资源上有一定优势；另一方面，图书馆是文献资源的集中保存地，在查阅文献资源上有一定的优势。基层公共图书馆还可依托全国文化信息资源共享工程，利用现代通信技术和网络技术，对"非遗"文献进行数字化保护。

（三）设备优势

相对其他基层文化部门，图书馆有全国文化信息资源共享工程的支持，该工程配备有专门用于数字资源运行的服务器，用于数字存储的磁盘阵列，用于数字资源采集的数码摄像器材，用于数字资源制作的非线性编辑器等设备。这些设备可以满足"非遗"保护工作对非物质文化遗产的实物图片、音像、音频资料的制作和保存要求。

三、利用"非遗"研究成果，提升图书馆地方文献工作质量

非物质文化遗产保护是地方文献工作的重要内容。图书馆应充分利用非物质文化遗产研究成果，充实地方文献内容。"非遗"保护部门花费大量的人、财、物进行调查研究的过程中会产生大量的各类文献资料。例：至 2013 年，静宁县"非遗"保护部门走访各类传承人，文字记录约 15 万字，收集、拍摄各类照片 1000 多张，摄像 100 多小时。制作光碟（录像带）110 张；收集"非遗"实物资料 800 多件。通过申报审核，确定了省、市、县级非物质文化遗产保护名录 71 项，14 大类[4]。而且随着"非遗"保护工作的不断深入，新的文献资料还在不断产生，由于不同阶段保护工作的重点的不同，有些珍贵的第一手资料可能在整理过程中被舍弃，造成文献资料的遗失。而图书馆地方文献工作的一个重要的职能就是"灰色文献"的收集、整理和保存，恰好可以和"非遗"部门形成互补。如果由文化主管部门协调打通行业壁垒，加强部门合作，将"非遗"部门调查取得的第一手资料，及时与图书馆共享，在利用图书馆有效保存文献资料的同时，也丰富了图书馆的馆藏资源。

（一）利用"非遗"成果，丰富图书馆馆藏地方文献资源

图书馆对于公开出版发行的"非遗"研究成果，要及时收藏，以便读者能借阅、查询。对于没有公开发行的文献，也要尽可能的收集、整理、保存，为"非遗"研究工作者建立尽可能丰富的参考文献资料库。如民歌民谣、地方小曲、口述史等以口相传的文化如果不及时整理收藏，这些珍贵的"非遗"有可能会因和时代相融难及传承人出现非自然原因的意外而逐渐失传，音像等数字

化工具在这类"非遗"文化的传承上具有独特优势。有些传统技艺的非物质文化遗产,至今鲜有文献形式的记载,通过对这些"非遗"项目的挖掘,整理、建档、认定和申报,会形成了新的保护文献,填补了地方文献工作对这类民间传统工艺的记录空白,为"非遗"的保护和传承留下了宝贵的资料。如被列为省级名录的"静宁烧鸡制作技艺",属于传统手工技艺。关于静宁烧鸡,1993年《静宁县志》仅有100字左右的文字记载,内容侧重于食用特点及流传。在2005年《静宁县志》中,内容重点是静宁烧鸡加工业的发展。两版县志对静宁烧鸡这一传统美食的手工技艺,都没有作详细记载,在传统饮食文化这方面留下了空白。静宁县文化馆(静宁县"非遗"保护单位),通过多年的"非遗"调查,收集整理了相关资料,并整理编纂了《成纪遗韵——静宁县省级非遗项目集》,书中记载了"静宁烧鸡"(2011年静宁烧鸡被甘肃省人民政府公布为省级非物质文化遗产保护名录)这一传统手工技艺,详细的制作方法及工艺流程,并且配有照片、影像资料。图书馆征集收藏此类"非遗"成果,填补馆藏空白的同时也丰富了馆藏资源,对于"非遗"文化的传承也是至关重要的。

(二)利用非物质文化遗产名录,建设图书馆地方特色数据库

随着全球网络化、数字化的发展,互联网成为了人们获取信息的重要渠道,数字资源逐渐变为图书馆文献信息资源建设的重点。近年来,图书馆抓住公共文化事业发展的机遇,在数字化、信息化方面有了长足发展,数字资源日益丰富。地方文献作为公共图书馆的特色馆藏,数字化建设尤为重要。地方特色数据库的建设是图书馆地方文献工作数字化建设的主要内容。对于县级公共图书馆来说,缺乏元数据资源,是地方特色数据库建设的瓶颈。而非物质文化遗产由于具有一定的特殊性,如民间传说故事、地方戏曲、传统工艺、传统体育与竞技等,仅仅依靠文字记载不足以表现其特征,图书馆可以利用现代的信息技术,将"非遗"保护工作中搜集、整理的文字、照片、音像等资料,尤其是一些历史性的照片资料,转换为数字形式,利用这些资料可以充实地方特色数据库建设的文献资源,打破公共图书馆尤其是县级公共图书馆地方特色数据库建设元数据缺乏原始资料的瓶颈。建立"非遗"保护项目特色数据库既有利于的"非遗"资料的保存,又为推介地方特色文化搭建了一个有利平台,使之成为宣传区域文化的窗口阵地。

(三)做好非物质文化遗产弘扬宣传工作

非物质文化遗产保护工作需要全社会的关注和支持,公共图书馆负有向广大读者展示和宣传非物质文化遗产的职责。除了建立非物质文化遗产特色数据库,县级公共图书馆可以探索其他途径,如利用图书馆网站,与文化馆网站平

台做好链接，向读者推介本地区"非遗"成果，还可以举办"非遗"专题讲座、专题展览等读者活动，利用"文化和自然遗产日"做好宣传推介。

四、结束语

公共图书馆地方文献工作与非物质文化遗产保护工作，一脉相承，可以合作共建，成果共享，互利互助。建设地方特色数据库既是图书馆地方文献工作的一个重点，也是非物质文化遗产保护工作的有效途径。

参考文献

[1] 联合国教科文组织 2003 年的《保护非物质文化遗产公约·总则》.

[2] 张红灵. 非物质文化遗产与图书馆地方文献工作 [J] 四川图书馆学报，2007（5）：67.

[3] 戴晓红. 保护非物质文化遗产，图书馆正在践行 [J] 图书馆论坛，2010（26）：255.

[4] 静宁县文化馆. 静宁县非物质文化遗产简介 [EB/OL]. 静宁县文化馆网站.

对云南省图书馆馆藏非物质文化
遗产文献的整理与思考

莫春燕*

本文以云南省图书馆馆藏的少数民族文献为例，对非物质文化遗产的主要内容进行阐述和分析，并结合实际阐述了对非遗文献的思考，以期展现少数民族文献资源的开发利用对保护和传承我省非物质文化遗产的重大意义。

一、引言

云南省是一个多民族省份，少数民族文献资源丰富多彩，这些珍贵的文献记载了各个民族的历史、文化、生产、生活、民风民俗、宗教信仰等方面的内容。少数民族文献的收藏、整理、开发和利用不仅能促进民族间的认同感和凝聚力，而且对我省非物质文化保护工作也起到了非常重要的作用。[1] "非物质文化遗产"是指被各社区、群体以及个人视为其文化遗产组成部份的各种社会实践、观念表述、表现形式、知识体系、技能以及相关的工具、实物、手工艺品和文化场所。非物质文化遗产是各族人民世代相承、与群众生活密切相关的各种传统文化表现形式和文化空间。我省非物质文化遗产数以万计，资源非常丰富，[2] 作为中国民族民间文化保护工程首批试点省份之一，云南省的非物质文化遗产保护工作始终走在全国前列。我省一直在探索适合的发展道路，依据传统文化的发展规律，采取科学的手段和措施，积累了大量成功的实践经验和理论方法，使之既具有云南特色又符合全国非物质文化保护的总体方向。

二、馆藏民族文献中的非物质文化遗产

在漫长的历史长河里，我国各族人民在生活和斗争实践中，积累了极其丰富的民族文化遗产，汇聚在浩瀚而博大精深的民族文献中。这些珍贵而厚重的

---

* 莫春燕，云南省图书馆。

历史文献，连接着辉煌的民族非物质文化遗产，承载了悠久的中华文明，是社会主义核心价值体系的重要组成部份。云南省图书馆（以下简称我馆），所藏非遗文献主要包括三大部份：一是云南省以及各个地州、县市的非物质文化保护名录以及非遗文化概况和相关保护工作的研究成果；二是云南省各个少数民族文化历史方面的文献，包括各民族口传文化译注、民族医药文献、民族古歌、民族宗教典籍集成等，最后还包括云南少数民族文字的非遗文献。下文以少数民族经典文献为例，结合非物质文化遗产的主要内容进行阐述分析。

（一）少数民族民间文学（口头文学）

民间文学包括神话传说、风俗歌、史诗、故事、歌谣、谚语等。我馆所藏文献哈尼族的《四季生产调》、彝族叙事长诗《阿诗玛》《梅葛》等均进入了国家文献非遗项目。白族的《白文作品选》《白族民间长诗选》等文献内容涵盖了谚语、谜语、儿歌、笑话以及本子曲和大本曲长诗，这些文献展现了白族自身悠久的历史文化和丰富多彩的民间歌谣艺术。[3]苗族的《昭蒡俭和高帕施》是一首古老的叙事长诗，是苗族口述文学的杰出代表，入选云南省第一批省级人类与口述非物质文化遗产文学类目录，是研究西部苗族文化不可或缺的经典文献。还有傈僳族音节文字文献译注《祭天古歌》，通过挖掘和整理祭天古歌这一古老叙事长诗编写而成，也已经逐一上报国家非遗项目。这些传统文化的经典文献，是少数民族群众世代传颂的智慧的结晶，表现了人们以生活为中心的民俗、宗教、历史、情感、语言方面的内容，民族文献将这些古远的文明以文字记录并流传。口头文学由于其特殊性，容易在时间的长河中流失、消亡，因此亟待对民族文献进行抢救性挖掘和二次整理、开发利用，以利于这些珍贵的历史文化遗产得到有效的保护，以供后人研究和传承。

（二）传统音乐

云南民族民间歌曲表现形式多样，如山歌、号子、小调等，还有包括宗教音乐、民族民歌、民族器乐等。云南已有的非遗项目包括有彝族海菜腔、洞经音乐、傈僳民歌等。如我馆所藏《泸水非物质文化遗产系列丛书》中的《盖房调》《婚礼歌》等，用"摆时"调演唱记录下来，反映了傈僳族生产生活和传统习俗。还有《佤族调子祝辞选》是一部来自民间的原创作品。利用录音笔录下古老的佤族村寨中流行的歌谣、调子和祭祀活动中的祭辞、咒语等，这种口传文学以质朴、真实为主要特点，生动反映了劳动人民的生产生活、思想感情和历史状态，具有重要的研究价值。这些悠久、古老的民族音乐具有较高的艺术欣赏性和丰富多彩的表现形式，大多反映了各个民族的生产生活、祭祀活动、历史变迁、情感表达等方面的内容，具有广泛的群众基础和丰富的历史内涵，而随着老一辈传承人的离世和社会生活的变迁，很多民歌都面临失传和消亡的危险，搜集、挽救、这些珍贵的历史文献资源，将传承人口耳相传的唱颂曲调记录整理下来，也是众多文献编撰工作者和少数民族文学研究者所正在努力的工作方向。

（三）少数民族曲艺

少数民族曲艺包括白族本子曲和大本曲、傣族的章哈、彝族的梅葛等，其中章哈已例入国家级非遗项目。我馆所藏《四季欢歌》收录了章哈唱词，有独唱、对唱、齐唱等演唱形式，演唱内容丰富多彩，几乎涵盖了傣族社会生活的方方面面。这些少数民族曲艺歌唱范围广泛，曲调优美，寓教于乐，传递着生产知识、情感情怀、宗教文化等方面的内容。但有很大部份民族曲艺作品在日渐消亡，民族文献工作者也正在努力将之搜集、整理并著述成书，民族文献中，也有很多关于民族曲艺方面的论著，继续向世人展现这些少数民族文化艺术的魅力。

（四）少数民族美术

少数民族美术包含的内容有剪纸、绘画、刺绣、布艺等。白族民居彩绘、剑川木雕等进入国家非遗项目。如傣族民间剪纸工艺，是一种古老的手工工艺，构图复杂、形象生动、造型质朴、情趣盎然，反映傣家人民对生活的美好追求。由于时间和各种因素的影响，有成就的傣族剪纸艺人也越来越少，已处于濒危状况，我馆所藏《德宏傣族民间剪纸》通过收集整理，编辑而成的一本适用于学习传承傣族剪纸这一文化遗产的教材。还有展现其它优秀的民族民间工艺文化的文献，如《图说哈尼/阿卡绣》，是通过作者长期的田野调查，全面展示、传承"哈绣"文化的专著，书中介绍了很多代表古代哈尼族具有民族识别职能的"标识物"，为了避免这些宝贵的"文化遗存"随着时间的流逝消失在历史的长河中，就需要我们的民族研究工作者和广大传承人坚持不懈地努力下去。

（五）传统手工技艺

我省已有傣族慢轮制陶技艺、白族扎染技艺，苗族芦笙制作技艺等14项进入国家级项目。如白族传统扎染技艺是白族文化的精粹和代表，扎染制品花样繁多，用途广泛，极具实用性和艺术观赏性，反映了白族文化的方方面面，是一道生动亮丽的风景线，吸引着越来越多的中外游客纷至沓来。我馆所藏《白族扎染技艺》收集了众多基础资料和大量现场图片，对于白族扎染文化的研究和非遗项目的整理都有着积极的意义。此外，关于为民族民间艺人树碑立传的著作也实为珍贵和重要。民族民间艺人是民族文化的传承者和宣传者，也是非物质文化遗产保护的重要内容。非物质文化遗产是靠传承而延续，我们的民间艺人以超出常人的才智贮存，掌握和承载着"非遗"项目的文化传统和精湛技艺。有效保护和宣扬民族民间艺人，就是保护好我们灿烂的民族文化遗产。如我馆所藏《傈僳族民间艺人荟萃》一书，编者走遍傈僳族村寨，通过采访收集大量资料，图文并茂向广大读者呈现傈僳族民间艺人的传统文化技艺，对傈僳文化的保护、发展和繁荣起着非常积极的作用。

（六）民俗

民俗指在特定的民族、时代、和地域中不断形成、扩大和演变的一种民间生活文化，包括了民间节日庆典、岁时节会活动、丧葬习俗、祭祀活动等。我省已进入非遗项目的民族民俗活动如独龙族的卡雀哇节、白族绕三灵、景颇族的目瑙纵歌节等。我馆所藏讲述各个民族的民俗文化的文献内容丰富，史料全面，如景颇族的《瑙双神韵》图文并茂，专题阐述瑙双瑙巴"勒芒"程序内容；独龙族的《独龙族"卡雀哇节"教材》，系统全面地介绍了独龙族传统文化的特点和内涵，并分专节阐述卡雀哇节的传说由来和内容；讲述大理一年中最有影响的九大节会的《大理白族传统节会》，将九大节会收集在一起，图文并茂，丰富多彩，使大理白族重要的民风民俗一目了然，还有表现苗族丧葬礼仪文化的文献《苗族指路经》，是苗族在丧葬仪式中由祭司吟诵的古歌之一。这些文献对于研究各个民族的历史文化、民风民俗、和宗教信仰等方面有着重要的参考价值。

（七）传统医药

民族医药由各少数民族传统医学体系和医药经验汇合而成，与各民族的历史文化、思维方式、生产生活密不可分。我省独一无二的地域特色和多样的生物资源，造就丰富多彩的民族医药文化，逐渐形成了以傣医药、彝医药、藏医药、纳西东巴医药、哈尼医药等各民族多元一体的医药体系。民族医药的传承既有文字为载体的文献传承，又有非文字方式的口碑传承，大多都具有典型的口头非物质文化遗产的属性。我省已有彝药（彝医水膏药疗法）、傣医药（睡药疗法）、藏医药疗法（藏医骨伤疗法）等3项进入非遗国家级项目。现今，在国家的扶持和广大民族医药研究者的努力下，抢救、发掘、整理、译注了一批耳熟能详、方便实用、通俗易懂的民族医药文献，[4]如傣医药是千百年来，傣族人民在长期的生产生活和与疾病斗争的过程中总结积累，并已形成了以傣医"四塔五蕴"理论、雅解理论、三盘学说、风病论为核心的一门医学。我馆所藏的《档哈雅》《傣族传统方剂学》等都是傣医药学方面的经典论著。还有《中国佤族医药》，其中药用植物名称以当地名称为主，根据民间老药师口述及用药经验，并参考了有关文献总结而成，是研究佤族医药学的重要资料。此外白族的

《白族民间单方验方精粹》、彝族的《彝医处方集》等也都是民族医药文献全面挖掘整理、开发利用的研究成果。对于民族医药文献和口碑文献资源的保护和传承有着重大意义。

（八）少数民族家谱、族谱

家谱是姓氏的传承，是重要的历史载体，是历史文化的源流。记载着祖先们在社会历史各阶段所立下的丰功伟绩、英明美德，并将其传承给子孙后代们。如我馆所藏的《澜沧哈尼/阿卡谱牒》系统的记载了澜沧哈尼/阿卡史谱牒。澜沧哈尼/阿卡至今保留着父子连名制传统习俗，哈尼族父子连名制谱牒证明了哈尼族漫长的父权制阶段，是哈尼族世代口耳相传的独特历史文化和珍贵的非物质文化遗产。还有《中国彝族谱牒·石一谱》通过收集整理各文献资料，记述和梳理了石一族人的支系渊源，这为彝民族乃至整个中华民族的史志编写都提供了宝贵的材料。少数民族族谱是维系和联结各少数民族之间深厚情感的重要精神纽带，体现了和地方志同样重要的历史文化意义，是少数民族古老文明源远流长的象征。少数民族族谱的搜集、整理、修订、编译出版，不仅挽救了宝贵的口碑文献，也是增强民族凝聚力和创造力，提高民族自尊心、自信心和自豪感，促进少数民族地区社会发展的重要举措。

三、对馆藏非遗文献的宣传与思考

文字记录是迄今为止世界上最古老、最广泛、最实用的记录方法。图书馆所保存的文字文献囊括了非遗文化项目的所有方面，是文学作品、口传文化、歌舞诗歌、工艺技能等内容的具象描述。千年以来的文明靠着文字记述传承下来。文献的发掘、保存、抢救、开发以及传承世人资料的收集是图书馆工作的主要内容。图书馆在保护民族文献的基础上，将民族典籍文献进行二、三次文献加工，并结合计算机技术创建非遗文化数据库，一部份以生动的图片和通俗易懂的文字将它展现于大众普通读者，具有广泛的普及性和传播性；另一部份则是专业性和学术性较强的内容，包括对它的研究、剖析，将其深层次内涵展示出来，以供学术研究，进一步解决非遗文化的生存、发展问题，把保护工作进入到一种实质性的理论和实践工作中去。

四、结语

云南有着悠久的历史和灿烂丰富的民族文化遗产，26 个少数民族文化多姿多彩，非物质文化遗产数以万计。对民族文字文献和口碑文献资源的全面挖掘、整理、开发利用是公共图书馆地方文献工作的重要任务，一件功在当代利在千秋的基础性工作。少数民族文献著作的整理开发，是云南民族文化事业发展的一件大事、盛事，对促进民族文化的传承和发展，加大民族文献资源和非物质文化的保护以及利用，增强民族凝聚力和创造力，促进社会主义和谐发展有着重大的意义。

参考文献：

［1］胡荣梅. 云南非物质文化遗产保护工作概论［M］. 昆明：云南民族出版社，2011.

［3］云南省文化厅. 云南省非物质文化遗产保护名录［M］. 昆明：云南人民出版社，2007.

［3］陆兴凤. 昭莠俭和高帕施［M］. 昆明：云南民族出版社，2012.

［4］岩温. 傣族民间古医药［M］. 芒市：德宏民族出版社，2014.

西部县级公共图书馆引入"口述历史"挖掘地方文献工作的思考

——以定西县"口歌口溜"资料的搜集为例

李　瑛*

本文以叙述西部县级公共图书馆地方文献搜集现状为前题，从现实的角度，指出探索地方文献收集以口述历史为突破口的重要性，同时以当地流传最为广泛、古老的"口歌口溜"搜集为例，分析了县级公共馆探索县域"口述历史"的实践经验和问题。

一、西部县级公共图书馆地方文献搜集的现状

地方文献工作是公共图书馆必有的工作内容，是社会赋予的光荣职责，也是构建特色图书馆的基础。地方文献即是与地方相关的一切信息的总和，它反映着一个地方的历史文化和文明进程，具有存史、资政、励志的重要作用，同时具有独特性和不可替代性，因此完善系统的地方文献资源是各地方公共图书馆的工作重点和亮点。地方文献特色越鲜明，越能提高信息的利用率，越能吸引用户，因此，地方文献的收集内容要全、要专，只有全、专才有特色，只有始终做到人无我有、人有我多、人多我精，才能独树一帜，形成一个在内容上专深或文献类型上特殊的文献集合体，成为本馆独特的资源优势和特色，从而形成一种具有强大吸引力和使用价值的文献信息资源保障体系。

现阶段制约我国公共图书馆大发展的瓶颈，在于县级公共图书馆的发展，同样地方文献资源建设的瓶颈也在县级公共图书馆，尤其西部地区由于受地方经济文化以及出版发行业发展水平等因素的制约，特别是地方文献的出版发行极为有限，加之传统的以纸质文献为主的等待被动的收集方式，必定造成地方文献信息的匮乏、孤立和分散，形不成系统的信息资源，根本满足不了信息时代对地方文献品种、数量、质量的要求，如我区图书馆建国以来只收集到200

---

* 李瑛，甘肃省定西市安定区图书馆。

多种地方文献，其中大多以文学类图书为主，大量的地方历史和民间文化资源被时间埋没和流失，得不到及时的抢救和保护，这让人们感到非常痛惜。

二、"口述历史"是西部县级公共图书馆地方文献收集的突破口

要打破西部县级公共图书馆地方文献工作现有的被动局面，地方文献工作者就要有创新精神，敢于打破传统的、单一的工作模式，要创新就要开拓工作的新视野，开发新领域，要善于运用新的科技手段和理念，拓展地方文献工作的新路子，激发地方文献的活力，提高地方文献的社会价值。"口述历史"在地方文献收集工作中的引入，是对现有的地方文献工作从形式、方法、技术到内容上的根本性突破，尤其会对县域非物质文化遗产起到搜集和保护作用。非物质文化遗产是民族地域特殊的生活生产方式、个性、民族审美习惯的"活"的显现，它依托于人本身而存在，以声音、形象和技艺为表现手段，并以身口相传作为文化链而得以延续，是"活"的文化及其传统中最脆弱的部分，因此对于非物质文化遗产传承的过程来说，人就显得尤为重要。

（一）"口述历史"的概念和作用

人类最早的历史就是通过"口口相传"的口碑文献保存传播下来的，例如盘古开天地，三皇五帝的传说，以及丰富多彩的民间故事、传说、民谣、笑话等等，它们同样是社会、政治、经济、历史、文化发展的生动记录和反映，也是重要的地方文献。所以地方文献工作者要把目光转向能生动反映地方特色的口碑文献，认识口碑文献的价值，认真研究口碑文献的搜集、整理、利用，就能极大的丰富馆藏地方文献，使它们与文字文献有机的结合起来，就能全方位、多层次、多形式，真实、生动、形象地反映地方的社会概貌和历史文化演变。我们西部地区尤其是广大的农村地区其有产生丰富口碑文献的悠久历史，口碑文献是当地群众生活发展历史的重要资料。

现代社会的口碑文献已不是民间流传的简单的口口相传，而是通过运用现代科学技术，让邀请的口述者用口头语言来表达、交流、介绍、追忆，自己经历过、感受过、看见过、听说过的历史事件、文化遗产和技艺传承等的口述过程，并进行录音、录像，形成原始资料，然后再进行文字的记录、整理、分类形成的文献，并建立全面系统的数据库，形成组织有序、方便利用的"口述历史"。通过口述者的讲述，回忆而保存的口述证据，在复原历史方面，有其它任何文献资料无法替代的价值，并且"口述历史"在弥补历史文化空白、断层、关注社会下层群体等方面具有特殊的作用，有着其他文献不可比拟的自由性、生动性、真实性、广泛性，它打破了文字文献记录历史会依赖于掌握文字的知

识阶级对历史的褒贬、书写、保存和传播，也能在某种程度上突破文字和书写者对地方文献利用的限制，让我们能更广泛、细致地倾听各阶层的声音，了解过去的历史文化。"口述历史"引入地方文献的收集开发，使人人都可以是地方历史文化的见证者、记忆者、传播者、创造者，极大的拓展了地方文献搜集的范围、方式、载体、内容，提高了地方文献的利用价值。[1]所以图书馆对"口述历史"的收集、管理、开发、利用，会为地方历史文化研究，提供丰富的话题和史料。

（二）地方文化视野下西部县级公共馆开发"口述历史"的现实性和紧迫性

西部县级公共图书馆数量多，且是基础业务发展最为薄弱的环节，但它的服务范围广，服务对象主要是生活在县城的居民及所在县域乡村的农民群众，服务区域偏远自然环境恶劣，社会经济文化非常落后，从前这些地方的劳动群众掌握不了文字，所以一直以来对祖先继承和创造的历史文化，主要是靠言传身教来进行传承的，所以西部广大农村地区是盛产口碑文献的地方。正因为"口述历史"这种形式，不受口述者生活地域、文化程度、种族语言、年龄性别、职业等条件的限制，只要有表达能力、有记忆、有感受就能进行，所以特别适合西部广大农村地区劳动群众。

西部地区是多民族共同生活的地方，各民族各地域都有形式迥异的生产生活方式、文化底蕴、风俗习惯、宗教信仰，这些历史文化习俗在民间只能靠口传心记、口耳相传，用口碑文献的方式一代一代沿袭传承下来，但是随着社会的快速发展，工业化和商品经济带来的冲击，信息化快节奏的生活，让年轻人逐渐抛弃了农耕文化的精耕细作和复杂繁琐，传统古文化日显衰落，所以没有文字记载的许多民族和民间历史文化遗产由于生产和生活方式的改变，就会消失在人们的记忆中，许多已经失传和濒临失传。若干年后，后人更无从了解，这些地区历史变迁的细节就会断代，许多非物质文化遗产就会灭绝，[2]所以在地方文化视野下西部县级公共图书馆开发县域"口述历史"显得尤为迫切和重要。

（三）"口述历史"的实施要制定翔实、系统的计划有序展开

"口述历史"的时间范围，一般由口述者的年龄段和记忆来决定。时间飞逝现在的耄耋老人经历过许多历史和生活阶段，如革命战争，抗日战争、解放战争、抗美援朝、反右运动、人民公社、大跃进、三年自然灾害以及文革时期、改革开放等，是这些重大历史事件的亲历者，但是每个个体储存的记忆在慢慢模糊，作为一个个年龄段的群体在逐渐消失，无论政治人物还是普通群众有的

已辞世，在世的也在渐渐衰老，挖掘他们记忆中的历史和生活资料，已成为迫切的现实需要，而这一工作最有效的方法就是让他们"口述实录"，留下他们丰富的历史记忆和文化遗产。像现实生活中我们没有保留下的奶奶的厨艺手工、爷爷的活计手艺，现在只能变为一种念想和遗憾。

"口述实录"的选题要分学科领域、时间前后、轻重缓急，地方文献工作者首先要向社会各界作认真广泛的社会调研，结合本馆地方文献工作的重点，再制定出选题和详尽细致的采访规划，确定访问的内容、对象、形式，分阶段、步骤有序开展。目的是以抢救、挖掘历史为主，以年老者的采访为先，把在政治、经济、文化、艺术、教育、科学等方面有重要经历的代表人物和民间艺人、普通群众的采访结合起来，引导启发他们口述地方社会的发展演变、重大的历史事件、地方风俗文化遗产、家族史等等。力求保存一个完整的鲜活的地方历史、社会发展概况、人民群众生活的变化和亲身感受。让沉寂了的历史在口述者的神情言辞中流动起来，保存下来。就县级公共图书馆来说，首先是以收集地方史和家族史作为地方文献的主要内容，其中特别要注重灰色文献的收藏，其目的，就是要使地方文献成为一个地区居民的共同记忆，成为他们爱与关怀的纽带。

三、以我县"口歌口溜"的搜集为例，对县级公共图书馆开展"口述历史"挖掘工作的思考

（一）搜集"口歌口溜"的意义

口歌口溜是我们县域流传最为广泛、古老的口碑文献，是当地群众生产生活中经验教训的积累和总结，是祖祖辈辈集体智慧的结晶，内容包罗万象，是一部社会生活的百科全书，它语言精炼朴素、形象生动活泼、通俗易懂，并富有哲理性和科学性，形式包括谚语、俗语、歇后语、谜语、民谣、笑话等等。现实中"口歌口溜"的传播也面临着消失，因为在当地"口歌口溜"的使用者主要是六、七十岁以上的老人，三十岁以下的年轻人已根本不使用，所以"口歌口溜"搜集显得非常迫切。"口歌口溜"搜集就是通过民间使用者的口述访谈，将搜集到的"口歌口溜"按十个方面：品德修养、社交礼仪、生活常识、风俗习惯、婚姻家庭、持家理财、商贸交易、时令气象、农业生产、百业技艺分类归纳，建立全面系统的"口歌口溜"资料数据库，作为研究当地社会文化风俗的重要非物质文化遗产资料。

（二）搜集"口歌口溜"需要社会各界和政府的支持，提供财力保障

"口歌口溜"的搜集，需要县级公共图书馆重视和大力宣传推广，引起社会各界的关注和资助，争取政府的政策支持和经费的保证，还需要全国文化信息共享工程的扶持，提供先进的设备和技术。更要学习借鉴已有的研究成果和经验，动员广大群众积极参加到口述地方历史工作中来，和图书馆一道开创地方文献的新载体。

（三）搜集"口歌口溜"需要成立项目策划组织实施计划和人才培养

"口歌口溜"项目规划实施，馆里首先成立项目管理组策划组织实施，由馆长任组长，地方文献室和文化共享工程室的两位馆员具体负责，并邀请乡镇文化站工作人员参加项目管理组协同工作。项目开展分成调研挑选口述者、与口述者沟通交流、口述录音录像，加工整理四个阶段进行。项目实施依托本县19个乡镇文化站分19个片区进行，项目从小乡镇开始，由小到大。每个片区，挑选10名左右口述者，进行访谈录音录像，形成原始资料，然后再进行文字记录、整理、分类编目、加工剪辑，制作成资料片，建立数据库。这项工作要求工作人员不仅要具备图书馆专业、历史文化方面的知识，还要具备电子科技、电脑网络、文字编辑处理等方面的知识储备，还要培养敏锐的洞察力、与人的沟通能力，并且要掌握一定的采访技能，这些素质的具备就要求地方文献工作者要不断的学习、学习、再学习，这是做好"口歌口溜"的前提。

（四）搜集"口歌口溜"需要社会合作和推广宣传

"口歌口溜"工作需要做认真的社会调研，要有广泛的社会协作精神，与各部门、各单位的密切合作，如政协文史资料委员会，地方史志办公室、非物质文化保护中心、文化馆、博物馆、院校、报社等单位，还要重视与广播电话、电视台建立密切的合作关系，利用他们制作的记录片和人物访谈等节目的经验和渠道及掌握大量的人脉、信息资源和工作方法、技术，进一步做好"口歌口溜"搜集工作的宣传，使"口歌口溜"在社会上得到流传。

四、县级公共图书馆开发"口述历史"需注意的问题

（1）县级公共图书馆开发"口述历史"选题要量力而行，主题和范围不能过于宽泛，贪大求全，要以小见大，紧紧围绕县域特色，以挖掘和抢救县域历史和文化为主，否则如果选题的容量和县馆的实施能力不相匹配，无法驾驭，造成计划项目的半途而废。

（2）要控制好计划经费预算和时间进度，当前县级公共图书馆 像"口述历史"这样的新工作，经费申请非常困难，即使申请到也很有限，所以各馆实施

计划一定要遵循"提高效率、降低成本"的原则，同时时间的规划，既不能急于求成，又不能长期拖延，要井然有序，否则会导致计划无法完成。

（3）"口述实录"的选题和口述者的挑选，采访者一定要做踏实的社会调研，社会调研是"口述历史"一项最基本和最重要的业务工作，是"口述历史"质量的关键。

（4）采访者对口述内容要仔细考证，对有疑问的内容，增加采访口述者，仔细比对厘清，避免口述者的语言表达和记忆失误造成"口述历史"的准确性，同时民族、方言、土语的音义的变化很大，如果注音释义考证不准确，都会造成对历史理解的模糊错误。

总之，"口述历史"在地方文献工作中的运用和开展，需要社会各界的重视和配合，需要政府的政策支持和经费的保证，需要全国文化信息共享工程的扶持，还需要各图书馆同仁积极的尝试和不断完善，当前随着高科技的突飞猛进，数字化的发展，为口述历史工作提供了重要的技术支持，我们相信"口述实录"虽然是一项艰巨的工作，但它通过地方文献工作者的专业、知识、毅力的体现，将为地方文献工作开拓新领域，真正提升地方文献的社会价值和利用效益。

参考文献：

1. 刘杭. 口述历史：地方文献工作之新视野与拓展——以浙江图书馆为例 [J]. 图书馆，2010（1）：27 - 29.

2. 彭燕. 民族口述历史：少数民族高校图书馆地方文献亟待拓展的领域 [J]. 高校图书馆工作，2011，31（2）：62 - 64.

地方文献与
文化创意

甘肃省图书馆文化创意产品开发实践探索

李慧贞*

本文梳理，介绍了甘肃省图书馆文化创意产品古籍字画、文溯阁《四库全书》系列产品、甘图珍藏笔记本、蝶恋花精装笔记本、信笺纸、纸胶带、仕女图信封等，总结了甘肃省图书馆的文创产品的销售策略，指出了文创产品销售存在的问题，提出了文创产品未来的发展思路和路径，以期为业界提供参考借鉴。

一、引言

2016 年 3 月，国务院印发《关于进一步加强文物工作的指导意见》（下文简称为《指导意见》），强调"深入挖掘和系统阐发文物所蕴含的文化内涵和时代价值，切实做到在保护中发展、在发展中保护"[1]。2016 年 5 月，国务院办公厅转发文化部、国家发展改革委、财政部、国家文物局等部门《关于推动文化文物单位文化创意产品开发的若干意见》的通知（以下简称《开发意见》），意见指出：要充分调动文化文物单位积极性，发挥各类市场主体作用，加强文化资源梳理与共享，提升文化创意产品的研发能力，构建文化创意产品的营销体系，增强文化创意品牌建设和保护，以促进文化创意产品开发的跨界融合，力争到 2020 年，逐步形成形式多样、特色鲜明、富有创意、竞争力强的文化创意产品体系，满足广大人民群众日益增长、不断升级和个性化的物质和精神文化需求[2]。两个意见的发布，掀起了博物馆、美术馆、图书馆、文化馆等国有公共文化服务单位主动开发文化创意产品的新高潮。

---

* 李慧贞，甘肃省图书馆。

二、图书馆开展文化创意产品开发的重要意义

近年来，随着图书馆工作范围的不断扩大和服务的延伸，各种新载体在图书馆的不断运用，使图书馆服务由过去以"书"为中心转向了以"人"为中心，图书馆需要为读者创造更多的学习空间、交流空间、创意空间，提供除了传统的借阅、文献收藏以外休闲娱乐的新功能，并注重人文教育，文创体验空间，以吸引大众能够走进图书馆、了解图书馆。图书馆的评价标准不再只关注藏书的数量和质量，其对社会和人类生活的影响力、社会功能的实现及其在文化传播中的作用同等重要。在此影响下，图书馆应重视文化创意开发服务理念，在保证其教育功能、文化职能、促进社会发展的前提下进行文化创意产品的开发，以期创造出既符合消费者需求，又具有教化意义的图书馆文创产品。

图书馆既拥有珍稀的文化典藏，又是文化资源的重要集聚中心，这为文化创意产品的开发提供了天时地利的优越条件[3]，利用馆藏文化资源开发文化创意产品，为图书馆增加新的文化服务产品，满足不同读者的文化需求，既是公共图书馆工作的一项新的服务项目，也是提升图书馆文化服务的重要方面。因此，文化创意产品开发与利用对图书馆未来发展具有重要的时代创新意义。

三、甘肃省图书馆文化创意产品开发概况

甘肃省图书馆创建于 1916 年，经过百年的历史积累，藏书总量 460 万册，其中以古旧籍和地方文献为特色馆藏，藏量 38 万册，古籍文献除了享誉海内外的文溯阁《四库全书》，还有国内收藏最完整的大型明版木刻丛书《永乐南藏》以及宋元刻本《尔雅注疏》《重刊许氏说文解字五音韵谱》《周书》《三国志通俗演义》30 余部，善本书有 4200 余种，10 万余册件。此外，还收藏有敦煌写经、名人手札、宋元明清至近现代的珍贵字画 2000 余轴，其中不少是载于画史的名家之作，具有很高的艺术价值和文献史料价值。丰富的馆藏资源，为甘肃省图书馆文化创意产品开发提供了资源保障。

2016 年 12 月，为了贯彻国务院颁发的《指导意见》和四部委颁布的《开发意见》，甘肃省下达了《省政府办公厅转发文化厅等部门关于推动文化文物单位文化创意产品开发实施意见的通知》（甘政办发〔2016〕202 号）精神，要求全面深入挖掘馆藏文献资源，开发各类文创产品，做好国家级和省级文化创意产品开发试点工作。2017 年 1 月 16 日，文化部确定 36 家文化文物单位为文创产品开发试点单位，甘肃省图书馆被确立为国家和省上文化创意产品开发双重试点单位。为贯彻甘肃省委文件精神，充分挖掘馆藏资源，我馆专门成立新设

机构"文化创意开发中心",通过馆藏资源的全面梳理、读者问卷调查、读者最喜爱文创产品的评估调查等,制定出《甘肃省图书馆文化创意产品开发实施方案》。经过前期申办企业经营许可证等筹备工作,2018 年 12 月,在全国图书馆联盟框架下,我馆与国家图书馆合作开发的首批文创产品新鲜出炉,产品主要依托馆藏资源,重点围绕古籍字画和文溯阁《四库全书》素材进行了开发,具体包括甘图珍藏笔记本、蝶恋花精装笔记本、蝶恋花信笺纸、蝶恋花和纸胶带、仕女图信封等十余种产品,这些产品既在我馆进行销售,也通过联盟平台在国家图书馆实体店、联盟天猫旗舰店进行销售,这是全国图书馆文化创意产品开发联盟平台内完成的首例跨区域合作项目,充分体现了图书馆文创联盟资源共建共享的合作优势,也彰显了图书馆文创事业发展的无限潜力。

(一)甘肃省图书馆文化创意产品开发实例

1. 古籍复仿品等传统文创产品开发

甘肃省图书馆早在 2003 年就已经开发有文创产品,这个时期主要以馆藏典籍复仿品为主。如《影印文溯阁四库全书四种》[4]、《莫高窟仿古图》(仿真品)、《阅微草堂收藏诸老尺牍》(仿真品)、《甘肃省图书馆馆藏书画作品选》[5]等。这些产品从纸张到装帧大多仿古、仿真,书品精良,是集知识性、艺术性为一体的收藏佳品。这些复仿品问世以来,销量可观,产生了较好的社会效益和经济效益。

(1)《影印文溯阁四库全书四种》

文溯阁《四库全书》现藏于甘肃省图书馆。2003 年,甘肃省图书馆按照"书写优美、文图并茂、艺术性可视性可读性均强,而且能充分体现文溯阁本书品"的标准,从馆藏文溯阁本《四库全书》经、史、子、集四类中各选择了一种,经部是宋代吴仁杰的《易图说》,史部为元代李好文的《长安志图》,子部是明代沈继孙的《墨法集要》,集部是明代康万民的《璇玑图诗读法》),汇为一函,由上海古籍出版社仿真影印出版,定名为《影印文溯阁四库全书四种》。图(1-2)

图(1-2)《影印文溯阁四库全书四种》

（2）《阅微草堂收藏诸老尺牍》仿真件

"阅微草堂"为清代著名学者纪昀的书斋名。纪昀喜交友，且与挚友多有书信往来，晚年将其所藏文稿书信交与其孙纪树馨收藏。纪树馨，字香林，纪昀次子汝传之长子。纪昀卒后，树馨将其所藏祖父的文稿及来往书信编定为《纪文达公遗集》，梓以问世。另有纪树馨装裱成帙的"阅微草堂收藏诸老尺牍"。《阅微草堂收藏诸老尺牍》今藏甘肃省图书馆，二十一简，时间自纪昀五十三岁（乾隆四十一年起），至八十一岁（嘉庆九年），绵延凡二十八年。此长卷，卷长约15米，汇集了清代乾隆时期大学士，著名书法家梁国治、朱珪、刘墉、翁方纲、钱大昕、彭元瑞、王杰、戴震、吴省兰，及清宗室固山贝子弘旿等人的书法真迹，其中翁方纲、刘墉、梁同书、王文治并称为"翁刘梁王"四大家。二十一函信札也是研究当时的学术以及纪晓岚等清代重臣的珍贵史料。图（3）

图（3）阅微草堂收藏诸老尺牍》仿真件

（3）《莫高窟访古图》为范振绪作品。范振绪（1872—1960年），著名书画家，专攻山水，取法王石谷，王原祁，书师苏东坡，现经搜求登记的范老书画目录仅存300余幅，已极珍稀。访古图是1941年范振绪先生为张鸿汀先生所作纪念"莫高窟访古图"长卷，卷长12米，高45厘米，长卷绘莫高窟外景，青绿画面，错落有致。翌年，知名画家张大千先生由敦煌回兰，范振绪请为题卷首《莫高窟访古图》图（4），并赋诗。后有当代名流曹经沅、于右任、顾颉刚等十余人题诗，此画诗、书、画、印俱为精品，可为艺坛瑰宝。

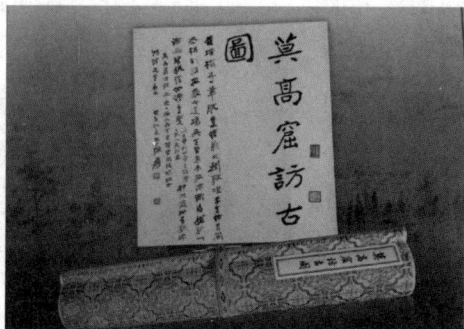

图（4）《莫高窟访古图》仿真件

（4）《甘肃省图书馆馆藏书画作品选》

本书的编选与出版是在文溯阁《四库全书》馆成立之际，从丰富的馆藏历代书画中遴选出一百六十多件作品编印成册，2005 年由上海古籍出版社出版发行。这本作品选主要汇集宋元明清至近代名家的书画，所选作品中，宋代刘松年的《林苑教子图》年代最为久远。元代有"元季四大家"之一倪瓒的《霜落蒹葭图》、陈仲仁的八幅《民俗人物图》。明代的有书法与绘画大家仇英、文徵明、沈周、林良、董其昌、蓝瑛等描绘的山水与花鸟作品，清代作品中主要有王鑑、王翚、王宸、唐岱的山水作品。此外，还收录了部分陇上书画名作，其中有清初王了望草书，清后期至近代唐琏、温又新、赵西严等人各具特色的山水、人物、花鸟作品。图（5）

图（5）《甘肃省图书馆馆藏书画作品选》

2. 从馆藏字画中提取元素开发馆藏衍生品

我馆收藏的字画非常丰富，由于年代久远，这些珍贵的文化资源，不能直接作为商品在市场上流通，只有通过深入挖掘、创新开发，运用知识和创意将馆藏珍贵资源进行再次的深入加工，以此促进文化资源实现传播、传承和共享的社会功能，把典籍内容"活化"，利用起来，为当今社会服务[6]。

图（6）甘图珍藏笔记本

图（7）甘图珍藏笔记本

　　我馆开发的"甘图珍藏笔记本"文创产品，素材源于馆藏字画，定名为《甘图珍藏笔记本》，笔记本分为书法篇、书画篇两种。图（6-7）被定名书法篇-字在其中，笔记本从一百六十余件馆藏作品中甄选宋元明清至近代书画作品二十余幅穿插在笔记本内页中，图（8）为广大书画爱好者一睹深闺中古典字画风采。书画篇-悠然自得，从张大千、李鸿章的行书立轴到顾洛的仕女四条屏宫廷画，每幅作品都完美的展现了古代书画艺术的巅峰造极，名人书画飞入寻常百姓家，与具有书写功能的笔记本完美结合。这款具有创新和传承意义的笔记本，定稿选材时特别选用了特种艺术纸及裸脊装的古法装帧方式，充分体现了图书馆在大众传播与阅读共享中表达的人文情怀，让古典艺术和古典文化再度活跃起来，将名人书画载入笔记本，方便携带，又能传播文化，成为老百姓消费得起的文化创意产品是本次设计的核心理念。

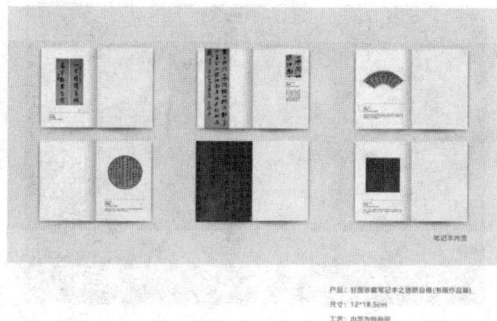

图（8）笔记本内页展示

3. 从书画作品中提取人物形象开发文创产品

古代多有文人墨客擅长花鸟鱼虫，人物山水，对于宫女的描绘更是枚不胜举，仕女在古代的宫廷场景扮演着不可小觑的角色。我馆仕女图信封文创产品素材来源于馆藏清代顾洛的仕女四条屏，图（9）四张仕女图，每张人物，造型、画风都有不同，顾洛作为宫廷画师，将皇宫仕女的千姿百态刻画在油画风格的条屏中，画风感官上突破了以水墨画为主的国画风，绘画中每一处起笔落笔看不出多余的点缀和修饰，对美和艺术的追求。浑然天成为出水芙蓉，这种推陈出新的现代画风也是值得后人学习和膜拜，设计师在设计这样一款具有古风色彩的作品时，采用画布纸彩印的方式突出画面的年代感。做成信封也是一种希望和继承的延续，用小小的信封记录和传播中国传统文化。图（10）

图（9）清代　顾洛　仕女四条屏

图（10）仕女图信封

4. 从馆藏经典标识为素材开发文创产品

甘肃省图书馆百年进程中从馆藏文化资源到珍藏印章每一次变革都是历史的珍藏。甘图珍藏信纸采用中式水纹纸四色彩印设计制作，信纸选取 80 年代馆藏印章进行了创意设计。用封印束带的方式锁住了沉睡在大地上的文化符号，珍藏二字尤为珍贵，信纸中无字无话，剪开印有珍藏印章的束带，书写便是今生。包装简要明快，书写起来更加酣畅淋漓，方便携带，是读者喜爱的多功能文创产品，手账、记事、绘画、书写用途广泛。图（11）

图（11）甘图珍藏信纸

5. 依托馆藏字画开发系列文创产品

我国自唐代教坊就出现以蝶恋花命名的曲名，宋代以后很多诗词大家多以《蝶恋花》为词牌。甘肃省图书馆蝶恋花系列文创产品是兼具人文情怀、实用、好看特性的综合系列文创产品。根据馆藏清代花卉蝴蝶图册设计开发。原图中，花不同，蝶不同，方向不同，构图极具趣味和动感，每个角度看起来都是审美的最高点，此图册未题款，亦无印。非常符合文创产品的开发意境，追溯历史文化，原画充满蝶和花，就定名蝶恋花系列，到底是蝶的不舍还是花的挽留，其中回味无穷，这幅图的应用共产生了蝶恋花笔记本、蝶恋花纸胶带、蝶恋花信笺纸、蝶恋花优质 PP 文件袋、蝶恋花晴雨伞在内的五款产品。图（12－16）蝶生梦，花添香，让我们相遇在馆藏的古风古画中。

图（11）清代花卉蝴蝶图册

图（12）蝶恋花古籍软精装笔记本

图（13）

图（13）蝶恋花和纸胶带

图（14）蝶恋花信笺纸

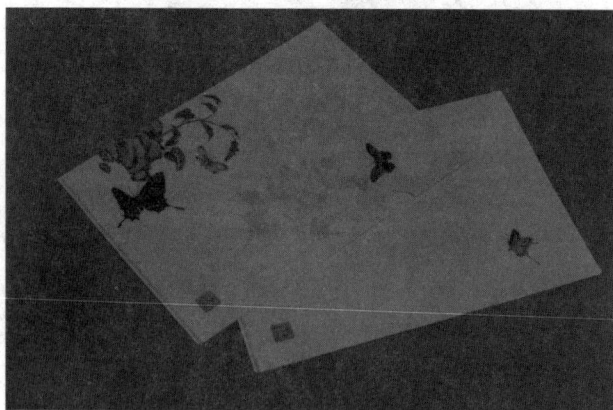
图（15）蝶恋花文件夹

图（16）蝶恋花晴雨伞

三、甘肃省图书馆文化创意产品开发销售发展策略

（一）以拓展销售为方向，塑造品牌线上线下推广

自2019年开始，我馆集中推广宣传，加大销售渠道，1月12日—1月31日完成了全国图书馆文化创意产品开发联盟平台和天猫店产品的统一形象塑造和线上销售模板的制作，正式进入文创产品线上销售阶段，严格按照平台及天猫参考标准，从产品尺寸、规格、包装、重量等严格把关每一个环节，形成产品参数表和产品艺术文案，逐一上传，经过为期一个月的审批，最终呈现在天猫和联盟平台首页。据了解，蝶恋花笔记本受到诸多网民的追捧，价格公道，品质优良，是文艺青年和学者的首选产品。参与全国图书馆一体化平台建设使我馆的文创产品和文化资源走出甘肃，面向全国，是一次新的尝试和展望。

（二）以宣传产品展览销售为己任，开辟图书馆文化传播新阵地

2019年2月19日，甘图文创商店正式营业，由馆藏资源设计开发的文创产品正式与读者见面，通过对馆藏资源的宣传解读和产品创造历程的互动讲解，使到馆读者深入了解图书馆深厚的文化积淀，利用互联网＋宣传模式，营业当天同步在各大网络媒体，公号微博进行了宣传推广，甘图蝶恋花系列文创产品深受读者喜爱，很多到馆读者都进行了现场采购，文化资源的衍生创造被大众认可也是对图书馆服务转型的重大机遇和挑战。

2019年4月22—23日，经省文旅厅和省文化旅游协会联合推介，我馆文创产品有幸参与在敦煌举办的中国绿公司年会推介产品展览，这也是文溯阁《四库全书》首次在世界的敦煌以它独特的形式面向观众。在世界的敦煌揭开了它神秘的面纱。4月27—29日，甘图文创产品参加2019年中国旅游商品展览，本次展览是文化和旅游合并之后的首个文旅大展，通过全国文博单位的产品宣传和现场对接，推广甘肃文化旅游名片借此宣传甘图文化创意产品，更加清晰文

全国图书馆文化创意产品天猫旗舰店

旅商品的研发路线，以文促旅，以旅彰文，易融则融，能融尽融，为文化产品提供了新的发展思路。4 月 26—27 日，我馆文创产品集合全市文化创意产品在兰州七里河岚沐文化产业园区集中展览，文化产业园区 + 文化创意产品，这种双创共创的有机结合使文化走进市民，走进老百姓的生活中。活动现场，馆藏花卉图册衍生品蝶恋花晴雨伞，深受消费者喜爱，产品创意与实用的结合，让传统名人书画飞入寻常百姓家，为图书馆宣传文化打好基础。目前，全国文化消费品质不断提升，图书馆作为文化传播的重要阵地，理应兼顾社会效益和经济效益并驾齐驱，讲好图书馆自己的故事，让每一件馆藏物尽其用。

甘肃省图书馆文创商店

消费者购买蝶恋花晴雨伞

　　第十二届中国艺术节演艺及文创产品博览会期间，我馆蝶恋花晴雨伞售卖一空，以馆藏名人书画为素材开发的衍生品——甘图珍藏笔记本和蝶恋花系列文创产品受到了上海市民的喜爱，在这场艺术展示、项目推介、产品交易的展示交流平台中，图书馆的文化资源充分得到了展示和宣传，打破了人们以往对图书馆社会分工的界定，传统的借阅服务已无法满足日益增长的文化消费市场，图书馆如何在文化创新领域兼顾服务转型成为未来发展的方向。

第十二届艺术节消费者采购现场

7月3日—7月8日，第二十五届中国兰州投资贸易洽谈会在兰州会展中心举行。甘肃省图书馆以文溯阁《四库全书》影印本为主的系列产品，首次亮相兰洽会，使省内外更多的观众了解到《四库全书》的文化价值。

兰洽会展览推介现场

四、甘肃省图书馆文化创意产品开发试点新思路

（一）甘肃省图书馆文创产品存在问题

甘肃图书馆文创开发处于初创期，虽然现有产品种类较为丰富，但还是存在主体产品不够成熟、产品缺少精美包装、产品细节有待推敲和考究、市场需要有效推广、销售渠道过于单一、组织架构不尽合理、销售设计力量薄弱、人

员队伍需要充实、产品宣传推广力度不高、资金匮乏、设计经验不足等，这是影响其发展的瓶颈。

针对以上问题，要采取一系列措施来改进图书馆文创工作，我们的思路是，以市场为导向，以更精准的文化创意产品为主推，努力全方位满足不同层次消费需求。针对读者和学生家长，调研这几类人群经常关注的媒体、活动环境、活动半径、消费及生活习惯，得出以下结论：第一层为基础面，即大量开发价格便宜、体积小巧、批量生产、种类繁多、色彩鲜亮、趣味时尚、老少皆宜的文化用品，占总量的60%；第二层为中档次，目标是锁定中产阶级顾客群，产品用材讲究、设计精美、制作复杂、具有一定的收藏价值，占总量的30%；第三层为高端产品，多体现高超的手工技艺或高科技含量，具有升值潜力，且价格昂贵，以适应部分顾客者的需求。

（二）打造文溯阁《四库全书》经典开发路线

依托文溯阁《四库全书》藏本，打造特色文创产品，结合构建中小学生利用图书馆学习的长效机制，开发符合青少年群体特点和教育需求的文化创意产品。鼓励开发兼具文化内涵、科技含量、实用价值的数字创意产品。策划开发四库读本，将文创开发与"互联网＋"战略结合，推出中华传统文化诵读系列产品。从典籍中挖掘故事：比如优秀历史人物故事系列、传统美德故事系列、藏书家或藏书楼故事系列、藏本流传故事系列、馆阁体书法系列等，可以制作成漫画读本出版销售，开辟专属空间进行展示、展销。如果开发成功，可收到良好的社会效益和经济效益。

（三）与社会力量合作开发、生产文创产品

通过馆校结合、馆企合作等方式加强文创设计开发工作；并与文化企业、金融公司、科技公司等在确保知识产权的前提下开展全方位的合作，依托"全国公共图书馆文化创意产品开发一体化平台"，实现图书馆与社会资源的无缝对接，多方争取社会力量参与合作，通过联合开发、众包设计等形式，搭建合作平台，从策划设计、生产制作、营销推广等环节采取资源授权、产品共创、效益分成等方式实施图书馆文创开发工作。

五、结语

2018年4月8日，文化和旅游部正式挂牌成立，标志着我国文化建设与旅游发展将进入一个新的发展时期，图书馆文创产品作为文化和旅游结合下的新产品，应该借文旅融合这样的新形势，把握机遇，创新发展，把图书馆文创产品推向旅游市场，借助文化旅游资源带动文化产品开发的深度与广度，借助

"互联网+"思维，借鉴O2O平台商业模式和经营理念，借鉴全省内富藏优质文化资源的文化文物机构，全面统一梳理本地区优质文化资源，形成从产品研发、在线授权、众创众筹、共同营销于一体的全产业链文创服务平台。同时，要加大与创意设计、旅游的深度对接，利用馆藏资源开发文化创意产品纪念品、旅游纪念品、知名文物复仿工艺品，以此推动甘肃省图书馆文创事业的不断发展，繁荣甘肃省文化产业发展和文化市场繁荣，为甘肃省文化旅游创意产业及产品开发提供智库保障。

参考文献：

［1］国务院关于进一步加强文物工作的指导意见（国发〔2016〕17号）［EB/OL］．中国政府网，2016－03－08.

［2］国务院办公厅转发文化部等部门关于推动文化文物单位文化创意产品开发的若干意见［EB/OL］．中国政府网，2016－03－08.

［3］田利．图书馆文创产品开发工作中对经营创收认识的误区［J］．河南图书馆学刊，2017（2）．

［4］甘肃省图书馆．影印文溯阁四库全书四种［M］．上海：上海古籍出版社，2003.

［5］甘肃省图书馆．甘肃省图书馆藏书画作品选［M］．上海：上海古籍出版社，2005.

［6］徐云平．国家图书馆文化创意产品开发工作研究［J］．河北科技图苑，2018（4）．

区县级公共图书馆利用
地方文献对文化创意产品开发的探索

何　珍*

本文从文化创意产品开发的现状出发，阐述公共图书馆地方文献的概念及历史、学术和文化价值，指出了目前区县公共图书馆开发文化创意产品的现状及存在的问题；提出如何开发研究利用馆藏地方文献资源，为文化创意产品的开发提供必要的文化价值内涵和文化元素，以期增值馆藏资源，丰富馆藏特色，扩大图书馆的社会影响力。

一、引言

习总书记在改革开放四十周年大会上强调：要善于向经典学习，向传统学习，见贤思齐，推动中华优秀传统文化创造性转化。响应党和国家的号召下。2017 年全国公共图书馆第六次评估工作也将文化创意产品正式纳入了加分项目。

文化创意产品是一种以创造力为核心的新兴产业[1]，是以文化和创意理念为核心，以语言和符号为手段，并通过创造性思维，将文化元素与实用物品经过人的智慧、知识、情感和艺术手段相结合所研发出来的产品，体现当地的地域文化和民俗风情。公共图书馆文化创意产品则是以图书馆的文献资源为载体运用各种手段开发出来的有文化感、艺术感特色的产品。简言之，文化创意产品就是艺术品，文化的延伸品，具有独创性。其研究图例如下：

---

* 何珍，重庆市渝北区图书馆。

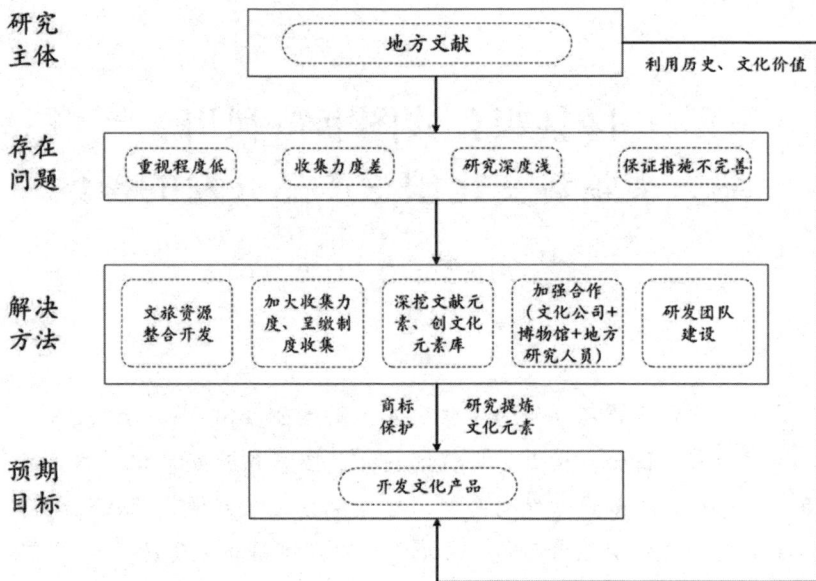

二、区县级公共图书馆地方文献的价值

（一）地方文献的史料价值和学术价值

地方文献是地方出版物、地方人士著述、地方史料[1]等各种形式载体的文献；内容上具有地方特征的区域性文献。地方文献有两个主要特征，一个是地方区域性，另一个是历史资料性[2]。地方文献的史料价值体现于地方文献是某一地域内自然现象、社会现象和人类发展的全面历史记录，[3]是地方文化的历史沉淀，表现了一个地方历史发展的过程，以及对历史过程的记录。人只有通过文献记录下来的历史印迹，去了解、认识过去，从而把握现在，并规划和建设未来[4]。地方文献的学术价值则体现在：地方文献具有地方特色和历史价值。地方的档案、图书、地图、声像资料、文物等各种资料，内容丰富多彩，涉及自然、历史地理以及社会、人文领域等各个方面；载体形式复杂多样，有甲骨、皮革、竹简、纸张、胶卷、胶片、光盘等等；各种文字、图表、声像、符号等不同形式的历史记录材料，对于研究不同历史时期的政治、经济、军事、文化、地理、民俗风情等具有较高的学术价值。

（二）地方文献的文化价值与文化创意产品的创作

地方文献除了史料价值和学术价值外，还具有鲜明的文化价值。社会发展离不开文化的进步，地方文献具有继承发展、传播、发扬、交流地方文化的作用。人们只有通过历史的记载来了解历史文化、民俗风情、自然地理、历史人物、民间传说、歌瑶等宝贵精神财富。只有通过历史的记载才能全面的了解传统文化，并取其精华，去其糟粕，真正将传统文化发扬光大。

地方文献资源的文化价值为文化创意产品的创作提供坚实的文化元素。对馆藏典籍文创要素进行挖掘、分析，展现地方民俗风情、自然地理、历史人物、民间传说、歌瑶、历史事件。记载这些的图像、符号等都是创作文化创意产品的资源，启发我们在其产品中加入文化元素，只有了解传统文化及其真正来源，才能在文创产品自身结构之外叠加文化属性，产品才有独特性，有市场竞争力。

三、区县级公共图书馆利用地方文献开创文化创意产品存在的问题

（一）区县公共图书馆对文化创意产品的开发还不够重视

目前，公共图书馆文化创意产品开发大多还处在萌芽阶段，馆领导、主管机关及当地政府还不够重视，馆内没有专业的研究和设计团队。2017 年，全国确定了 37 家试点单位，但是都是在省级和副省级馆，区县级图书馆开创文化创意产品的主要集中在东部沿海及发达的地区，总体来说文化创意产品推广的面小而量少。

（二）地方文献收藏不齐，质量不够高

区县级公共图书馆，由于历史原因以及缴存本制度的缺失，导致了地方文献资源的流失及收集不全，还有一部分高质量的文献资源流传民间不易收集，素材较少，会影响文化创意产品的开发，而且在内容选择上存在困境，导致文化创意产品开发缺乏素材。

（三）对地方文献的研究深度不够，馆员创新意识薄弱

文化创意产品的核心价值就表现在"创意"上，要实现有趣有用有文化艺术感的创意设计，必须要有创新意识和专业的团队。目前，大多数区县公共图书馆开发的文化创意产品主要是以 LOGO、建筑物为标志的一些简单的产品。

创新意识是文化创意产品开发的动力，要求发挥馆员的主观能动性，但是当前馆员的创新意识薄弱，主要表现在：首先，年龄偏大，受到保守思维的影响；其次，工作环境相对安逸满足，缺乏创新意识；再次，大部分公共图书馆内没有设立文化创意产品开发机构，而是兼职人员承担。

因为知识的不足，对地方文献的研究停于表面，不能够提炼文献中隐藏的具有内涵的图像、符号、文字等，都不同程度地影响了文化创意产品的设计与开发。

（四）保证措施不到位，资金投入不足

目前，国家有了开发文化创意产品的政策，也有部分图书馆成立了研发部，投入了资金，比如：国家图书馆，金陵图书馆，中山图书馆等全国图书馆文化创意产品开发联盟成员馆，仅仅2年时的发展到116家，成员馆在全国3176个公共图书馆占比仅仅约为3.7%；大部分区县公共图书馆本身的认识不到位，宣传少，财政对区县级图书馆文化创意产品开发设置专项经费少。图书馆的各项保障措施都不到位，比如：重庆市只有重庆图书馆为试点单位，其余43个区县公共图书馆都没有专门的经费用于文化创意产品的研究与开发。也没有进入到文化创意产品开发联盟，更不用说专项经费。

四、县区级公共图书馆如何充分利用地方文献资源开发文创产品，增值图书馆馆藏，提升图书馆服务

（一）加大对地方文献资源的收集力度，为文化创意产品的开发提供研究的素材

一是落实呈缴本制度，补充地方文献资源。因为各地方政府重视程度不同，有的区县馆已经落实了呈缴本制度，有的至今未落实。地方文献的收集不及时，不齐全，造成了部分地方文献的缺失。二是收集民间艺术作品，挖掘民间艺人，充实地方文献资源库。全面挖掘地方民间艺人，收集地方民间艺术作品，建立地方艺术档案，出版艺术作品专集，利用艺术作品开发文化产品，助推文化产业。

三是及时注册商标，加强地方文化及产品的版权保护和知识产权保护。坚持以市场为导向，把艺术作品通过各种形式转化成商品，打造成文化创意产品品牌，必须取得作者的授权。文化创意产品的创意容易被模仿，形式易于复制，公共图书馆在研发上要有尊重原创、保护产权的意识，及时对好的产品进行注册，保护作者的知识产权，加强对产品的产权保护。

（二）挖掘地方文献各种资源，深度提炼精品元素，建设文化创意产品元素库

从地方文献到进入生活，转化是关键。在转化中，创意元素不是简单叠加，而是有机融合，给人们带来美的感受。通过不断细化和深化研究地方文献，才有可能迸发新的文化创意。深度提取馆藏文献资源造型、色彩、图案、文字、故事等文化价值内涵和各种文化元素，并将这些信息加以人的智慧、艺术及现代化技术手段，创作出时代和设计感鲜明的产品，广泛应用多种载体和表现形式，从而形成艺术性和实用性有机统一的文创产品。因此改变传统的利用地方文献

资源开发二次文献、三次文献，建设文化创意产品元素库至关重要。图书馆馆员有义务和责任让文献中的资源活起来，充分发挥好地方文献的作用。

（三）利用地方文献资源，加强与单位、社会团体和个人的合作开发

在《关于推动文化文物单位文化创意产品开发若干意见的通知》中，鼓励与文化文物单位、社会力量以及个人合作，[5]挖掘地方文献中的地方元素，开发具有地方特色的文创产品。这给图书馆的文创发展指明了方向。目前，区县公共图书馆技术力量薄弱，大部分还不能完全自主开发，可以采取合作、授权等方式，吸引社会力量参与进行，积极开发群众喜爱、市场欢迎的创意产品。

1. 加强与文化公司的合作，收集民间地方文献资源

我馆在与有特色的地方文化产业公司合作，将他们的地方特色资源加以整合，引进到图书馆，图书馆的馆员到阅读点定期开展地方文化交流活动。图书馆将各阅读点的文化艺人组织到一起交流学习，全方位了解地方民间文化，民间艺人，民间艺术品，利用阅读点中的优秀艺人对图书馆员工进行培训。

2. 加强与博物馆、非遗产业文化中心的合作

图书馆与博物馆、非遗产业文化中心合作共享，互为补充，图书馆有更强大的文献资源优势，博物馆、非遗产业文化中心有更多的文物，还有部分古籍，两者结合，赋予文化创意产品更多的更好的地方历史、文化信息以及地方特色和艺术气息，双方合作能更好地研究地方文献的收藏价值、历史价值及文化价值，提炼更多的文化元素，为文化创意产品开发提供有利条件。

3. 图书馆召集对当地文化、历史、地理等有研究的人员参与地方文献研究，为文化创意产品设计提供更多的素材。

图书馆丰富的馆藏资源为文化创意产品的开发提供了充足的创作元素[6]。公共图书馆要多方收集社会各界人士对本地区历史、文化、风土人情、自然环境等研究的资料，比如课题研究、论文成果并对相应的人员进行召集，研究地方文化，更好地利用馆藏资源传播图书馆文化，活化公共图书馆馆藏资源，做好图书馆文创产品开发。

图书馆还要充分调查市民的兴趣爱好，他们是文化创意产品最重要的体验者，可以面向社会广大人士征集对地方文化有研究、体现地方特色的创意。

（四）利用政策优势，作好宣传工作，各方引进人才，成立专业地方文献研发团队

公共图书馆的领导班子首先要及时研究政策，向上级主管机关汇报，借助政策的东风，借力打力，取得主管机关和财政的支持，争取经费，收集更多的地方文献资源；其次要组织安排人员参加地方文献的学习培训，提高开发和利

用地方文献资源的能力，利用地方文献资源创立文创产品，推广图书馆更深层次的服务，吸引更多的读者走进图书馆，改变对图书馆的传统看法。在有条件的情况下，成立研发团队，更好地开发研究地方文献资源，形成内容丰富有看点的二次文献、三次文献。

（五）充分利用文化和旅游合并，收集更多的地方文献资源，合力开发文化创意产品

文化和旅游的合并，为图书馆挖掘、整合数字化地方旅游文献资源提供了有利条件，图书馆要充分收集地方的各种旅游文化资源，将历史知识与旅游景点相结合，并开发利用具有与传统的旅游纪念品不同的产品。让人们了解一座城市的历史与发展，通过旅游景点营销文创产品，让显性知识得以增值，也让隐性知识得以挖掘，实现知识的传播价值[7]。

五、结语

当前，随着国家对图书馆服务功能的强化，城市文化地标作用的凸显，走进图书馆的读者与日俱增，文化创意产品成为图书馆与读者增强文化记忆的最佳载体，是广大市民把图书馆带回家的重要方式。图书馆的文化创意产品研发还处于初级阶段。区县公共图书馆是当地重要的文化空间，所以必须利用好自身的平台优势和地方文献资源优势，开发更多更好的产品，促进地方优秀传统文化"引进来"和"走出去。"

参考文献

［1］李静萍，对地方文献概念的思考［J］．云南图书馆，2001（2）：2 - 2.

［2］龙小玲，地方文献建设刍议——以吉安市为例［J］．江西图书馆学刊，2009（2）：30，38.

［3］邹华享．地方文献工作若干问题的再认识［J］．图书馆论坛，2004（6）：147 - 151.

［4］李家清，地方文献共享体系研究（J），图书馆，2006（6）：74 - 76

［5］马琳，基于图书馆基本要素的文创工作研究［J］，图书馆学刊，2018（6）：4 - 4.

［6］张雅琪，柯平，美国图书馆文化创意产品发展现状及启示［J］．图书情报工作，2017（22）：10 - 10，1.

［7］郑红京，区域文化发展背景下的图书馆旅游信息资源数字化管理与优化研究［J］．《图书馆》2015（8）：94 - 97.

浅谈地方基层公共图书馆文创产品开发构想

——以镇原县图书馆为例

段欢欢*

伴随国家对图书馆大力支持，鼓励文创产业发展，我们应该抓住契机，不断突破。本文通过阐述地方基层公共图书馆面临的现状和挑战，探讨如何顺应形势开发文创产品，进而拓展服务形式，获得读者认同。

近年来，文创产品开发项目如火如荼的在全国范围内展开，文化部等4部委《关于推动文化文物单位文化创意产品开发若干意见的通知》已由国务院转发，该通知就图书馆如何开展文创产品的开发工作给出了指导意见，对充分挖掘馆藏资源，弘扬民族传统文化起到了积极作用[1]。镇原县是一个文化大县，图书馆特色馆藏资源丰富，尤其是在地方文献的挖掘整理方面，工作扎实，扩充了馆藏，积累了经验。文创产品的开发能在一定程度上拓展图书馆服务范围，如何将馆藏资源与地方文化有机结合，创造出适应市场需求，如何形成品牌的文创产品更好地服务图书馆工作，是我们要探讨的。

一、基层公共图书馆现状

近年来，公共图书馆蓬勃发展，不论是软件或硬件的建设，都令人眼睛为之一亮，尤其是阅读氛围的营造，往往有让人惊艳之感[3]。而在馆藏资源方面，多数公共图书馆也针对不同年龄层，如婴幼儿、青少年或一般民众的需求，分别建置阅读专区，不断推陈出新，希冀藉此吸引更多的读者进入并使用图书馆资源。但不可否认的是，在网络资源普及的情况下，民众获取信息的通道更为多元且便捷，图书馆普遍面临进馆人数下滑，借阅率降低的窘境。而如何让更多人享有图书馆的服务，强化图书馆与读者之间互动，让图书馆的效益发挥到最大，是公共图书馆的首务之急。镇原县图书馆近来大步迈向馆外服务，化被

---

* 段欢欢，甘肃省镇原县图书馆。

动为主动，积极与社会力量合作，包括办理讲座，推广阅读活动，开发馆藏，除了让民众对图书馆有更深的认同感，也彰显了图书馆的功能。

二、图书馆发展文创产品的意义

图书馆是满足人民群众精神文化需求的重要场所，不论是古籍、民国文献、报纸、老照片还是杂志画报等，应有尽有，目的就是尽最大可能提高人民群众的精神生活质量。图书馆发展至今，其功能和性质都在不断变化，从过去简单的保存图书资料到今天的发展文化产业，提高国家文化软实力，图书馆都是重要的公共机构之一。发展文创产品，主要目的就是向民众传播优秀传统文化知识，帮助民众通过这些文创产品去深入了解我国传承千年的文化，并继承和发扬下去。传播优秀文化是图书馆最重要的功能之一，开发文创产品更是图书馆职能的再次升级。

三、地方基层公共图书馆文创产品开发

1. 文创产品释义

狭义的讲，文化即指受到某群体广泛认知，并形成群体思想与行为系统的精神与物质内容。创意是创造意识或创新意识的简称，以创新的方式（主要以美术、文学、音乐等艺术方式）对原有内容进行再解读与创造。故而，文创的概念为基于具备广泛受众并系统化的文化主题，通过创新的方式进行再解读与创造（即创意转化）的行为过程与相关产物。

产品的概念有广义与狭义之分，产品的狭义概念是指一种具有特定的物质形状和用途的被生产出的物体；产品的广义概念则指一种能满足人类某种需求和利益的物质实体或非物质形态。

基于以上，文创产品界定为源于文化主题，经由创意转化，具备市场价值的产品[2]。文创产品的特点即物质化产品，且能够满足人们精神需求的物质实体与非物质形态的服务。

2. 挖掘馆藏资源

实施文创产品相关工作，首先就是要对地方特色馆藏资源进行深度挖掘和研究，从而将资源转换，以求实现馆藏资源与地方文化的合理划一。镇原县图书馆近年来对馆藏价值比较高的有康熙版《镇原县志》、慕寿祺的《甘宁青史略》（被史家誉为"一座解读西北的档案馆"）进行了开发（图1-4）。康熙版《镇原县志》校点出版，限印数一千套，每一套都有编码，该县志是目前镇原县存世最早的县志，世存三部，分别收藏于国家图书馆、台北故宫博物院以及镇

原县图书馆，该志、校点本价值较高，被多家图书馆及个人购买收藏。《甘宁青史略》先后两次影印出版，被县委县政府作为推介宣传镇原的名片礼品。目前正在开发的是日本天明年间浪花六艺堂版《潜夫论》（图5），该本是国内现存《潜夫论》五部善本之一，也是目前发现的第一部《潜夫论》海外版本。该本多处评注，且序、跋均为日本学者所撰，此书的出版对于镇原县乃至全国研究王符和《潜夫论》的学者都有极大的帮助。同一种文化产品的开发形式必然是仁者见仁智者见智，不的馆做法不同，重要的是一定要对当地的文化资源进行深度挖掘，整理研究成为特色馆藏资源，进而开发成为文创产品，成为当地传统文化的代表作品之一。

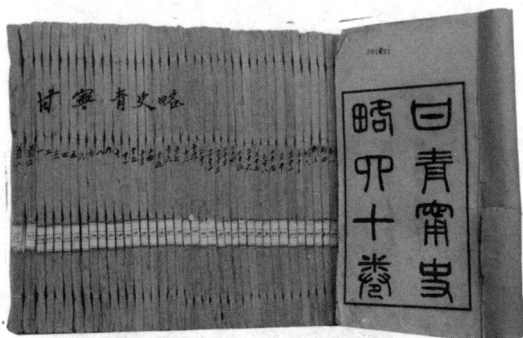

图1 《甘宁青史略》馆藏

图2 《甘宁青史略》影印本

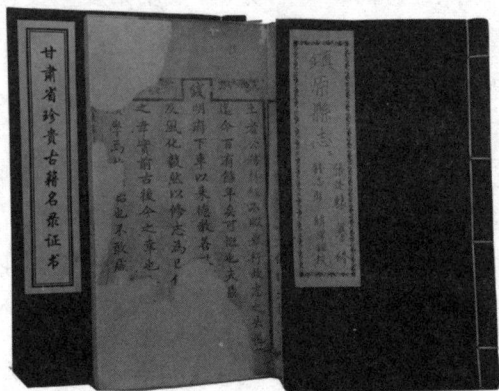

图3 康熙版《镇原县志》原版

图4 康熙版《镇原县志》校点本

图5 日本六艺堂版《潜夫论》

3. 充分利用新媒介，开发新产品

科技的发展促使社会生活多彩多样，科技手段日新月异，大众媒介数不胜数。图书馆作为信息情报中心，必须借力主流媒介加以宣传，创新服务形式，借助流行 APP、微信公众平台等，开发新的阅读形式。镇原县图书馆利用微信公众平台（图6），创办了"镇原诗文"公众号，聘请十二位主播，定期更新本土作品以及经典传世诗文，用好声音传播好文章，引导好文章人人读，粉丝量增长速度极快，不仅促进了当地文化事业的繁荣，更加激发了读者的热情（图7）。与此同时，朗诵沙龙、朗诵技巧讲座应运而生，这些新形势的服务方式都是"镇原诗文"公众号的衍生品，极大的扩展了图书馆服务范围。任何一种新的服务方式在一部分馆员的眼里就是改变了图书馆的根本，由于惯性思维，大多数公共图书馆不敢放手大干，但时代的发展已经向我们发出了挑战，只有在不断的探索中寻找更加适合我们的发展方式，就能为我们的服务带来无限活力，对图书馆事业带来生机。

图6　镇原诗文微信公众号

四、重视具有文创意识及天赋的人才

地方文化能够源远流长，必然是生生不息代代相传，才能保留至今，往后

图7　十二位主播

还需要我们的文化工作者有意识的传播给后人。地方文献记载的历史事件、人物、风俗、故事等等，我们都可以通过某种大众接受的形式也就是我们现在所说的文创产品展现出来，当然，文创产品的开发是需要人才的，图书馆应当囊括各行各业的人才，因为我们的事业本身就是包罗万象的。比如，目前镇原县图书馆就有一位传统文化的传播继承者，致力于面塑文化，在全省乃至全国都有影响力，他用面塑造的镇原县十位著名历史人物——王符、胡充华、慕寿祺等，惟妙惟肖，栩栩如生，向县内外的读者朋友生动的展现了镇原具有历史影响力的人物，不得不说这是目前文创产品最清晰的展示（图8－9）。手工艺有很多种，文化元素亦是多种多样，用不同的手工艺术展现不同的文化元素，甚至可以多种文化元素进行融合于某一种手工艺上面，不拘泥形式。如果馆内没有专业的手艺人员，可以充分的与馆外民间艺人合作，共同致力于传播当地特色文化，又或者以图书馆为官方依托，联合民间艺人成立文创产品开发协会，这样，不仅能够最大限度的组织起庞大的开发团队，把人才聚集在一处，更能创造出丰富多彩的文创产品，一举多得，各个基层图书馆都应该尝试。

图8 县图书馆罗海河老师和他的作品"镇原十大历史人物"

图9 罗海河老师和他的部分作品

四、结语

　　文创产品的展现形式是多种多样的，不存在特定性，我们应该发挥想象，多方位开发展现具有地方特色的传统文化，不仅仅让当地群众记住传统文化，也要让地域以外的朋友认识到地域文化的特殊性和普遍性。基层公共图书馆只有大胆创新，丢弃惯性思维，把新理念应用到图书馆事业中来，实现新技术新思维与图书馆的无缝链接，创造无限可能。

参考文献：

[1] 田利．图书馆文创产品开发项目的构想 [J]．河南图书馆学刊，2016，36（10）：66 – 68.

[2] 陈泽凯．文创产品的定义分类与"3C 共鸣原理" [J]．超星期刊，2017：103.

[3] 温琳琳．公共图书馆的社区文创服务——以桃园市立图书馆为例 [J]．新世纪图书馆，2016（11）：71 – 72.

革命文献与
红色旅游

利用地方文献发展红色旅游业

王慧娟*

地方文献作为宣传地方文化的一种方式，在推动地方旅游业的发展中起到至关重要的作用。本文将地方文献与红色旅游业的关系进行思考与总结，强调如何利用地方文献对红色文化进行宣传，以及将二者相结合时应注意的问题。希望通过对地方特色文献的开发与推行，传播红色革命文化，促进红色旅游市场特色化。

地方文献是一个区域政治经济、文化生活、风土人情的史料记载，反映了一个地区的地方特色。江西作为革命老区，有着极其丰富的红色旅游资源，将江西的自然资源及文化资源向外展示，对江西旅游业的发展提供了宣传途径以及硬性条件，以此吸引游客及相关工作者的参观学习。本文以江西省的红色旅游业为例，结合当地的地方文献发展水平，将如何结合地方文献发展当地红色旅游业做出呈现。

一、地方文献的定义及特点

（一）地方文献的定义

地方文献是记录有某一地域知识的一切载体，它产生和发展于一个地域特定的自然、社会环境，属于某一地域的文化积淀和历史产物。地方文献反映了本地区和相关地区过去与现在的政治、经济、文化、教育、重要人物、事物、风土人情、民风民俗等。地方文献目录按编纂目的和资料收集范围可以分为：反映某一地区全部文献的目录；反映某一地区研究课题的目录；反映某一地方文献的目录；反映某一地区专题文献的目录；反映某地区出版物的目录。地方文献目录对于研究、开发各地区自然、文化资源，发挥地方优势，促进该地区

---

* 王慧娟，江西省安福图书馆。

经济、文化建设，以及编纂地方史志等都具有参考价值。地方文献包含当地政治、经济、文化、历史、人物。是对当地革命沿袭的见证，也是对文化发展以及社会结构的记录，更是研究当地风俗与特色的重要参考依据。

（二）地方文献的特点

1. 鲜明的地方性

它详实地记录了一个地域的政治、经济、文教、史地等人文与自然状况，常称之为"省情""市情""县情"等资料，是研究地方建设发展的主要文献源。

2. 较强的资料性

地方文献的内容来自于实际，来自于自然、社会、基层，往往属于原始记录，特别是大量的统计资料，信息内容可靠、资料性强。

3. 形式的广泛性

以地域知识为内容的地方文献除包括传统的印刷型载体之外，还有碑文、作者手稿、文件档案、录音、录像等形式。

4. 内容的时代性

地方文献是时代的产物，反映了一个地域的历史和现状，而现状的变化即为历史。因此，它既表现出内容的连续性，又反映了地域发展的阶段性。

二、江西省地方红色旅游产业

近年来，旅游产业蓬勃发展，其中红色旅游接待量占全国总量的1/8。江西作为红色革命发源地，有着丰富的红色旅游资源，其中A级景区30个，全国红色旅游经典景区11个，在全国红色旅游业的崛起中起到身先士卒的作用。文化是旅游的精髓与灵魂，地方文献是传承地方文化的重要载体，也是文化对外交流的直接窗口，因此可以直接促进旅游业的发展。地方文献是一个地区历史文化发展的缩影，记载有大量的自然、社会和人文等资料，能为各方游客提供本地山水风貌、风土人情、政治经济、历史掌故等方面的内容。此外，地方文献还能为本地政府制定旅游业发展规划提供科学的依据。对于旅游业的开发利用起着极大的促进作用。

江西省旅发委发布的《2016—2020年全国红色旅游发展规划纲要实施方案》中指出，江西红色旅游发展的总体目标是：实现红色旅游产业化，打造全国红色旅游的"江西样板"，建成中国红色旅游发展典范、全国最具吸引力的红色旅游目的地。

（一）红色旅游经典景区

十一个红色旅游经典景区分别是南昌市、吉安市、九江市、赣州市红色旅游系列景区，赣西、赣东北红色旅游系列景区，井冈山市和赣州市（吉安市、抚州市）中央苏区政府根据地红色旅游系列景区，以及上饶集中营革命烈士陵园、新建区小平小道陈列馆、永新县湘赣革命根据地中心旧址。

（二）六条红色旅游精品路线

六条红色旅游精品线路为"八一起义""秋收起义""共和国摇篮""长征出发地""赣东北根据地"红色之旅等路线。

（三）两个"红色旅游全域示范区"

1. 井冈山红色风景旅游区

"红色旅游全域示范区"分别为"中国革命摇篮"井冈山和"共和国摇篮"瑞金。井冈山，位于江西省吉安市，地处湘东赣西边界、南岭北支、罗霄山脉中段，景区面积213.5平方千米，海拔最高处1779.4米，是国家5A级旅游景区、国家级重点风景名胜区、国家级自然保护区、中国文明风景旅游区、中国重点文物保护单位、全国红色旅游景区、中国百家爱国主义教育示范基地、中国十佳优秀社会教育基地、世界生物圈保护区、世界遗产预备名录，是集人文景观、自然风光和高山田园为一体的山岳型风景旅游区。井冈山是毛泽东、朱德、陈毅等老一辈无产阶级革命家率领中国工农红军，创建以宁冈县为中心的中国第一个农村革命根据地，开辟了"以农村包围城市、武装夺取政权"，具有中国特色的革命道路，被誉为"中国革命的摇篮""中华人民共和国的奠基石。"

2. 瑞金红色风景旅游区

瑞金是一个红色与绿色并存的城市，瑞金是著名的红色故都、共和国摇篮、中央苏区时期党中央驻地、中华苏维埃共和国临时中央政府诞生地、中央红军二万五千里长征出发地，是全国爱国主义和革命传统教育基地；是中国红色旅游城市。2014年5月27日，瑞金市列入江西省直管县体制改革试点。2015年7月，经国家旅游局正式批复，瑞金"共和国摇篮景区"成为江西第七、赣州首个5A级旅游景区。

三、如何利用地方文献促进江西省旅游业发展

吉安是江西省历史文化名城之一，历史悠久，素有赣中文化堡垒、忠义文献之邦的美誉，文献资料非常丰富。地方文献是公共图书馆藏书的重要组成部分，它反映本地区的政治、经济、军事文化、反映出一个图书馆藏书的特点和地方特色，所以收集地方文献资料至为重要。

（一）选定专人负责，多方收集地方文献信息。

图书馆应该选最专业的人员负责收集地方文献，工作人员要在广泛性和主动性上下功夫，对地方文献从专业的角度进行信息分类汇总，使得地方文献更具专业性和科学性。

（二）实施地方文献捐赠制度。

地方文献记载有大量的自然、社会和人文等信息，图书馆应该接受社会人士的捐赠图书。如果馆藏复本较多，可以捐赠给游客，游客也可以给图书馆捐赠地方书籍。图书馆必须制定图书捐赠制度，明确捐赠文献的内容，以便为各方游客提供本地山水风貌、风俗人情以及各类旅游方面的图书，对捐赠人应发颁发相应的证书。

（三）增加图书馆地方文献的入藏量

政府是区域领导核心，统筹区域的一切工作，具有相对的权威性和协调性，通过与领导的信息沟通，便于领导对图书馆的工作的理解与支持，确保购书经费的足额到位。如此可有效地改善区域图书馆的资源配置比例，突出和扩大地方文献的入藏量。

（四）拓宽地方文献的征集渠道

在政府的协调下，图书馆与文献生产机构，如史志办、建委地名办、政协组织等，建立长期而稳定的呈缴关系，确保地方文献入藏的连续性、完整性。关于征集地方文献，各区域均有相对稳定的文献生产机构，每年均有地方文献产生，存在可征集的文献保障。另外，随着旅游业的不断升温，民俗研究正在成为热门学科倍受关注，特别是一些新老民俗专家、年青学者不断有新的研究成果涌现，使以研究某一区域的民俗文献数量激增，为地方文献的征集提供了非常丰富的资源支持。

（五）整合文献资源，共建共享地方文献保障体系

公共图书馆、档案馆、博物馆集中了主要文献资源，这些文献资源既包括实物文献，如博物馆的风俗遗存，古迹遗物，又包括图书馆、档案馆的纸质载体、多媒载体，如文字图书、光盘磁带等。在政府的参与、协调下，各家资源如能很好地整合在一起，互通各自馆藏信息，协调各自采购计划，就能实现一定范围文献资源的共建与共享，建立牢固的地方文献保障体系。

（六）让地方文献"走出馆门"

地方文献是每个图书馆珍贵的特色资源。很多图书馆都规定地方文献不外

借。为了有效提高地方文献的社会利用价值，一些图书馆对地方文献借阅作了特殊的规定：一般情况下，对查阅资料型的读者，只能在馆内查阅，不能外借，对研究型的读者（如文化馆、旅游局、史志办、文联等单位的研究人员和撰写家谱的读者），在交纳一定的押金后，可以外借。这种让地方文献"走出馆门"，服务读者的做法，取得了很好的服务效果。让地方文献"走出馆门"为研究者服务，较大地提升地方文献的价值。可以说，地方文献为旅游业的发展奠定了坚实的基础。

吉安市图书馆近年来特别注重地方文献收集工作，提出了明确的要求，一年一度的"图书馆服务宣传周"和每年文化下乡都向社会资深人士及社区征集收藏地方文献。同时，与各县馆建立了常年的文献资料赠送关系。在传播文化的同时，我们在征集收藏工作中也存在一些问题，例如：宣传力度不够，渠道不太畅通等。尽管各级政府均下发了关于地方文献征集工作的有关文件，各图书馆也制定建立了地方文献收集登记制度等具体措施，但是，我们宣传工作做得不够细致，就无法将地方文献的作用发挥到最大。因此各级地方文献管理者应该加强与县市志办、县政协、县科协、教育局、县市图书馆和文联博物馆、档案馆等有关单位的联系。

总之，地方文献征集工作是一项长期艰巨的工作，要做好这一工作，除需图书馆工作者自身的努力外，还需征得全社会的通力合作与大力支持。搞好这一工作，对地方文化事业的发展具有十分重大而深远的意义，对发展地方旅游业有着重大意义。

四、地方文献对发展旅游业的重要作用

发展旅游业的途径多种多样，地方文献作为重要的方式之一，对旅游业的发展起着重要的作用。首先地方文献将地方旅游资源系统的全面的展示出来。文化是旅游业的灵魂，旅游业经营的是文化，销售的也是文化，旅游在其本质上是以文化为主体的社会活动。离开文化搞旅游即丧失了旅游业的灵魂，是低层次和不可持续的。随着旅游产业市场国际化、经营集约化、企业集团化、产品品牌化的趋势日益显现，以享受文化资源，感知文化差异，体验文化氛围的文化旅游理念已成为旅游消费的主流。因此，旅游文化产业已日趋成为当地经济的一大新的增长点。有关旅游的文化依托，也多来自于当地地方文献中的记载。

（一）地方文献为旅游业发展提供文化内涵

旅游项目和产品的开发并非臆想出来，需要从地方文献中查找有关自然条

件，民族风情，诗文典故等历史依据，需要进行综合分析才能开发出具有地方特色的项目和产品。形成综合旅游优势，打造旅游文化品牌，游客在欣赏自然风光的同时又领略了当地风土人情，历史文化，满足游客的需求，推动旅游业的可持续发展，旅游文化品牌的形成，离不开对地方文献中所蕴藏的旅游资源的挖掘。总之，地方旅游资源的开发从不同层面提升了旅游的内涵，加速了地方旅游资源的传播，而地方旅游文献资源的开发、整理、完善也依托旅游业本身而获得生机。

（二）地方文献对旅游业的发展提供史料支持

地方文献是记录地区知识的载体，反映了一个地区政治经济，文化，教育等各方面的状况，具有鲜明的地域特色，旅游是一种文化现象，同时也是一种文化传播活动，旅游文化品牌的形成离不开地方文献资源的开发以及所蕴含的旅游文化资源的挖掘。著名经济学家于光远指出："旅游是经济性很强的文化事业，又是文化性很强的经济事业"。地方文献资源蕴藏着丰富的等待开发的旅游信息资源，在支持旅游资源开发方面有着独特的优势，在旅游资源开发中能够发挥重要的作用。

参考文献

[1] 罗明义. 旅游经济学 [M]. 天津：南开大学出版社. 2001.

[2] 王月娥. 西北民族地方文献与旅游产业的开发 [J]. 图书情报工作，2003 (5)：30 – 33.

[3] 吉安地区行政办公室. 关于做好吉安地区地方文献资料征集收藏工作报告 [R]. 1986.

重视地方文献开发　促进红色旅游发展

——浅谈吉林省地方文献建设与红色旅游发展

焦明华 *

发展红色旅游事业，是党中央、国务院加强思想道德建设重大战略部署中的一项重要举措。地方文献蕴含丰富的红色旅游资源，依托地方文献发展红色旅游事业，传播先进文化，提高人们的思想道德素质，增长革命斗争知识，学习革命斗争精神，培育新的时代品质，增强全国人民特别是青少年的爱国情感，具有十分重要的现实意义和深远的历史意义。

一、红色旅游的社会价值和意义

进入 21 世纪，国家提出"红色旅游"的概念，并就发展红色旅游的总体思路、总体布局和主要措施做出明确规定，正式把红色旅游在全国进行规划实施。"红色旅游"主要是指以中国共产党领导人民在革命和战争时期建树的丰功伟绩所形成的纪念地、标志物为载体，以其所承载的革命历史、革命事迹和革命精神为内涵，引导旅游者开展缅怀学习、参观游览的主题性旅游活动。红色旅游具有以下特点：一是教育性。"游中学、学中游"，寓教于游，润心无声；二是真实性。景点中所陈设的物、景、图片、影像等，每一件都有一个真实的故事，这些故事可歌可泣、惊心动魄、震撼心灵，是一笔宝贵的精神财富，是一座活着的革命博物馆，一本厚重的历史教科书；三是知识性。能给旅游者带来很多见识，增进了对各地革命史的了解，对革命先烈的敬仰之情，在沐浴红色文化中感悟新时代的奋斗精神，丰富了课本以外的人文知识。

红色旅游产生的社会效益和经济效益，可以说是显著的、巨大的。从国家旅游局公布的数据看，2017 年全国参加红色旅游人数为 13.24 亿人次，[1]我国主要红色旅游景区游客数已突破 8 亿人次，创收 4719.2 亿元。红色旅游景区接待

* 焦明华，吉林省图书馆。

青少年游客数量累计达到 32 亿人次。按照《2016—2020 年全国红色旅游发展规划纲要》中提出的目标，到 2020 年，我国红色旅游年接待人数要突破 15 亿人次。太行山深处的山西省武乡县，战争年代时期，朱德、彭德怀、左权、刘伯承、邓小平等中国老一辈革命家曾在这里战斗和生活，是抗日战争时期八路军总部机关驻地。该县统计数据显示，2013 年在红色旅游方面接待游客数量突破了 200 万人，旅游收入超过 20 亿元。[2]

　　发展红色旅游，目的在于通过红色遗产的震撼力和影响力，大力传播和发展先进文化，加强和改进新时期爱国主义教育，增强全国人民特别是青少年的爱国情感，坚定信仰，弘扬和培育民族精神，提高人们的思想道德素质，带动革命老区经济社会协调发展，为革命老区经济社会发展注入新的生机活力，开拓更广阔的旅游消费市场，培育发展旅游业新的增长点，更好的地满足人们多样化、多层次、多形式的精神文化需求，不忘初心，牢记使命，饮水思源，学习革命斗争精神，培育新的时代精神，并使之成为一种文化，振兴中华。

二、地方文献是红色旅游发展的源泉和活力

　　地方文献具有较强的鲜明的地域性和独特性，具有"存史、资政、励志"的重要作用，同时它还蕴含有丰富的红色旅游资源。地方文献的出版物、印刷品、图片、信札等，记载了地域大量的不同时期的发展过程和历史，尤其是抗战的历史、遗迹、遗址、人物、事件等，地方文献能为还原历史真相提供指向。

　　吉林省是东北抗联进行抗日斗争的主战场省份之一，吉林省图书馆收集的各县志和地方出版物等，里面记载了许多东北抗联的英雄事迹，时间、地点、人物和事件的起因等都记载的十分详细。赵尚志将军是东北抗联的重要创始人之一，1942 年 2 月，赵尚志被叛徒枪杀，其头颅被日本鬼子割下，遗体被投进松花江中。为寻找赵尚志将军的头颅，有关部门和赵尚志的亲人进行了不懈的努力，终于在伪满档案史料中发现了线索，后通过来华的一位从事战争史研究的日本正义学者山崎枝子的帮助，从释放遣返回国的战犯东城政雄的口中了解到赵尚志被害尸体处理的过程，以及头颅大致的去向。2004 年 5 月，长春市般若寺修缮围墙时，几个民工在后院北墙下挖出了一个无名头颅，由此揭开了事件的全部真相，失踪 62 年的英雄头颅终于找到。[3] 地方文献还含有很多鲜为人知的抗日史实。我国抗日时期，山东鲁南铁道游击队威名扬天下，并被拍成电影教育后人。在众多的日伪时期历史资料中，吉林省博物馆的研究人员发现了早在 1935 年吉林省就有了铁道游击队，比山东鲁南还早了 5 年，唯一的区别是：山东鲁南的铁道游击队是共产党领导的一支抗日武装力量，而东北的铁道

游击队是一支民间抗日武装力量，但这支民间抗日武装力量的领导人是东北抗联英雄罗明星，1983年，国家民政部正式追认罗明星为革命烈士并向其后人颁发了烈士证书。[4]

三、开发吉林地方文献资源为红色旅游发展夯实基础

（一）挖掘馆藏地方文献资源为红色旅游发展积极贡献

吉林省图书馆馆藏地方文献资源比较丰富，在为本省红色旅游方面做出了积极努力。一是通力合作，广泛收集本馆与兄弟馆有关抗联的文献，建设《东北抗联数据库》、《吉林省红色历史文化专题数据库》等，提供图片近万幅，文字近百万以及视频、影像等资源总量4824GB；二是抢救抗联宝贵财富，采访抗联战士34人，拍摄《红色记忆——吉林省老革命口述历史》专题片34集，影像资源总量816GB；三是吉林省延边州是革命老区，所辖6市2县都有抗联的足迹，有100万朝鲜族人民居住于此，抗日时期有很多朝鲜族人参加抗日斗争。为此，吉林省图书馆专门建设1327 GB资源存量的《中国朝鲜族文化专题数据库》和朝鲜语视频资源存量67200 GB，这些资源涉猎抗日历史、生活、习俗等方方面面，在保护吉林特色文化上做出了贡献；四是针对青少年的特点，制作拍摄红色历史动漫片67.2 GB资源存量，通过自身网站多媒体技术进行传播；五是通过本馆网站窗口及各类媒体，宣传本馆拥有的抗联文献资源，大力传播红色资源，为教育当代人及后代人了解吉林革命历史，不忘国耻，激发爱国情操，建设家乡，爱我祖国，振兴中华，提供鲜活的素材；六是开展各类活动，讲好红色故事。如"不忘初心、牢记使命"主题教育红色故事宣讲报告会，12名讲解员以"信仰的力量"为主题，围绕东北抗联精神，用90分钟时间，传播红色故事、弘扬革命精神，让吉林红色故事"活"起来，让红色文化和旅游"火"起来。七是清查馆里现有涉及东北抗日的地方文献以备开发。如吉林省图书馆馆藏有"伪满洲国研究资料——满洲国现势"共10册，这10册日文版年鉴类型的文献，具有很强的系统性、整体性、针对性及史料性，记载了满洲国10年的大部历史，涵盖了东三省各行业的全部情况，揭示了日本侵略者扶持满洲国的成立及发展、掠夺我东三省资源、镇压绞杀我抗联战士的罪行，是日本侵华的铁证，为研究满洲国历史提供了宝贵资料，是一部较为完整的东北沦陷史，应组织人力翻译，早日出版。

（二）发展红色旅游促进吉林经济社会步入快车道

东北抗联遗迹广布于我省白山、吉林、通化、四平、延边、长春6个地区，25个县（市）。全省红色旅游资源数量众多，分布广泛，又相对集中，特色突

出，至今保存红色旅游资源 875 处，符合有关部门规定的标准就有 239 处，红色旅游景点遍布松辽沃野。其中，以杨靖宇为代表的东北抗联文化已成为吉林省红色旅游的重要名片。2017 年 4 月 27 日，中国人民解放军军事科学院、国防大学、国家图书馆中国记忆项目等 6 位专家对本省敦化市林业局寒葱岭林场西沟新发现的一处"抗联密营"多次论证后确认，"寒葱岭"抗联密营遗址为东北抗联第一路军长期战斗和生活的重要核心区域。它的发现将对研究东北抗联史、进行红色革命传统教育发挥重要作用。2018 年 3 月，吉林省政府与北京市政府签署合作框架协议，建立京吉两地全面紧密型战略合作关系，拟三年组织千名北京大学生来吉开展红色体验游和研学游。2018 年 9 月，京吉两地有关部门联合开展"红色旅游行·大学生筑梦之旅"的主题活动在长春拉开序幕。来自北京市和吉林省的 600 名高校学子们庄严宣誓："继承先烈遗志，踏寻英雄足迹，传承红色基因，弘扬抗联精神……"这次活动为期 5 天。[5] 2018 年，吉林省在原来的三条红色旅游线路基础上又推出"通化白山桦甸杨靖宇线路""吉林延边吉东抗联线路"两条滞留型精品红色游主题线路，[6] 可使游客全面、真实、系统地了解东北抗日联军 14 年艰苦卓绝的斗争历程和日本军国主义武力侵占中国东北的罪行，追忆杨靖宇、魏拯民等英烈顽强不屈、坚韧不拔、浴血奋战的峥嵘岁月，重温艰苦卓绝的抗联斗争以及军民团结抗日的民族精神。下一步，吉林省将推出吉林、白山、延边、通化革命文物保护利用片区发展和红石砬子、杨靖宇殉国地等东北抗联遗址保护利用重大工程。

为配合省里的红色旅游发展事业，吉林省图书馆一是搞好地方文献出版工作，与线装书局合作，出版伪满时期有关经济方面的文献 20 种。与省委党史办合作，研究整理出版有关东北抗联方面的文献。宣传吉林，全面、系统展示吉林历史文献和文化价值，彰显文化软实力；二是积极推送文化资源。把地方文献资源建设与旅游资源宣传服务相结合，向条件成熟的地区和景区推送文化资源。协调相关企业，在旅游景区景点开办或建立图书专区（角），增强文化氛围，规划并实施将书吧嵌入民宿、融入景点、走向街头，让书香散布在无数的民宿之中，成为吉林最优雅的文化风景，促进当地红色旅游进一步发展；三是大力收集民间散落的抗日文献，征集抗日史料，结合景区所在地相关单位和人员，丰富景点故事，视频影像语言做到完美、真实、感人；四是搞好跨界合作。与档案馆、博物馆通力合作，丰富馆藏。特别注意敌伪档案的开发，那里也有很多革命先烈的斗争故事，时间、地点、事件、人物等记载得很详细，有些甚至鲜为人知。东北抗联英雄赵一曼烈士在日伪监狱里遭受的酷刑令人发指，日伪档案里就有很详细的记载。

四、结语

展望未来，吉林省图书馆将不断为吉林省红色旅游提供详实准确的地方文献资源，讲好吉林故事，讲好红色故事，助推吉林省红色旅游品牌化发展，为吉林省探索红色旅游与冰雪旅游、避暑休闲旅游融合发展提供内生动力。

参考文献：

［1］欧阳宇剑. 2017 年全国参加红色旅游人数达 13.24 亿人次. 休闲服务行业日报［N］. 川财证券有限责任公司，2018 － 07 － 20.

［2］许农合. 中国红色旅游［M］. 北京：中共党史出版社，2005.

［3］抗日英雄赵尚志头颅发现始末［N］. 中国国防报，2005 － 06 － 07.

［4］周长庆、公磊. "铁道游击队"故乡在东北. 新华网吉林频道［EB/OL］. 新华网，2013 － 01 － 07.

［5］仇鸿鑫. 吉林举办"红色旅游行. 大学生筑梦之旅"活动［N］. 中国旅游报，2018 － 10 － 04.

［6］李樊. 吉林省推进红色旅游高质量发展路径探析［N］. 吉林日报，2018 － 09 － 26.